土地登記——法規與實務

陳銘福————著

陳冠融————修訂

增訂第十七版

五南圖書出版公司 印行

十七版序

　　本版因土地法有關不動產未辦繼承登記之代管標售條文、平均地權條例、地政士法及不動產經紀業管理條例有關實價登錄之條文、土地登記規則及其他與登記有關之行政規則業已修正，故將本書相關章節之內容予以修訂，並增添110年及111年地政士普考之「土地登記實務」及110年公務員高、普考地政類科之「土地登記」試題。

　　本版書續由陳冠融負責修訂，疏漏之處祈望讀者不吝指正。

陳冠融　敬識

民國111年7月

初版序

一、由於房地產業蓬勃發展，致使房地產業求才甚殷。除大學之地政系、土地管理系畢業生供不應求外，專校及高職為因應需求亦紛紛成立不動產經營科或不動產事務科，以培養房地產從業人才。而培養房地產從業人才，土地登記實務為必修之重要科目。

二、「土地登記實務」書籍，坊間已有甚多版本，但內容大都針對工商界需要而寫，偏技術少理論，且浩繁千餘頁，用在學校教材有所不宜，本人任教國立政治大學地政系「土地登記實務」乙科，亦常感適合之教本難尋，故特將有關講義重新整理增補，以為各大專院校之教材用書。

三、全書八章，以「土地法之地籍編」、「土地登記規則」、「地籍測量實施規則之土地複丈編及建物測量編」及其他相關法規——例如民法、平均地權條例、土地稅法、契稅條例等為敘述範圍。深入淺出，不僅適合當教材書，更適合初學者研讀。

四、土地登記專業代理人考試及檢覈考試，「土地登記實務」為必考之專業科目，本書亦針對各該考試之特性編寫，適合考生準備應考之最佳良書，尤其是各章節之末，所檢附之復習問題，除註明歷屆考題外，更適合考生抓題練習。因此，這是考生必備研讀之一本書。

五、筆者學於地政，用於地政，亦教於地政，至今已屆三十載，學驗不敢言豐，但本著「為地政盡使命、為地政傳香火」而編撰本書，希望能夠有助於教學及實務之用。

六、筆者於編撰本書期間，除執行登記代理業務及教學工作外，亦擔任中華民國土地登記專業代理人公會全國聯合會理事長，於公餘之暇執筆，疏漏難免，敬請指正。

陳銘福　敬識

民國85年端午節

法規名稱及條文簡稱範例

簡　　　稱		法規名稱及條次
土登	§133-1Ⅱ	土地登記規則第133條之1第2項
地測	§233Ⅰ	地籍測量實施規則第233條第1項
地清	§17	地籍清理條例第17條
土	§34-1	土地法第34條之1
土施	§17-1Ⅰ	土地法施行法第17條之1第1項
民	§765	民法第765條
平例	§21Ⅱ	平均地權條例第21條第2項
平例施	§29Ⅲ	平均地權條例施行細則第29條第3項
土稅	§17Ⅱ	土地稅法第17條第2項
土稅施	§8Ⅰ②	土地稅法施行細則第8條第1項第2款
稅稽法	§24Ⅰ	稅捐稽徵法第24條第1項
遺贈稅	§17Ⅰ⑥	遺產及贈與稅法第17條第1項第6款
房稅	§16	房屋稅條例第16條
農發	§3Ⅰ⑪	農業發展條例第3條第1項第11款
農發施	§11Ⅱ	農業發展條例施行細則第11條第2項
契稅	§16	契稅條例第16條
公寓例	§3	公寓大廈管理條例第3條
民訴	§380	民事訴訟法第380條
仲裁	§21	仲裁法第21條
鄉鎮調	§24	鄉鎮市調解條例第24條
兩岸	§2	臺灣地區與大陸地區人民關係條例第2條
兩岸施	§59	臺灣地區與大陸地區人民關係條例施行細則第59條
祭祀	§28	祭祀公業條例第28條

目　次

第一章

總則

第一節　土地登記法規

　　財產，有人視爲第二生命，而土地爲重要之財產。故土地之登記，非可隨意爲之，勢必要有法規爲依據。

　　土地登記涉及「實體」及「程序」，故所依據之法規既多且雜，諸如民法、土地法、土地法施行法、平均地權條例、公寓大廈管理條例、農業發展條例、住宅法、臺灣地區與大陸地區人民關係條例、土地稅法、契稅條例、遺產及贈與稅法、稅捐稽徵法、信託法……，幾乎不勝枚舉。

　　土地登記所涉及之法規雖相當廣泛，惟就程序而言，其主要者爲「土地法」及其授權由中央地政機關訂定之「土地登記規則」、「地籍測量實施規則」等三種。茲分別略述如次：

一、土地法

　　土地法於民國19年6月30日由國民政府制定公布，於民國25年3月1日施行至今，其間於民國35年4月29日全面修正，嗣復於民國44年3月19日、民國64年7月24日、民國78年12月29日、民國84年1月20日、民國89年1月26日、民國90年10月31日、民國94年6月15日、民國95年6月14日、民國100年6月15日、民國110年12月8日及民國111年6月22日曾分別作部分條文修正。

　　現行土地法五編中之第二編「地籍」，共分四章，除第一章「通則」外，第二章爲「地籍測量」，第三章爲「土地總登記」，第四章爲「土地權利變更登記」，各章分別規定有關之土地登記及與土地登記相關之地籍測量。各該規定，爲土地登記之基本程序法規。

二、土地登記規則

　　「土地登記規則」係依土地法規定，授權由中央地政機關訂定（土登§1，土§37II）。民國35年10月2日地政署制定公布施行至今，其間內政部於民國67年1月12日、民國69年1月23日、民國75年5月16日、民國79年6月29日、民國80年11月29日、民國84年7月12日、民國88年6月29日、民國90年9月14日、民國92年7月29日、民國92年9月23日、民國98年7月6日、民國99年6月28日、民國100年12月12日、民國102年8月22日、民國103年12月25日、民國106年2月14日、民國107年11月16日、民國108年12月9日及民國110年7月13日曾分別作全部或部分條文修正。

　　民國90年9月14日全面修正之「土地登記規則」共分十三章157條，除第一章「總則」外，第二章為「登記書表簿冊圖狀」，第三章為「登記之申請及處理」——分成四節，第一節為「登記之申請」，第二節為「申請登記之文件」，第三節為「登記規費及罰鍰」，第四節為「登記處理程序」，第四章為「總登記」——分成二節，第一節為「土地總登記」，第二節為「建物所有權第一次登記」，第五章為「標示變更登記」，第六章為「所有權變更登記」，第七章為「他項權利登記」，第八章為「繼承登記」，第九章為「土地權利信託登記」，第十章為「更正登記及限制登記」，第十一章為「塗銷登記及消滅登記」，第十二章為「其他登記」——分成三節，第一節為「更名登記及管理者變更登記」，第二節為「住址變更登記」，第三節為「書狀換給及補給登記」，第十三章為「附則」。「土地登記規則」之規定為土地登記之重要依據。

　　民國92年7月29日刪除第76條條文，並修正第5條、第6條、第34條、第40條、第41條、第44條、第51條、第101條、第106條、第119條、第130條、第137條、第146條及第155條等條文。

　　民國92年9月23日修正第12條、第39條、第119條、第135條等條文，並自92年9月1日施行。

　　民國95年6月19日修正發布第19條等28條條文，增訂第122條之1及第133條之1，刪除第134條，並自民國95年6月30日施行。

　　民國96年7月31日修正、刪除及增訂部分條文，並自民國96年9月28日施行。

　　民國98年1月23日因民法物權編之修正，於民國98年7月6日據以修正、增訂及刪除部分條文。

　　民國99年2月3日民法物權編修正，土地登記規則乃於民國99年6月28日隨之修正。

　　民國100年12月12日修正部分條文，並刪除第135條。

　　民國102年8月22日修正部分條文，並增訂第78條之1。

　　民國103年12月25日修正3條條文。

　　民國106年2月14日修正4條條文。

　　民國107年11月16日修正部分條文，並刪除第122條之1。

　　民國108年12月9日修正4條條文。

　　民國110年7月13日修正部分條文，並增訂第70條之1至第70條之7。

三、地籍測量實施規則

　　「地籍測量實施規則」亦係依土地法規定，授權由中央地政機關訂定

（土§47）。民國33年2月12日地政署制定公布施行至今，其間內政部多年來亦曾多次分別作全部或部分條文修正。

　　現行「地籍測量實施規則」共分五編，第一編為「總則」，第二編為「地籍測量」，第三編為「土地複丈」，第四編為「建築改良物測量」，第五編為「附則」。其中第二編「地籍測量」，係對於地籍測量之程序及技術作相關之規定，其測量之成果，為土地登記之標示資料來源。實務上，與「土地登記」息息相關者為第三編之「土地複丈」及第四編之「建築改良物測量」，故有諸多條文之規定，與土地登記規則之條文雷同，甚至相同。

復習問題

1.何謂土地登記法規？試略舉土地登記之重要法規三種。
2.試略述土地法關於土地登記有關之編章架構。
3.現行土地登記規則之章節內容為何？
4.為何土地登記與地籍測量實施規則有關？

第二節　土地登記制度

一、各國土地登記制度

　　世界各國所採行之土地登記制度，約有「契據登記制」、「權利登記制」及「托崙斯登記制」等三種，茲略述如次：

（一）契據登記制度

1.性　質

　　不動產物權之取得或變更，非經登記，不能對抗第三人。至當事人間是否生效，全憑意思表示。登記機關依照契據所載內容，即予登記，故稱為「契據登記制」。法國首先創行此制，採行者有義大利、比利時、西班牙、葡萄牙、丹麥、挪威、日本、巴西等南美若干國家及美國多數州。

2.特　點

　　(1)形式上之審查：如申請登記之手續完備，即依照契據所載內容登記。
　　(2)無公信力：已登記之權利事項，如有他人主張權利，仍應依法定其權利之歸屬，已登記之善意第三人，不得執登記予以對抗。

(3)無強制作用：即採登記自由主義，是否登記由當事人自行決定。

(4)登記簿採取人的編成主義：依土地權利人登記次序之先後編造登記簿，且不發權狀。

（二）權利登記制度

1.性 質

不動產物權之得喪變更，必須經過登記，始生效力，如不登記於登記簿上，即不生土地得喪變更之效力，不僅未能對抗第三人，即當事人間亦不能發生效力。採行此種制度者，有德國、瑞典、荷蘭及第二次大戰前之奧、匈諸國。

2.特 點

(1)實質審查主義：不僅形式審查，並對於權利有無、能力有無、意思眞僞等作實質審查。

(2)有公信力：登記完畢登記簿上記載之事項，即具有絕對的效力。

(3)登記簿採用物的編成主義：即登記簿以權利客體即標的物爲標準，依地號次序編成。

（三）托崙斯登記制度

1.性 質

將土地權利全面性強制登記，並發給權利憑證以替代契據，一經登記之權利，即具有絕對效力。並創設保證基金，專供因登記錯誤所造成之損害賠償，此制度爲澳洲爵士托崙斯所創設，因此爲名。

2.特 點

(1)土地權利登記後，其權利人便享有國家保證之絕對效力。

(2)對於私人所有一切土地權利，均予強制性登記。

(3)對於登記申請案，採行實質審查主義。

(4)已登記之權利，如有移轉變更，均需辦理登記，始生效力。

(5)將所有權歸併爲一種予以登記，並發給權利證書。

(6)所有權以外的其他權利設定，亦需予以登記。

(7)登記如有錯誤或虛僞情事，設有異議制度，以資救濟。

二、我國土地登記制度

我國土地登記係採托崙斯登記制度。綜歸特性有如下幾點：

（一）強制性——即強制登記主義

1.限期申請總登記

依土地法規定，土地總登記，係指於一定期間內就直轄市或縣（市）土地之全部予以辦理登記（土§38II）。如於該一定期間內無人申請登記，或雖有人申請登記而逾期未補繳證明文件者，其土地視為無主土地，依土地法規定，由直轄市或縣（市）地政機關予以公告三十天，公告期滿無人提出異議，即登記為國有土地（土§57、58）。準此，可知私有土地登記具有強制性。

2.限期申請變更登記

已登記之房地產權利如有得喪變更時，應於變更後一個月內申請變更登記，如係繼承登記，得自繼承開始——即死亡時——之日起，六個月內為之。否則每逾一個月，得處應納登記費額一倍之罰鍰，但最高不得超過二十倍（土§73II）。準此，亦可知土地登記具有強制性。

（二）絕對性——即登記生效主義

土地權利，依法律行為而取得、設定、喪失及變更者，依民法之規定，非經登記不生效力（民§758I）。如因繼承、強制執行、徵收、法院之判決或其他非因法律行為，於登記前已取得不動產物權者，應經登記，始得處分其物權（民§759）。於登記完畢後，依土地法規定，具有絕對效力（土§43）。準此，可知土地登記之效力具有絕對性，一般謂之為登記生效主義。

不動產物權經登記者，推定登記權利人適法有此權利。因信賴不動產登記之善意第三人，已依法律行為為物權變動之登記者，其變動之效力，不因原登記物權之不實而受影響（民§759-1）。

（三）任意性——即登記自由主義

由於建物係後天人為產物，誰興建了它，誰就擁有了它，故興建完成，是否辦理所有權第一次登記？何時辦理？由權利人之意願自由決定之，法律無強行規定應辦理登記，此種任意性之登記，係採登記自由主義，為登記強制性之例外。

（四）周延性——即實質審查主義

除作形式審查——即有關申請程序及應備文件之審查外，對於權利主體

——人有關之權利能力、行為能力、意思能力等有無、意思表示之真假及權利客體——物、行為、事實等合法性，均作實質上之審查，符合規定始予登記。故具有相當之周延性，是為實質審查主義。

（五）緩和性——即登記救濟主義

1.判決塗銷

如登記之原因，係無效或得撤銷者，登記完畢後，仍具有絕對之效力，有失立法旨意，是以得依規定循司法程序判決塗銷（土登§7）。

2.核准塗銷

登記證明文件經該主管機關認定係屬偽造或純屬登記機關之疏失而錯誤登記之土地權利，於第三人取得該土地權利之新登記前，登記機關得於報經直轄市或縣（市）地政機關查明核准後塗銷之（土登§144Ⅰ）。

3.更正登記

登記完畢後，如發現登記錯誤或遺漏時，應申請更正登記（土§69）。

4.損害賠償

因登記錯誤、遺漏或虛偽不實造成損害，除該地政機關證明其原因應歸責於受害人外，應由地政機關負賠償責任，如地政機關拒絕賠償，受損害人得向司法機關起訴（土§68）。

因登記具有強制性及絕對性，故對於有失真實性之登記，宜有救濟之途，乃有緩和性之措施。

（六）公告、異議與調處——即公示前置主義

1.公告之登記種類

辦理土地登記程序中，應公告之登記種類為土地總登記、土地所有權第一次登記、建物所有權第一次登記、時效取得登記、權利書狀補給登記及其他法令規定者（土登§53Ⅱ）。

2.公告之意義

公告之意義，在彌補登記審查之不足，期能減少錯誤、遺漏、虛偽或糾紛等情事，使利害關係人得於公告期間提出異議。

3.異　議

(1)土地法第59條規定：

　①土地權利關係人，在公告期間內，如有異議，得向該管直轄市或縣（市）地政機關以書面提出，並應附具證明文件。

②因前項異議而生土地權利爭執時，應由該管直轄市或縣（市）地政機關予以調處，不服調處者，應於接到調處通知後十五日內，向司法機關訴請處理，逾期不起訴者，依原調處結果辦理之。

(2)土地權利關係人於公告期間內提出異議，而生權利爭執事件者，登記機關應於公告期滿後，依土地法第59條第2項規定調處（土登§75）。

（七）應先繳納稅捐──即納稅前置主義

1.納稅前置主義

所謂納稅前置主義，即土地因登記而需繳納之稅捐，應先依法繳納各該稅捐，始得辦理各該土地登記。

2.各稅法之規定

(1)欠繳土地稅之土地，在欠稅未繳清前，不得辦理移轉登記或設定典權（土稅§51 I）。所謂土地稅，分為地價稅、田賦及土地增值稅（土稅§1）。

(2)凡因不動產之買賣、承典、交換、贈與、分割及占有而辦理所有權登記者，地政機關應憑繳納契稅收據、免稅證明或同意移轉證明書，辦理權利變更登記（契稅§23）。

(3)欠繳房屋稅之房屋，在欠稅未繳清前，不得辦理移轉登記或設定典權登記。前項所欠稅款，房屋承受人得申請代繳，其代繳稅額得向納稅義務人求償，或在買價、典價內照數扣除（房稅§22）。

(4)地政機關及其他政府機關，或公私事業辦理遺產或贈與財產之產權移轉登記時，應通知當事人檢附稽徵機關核發之稅款繳清證明書，或核定免稅證明書或不計入遺產總額證明書或不計入贈與總額證明書，或同意移轉證明書之副本；其不能繳附者，不得逕為移轉登記（遺贈稅§42）。

（八）委託代理

1.委託代理人申請

由於民法總則編有代理之規定，是以土地登記得由他人代理申請。土地登記之申請，得出具委託書，委託代理人為之（土§37-1 I）。地政士法於民國90年10月24日制定公布，民國91年4月24日正式施行。專業代理人應具地政士之資格。故「地政士」已替代原有之「土地登記專業代理人」及「代

書」之名稱。

2.代理人之簽名或蓋章

　　由代理人申請者，代理人應於登記申請書或委託書內簽名或蓋章，有複代理人者，亦同（土登§36II）。

3.應附委託書

　　土地登記之申請，委託代理人為之者，應附具委託書；其委託複代理人者，並應出具委託複代理人之委託書。但登記申請書已載明委託關係者，不在此限（土登§37I）。

4.應親自到場核對身分

　　前項代理人或複代理人，代理申請登記時，除法律或本規則另有規定外，應親自到場，並由登記機關核對其身分（土登§37II）。

5.網路申請登記之例外

　　地政士或律師代理以網路申請土地登記，並經憑證確認身分者，得免依第37條第2項規定辦理（土登§70-4）。

6.複代理及登記助理員

　　因法令規定代理人應親自持身分證件送件，但甚多代理人由於表現良好，致業務繁忙，於接待當事人、研究案情、審理案件，已經分身乏術，欲其親自送件，實有困難。因此，乃有複代理之產生。此外，地政士法第29條亦有登記助理員之規定，以協助地政士之送件及領件工作。

7.地政士之考試

　　民國91年以前為特考，民國92年以後改為普考。

(1)應考資格

　　中華民國國民具有下列資格之一者，得應地政士考試：

　　①於公立或依法立案之私立職業學校、高級中學以上學校或國外相當學制以上學校畢業，領有畢業證書。

　　②高等或普通檢定考試及格。

　　③中華民國78年12月29日土地法第37條之1修正公布施行前已從事土地登記專業代理業務，且於修法後仍繼續執業而未取得證照，並有地政機關核發之證明文件。

(2)應考科目（108.4.22考試院修正）

　　①普通科目：國文（作文）。

　　②專科科目：

　　　(A)民法概要與信託法概要。

　　　(B)土地法規。

(C)土地登記實務。

(D)土地稅法規。

三、實價登錄2.0新制與罰則

(一)平均地權條例（110.1.27修正公布）

1.第47條

土地所有權移轉或設定典權時，權利人及義務人應於訂定契約之日起三十日內，檢同契約及有關文件，共同申請土地所有權移轉或設定典權登記，並共同申報其土地移轉現值。但依規定得由權利人單獨申請登記者，權利人得單獨申報其移轉現值。

權利人及義務人應於買賣案件申請所有權移轉登記時，檢附申報書共同向直轄市、縣（市）主管機關申報登錄土地及建物成交案件實際資訊（以下簡稱申報登錄資訊）。

前項申報登錄資訊，除涉及個人資料外，得提供查詢。

已登錄之不動產交易價格資訊，在相關配套措施完全建立並完成立法後，始得為課稅依據。

第2項申報登錄資訊類別、內容與第3項提供之內容、方式、收費費額及其他應遵行事項之辦法，由中央主管機關定之。

直轄市、縣（市）主管機關為查核申報登錄資訊，得向權利人、義務人、地政士或不動產經紀業要求查詢、取閱有關文件或提出說明；中央主管機關為查核疑有不實之申報登錄價格資訊，得向相關機關或金融機構查詢、取閱價格資訊有關文件。受查核者不得規避、妨礙或拒絕。

前項查核，不得逾確保申報登錄資訊正確性目的之必要範圍。

第2項受理及第6項查核申報登錄資訊，直轄市、縣（市）主管機關得委任所屬機關辦理。

本條例中華民國109年12月30日修正之條文施行前，以區段化、去識別化方式提供查詢之申報登錄資訊，於修正施行後，應依第3項規定重新提供查詢。

2.第47條之3

銷售預售屋者，應於銷售前將預售屋坐落基地、建案名稱、銷售地點、期間、戶（棟）數及預售屋買賣定型化契約，以書面報請預售屋坐落基地所在之直轄市、縣（市）主管機關備查。

銷售預售屋者，應於簽訂買賣契約書之日起三十日內，向直轄市、縣

（市）主管機關申報登錄資訊。但委託不動產經紀業代銷者，不在此限。

第1項備查，準用第47條第3項、第6項至第8項及第5項所定辦法之規定；其備查內容及方式之辦法，由中央主管機關定之。

第2項申報登錄資訊，準用第47條第3項、第4項、第6項至第8項及第5項所定辦法之規定。

銷售預售屋或委託不動產經紀業代銷者，向買受人收受定金或類似名目之金額，應以書面契據確立買賣標的物及價金等事項，並不得約定保留出售、保留簽訂買賣契約之權利或其他不利於買受人之事項。

前項書面契據，不得轉售予第三人。

3.第81條之2

違反第47條第2項規定，未共同申報登錄資訊者，直轄市、縣（市）主管機關應令其限期申報登錄資訊；屆期未申報登錄資訊，買賣案件已辦竣所有權移轉登記者，處新臺幣三萬元以上十五萬元以下罰鍰，並令其限期改正；屆期未改正者，按次處罰。經處罰二次仍未改正者，按次處新臺幣三十萬元以上一百萬元以下罰鍰。其含建物者，按戶（棟）處罰。

有下列情形之一者，由直轄市、縣（市）主管機關處新臺幣三萬元以上十五萬元以下罰鍰，並令其限期改正；屆期未改正者，按次處罰。經處罰二次仍未改正者，按次處新臺幣三十萬元以上一百萬元以下罰鍰。其含建物者，按戶（棟）處罰：

(1)違反第47條第2項規定，申報登錄價格資訊不實。

(2)違反第47條之3第2項規定，未依限申報登錄資訊、申報登錄價格或交易面積資訊不實。

有下列情形之一者，由主管機關處新臺幣三萬元以上十五萬元以下罰鍰，並令其限期改正；屆期未改正者，按次處罰：

(1)金融機構、權利人、義務人、地政士或不動產經紀業違反第47條第6項或第47條之3第3項及第4項準用第47條第6項規定，規避、妨礙或拒絕查核。

(2)違反第47條之3第1項規定，未於銷售前以書面將預售屋坐落基地、建案名稱、銷售地點、期間、戶（棟）數及預售屋買賣定型化契約報備查。

有下列情形之一者，直轄市、縣（市）主管機關應令其限期改正；屆期未改正者，處新臺幣六千元以上三萬元以下罰鍰，並令其限期改正；屆期未改正者，按次處罰：

(1)違反第47條第2項規定，申報登錄價格以外資訊不實。

(2)違反第47條之3第2項規定，申報登錄價格及交易面積以外資訊不實。

銷售預售屋者，使用之契約不符合中央主管機關公告之預售屋買賣定型化契約應記載及不得記載事項，由直轄市、縣（市）主管機關按戶（棟）處新臺幣六萬元以上三十萬元以下罰鍰。

有下列情形之一者，由直轄市、縣（市）主管機關按戶（棟）處新臺幣十五萬元以上一百萬元以下罰鍰：

(1)銷售預售屋者，自行銷售或委託代銷，違反第47條之3第5項規定。

(2)預售屋買受人，違反第47條之3第6項規定。

（二）地政士法（110.1.27修正公布）

第26條之1

已登錄之不動產交易價格資訊，在相關配套措施完全建立並完成立法後，始得為課稅依據。

（三）不動產經紀業管理條例（110.1.27修正公布）

1.第24條之1

經營仲介業務者，對於居間或代理成交之租賃案件，應於簽訂租賃契約書之日起三十日內，向直轄市、縣（市）主管機關申報登錄成交案件實際資訊（以下簡稱申報登錄資訊）。

經營代銷業務，受起造人或建築業委託代銷預售屋者，應於簽訂、變更或終止委託代銷契約之日起三十日內，將委託代銷契約相關書件報請所在地直轄市、縣（市）主管機關備查；並應於簽訂買賣契約書之日起三十日內，向直轄市、縣（市）主管機關申報登錄資訊。

前二項申報登錄資訊，除涉及個人資料外，得提供查詢。

已登錄之不動產交易價格資訊，在相關配套措施完全建立並完成立法後，始得為課稅依據。

第1項、第2項申報登錄資訊類別、內容與第3項提供之內容、方式、收費費額及其他應遵行事項之辦法，由中央主管機關定之。

直轄市、縣（市）主管機關為查核申報登錄資訊，得向交易當事人或不動產經紀業要求查詢、取閱有關文件或提出說明；中央主管機關為查核疑有不實之申報登錄價格資訊，得向相關機關或金融機構查詢、取閱價格資訊有關文件。受查核者不得規避、妨礙或拒絕。

前項查核，不得逾確保申報登錄資訊正確性目的之必要範圍。

第1項、第2項受理及第6項查核申報登錄資訊，直轄市、縣（市）主管機關得委任所屬機關辦理。

本條例中華民國109年12月30日修正之條文施行前，以區段化、去識別化方式提供查詢之申報登錄資訊，於修正施行後，應依第3項規定重新提供查詢。

2.第24條之2

經營仲介業務者經買賣或租賃雙方當事人之書面同意，得同時接受雙方之委託，並依下列規定辦理：

(1)公平提供雙方當事人類似不動產之交易價格。

(2)公平提供雙方當事人有關契約內容規範之說明。

(3)提供買受人或承租人關於不動產必要之資訊。

(4)告知買受人或承租人依仲介專業應查知之不動產之瑕疵。

(5)協助買受人或承租人對不動產進行必要之檢查。

(6)其他經中央主管機關為保護買賣或租賃當事人所為之規定。

3.第29條

經紀業違反本條例者，依下列規定處罰之：

(1)違反第7條第6項、第11條、第17條、第19條第1項、第21條第1項、第2項或第22條第1項規定，由直轄市、縣（市）主管機關處新臺幣六萬元以上三十萬元以下罰鍰。

(2)違反第24條之1第2項規定，未依限申報登錄資訊或申報登錄價格、交易面積資訊不實，由直轄市、縣（市）主管機關按戶（棟）處新臺幣三萬元以上十五萬元以下罰鍰，並令其限期改正；屆期未改正者，按次處罰。經處罰二次仍未改正者，按次處新臺幣三十萬元以上一百萬元以下罰鍰。

(3)違反第24條之1第2項規定，未依限將委託代銷契約相關書件報備查，或違反第24條之1第6項規定，規避、妨礙或拒絕查核，或違反第24條之2規定，由主管機關處新臺幣三萬元以上十五萬元以下罰鍰。

(4)違反第12條、第18條、第20條或第27條規定，直轄市、縣（市）主管機關應令其限期改正；屆期未改正，處新臺幣三萬元以上十五萬元以下罰鍰。

(5)違反第24條之1第1項規定，未依限申報登錄資訊、申報登錄租金或面積資訊不實，由直轄市、縣（市）主管機關處新臺幣一萬元以上五萬元以下罰鍰。

(6)違反第24條之1第1項或第2項規定，申報登錄租金、價格及面積以外

資訊不實，直轄市、縣（市）主管機關應令其限期改正；屆期未改正，處新臺幣六千元以上三萬元以下罰鍰。

(7)違反第7條第3項、第4項或第8條第4項規定，直轄市、縣（市）主管機關應予停止營業處分，其期間至補足營業保證金為止。但停止營業期間達一年者，應廢止其許可。

經紀業經依前項第1款、第3款至第6款處罰鍰者，主管機關並應令其限期改正；屆期未改正者，按次處罰。

金融機構、交易當事人違反第24條之1第6項規定，規避、妨礙或拒絕查核者，由主管機關處新臺幣三萬元以上十五萬元以下罰鍰，並令其限期改正；屆期未改正者，按次處罰。

（四）實價登錄2.0新制係依民國110年1月27日修正之平均地權條例第47條、第47條之3及第81條之2之規定辦理，將申報登錄之責任回歸於買賣雙方，申報時間也改為買賣移轉登記時一併申報。該新制經行政院核定於110年7月1日起正式施行

不動產成交案件實際資訊申報登錄及預售屋銷售資訊備查辦法

110.5.4內政部修正

第 1 條　本辦法依平均地權條例第47條第5項、第47條之3第3項及不動產經紀業管理條例第24條之1第5項規定訂定之。

第 2 條　本辦法所稱不動產成交案件，指不動產買賣案件、不動產租賃案件及預售屋買賣案件。

本辦法所稱銷售預售屋者，指預售屋買賣案件中，符合下列規定之一者：

一、預售屋為自建自售者，其預售屋買賣契約出賣人。

二、預售屋採合建、都市更新或都市危險老舊建築物加速重建等方式，由建築業與土地所有權人、原有建物所有權人等相關權利人共同合作開發者，其預售屋建物買賣契約出賣人。

第 3 條　不動產買賣案件應由權利人及義務人共同申報登錄土地及建物成交案件實際資訊，權利人及義務人得協議由一人或他人代理共同申報；其有數人者，亦同。

不動產租賃案件委由不動產經紀業（以下簡稱經紀業）居間或代理成交者，應由經紀業申報登錄；由數經紀業居間或代理者，應由承租人委託之經紀業申報登錄。

預售屋買賣案件應由銷售預售屋者申報登錄。但委託經紀業代銷成交者，受託之經紀業應依其規定申報登錄。

第 4 條　不動產買賣案件申報登錄成交實際資訊之類別及內容如下：

一、交易標的：登記收件年字號、建物門牌、不動產標示、交易筆棟數等資訊。

二、價格資訊：交易總價、車位個數、車位總價及其他經中央主管機關公告之資訊項目。

三、標的資訊：交易日期、土地移轉面積、建物移轉面積、使用分區或編定、建物現況格局、有無管理組織、有無電梯、車位類別、車位面積、車位所在樓層等資訊。

第 5 條　不動產租賃案件申報登錄成交實際資訊之類別及內容如下：

一、交易標的：建物門牌、不動產標示、承租人、租賃筆棟數等資訊。

二、租金資訊：房地租金總額、車位個數、車位租金總額及其他經中央主管機關公告之資訊項目。

三、標的資訊：租賃日期、土地面積、建物面積、使用分區或編定、租賃期間、總樓層數、租賃層次、建築完成年月、主要建材、主要用途、建物現況格局、有無附屬設備、有無管理組織、車位類別、車位面積、車位所在樓層等資訊。

第 6 條　預售屋買賣案件申報登錄成交實際資訊之類別及內容如下：

一、交易標的：不動產標示、編號、筆棟數、建案名稱、買受人、起造人名稱、建造執照核發日期及字號等資訊。

二、價格資訊：不動產交易總價、土地交易總價、建物交易總價、車位個數、車位交易總價及其他經中央主管機關公告之資訊項目。

三、標的資訊：交易日期、土地交易面積、建物交易面積、使用分區或編定、總樓層數、交易層次、主要建材、主要用途、建物格局、車位類別、車位面積、車位所在樓層等資訊。

前項第2款交易總價如係土地與建物分別計價者，應分別登錄；合併計價者，應登錄不動產交易總價。

第 7 條　銷售預售屋者，應於銷售前以書面記明下列資訊，向預售屋坐落基地所在之直轄市、縣（市）主管機關報請備查：

一、預售屋資訊：建案名稱、預售屋坐落基地、銷售地點、銷售期間、銷售戶（棟）數等資訊。

二、預售屋買賣定型化契約。

前項報請備查，得使用電子憑證以網際網路方式為之。

第2條第2項第2款案件之預售屋資訊及買賣定型化契約已由建築業報請

備查者，其他出賣人得免再辦理備查。但其他出賣人使用之買賣定型化契約與建築業不同者，應辦理買賣定型化契約備查。

第1項預售屋資訊及買賣定型化契約內容於備查後有變更時，申報人應於變更之日起十五日內報請變更備查。

直轄市、縣（市）主管機關受理報請備查後，因報送預售屋資訊誤漏，或預售屋買賣定型化契約不符合中央主管機關公告之預售屋買賣定型化契約應記載及不得記載事項者，應通知申報人限期於十五日內改正；屆期未改正者，應停止新增刊登載有預售屋坐落基地、建案名稱或銷售地點之廣告、收受定金或類似名目之金額、簽訂書面契據、簽訂買賣契約之銷售行為。

銷售預售屋者未依第1項規定報請備查，即刊登載有預售屋坐落基地、建案名稱或銷售地點之廣告、收受定金或類似名目之金額、簽訂書面契據、簽訂買賣契約之銷售行為，應依平均地權條例第81條之2第3項第2款規定，於接獲裁處書及限期改正通知書後十五日內改正；屆期未改正，直轄市、縣（市）主管機關應按次處罰並限期於十五日內改正，至完成改正為止。

銷售預售屋者，使用之契約不符合中央主管機關公告之預售屋買賣定型化契約應記載及不得記載事項，直轄市、縣（市）主管機關應依平均地權條例第81條之2第5項規定處罰；其已簽約者，按每份契約所載戶（棟）數處罰。

第 8 條 經紀業經營代銷業務，受起造人或建築業委託代銷預售屋者，應於簽訂、變更或終止委託代銷契約之日起三十日內，檢附委託代銷契約相關書件，向代銷經紀業所在地直轄市、縣（市）主管機關報請備查。

經紀業違反前項規定，應依不動產經紀業管理條例第29條第1項第3款及第2項規定，於接獲裁處書及限期改正通知書後十五日內報請備查；屆期未報請備查，直轄市、縣（市）主管機關應按次處罰並限期於十五日內報請備查，至完成改正為止。

第 9 條 權利人及義務人應填具不動產成交案件實際資訊申報書，於不動產買賣案件申請所有權移轉登記時，檢附申報書共同向直轄市、縣（市）主管機關申報登錄。

權利人及義務人未申報登錄，應依平均地權條例第81條之2第1項規定，於接獲限期申報通知書後七日內申報登錄；屆期未申報登錄，且不動產買賣案件已辦竣所有權移轉登記，直轄市、縣（市）主管機關應按次處罰並限期於十五日內申報登錄，其含建物者按戶（棟）數處罰，至完成申報登錄為止。

第 10 條　經紀業經營仲介業務者，應於簽訂租賃契約書之日起三十日內，填具不動產成交案件實際資訊申報書，向直轄市、縣（市）主管機關或使用電子憑證以網際網路方式申報登錄。

前項經紀業屆期未申報登錄，應依不動產經紀業管理條例第29條第1項第5款及第2項規定，於接獲裁處書及限期申報通知書後十五日內申報登錄；屆期未申報登錄，直轄市、縣（市）主管機關應按次處罰並限期於十五日內申報登錄，至完成申報登錄為止。

第 11 條　銷售預售屋者，應於簽訂預售屋買賣契約書之日起三十日內，填具不動產成交案件實際資訊申報書，向直轄市、縣（市）主管機關或使用電子憑證以網際網路方式申報登錄。但委託經紀業代銷成交者，受託之經紀業應依其規定申報登錄。

前項銷售預售屋者或經紀業屆期未申報登錄，應分別依平均地權條例第81條之2第2項第2款、不動產經紀業管理條例第29條第1項第2款規定，於接獲裁處書及限期申報通知書後十五日內申報登錄；屆期未申報登錄，直轄市、縣（市）主管機關應按次處罰並限期於十五日內申報登錄，至完成申報登錄為止。

第 12 條　直轄市、縣（市）主管機關為查核申報登錄資訊，得向交易當事人、地政士或經紀業要求查詢、取閱、影印有關文件或提出說明。經查核後對於價格資訊疑有不實之案件，得報請中央主管機關向相關機關或金融機構查詢、取閱價格資訊有關文件。受查核者不得規避、妨礙或拒絕。

金融機構、交易當事人、地政士或經紀業違反前項規定，規避、妨礙或拒絕查核者，應依平均地權條例第81條之2第3項第1款或不動產經紀業管理條例第29條第1項第3款、第2項及第3項規定，於接獲裁處書及限期改正通知書後十五日內改正；屆期未改正，主管機關應按次處罰並限期於十五日內改正，至完成改正為止。

第 13 條　直轄市、縣（市）主管機關為查核預售屋資訊及買賣定型化契約，得向銷售預售屋者及受託代銷之經紀業要求查詢、取閱、影印有關文件或提出說明。受查核者不得規避、妨礙或拒絕。

銷售預售屋者或受託代銷之經紀業違反前項規定，規避、妨礙或拒絕查核者，應依平均地權條例第81條之2第3項第1款規定，於接獲裁處書及限期改正通知書後十五日內改正；屆期未改正，主管機關應按次處罰並限期於十五日內改正，至完成改正為止。

第 14 條　權利人及義務人申報登錄不動產買賣案件價格資訊不實，應依平均地權條例第81條之2第2項第1款規定，於接獲裁處書及限期改正通知書後十五日內改正；屆期未改正，直轄市、縣（市）主管機關應按次處罰並

限期於十五日內改正，至完成改正為止。

權利人及義務人申報登錄不動產買賣案件價格以外資訊不實，應依平均地權條例第81條之2第4項第1款規定，於接獲限期改正通知書後十五日內改正；屆期未改正，直轄市、縣（市）主管機關應按次處罰並限期於十五日內改正，至完成改正為止。

第 15 條　經紀業申報登錄不動產租賃案件租金或面積資訊不實，應依不動產經紀業管理條例第29條第1項第5款及第2項規定，於接獲裁處書及限期改正通知書後十五日內改正；屆期未改正，直轄市、縣（市）主管機關應按次處罰並限期於十五日內改正，至完成改正為止。

經紀業申報登錄不動產租賃案件租金或面積以外資訊不實，應依不動產經紀業管理條例第29條第1項第6款及第2項規定，於接獲限期改正通知書後十五日內改正；屆期未改正，直轄市、縣（市）主管機關應按次處罰並限期於十五日內改正，至完成改正為止。

第 16 條　銷售預售屋者或經紀業申報登錄預售屋買賣案件價格或交易面積資訊不實，應分別依平均地權條例第81條之2第2項第2款、不動產經紀業管理條例第29條第1項第2款規定，於接獲裁處書及限期改正通知書後十五日內改正；屆期未改正，直轄市、縣（市）主管機關應按次處罰並限期於十五日內改正，至完成改正為止。

銷售預售屋者或經紀業申報登錄預售屋買賣案件價格或交易面積以外資訊不實，應分別依平均地權條例第81條之2第4項第2款、不動產經紀業管理條例第29條第1項第6款及第2項規定，於接獲限期改正通知書後十五日內改正；屆期未改正，直轄市、縣（市）主管機關應按次處罰並限期於十五日內改正，至完成改正為止。

第 17 條　直轄市、縣（市）主管機關受理不動產成交案件實際資訊之申報登錄、預售屋資訊、買賣定型化契約、委託代銷契約之備查及查核、裁處等作業，得委任所屬機關辦理。

第 18 條　直轄市、縣（市）主管機關受理申報登錄之不動產買賣案件實際資訊，經篩選去除顯著異於市場正常交易價格及特殊交易之資訊並整理後，提供查詢之資訊類別及內容如下：

一、交易標的：土地地號、建物門牌、交易筆棟數等資訊。

二、價格資訊：不動產交易總價、車位個數、車位交易總價等資訊。

三、標的資訊：交易年月、土地移轉面積、建物移轉面積、使用分區或編定、主要用途、主要建材、建築完成年月、總樓層數、移轉層次、建物現況格局、有無管理組織、有無電梯、車位類別、車位面積、車位所在樓層等資訊。

第 19 條　直轄市、縣（市）主管機關受理申報登錄之不動產租賃案件實際資訊，
　　　　　經篩選去除顯著異於市場正常交易租金及特殊交易之資訊並整理後，提
　　　　　供查詢之資訊類別及內容如下：
　　　　　一、交易標的：土地地號、建物門牌、租賃筆棟數等資訊。
　　　　　二、租金資訊：不動產租金總額、車位個數、車位租金總額等資訊。
　　　　　三、標的資訊：租賃年月、土地面積、建物面積、使用分區或編定、主
　　　　　　　要用途、主要建材、建築完成年月、總樓層數、租賃層次、建物現
　　　　　　　況格局、車位類別、車位面積、車位所在樓層、有無管理組織、有
　　　　　　　無附屬設備等資訊。

第 20 條　直轄市、縣（市）主管機關受理申報登錄之預售屋買賣案件實際資訊，
　　　　　經篩選去除顯著異於市場正常交易價格及特殊交易之資訊並整理後，提
　　　　　供查詢之資訊類別及內容如下：
　　　　　一、交易標的：土地地號、建物坐落、交易標的編號、筆棟數、建案名
　　　　　　　稱等資訊。
　　　　　二、價格資訊：不動產交易總價、車位個數、車位交易總價等資訊。
　　　　　三、標的資訊：交易年月、土地交易面積、建物交易面積、使用分區或
　　　　　　　編定、主要用途、主要建材、總樓層數、交易層次、建物格局、車
　　　　　　　位類別、車位面積、車位所在樓層等資訊。

第 21 條　直轄市、縣（市）主管機關受理備查之預售屋資訊及買賣定型化契約，
　　　　　經整理後提供查詢之資訊類別及內容如下：
　　　　　一、預售屋資訊：銷售者名稱、建案名稱、預售屋坐落基地、戶（棟）
　　　　　　　數等資訊。
　　　　　二、預售屋買賣定型化契約。

第 22 條　前四條經整理之資訊，提供查詢或利用之方式如下：
　　　　　一、網路查詢。
　　　　　二、以重製或複製方式提供。
　　　　　前項第1款網路查詢，免收查詢費用。

第 23 條　申請重製或複製第18條至第21條不動產成交案件實際資訊及預售屋銷售
　　　　　備查資訊，依內政部及所屬機關提供政府資訊收費標準收取費用。但經
　　　　　授權於網路下載之資訊，免收費用。

第 24 條　本辦法所需書、表格式，由中央主管機關定之。

第 25 條　本辦法施行日期，由中央主管機關定之。

復習問題

1.何謂契據登記制度？其有何特點？

2.何謂權利登記制度？其有何特點？（80特）

3.何謂托崙斯登記制度？其有何特點？

4.我國土地登記採何種制度？有哪些特點？（86普、89基特、89原特、107基特）

5.登記完畢有何補救方法？

6.公告之意義為何？哪些登記應公告？

7.土地登記之公告，何人得提出異議？何時應提出異議？

8.土地權利關係人於公告期間提出異議，登記機關應如何處理？（83檢、86檢）

9.何謂納稅前置主義？有關稅法之規定為何？

10.何謂強制登記主義？何謂登記自由主義？

11.何謂形式審查？何謂實質審查？（86升、87普、88檢、109基特三）我國土地登記制度採何種審查性質？（90檢）

12.何謂土地登記專業代理人？其資格之取得為何？

13.設置土地登記之專業代理人之目的為何？土地登記之專業代理人應具備哪些專業法規知識？（82檢）

第三節　土地登記之定義及要素

一、土地登記之定義

（一）法定之定義

　　所謂土地登記，係指土地及建築改良物之所有權及他項權利之登記（土§37，土登§2）。

（二）事實之定義

1.土地登記亦有謂為房地產登記

　　土地登記之標的物，非僅是土地而已，尚包括建築改良物。所謂建築改良物，係指附著於土地之建築物或工事（土§5II）。該建築改良物亦即一般

所謂之房屋，故「土地登記」亦有謂爲「房地產登記」。

2.土地登記亦包含標示登記

由於土地登記簿及建築改良物登記簿，除區分所有建築物之共用部分之登記簿僅建立標示部及附表外，應分「標示部」、「所有權部」及「他項權利部」等三大部分（土登§16）。因此，所謂土地登記，係指土地及建築改良物之所有權及他項權利之登記，實際上是遺漏了「標示部」之登記。故所謂土地登記，實際係指土地及建築改良物之標示及權利之登記。如此定義，似較爲周延。

（三）詳細之定義

1.依一定程序辦理登記

土地登記，須由人民申請，或由政府機關或法院以囑託公文書囑託登記，或由登記機關依職權逕爲登記，而登記機關辦理登記時，應依規定程序登記於登記簿。

2.確實之定義

基於前面所述，所謂土地登記，其確實之定義，應係指經由人民之申請，或由政府機關或法院之囑託，或由登記機關依據其職權，將土地或建築改良物之標示及權利或其他事項等有關資料，依一定程序登記於土地登記簿或建築改良物登記簿，以確保人民財產權益，並作爲土地行政、稅務行政及其他行政之依據。

二、土地登記之要素

由土地登記之定義可知土地登記之要素爲「人」、「物」、「權利」及「原因」，茲略述如下：

（一）人

有關權利人之身分資料，諸如姓名（或法人名稱）、出生日期、統一編號、住址及權利範圍均應予以登記。

（二）物

土地登記之物，爲土地及建築改良物二種，有關物本身之資料謂之爲「標示」，故有「土地標示」及「建築改良標示」。

1.土地標示

(1)土地登記之標示，係登記於土地登記簿之標示部。

(2)標示部所登記之土地標示資料，有登記日期、登記原因、面積、使用分區、使用地類別、當年期公告現值、地上建築物建號、其他登記事項──如重測前或重劃前之地段地號。

(3)土地標示變更登記：土地如分割、合併、地目變更、分區使用或編定使用種類變更等，均應辦理土地標示變更登記。

2.建物標示

(1)建築改良物登記之標示，係登記於建築改良物登記簿之標示部。

(2)標示部所登記之建物標示資料，有登記日期、登記原因、建物門牌、基地坐落、主要用途、主要建材、層數、層次、面積、建築完成日期、其他登記事項。

(3)建物標示變更登記：建物如分割、合併、門牌變更、基地坐落地號變更、主要用途變更等，均應辦理建物標示變更登記。

（三）權　利

1.土地登記之兩大權利

由土地登記定義，可知土地登記之權利為所有權及他項權利等兩大權利。各該權利，為民法物權編所規定之物權。

2.物權法定及習慣主義與法定物權種類

(1)法定及習慣主義

民法規定，物權除依法律或習慣外，不得創設（民§757）。

(2)權利種類

①土地所有權以外設定他項權利之種類，依民法之規定（土§11）。

②依民法物權編規定，土地權利計有所有權、抵押權、地上權、99年2月3日前之永佃權、不動產役權、農育權、典權及依習慣形成之物權等八種。此外，尚有耕作權（土§133），因此，土地登記之權利總共有九種，除所有權外，其他八種權利，通稱為他項權利。

(3)所有權之登記

①土地所有權，係登記於土地登記簿之所有權部。建物所有權，係登記於建築改良物登記簿之所有權部。

②所有權部所登記之資料，有主登記次序、登記原因、登記日期、原因發生日期、所有權人姓名、統一編號、住址、權利範圍、權狀字號、申報地價、其他登記事項──例如查封、假扣押等限制登記。

③所有權如有取得、移轉、喪失或變更,均應於所有權部辦理有關登記(土登§4I)。

(4)他項權利之登記

①他項權利,即是所有權以外之其他權利,計有地上權、99年2月3日前之永佃權、不動產役權、農育權、典權、抵押權、耕作權等七種權利。此外,尚有依習慣形成之物權(土登§4I)。

②他項權利中,不動產役權、典權與抵押權之設定標的物,可能是土地或建物。至於地上權、永佃權、農育權及耕作權等之設定標的物,則僅為土地,亦即建物不能設定地上權、永佃權、農育權及耕作權。

③他項權利登記於土地登記簿或建築改良物登記簿之他項權利部。

④他項權利部所登記之資料,有主登記次序、權利種類、權利標的、登記次序、收件年期及字號、登記日期、權利人姓名、統一編號、地址、權利範圍、權利價值、存續期間、清償日期、利息或地租、遲延利息、違約金、義務人、債務人及共同擔保。

⑤他項權利如有設定、移轉、喪失或變更,均應於他項權利部辦理有關登記(土登§4I)。

⑥土地權利名稱與前項第1款至第8款名稱不符,而其性質與其中之一種相同或相類者,經中央地政機關審定為前項第1款至第8款中之某種權利,得以該權利辦理登記,並添註其原有名稱(土登§4II)。

(四)原 因

土地登記之原因,有屬於法律行為者,亦有屬於法律事實者,並分別採取不同之登記主義。

1.非經登記不生效力——登記生效主義

不動產物權,依法律行為而取得、設定、喪失及變更者,非經登記不生效力(民§758I)。由此可知不動產物權以登記為準,如買賣房地產,如僅係簽約而未辦理買賣移轉登記,該買賣契約固然發生法律上之效力,惟買方僅取得物權移轉之請求權而已,並非簽訂買賣契約,即取得所有權,買方如欲取得所有權,就必須完成所有權登記。執是,即為「登記生效主義」。

2.非經登記不得處分——登記宣示主義

因繼承、強制執行、徵收、法院之判決或其他非因法律行為,於登記前

已取得不動產物權者，應經登記，始得處分其物權（民§759）。如繼承，於被繼承人死亡時，其合法繼承人即取得遺產之所有權，惟應完成繼承登記，始可處分移轉所有權登記，即為「登記宣示主義」。

3.應登記之情形

(1)由於前述民法之規定，因此土地法規定，土地總登記後，土地權利有移轉、分割、合併、設定、增減或消滅時，應為變更登記（土§72）。

(2)土地登記規則第4條亦隨之規定，土地權利之取得、設定、移轉、喪失或變更，應依本規則辦理登記。

4.土地登記之原因

(1)登記原因

由前述民法、土地法及土地登記規則等規定，土地登記之原因為取得、移轉、分割、合併、設定、增減、變更或消滅。各該登記原因，可因實務上之狀況而更加細分。因此，中央地政主管機關訂頒「登記原因標準用語」，以資實用。

(2)登記原因證明文件

①申請登記，應提出原因證明文件（土登§34）。因此，申請土地登記時，應依登記原因之不同，提出各種原因證明文件，例如買賣應提出買賣契約書、設定應提出設定契約書。

②依法與法院確定判決有同一效力之登記原因證明文件：登記原因證明文件為依法與法院確定判決有同一效力者，例如：

(A)法院之調解、和解筆錄（民訴§380、416）。

(B)依仲裁法所為之仲裁判斷、調解或和解書（仲裁§44、45）。

(C)依鄉鎮市調解條例所為之調解，經法院核定之調解書（鄉鎮調§27）。

復習問題

1.何謂土地登記（87原特）？現行土地登記之定義是否周延？登記之範圍為何？（86基特）其要素又為何？

2.何謂土地標示？何謂建物標示？（84檢）

3.土地登記之權利有哪些？何謂物權法定主義？

4.何謂他項權利？（80特）土地登記之權利與法律關係所指者為何？（90特）

5.何謂登記生效主義？何謂登記宣示主義？

6.何種情形應辦理登記？

7.土地登記之原因為何？登記原因證明文件為何？

8.依法與法院確定判決有同一效力者之登記原因證明文件為何？

9.土地登記應登記之範圍，有關法律關係所包括之法律行為與法律事實，其內容為何？並請舉例說明之。（105普）

第四節　土地登記之分類

依土地登記之定義，可將土地登記大致分成土地所有權登記、建物所有權登記、土地他項權利登記及建物他項權利登記等四種。惟根據登記原因之不同、房地產之不同以及權利義務主體——人之不同，可細分更多種類之登記，茲分述如次：

一、所有權登記

（一）依土地之不同而分：有農地所有權登記、工業用地所有權登記、一般土地所有權登記等等。

（二）依登記性質之不同而分：有土地總登記、土地所有權移轉登記、土地所有權消滅登記、土地所有權塗銷登記或回復登記。

（三）依登記原因之不同而分：有土地買賣、繼承、交換、贈與、拍賣、標售、共有物分割等移轉登記，有土地流失、坍沒、侵蝕等消滅登記。

（四）依權利主體——人之不同而分：有本國人及外國人之土地所有權登記，有自然人及法人之土地所有權登記，有無行為能力人、限制行為能力人及有行為能力人之土地所有權登記。

二、他項權利登記

（一）依土地之不同而分：有農地他項權利登記，有農地以外之一般土地他項權利登記。

（二）依登記性質之不同而分：有土地他項權利設定登記、移轉登記、權利內容變更登記、塗銷登記及消滅登記。

（三）依登記原因之不同而分：有買賣、贈與及繼承、交換等登記，有標的

物增減、期限伸縮、利息有無……權利內容變更登記，有拋棄、清償……全部或部分之塗銷登記。
（四）依權利種類之不同而分：有抵押權登記、地上權登記、典權登記、永佃權登記、不動產役權登記及耕作權登記。

三、其他登記

（一）標示變更登記：如土地或建物經過合併、分割、門牌號及基地號變更等等，均需辦理標示變更登記。
（二）權利書狀補給或換給登記：如所有權狀或他項權利證明書有遺失時，應辦理補給登記，有破損時，應辦理換給登記。
（三）更名登記或管理人變更登記：如所有權人或他項權利人之姓名變更，其他更名時，均應辦理變更登記。
（四）更正登記：如登記錯誤或遺漏，均應申請更正登記。
（五）限制登記：所謂限制登記，係限制登記名義人——即已經辦妥登記之所有權人或他項權利人，處分其土地權利所為之登記。此種限制登記，有預告登記、查封、假扣押、假處分或破產登記及其他依法律所為禁止處分之登記。
（六）塗銷登記或消滅登記。
（七）住址變更登記。
（八）土地權利信託登記。

復習問題

1.土地登記可有哪些分類？
2.試略述土地所有權登記可如何分類。
3.他項權利登記種類為何？
4.所有權及他項權利以外之其他登記有哪些？

第五節 土地登記之機關及規範

一、登記機關

(一)法規之規定

1.土地登記,由直轄市或縣(市)地政機關辦理之。但各該地政機關得在轄區內分設登記機關,辦理登記及其他有關事項(土§39)。

2.依土地登記規則第3條規定:

(1)土地登記,由土地所在地之直轄市、縣(市)地政機關辦理之。但該直轄市、縣(市)地政機關在轄區內另設或分設登記機關者,由該土地所在地之登記機關辦理之。

(2)建物跨越二個以上登記機關轄區者,由該建物門牌所屬之登記機關辦理之。

(3)直轄市、縣(市)地政機關已在轄區內另設或分設登記機關,且登記項目已實施跨登記機關登記者,得由同直轄市、縣(市)內其他登記機關辦理之。

(4)經中央地政機關公告實施跨直轄市、縣(市)申請土地登記之登記項目,得由全國任一登記機關辦理之。

跨直轄市縣(市)收辦土地登記案件作業要點

109.5.22內政部訂定

一、為加強便民服務,辦理跨直轄市、縣(市)土地登記,以提升地政業務之便利與效能,特訂定本要點。

二、本要點用詞定義如下:

(一)管轄所:跨直轄市、縣(市)土地登記案件標的所在地之管轄登記機關。

(二)受理所:受理非管轄區跨直轄市、縣(市)土地登記案件之登記機關。

(三)跨直轄市、縣(市)土地登記案件:受理所依本要點辦理他直轄市、縣(市)之土地登記案件。

三、本要點適用之登記項目、處理期限及其實施日期,由中央地政機關公告實施。

四、跨直轄市、縣(市)土地登記案件,得向任一登記機關臨櫃申請。

前項登記案件有下列情形之一,不予受理。但經申請人同意,得改以跨直轄市、縣(市)代收地政類申請案件方式處理:

（一）檢附資料為重測、重劃、逕為分割前之原權利書狀。

（二）登記名義人為無統一編號或統一編號為流水編。

（三）屬祭祀公業條例或地籍清理條例公告清理之標的。

（四）土地或建物所有權部其他登記事項欄註記有欠繳相關費用情形。

（五）金融機構之委託書及印鑑證明文件未送受理所存查。

（六）屬信託財產之標的。

五、登記機關受理跨直轄市、縣（市）土地登記案件時，應依土地登記規則第53條規定程序辦理。

　　跨直轄市、縣（市）土地登記案件之收件字及其代碼，由中央地政機關統一訂定。

六、跨直轄市、縣（市）土地登記案件之登記規費由受理所計收，不予拆分，並依預算程序辦理。因逾期申請登記所生之罰鍰裁處、催繳與移送執行相關事宜，亦同。

　　前項已繳之登記規費及罰鍰應予退還者，由受理所辦理。

　　第1項登記案件經駁回或撤回後重新申請登記，經其他登記機關受理者，應另行計收登記規費。但申請人援用已繳納之登記規費，應由原登記申請案受理所辦理。

七、受理所相關作業人員辦理跨直轄市、縣（市）土地登記案件，應先取得土地登記複丈地價地用電腦作業系統WEB版（以下簡稱地政整合系統）之跨所權限，於申請權限內使用，各登記機關並應依實際情形定期檢討清理作業人員之權限。

八、跨直轄市、縣（市）土地登記案件經審查後，有應補正、駁回情形者，補正通知書及駁回通知書應註明受理所全銜、電話及地址等資料。駁回通知書應註明不服處分時，以受理所為原處分機關循序提起救濟。

九、跨直轄市、縣（市）土地登記案件應發給權利書狀者，由受理所產製列印並鈐蓋受理所機關印信及其首長職銜簽字章。

十、跨直轄市、縣（市）土地登記案件，由受理所保存，並按土地所在地之直轄市、縣（市）別裝訂成冊。

十一、審查跨直轄市、縣（市）土地登記案件有下列情形之一，受理所應填具「登記機關受理跨所登記調案單」（附件一，省略），陳核後以跨域代收簽收系統之調案管理功能傳送管轄所或原登記申請案受理所於一日內查復：

（一）未能於相關系統查詢之人工登記簿資料。

（二）需調閱原登記申請案參考。

（三）電子處理作業前之異動清冊。

（四）其他檔案資料。

因前項系統異常無法傳送，得改以傳真、電子郵件或公文交換方式辦理。

十二、申請閱覽、抄寫、複印或攝影跨直轄市、縣（市）土地登記申請書及其附件，由原登記申請案受理所辦理。

十三、跨直轄市、縣（市）土地登記案件登記完畢後，如有登記錯誤或遺漏，由該案件受理所依土地法第69條規定辦理。

前項登記案件涉及土地登記損害賠償者，以受理所為窗口。如能證明係管轄所提供資料疏誤所致，管轄所應適度分擔賠償責任。分擔之比例或數額，由受理所與管轄所自行協議，協議不成者，由其直轄市、縣（市）政府協商決定。

十四、登記機關收受土地登記異議書件，應以地政整合系統查詢異議標的有無登記案件受理中，並依下列方式處理：

（一）查無登記收件資料，且收受異議者非異議標的之管轄所，應填具聯繫單（附件二，省略），即時以跨域代收簽收系統之異議聯繫功能及電話通知管轄所，並將異議書件以公文移由管轄所處理及副知異議人。

（二）異議標的已有登記案件受理中，應填具聯繫單，以跨域代收簽收系統之異議聯繫功能及電話通知該案件受理所與管轄所，並將異議書件以公文移由受理所處理，與副知異議人及管轄所。

管轄所接獲前項通知，應即配合於地政整合系統辦理特殊地建號之異議管制。

民眾同時向數登記機關聲明異議，登記機關除依前二項辦理外，並按下列方式處理：

（一）經向管轄所聯繫查得其已收受相同異議書，且尚無登記機關受理異議標的登記案件，由管轄所統一回復異議人，無需另行移送異議書件。

（二）異議標的已有登記案件受理中，經向該案件受理所聯繫查得其已收受相同異議書，由受理所統一回復異議人並副知管轄所，無需另行移送異議書件予受理所。

十五、直轄市、縣（市）政府宜視情形啟動所轄登記機關之人力相互支援機制，妥適調配人力。

3.公告跨直轄市、縣（市）申請土地登記之登記項目及其處理期限、實施或試辦日期（內政部109.5.22台內地字第10902624265號）：

(1)跨直轄市、縣（市）申請土地登記之登記項目如下，其中第1項至第7項自109年7月1日起實施，第8項至第10項自109年7月1日至110年6月30日試辦一年：

①住址變更登記。

　　②更名登記（以戶政機關有更名記事者為限）。
　　③書狀換給登記（以一般權利書狀損壞申請書狀換給者為限）。
　　④門牌整編登記。
　　⑤更正登記（以姓名、出生日期、國民身分證統一編號、住址或門牌等錯誤，經戶政機關更正有案者為限）。
　　⑥預告登記。
　　⑦塗銷預告登記。
　　⑧拍賣登記（不包括權利人或義務人為外國人或大陸地區人民、法人、團體、其他機構或陸資公司）。
　　⑨抵押權塗銷登記（以抵押權人為金融機構為限）。
　　⑩抵押權設定、內容變更及讓與登記（以權利人為金融機構為限）。
　(2)前揭登記項目之處理期限如附表（省略）。
　(3)本公告另刊載於本部地政司全球資訊網（網址https://www.land.moi.gov.tw）。
4.公告延長跨直轄市、縣（市）申請土地登記之登記項目試辦日期（內政部111.6.22台內地字第1110263656號）：
　(1)跨直轄市、縣（市）申請土地登記之登記項目及其處理期限、實施或試辦日期，前經本部109年5月22日台內地字第10902624265號及110年6月8日台內地字第1100263097號公告在案。為持續提供跨域便民服務，原訂自109年7月1日至111年6月30日試辦之下列登記項目，延長試辦至113年6月30日：
　　①拍賣登記（不包括權利人或義務人為外國人或大陸地區人民、法人、團體、其他機構或陸資公司）。
　　②抵押權塗銷登記（以抵押權人為金融機構為限）。
　　③抵押權設定、內容變更及讓與登記（以權利人為金融機構為限）。
　(2)本公告另刊載於本部地政司全球資訊網（網址https://www.land.moi.gov.tw）。

（二）地政事務所之組織

　　目前登記機關之名稱為「地政事務所」，直轄市或縣（市）之「地政事務所」均有其「組織規程」，分別規定其「組織」及「職掌」。

二、土地登記之規範

（一）土地登記之電腦處理系統規範

1.土地登記得以電腦處理，其處理之系統規範由中央地政機關定之（土登§5I）。
2.土地登記以電腦處理者，其處理方式及登記書表簿冊圖狀格式，得因應需要於系統規範中另定之（土登§5II）。

（二）登記完畢之定義

1.土地權利經登記機關依本規則登記於登記簿，並校對完竣，加蓋登簿及校對人員名章後，為登記完畢（土登§6I）。
2.土地登記以電腦處理者，經依系統規範登錄、校對，並異動地籍主檔完竣後，為登記完畢（土登§6II）。

（三）登記完畢後塗銷之限制

1.登記完畢後，即發生絕對效力（土§43）。因此，不得輕易塗銷。依土地登記規則第7條規定，依本規則登記之土地權利，除本規則另有規定外，非經法院判決塗銷確定，登記機關不得為塗銷登記。
2.依前述規定，土地登記完畢後，如欲塗銷登記，只有兩種情形：
   (1)應經法院判決塗銷確定。
   (2)應依土地登記規則之規定，例如申請人依規定申請塗銷登記（土登§143）；有規定之情形，登記機關於報經直轄市或縣（市）地政機關查明核准後塗銷之（土登§144）。又如預告登記之塗銷，應提出原申請人之同意書（土登§146）。

（四）權利次序

1.權利次序影響權利先後，如第一順位、第二順位抵押權。
2.同一土地為他項權利登記時，其權利次序，除法律另有規定外，應依登記之先後。但於土地總登記期限內申請登記者，依其原設定之先後（土登§9）。

（五）主登記及附記登記次序

1.主登記之次序，應依登記之先後。附記登記之次序，應依主登記之次

序。但附記登記各依其先後（土登§8Ⅱ）。

2.主登記：指土地權利於登記簿上獨立存在之登記（土登§8Ⅰ），例如所有權之取得、喪失或他項權利設定、喪失之登記。

3.附記登記：係附屬於主登記之登記（土登§8Ⅰ），亦即主登記以外之登記，例如住所變更登記、權利書狀換給或補給登記等是。

（六）建物登記之前提

土地上已有建物者，應於土地所有權完成總登記後，始得為建物所有權登記（土登§10）。

（七）他項權利或限制登記之前提

未經登記所有權之土地，除法律或本規則另有規定外，不得為他項權利登記或限制登記（土登§11）。

（八）登記錯誤或遺漏之定義

1.因登記錯誤、遺漏或虛偽致受損害者，由該地政機關負損害賠償責任。但該地政機關證明其原因應歸責於受害人時，不在此限（土§68Ⅰ）。

2.登記人員或利害關係人，於登記完畢後，發現登記錯誤或遺漏時，非以書面申請該管上級機關查明核准後，不得更正。但登記錯誤或遺漏，純屬登記人員記載時之疏忽，並有原始登記原因證明文件可稽者，由登記機關逕行更正之（土§69）。

3.土地法第68條第1項及第69條所稱登記錯誤，係指登記事項與登記原因證明文件所載之內容不符者，所稱遺漏，係指應登記事項而漏未登記者（土登§13）。

（九）依法與確定判決有同一效力之準用

1.登記原因證明文件為依法與法院確定判決有同一效力者，於第27條第4款、第30條第1款、第35條第3款、第100條、第119條第5項、第141條第1項第2款及第2項之規定準用之（土登§12）。

2.因各該條文均規定為確定判決文件，為杜法條適用上之爭議，登記原因證明文件既為依法與法院確定判決有同一效力者，於登記時自得準用。

復習問題

1.試略述土地登記之機關。

2.何謂登記完畢？（88檢、91檢、92檢、107原四、109專普）登記完畢後塗銷之限制爲何？（81檢、85檢）

3.如何決定權利次序？

4.何謂主登記？（87普、108原四）何謂附記登記？（92檢、107普、108原四）其登記次序如何決定？（84檢）

5.建物登記之前提爲何？他項權利及限制登記之前提又爲何？

6.登記錯誤或遺漏之定義爲何？如何補救？（85檢、90基特、91檢、109基特三）

7.何謂主登記與附記登記，其次序應如何認定？抵押權移轉登記，究應依主登記或附記登記登載？試說明之。（90特）

8.土地登記之意義與目的。（107原四）

第二章

登記書表簿冊圖狀

第一節　法規之規定

　　土地登記之申請及辦理，需使用頗多之書表簿冊圖狀。為求一致性，各該登記書表簿冊圖狀，土地登記規則第二章特設專章規範。

一、登記機關應備之登記書表簿冊圖狀

　　登記機關應備下列登記書表簿冊圖狀（土登§14）：
　　（一）登記申請書。
　　（二）登記清冊。
　　（三）契約書。
　　（四）收件簿。
　　（五）土地登記簿及建物登記簿。
　　（六）土地所有權狀及建物所有權狀。
　　（七）他項權利證明書。
　　（八）地籍圖。
　　（九）地籍總歸戶冊（卡）。
　　（十）其他必要之書表簿冊。

二、格式及填載須知之訂定

　　登記書表簿冊圖狀之格式及其填載須知，由中央地政機關訂定（土登§156），另土地法施行法亦規定，土地登記書表簿冊格式及尺幅，由中央地政機關定之（土施§17）。

三、書表圖簿之保存年限

（一）保存十五年

　　1.收件簿、登記申請書及其附件，除土地所有權第一次登記案件應永久保存外，應自登記完畢之日起保存十五年（土登§19Ⅰ）。
　　2.前項文件之保存及銷毀，由登記機關依檔案法相關規定辦理（土登§19Ⅱ）。

（二）永久保存

1.登記簿及地籍圖由登記機關永久保存之。除法律或中央地政機關另有規定或為避免遭受損害外，不得攜出登記機關（土登§20）。

2.建物測量圖及建物測量成果圖由地政事務所永久保管（地測§277）。

四、申請抄錄或影印

（一）擴大範圍

　　申請抄錄或複印登記申請書及其附件者，除原登記申請人或其繼承人外，因該登記案件而涉訟（如調解、仲裁或行政救濟）之當事人或其代理人亦有申請查閱之必要。又民眾欲申請使用執照影本者，應向原核發使用執照之主管機關申請補發，惟常因基地號不符、地址不符或檔案喪失等原因遭致駁回。且大部分建物係由起造人（多為建設公司）申辦建物所有權第一次登記，每因經多次移轉致現所有權人已非原申請人，基於建築改良物使用執照係該「建物」之原始證件，而非原申請人之身分證件，尚無涉及原申請人隱私之處，為求簡政便民，於土地登記規則修正時，乃均納入得申請之範圍。

（二）申請人

　　申請閱覽、抄寫、複印或攝影登記申請書及其附件者，以下列之一者為限（土登§24）：

1.原申請案之申請人、代理人。

2.登記名義人。

3.與原申請案有利害關係之人，並提出證明文件。

（三）申請方式

　　申請提供土地登記及地價資料，其資料分類及內容如下（土登§24-1）：

1.第一類：顯示登記名義人全部登記資料。

2.第二類：隱匿登記名義人之出生日期、部分姓名、部分統一編號、債務人及債務額比例、設定義務人及其他依法令規定需隱匿之資料。但限制登記、非自然人之姓名及統一編號，不在此限。

3.第三類：隱匿登記名義人之統一編號、出生日期之資料。

前項第2款資料，得依登記名義人之請求，隱匿部分住址資料。但為權

利人之管理人及非自然人，不適用之。

　　登記名義人或其他依法令得申請者，得申請第1項第1款資料；任何人得申請第1項第2款資料；登記名義人、具有法律上通知義務或權利義務得喪變更關係之利害關係人得申請第1項第3款資料。

　　土地登記及地價資料之申請提供，委託代理人為之者，準用第37條第1項規定。

核發土地登記及地價資料謄本注意事項

104.1.9內政部訂定

一、為規範登記機關核發土地登記及地價資料謄本（以下簡稱謄本）作業，並符合個人資料保護法及土地登記規則第24條之1（以下簡稱本法條）規定，特訂定本注意事項。

二、本法條第1項第2款所稱部分姓名，指顯示第一個字，其餘均隱匿；部分統一編號，指顯示前四碼及最後一碼，其餘均隱匿。

　　本法條第1項第3款利害關係人申請之第三類謄本之表頭，應註明利害關係人之姓名或名稱。

　　本法條第1項謄本之表尾，應註明本謄本之處理及利用，申請人應注意依個人資料保護法第5條、第19條、第20條及第29條規定辦理字樣。

三、本法條第2項登記名義人請求隱匿部分住址資料，應檢附申請書及身分證明文件，向土地所在地之登記機關，或以自然人憑證於網路提出申請。

　　前項所稱部分住址資料，指顯示至段（路、街、道），或前六個中文字，其後資料均隱匿。

　　直轄市、縣（市）地政機關已在轄區內另設或分設登記機關者，得由同直轄市、縣（市）內其他登記機關受理第1項登記名義人之申請。

　　申請人所有之土地權利分屬不同直轄市、縣（市）之登記機關管轄者，以同一直轄市、縣（市）為單位，分別填備第1項應附文件，交由第1項受理登記機關查核後轉交土地所在地登記機關辦理。

四、本法條第3項之利害關係人申請資格、範圍及應檢附之證明文件如下：

（一）依土地法第34條之1規定就共有不動產處分、變更或設定地上權、農育權、不動產役權或典權之共有人：得申請同一地（建）號之他共有人之謄本，並檢附切結書或契約書正本。但區分所有建物之基地為共有者，不適用之。

（二）依民法第823條第1項或第824條第1項規定請求分割共有不動產之共有人：得申請同一地（建）號之他共有人之謄本，並檢附切結書正本。但區分所有建物之基地為共有者，不適用之。

（三）依民法第426條之2、第919條或土地法第104條規定出賣基地或房屋之所有權

人：基地所有權人，得申請建物所有權人、地上權人、典權人之謄本，並檢附買賣契約書正本；房屋所有權人，得申請基地所有權人之謄本，並檢附最近一期之房屋稅繳款書、稅籍證明或設籍之戶籍證明文件等及買賣契約書正本。但房屋已辦理登記者，僅檢附買賣契約書正本。

（四）依農地重劃條例第5條規定出售耕地之所有權人：得申請同一地號之他共有人、毗連耕地之所有權人之謄本，並檢附買賣契約書正本。

（五）公寓大廈管理委員會主任委員或管理負責人：得申請同一公寓大廈所有權人之謄本，並檢附主管機關同意備查文件（有註明主任委員或管理負責人者）及公寓大廈管理組織報備證明或其他足資證明之文件正本，於申請書並應載明執行之法令依據。

（六）都市更新單元內所有權人、都市更新籌備會（小組）代表人或（預定）實施者：得申請同一更新單元範圍內及其毗鄰土地之所有權人之謄本，並依下列規定辦理：

　1.所有權人：檢附擬劃定或已劃定更新單元內土地及建物登記簿所載所有權人數均超過十分之一之所有權人同意書或所持有土地及建物面積均超過總登記面積十分之一之所有權人同意書（載明更新單元範圍、土地及建物登記面積及全體土地及建物所有權人數）。

　2.都市更新籌備會（小組）代表人：檢附直轄市、縣（市）主管機關核准籌組文件正本，並載明更新單元範圍。

　3.都市更新（預定）實施者：檢附受各級主管機關委託之委託書、都市更新會立案證書、都市更新事業概要核准文件（有註明預定實施者）或都市更新事業計畫核定文件正本，並載明更新單元範圍。

（七）債權人：得申請債務人之謄本，並檢附法院核發之債權憑證正本。但已設定抵押權者，免附債權憑證正本。

（八）訴訟繫屬中之當事人：得申請相對人之謄本，並檢附法院發給已起訴證明等相關證明文件正本。

（九）其他經目的事業主管機關或登記機關認定具有法律上通知義務或權利義務得喪變更之關係者：得申請相對人之謄本，並檢附相關證明文件正本。

前項利害關係人得向任一登記機關臨櫃提出申請，並於申請書載明所繫利害關係或法律依據。

第1項利害關係人所檢附證明文件之正本，於查驗後發還，並影印或掃描附案；無法檢附證明文件正本者，得於申請書內切結事由，並檢附與正本相符之影本申請之。

五、因強制執行事件或法院訴訟需要，持憑法院通知文件得申請第一類謄本。

前項謄本表尾註明本謄本僅供法院使用字樣。

六、申請土地、建物異動索引、異動清冊，以下列各款者為限：

（一）原登記申請案之申請人、代理人。

（二）登記名義人。

（三）與原申請案有利害關係之人，並提出證明文件。

　　　前項第3款利害關係人，應向保存原登記申請案之登記機關臨櫃提出申請。

　　　第1項異動索引，經隱匿權利人部分姓名，得由任何人申請之。

　　　第1項異動清冊，如登記原因為地籍圖重測、土地重劃、區段徵收、徵收、地籍整理、截止記載、權利變換、行政區域調整、段界調整或逕為分割，不得以整案申請。

　　　第1項異動清冊未提供於網路申請者，申請人僅得向土地所在地之登記機關申請核發。

七、申請人申請提供本法條資料，除第4點、第6點及第9點另有規定外，均得向任一登記機關臨櫃或以網路提出申請。

　　登記機關受理申請時，應當場核對到場之申請人、代理人或複代理人之身分。但以網路申請者，得以自然人憑證、工商憑證或其他得確認身分之方式提出申請。

　　前項到場之申請人、代理人或複代理人，應出具登載姓名、國民身分證統一編號並貼有照片之國民身分證、駕駛執照或全民健康保險卡等由政府機關核發之證明文件正本。

　　前項身分證明文件，登記機關經核對無誤後發還。但以網路申請者，應記錄相關申請資訊。

八、登記機關受理第4點及第6點之申請，申請標的位於其他登記機關轄區，有確認申請標的之需要者，得向轄區之登記機關聯繫確認。

　　各登記機關應建立跨所申請謄本聯繫窗口。

九、所有權人及他項權利人之繼承人得向任一登記機關臨櫃申請各類謄本，並應檢附登記名義人之戶籍資料及證明為民法第1138條規定之法定繼承人之一或其他足資證明為繼承人之證明文件正本。登記機關應查驗後正本發還並影印或掃描附案。

　　前項戶籍資料，登記機關得以電腦查詢者，免附。

十、登記名義人之統一編號為流水編號者，經核對姓名相符，即准予核發第一類謄本。

收件日期：
收件號碼：
受文機關：　　　市（縣）　　　地政事務所
收件者章：
收件者：
（正面）

地籍謄本及相關資料申請書

申請項目（請就申請事項打∨）

一、土地登記及地價資料謄本　□第一類　□第二類　□第三類【登記名義人、利害關係人，依核發土地登記及地價資料謄本注意事項第4點第　款規定申請】　□公務用

（一）土地建物登記謄本　□全部　□他項權利人全部（他項權利人統編）　□無需列印地上建物建號　□需列印主建物建號
　　　□他項權利標示及所有權部　□建物標示及他項權利部　□標示部及所有權部　□土地標示及他項權利部

（二）地價謄本　□　年公告土地現值　□　年申報地價　□前次移轉現值

（三）人工登記簿謄本　□重造前舊簿　□電子處理前舊簿　【□全部　□標示部　□所有權部　□他項權利部】

（四）專簿（□信託專簿　□共有物使用管理專簿　□土地使用收益限制約定專簿：收件號　　　　　）　□土地建物異動清冊

（五）其他　□地籍異動索引

二、地籍圖謄本　□電腦列印 或影印地籍圖（□指定比例尺1/　　　　）或手繪地籍圖　□數值區列印界址點號及坐標表

三、建物測量成果圖或建物標示圖

四、閱覽（查詢）□電子處理地籍資料　□地籍圖之藍曬圖或複製圖　□歸戶資料（本所轄區）　□以門牌查詢地建號　□土地/建物參考資訊
　　　□複印　□抄寫　□攝影　□閱覽　□土地登記申請案　年　字第　號申請書

五、（不動產實價登錄資訊）申報戶資訊申報戶資料　□台帳　□土地/建物參考資訊（本所轄區）　代理人/送件人送件明細表　□藍曬地籍圖

六、其他　□據時經交成案件實際處理日數　年月日

申請標示	鄉鎮市區	段（小段）	地號	建號	所有權人、他項權利人或管理者姓名	統一編號	申請份數	建物門牌

（背面）

申請人（含利害關係人）	姓名	統一編號	聯絡電話簽章	住址
代理人				
複代理人				

□本申請案，係受申請人之委託，如有虛偽不實，本代理人願負法律責任。
□本申請案，係經複代理人之委託，確經複代理人之委託，如有虛偽不實，本複代理人願負法律責任。

委任關係

利害關係結事項

申請用途　□購屋　□訴訟案件　□自行參考　□政府機關　申請案或資款使用（名稱：　　　　）

右列欄位免填申請人

領件簽章

張（筆）數	
規費	元
收據	字第　　　號
核定人員	
列印（影印）人員	

填寫說明

一、「申請項目」及「申請標示」欄位，如申請書不敷使用，請另填申請書；字跡請勿潦草。

二、第一類土地登記及地價資料謄本（以下簡稱謄本），應依格式填寫明確，部分姓名、部分統一編號、部分住址不予顯示，並得由登記名義人或登記名義人全部及登記名義人或其管理者之出生日期；第二類謄本，至其他共有人、他項權利人及其管理者之姓名、統一編號、債務人及債權額比例、設定義務人之資料，並得依法令需隱匿之資料之；隱匿登記名義人或登記名義人之資料之；公務用謄本，係由公務機關提出申請。

三、申請各類謄本者，應依個人資料保護法規定蒐集、處理及利用個人資料。

四、申請「歸戶資料」之查詢，以所有權人、他項權利人或管理者為限。

五、請填寫申請登記案件收件年字號及案件收件字號。

六、本申請案如由代理人代為申請，並於委任關係欄内簽明其姓名及統一編號，本代理人願負法律責任；如係複代理人申請，應請複代理人同時填明申請人、代理人之委託，本代理人及「本代理人願負法律責任」及「本申請案係由委託」，如有虛偽不實，本代理人願負法律責任，並於委任關係欄内簽名或蓋章。

七、利害關係人申請第三類謄本，應於申請書載明所繫申請用途，確實填寫，如係向政府機關申請者，應檢附影本附於申請書併案使用。

八、為配合行政院推動地籍謄本減量，本件申請機關申請影本正本或資款使用者，應確實填寫機關名稱。

五、地籍資料庫之建立

登記機關應建立地籍資料庫，指定專人管理。其管理事項，由直轄市或縣（市）地政機關定之（土登§23）。

六、土地複丈及建物測量之書表圖簿

（一）土地複丈

登記機關應備下列文件，辦理複丈（地測§206）：
1.土地複丈申請書。
2.土地複丈收件簿。
3.土地複丈定期通知書。
4.土地複丈案件補正、駁回通知書。
5.土地複丈地籍調查表。
6.土地複丈圖。
7.土地面積計算表。
8.分號管理簿。
9.土地複丈成果圖。
10.土地複丈結果通知書。
11.他項權利位置圖。
12.法院囑託辦理土地複丈成果圖。
13.其他。

（二）建物測量

登記機關應備下列文件，辦理建物測量（地測§262）：
1.建物測量申請書。
2.建物測量收件簿。
3.建物定期測量通知書。
4.建物測量成果圖。
5.建物測量成果通知書。
6.建號管理簿。
7.其他。

七、核發地籍圖謄本注意事項（91.2.7內政部修正）

（一）地籍圖謄本得採用複印、電腦繪製或人工描繪發給之。

（二）地籍圖破損，無法辨認經界線，致不能謄繪時，得依地籍副圖、土地複丈圖、或該管測量機關保管之地籍藍曬圖描繪發給之，並於謄本上註明「地籍圖破損，本謄本係依據……圖謄繪，僅供參考。」字樣。

（三）地政事務所核發地籍圖謄本，得授權由承辦人辦理。

（四）核發已停止使用之地籍圖謄本，應於謄本上註明原地籍圖已停止使用，本謄本僅供參考字樣。

前項已停止使用之地籍圖已送內政部土地測量局或有關機關典藏者，其謄本由地政事務所向該機關洽取後核發之。

（五）地籍圖重測界址爭議土地，司法機關因審判上需要，囑託提供重測前之地籍圖謄本時，應予受理。並於謄本上註明「本宗土地因辦理重測時，界址糾紛未解決，本謄本僅供參考。」字樣。

（六）重測區建物，不論其坐落基地有無界址爭議，建物所有權人申請核發該建物測量成果圖謄本時，應予受理。

第二節　登記申請書

一、登記申請及申請書之提出

土地登記，應由權利人及義務人會同申請（土登§26），或由權利人或登記名義人單獨申請（土登§27）。申請登記，應提出土地登記申請書。

二、土地登記申請書之一般填法

（一）以毛筆、黑色、藍色墨汁鋼筆、原子筆或電腦打字正楷填寫。

（二）字體需端正，不得潦草，如有增、刪文字時，應在增、刪處由申請人蓋章，不得使用修正液（帶）。

土地登記申請書

	元	元	元
登記費			字
書狀費			號
罰　鍰			
合　計	據	收　據	
		核算者	

收件	日期	年　月　日　時　分	收件者章	連件序列（非連件者免填）	共件	第件
	字號	字第　　號				

(1)受理機關	縣市	地政事務所 □跨所申請	資料管轄機關	縣市 地政事務所

(2)原因發生日期	中華民國　年　月　日

(3)申請登記事由（選擇打✓一項）

- □所有權第一次登記
- □所有權移轉登記
- □抵押權登記
- □抵押權塗銷登記
- □抵押權內容變更登記
- □標示變更登記

(4)登記原因（選擇打✓一項）

- □第一次登記
- □買賣　□贈與　□繼承　□分割繼承　□拍賣　□共有物分割
- □設定　□法定
- □清償　□拋棄　□混同　□判決塗銷　□
- □權利價值變更　□權利內容等變更
- □分割　□合併　□地目變更　□

(5)標示及申請權利內容　詳如 □契約書 □登記清冊 □複丈結果通知書 □建物測量成果圖 □

(6)附繳證件
1. 　　　份　　4. 　　　份　　7. 　　　份
2. 　　　份　　5. 　　　份　　8. 　　　份
3. 　　　份　　6. 　　　份　　9. 　　　份

(7)委任關係

本土地登記案之申請委託　　　　　　代理。　　　　複代理。
委託人確為登記標的物之權利人或權利關係人，並經核對身分無誤，如有虛偽不實，本代理人（複代理人）願負法律責任。

(8)聯絡方式
- 權利人電話
- 義務人電話
- 代理人聯絡電話
- 傳真電話
- 電子郵件信箱
- 不動產經紀業名稱及統一編號
- 不動產經紀業電話

(9)備註

(10) 申請人	(11) 權利人或義務人	(12) 姓名或名稱	(13) 出生年月日	(14) 統一編號	(15) 住 　 所										(16) 簽章
					縣市	鄉鎮市區	村里	鄰	街路	段	巷	弄	號	樓	

本案處理經過情形（以下各欄申請人請勿填寫）	初審	複審	核定	登簿	校簿	書狀列印	校狀	書狀用印
				地價異動	通知領狀	異動通知	交付發狀	歸檔

土地、建物買賣登記「土地登記申請書」填寫說明

一、一般填法

（一）以毛筆、黑色、藍色墨汁鋼筆、原子筆或電腦打字正楷填寫。

（二）字體需端正，不得潦草，如有增、刪文字時，應在增、刪處由申請人蓋章，不得使用修正液（帶）。

二、各欄填法

（一）第(1)欄「受理機關」：按土地（建物）所在地之市（縣）及地政事務所之名稱填寫。如屬跨所申請案件，請於「跨所申請」欄打勾，並分別填寫受理機關及資料管轄機關名稱。

（二）第(2)(3)(4)(5)欄「原因發生日期」、「申請登記事由」、「登記原因」、「標示及申請權利內容」按後列表所列自行打勾或選擇填入空格內。

(2)原因發生日期	(3)申請登記事由	(4)登記原因	(5)標示及申請權利內容
契約成立之日	所有權移轉登記	買賣	契約書

（三）第(6)欄附繳證件：按所附證件名稱、份數分行填列並裝訂，若空格不夠填寫時可填入第(9)欄，身分證或戶口名簿請影印正反面，並切結與正本相符後認章。

（四）第(7)欄委任關係：係指由代理人申請登記時填寫代理人之姓名，若尚有複代理人時一併註明複代理人姓名，並依地政士法第18條規定，請代理人（複代理人）切結認章，如無委託他人代理申請者，則免填此欄。

（五）第(8)欄：為便利通知申請人及瞭解買賣案件是否委由不動產經紀業居間或代理成交，請填寫權利人、義務人、代理人姓名、電話、傳真、電子郵件信箱、不動產經紀業名稱及統一編號、不動產經紀業電話，如無委託不動產經紀業者，免填不動產經紀業資料。

（六）第(9)欄「備註」：專供申請書上各欄無法填寫而必須填載事項。

（七）第(10)欄「申請人」除包括權利人、義務人姓名外，如有委託代理人（含複代理人）申請登記者，尚包括代理人；如不敷使用，

增頁部分應加蓋騎縫章。

1.所稱權利人：係指登記結果受有利益或免除義務之人，如買受人（買主）。

2.所稱義務人：係指登記結果受不利益或喪失權利之人，如出賣人（賣主）。

（八）第(11)欄「權利人或義務人」：所有權買賣移轉以權利人（買受人）、義務人（出賣人）分別填寫；申請人為未成年人、禁治產人或法人者，須加填法定代理人（如父母、監護人或公司法定代表人）。如有委託他人申請者，加填代理人，若尚有委任複代理人者，一併加填複代理人。

（九）第(12)欄「姓名或名稱」：自然人依照戶籍謄本、戶口名簿、身分證或其他證明文件記載填寫，法人則先填法人名稱後再加填法定代表人姓名。

（十）第(13)(14)欄「出生年月日」「統一編號」：自然人依照戶籍謄本、戶口名簿、身分證或其他證明文件記載填寫，法人或其他非自然人請填寫公司統一編號或扣繳單位統一編號。

（十一）第(15)欄「住所」：自然人依照戶籍謄本、戶口名簿、身分證或其他證明文件記載填寫，得不填寫里、鄰，法人依照法人登記有案地址填寫，代理人或複代理人如住所與通訊處不同時，得於住所欄另外註明通訊地址。

（十二）第(13)(14)(15)欄：原因證明文件為契約書者，其所載申請人（自然人或法人）與所附之戶籍或證照資料完全相同者，可填寫詳如契約書或以斜線除之。

（十三）第(16)欄「簽章」：

1.權利人應蓋用與所填之姓名或名稱相同之印章。

2.義務人應蓋用與印鑑證明或於登記機關設置之土地登記印鑑相同之印章，如親自到場應依土地登記規則第40條規定辦理，或依土地登記規則第41條其他各款規定辦理。

（十四）本案處理經過情形欄及申請書上方之收件與登記書狀費，係供地政事務所人員審核用，申請人毋須填寫，如非連件辦理者，連件序別，亦無須填寫。

附註：本填寫說明如遇法令變更時，應依變更後之規定填寫。

第三節　登記清冊

一、記載標示

　　申請登記提出之原因證明文件，如爲契約書者，則各該契約書均已詳細記載土地標示或建物標示及權利範圍，故無需登記清冊，否則應有登記清冊，其主要在記載標示及權利範圍。

二、用　途

　　申請登記提出之原因證明文件，如非契約書者，而其他文件亦無詳載土地或建物之標示權利資料者，則應檢附登記清冊，例如建物所有權第一次登記者，已有建物測量成果圖，雖無契約書，仍不需登記清冊。又如繼承、更正登記、住址變更、姓名變更、塗銷登記或管理人變更、權利書狀之補換給登記等，均應於登記申請書之後檢附登記清冊。

登　記　清　冊						申請人		簽章
土地標示	(1)坐落	鄉　鎮市　區						
		段						
		小　段						
	(2)地　號							
	(3)面　積（平方公尺）							
	(4)權利範圍							
	(5)備　註							

建物標示	(6)　建　號					
	(7)門牌	鄉鎮市區				
		街　路				
		段巷弄				
		號　樓				
	(8)建物坐落	段				
		小　段				
		地　號				
	(9)面積（平方公尺）	層				
		層				
		層				
		層				
		共計				
	(10)附屬建物	用　途				
		面　積（平方公尺）				
	(11)權　利　範　圍					
	(12)備　　註					

第四節　契約書

一、契約書之性質

　　登記所用之契約書，爲公定契紙契約書，一般稱爲公契，屬於物權契約，與私契不同，私契屬於債權契約。

二、契約書之種類

　　登記所用之契約書，依登記原因及權利之不同，有：
　　（一）所有權買賣契約書。
　　（二）所有權交換契約書。
　　（三）所有權分割契約書。
　　（四）所有權贈與契約書。
　　（五）抵押權設定契約書。
　　（六）地上權設定契約書。
　　（七）不動產役權設定契約書。
　　（八）農育權設定契約書。
　　（九）典權設定契約書。
　　（十）他項權利移轉變更契約書。
　　（十一）信託（內容變更）契約書。
　　前述各種契約書詳見本書後述之有關章節，於此僅附買賣契約書供作參考。

	土　　地 建築改良物 所有權買賣移轉契約書										

下列 土地　買受人
建物　經 出賣人 雙方同意所有權買賣移轉，特訂立本契約：

土 地 標 示	(1) 坐 落	鄉鎮 市區					建 物 標 示	(5)	建　　　　號			
		段						(6) 門 牌	鄉鎮市區			
									街　　路			
									段　巷　弄			
		小段							號　　樓			
	(2)地　號							(7) 建物 坐落	段			
									小　　段			
									地　　號			
	(3)面　積 （平方公尺）							(8) 面積 （ 平方 公尺 ）	層			
									層			
									層			
									層			
									共　　計			
	(4)權利範圍							(9) 附屬 建物	用　　途			
									面　　積 （平方公尺）			
								(10)權利範圍				

(11)買賣價款總金額　新台幣

(12) 申 請 登 記 以 外 之 約 定 事 項	1.　他項權利情形： 2. 3. 4. 5..	(13) 簽 名 或 簽 證	

訂 立 契 約 人	(14) 買受人 或 出賣人	(15) 姓名 或 名稱	(16)權利範圍		(17) 出生年 月日	(18) 統一 編號	(19)住　　　所									(20) 蓋 章
			買受 持分	出賣 持分			縣市	鄉鎮 市區	村里	鄰	街路	段	巷弄	號	樓	

(21)立約日期　中　華　民　國　　　　年　　　　月　　　　日

第五節　收件簿

一、收件簿之編製

收件簿按登記機關、鄉（鎮、市、區）、地段或案件性質設置，依收件之先後次序編號記載之。其封面記明該簿總頁數及起用年月，鈐蓋登記機關印，每頁依次編號，裝訂成冊。跨直轄市、縣（市）申請登記之收件簿，由受理之登記機關按土地所在地之直轄市、縣（市）別裝訂成冊。（土登§15）。

二、收件簿之內容

收件簿之內容主要記載收件號數、收件日期、土地坐落、地號及筆數、建號及棟數、權利人、義務人及代理人之姓名、登記原因及其他辦理之有關情形。

第六節　登記簿

一、登記簿之種類

土地與建物分別登記，因此有土地登記簿及建物登記簿二種。

二、登記簿之劃分

（一）依土地登記規則規定，登記簿用紙除第81條第2款規定外，應分標示部、所有權部及他項權利部，依次排列分別註明頁次，並於標示部用紙記明各部用紙之頁數（土登§16）。

（二）依土地登記規則第81條第2項規定，區分所有建物共有部分僅建立標示部，及加附區分所有建物共有部分附表，其建號、總面積及權利範圍，應於各區分所有建物之所有權狀中記明之，不另發給所有權狀。

三、登記簿之編成——採物之編成主義

（一）所謂「物之編成主義」，即是以物爲主，將其有關資料予以登記並編成登記簿。另有所謂「人之編成主義」，即是以人爲主，將其有關財產資料予以登記並編成登記簿，例如總歸戶冊。

（二）登記簿之記載（土登§17）

　　1.登記簿就登記機關轄區情形按鄉（鎮、市、區）或地段登記之，並應於簿面標明某鄉（鎮、市、區）某地段土地或建物登記簿冊次及起止地號或建號，裡面各頁蓋土地登記之章。

　　2.同一地段經分編二冊以上登記簿時，其記載方式與前項同。

（三）登記簿之裝訂（土登§18）

　　登記簿應按地號或建號順序，採用活頁裝訂之，並於頁首附索引表。

四、登記簿滅失之補造

（一）登記簿滅失時，登記機關應即依土地法施行法第17條之1規定辦理（土登§21）。

（二）土地法施行法第17條之1規定：

　　1.登記總簿滅失時，登記機關應依有關資料補造之，並應保持原有之次序。

　　2.依前項規定補造登記總簿，應公告、公開提供閱覽三十日，並通知登記名義人，及將補造經過情形層報中央地政機關備查。

五、登記簿損壞之重造

　　一宗土地之登記簿用紙部分損壞時，登記機關應依原有記載全部予以重造。登記簿用紙全部損壞、滅失或其樣式變更時，登記機關應依原有記載有效部分予以重造（土登§22）。

六、登記簿及其謄本之申請費用

　　土地或建物之登記簿，不供閱覽，但任何人均可申請謄本或節本，其工本費人工影印者，每張5元，電腦列印者，每張20元。至於電子處理之地籍資料（含土地資料及地籍圖）到所閱覽費每筆（棟）20元，限時5分鐘。此外，電子處理之地籍資料電傳視訊閱覽費每人每筆（棟）10元。

台北市　　　　　　區　　　　　　段　　　　　　小段　　　　　　地號（　　）

登　記　次　序												
收件	日　　　期	民國　年　月　日			民國　年　月　日			民國　年　月　日			民國　年　月　日		
	字	字			字			字			字		
	號	號			號			號			號		
登記	日　　　期	民國　年　月　日			民國　年　月　日			民國　年　月　日			民國　年　月　日		
	原　　　因												
	原因發生日期	民國　年　月　日			民國　年　月　日			民國　年　月　日			民國　年　月　日		
地　　　目													
等　　　則													
面　　　積		公頃	公畝	平方公尺	公頃	公畝	平方公尺	公頃	公畝	平方公尺	公頃	公畝	平方公尺
其他登記事項													
登記者章		登簿　校對			登簿　校對			登簿　校對			登簿　校對		
編定使用種類													
地上建築改良物之建號													
備　　　考													
標示部已登記用紙頁數													
所有權部已登記用紙頁數													
他項權利部已登記用紙頁數													

台北市		區	段		小段		地號（	）	

主 登 記 次 序								
附 記 登 記 次 序								
收	日　　　期	民國　年　月　日	民國　年　月　日	民國　年　月　日	民國　年　月　日			
	字	字	字	字	字			
件	號	號	號	號	號			
登	日　　　期	民國　年　月　日	民國　年　月　日	民國　年　月　日	民國　年　月　日			
	原　　　因							
記	原因發生日期	民國　年　月　日	民國　年　月　日	民國　年　月　日	民國　年　月　日			
所	姓　　　名							
	管　理　者							
有	住　所	縣市	街路	縣市	街路	縣市	街路	縣市	街路
		鄉鎮市區	段	鄉鎮市區	段	鄉鎮市區	段	鄉鎮市區	段
權		村里	巷弄	村里	巷弄	村里	巷弄	村里	巷弄
		鄰	號	鄰	號	鄰	號	鄰	號
人	國民身分證統一號碼							
權	取 得 持 分或 全 部							
利範	連 前 共 有持　　　分							
圍義	姓　　　名							
務人	權利剩餘額							
其 他 登 記 事 項								
書 狀 字 號		字第　號	字第　號	字第　號	字第　號			
登 記 者 章		登簿　校對	登簿　校對	登簿　校對	登簿　校對			
備　　　考								

台北市土地登記簿

所有權部第　　　頁

台北市　　　　區　　　　段　　　　小段　　　　地號（　　）

主 登 記 次 序				
附 記 登 記 次 序				
權 利 種 類				
收件 日期	民國　年　月　日	民國　年　月　日	民國　年　月　日	民國　年　月　日
字	字	字	字	字
號	號	號	號	號
登記 日期	民國　年　月　日	民國　年　月　日	民國　年　月　日	民國　年　月　日
原因				
原因發生日期	民國　年　月　日	民國　年　月　日	民國　年　月　日	民國　年　月　日
他項權利人 姓名				
管理者				
住所 縣市／街路	縣市　街路	縣市　街路	縣市　街路	縣市　街路
鄉鎮市區／段	鄉鎮市區　段	鄉鎮市區　段	鄉鎮市區　段	鄉鎮市區　段
村里／巷弄	村里　巷弄	村里　巷弄	村里　巷弄	村里　巷弄
鄰／號	鄰　號	鄰　號	鄰　號	鄰　號
國民身分證統一號碼				
權 利 範 圍				
權 利 價 值				
存 續 期 限				
清 償 日 期				
利 息 或 地 租				
遲 延 利 息				
違 約 金				
義 務 人				
債 務 人				
權利移轉後剩餘額				
其 他 登 記 事 項				
證 明 書 字 號	字第　號	字第　號	字第　號	字第　號
登 記 者 章	登簿　校對	登簿　校對	登簿　校對	登簿　校對
備 考				

台北市土地登記簿

他項權利部第　頁

土地登記第二類謄本（所有權個人全部）

南港區玉成段△小段 0742-0000地號

列印時間：民國△年△月△日16時11分45秒
＊＊＊＊＊＊＊土地標示部＊＊＊＊＊＊＊＊＊＊＊
登記日期：民國△年△月△日　　　　　登記原因：地籍圖重測
面積：＊＊＊＊＊120平方公尺
使用分區：（空白）　　　　　　　　使用地類別：（空白）
民國△年△月△日公告土地現值：＊＊＊90,100元／平方公尺
地上建物建號：
南港區玉成段△小段
00311-000　00312-000　00313-000　00314-000
其他登記事項：重測前：後山坡段810-7地號
＊＊＊＊＊＊＊＊土地所有權部＊＊＊＊＊＊＊＊＊＊＊
登記次序：0001
登記日期：民國△年△月△日　　　　　登記原因：買賣
原因發生日期：民國△年△月△日
所有權人：△△△
統一編號：
出生日期：
住址：臺北市南港區合成里5鄰永吉路△巷△弄△號
權利範圍：＊＊＊＊4分之1＊＊＊＊
權狀字號：
當期申報地價：民國△年△月　＊＊＊＊24,800元／平方公尺
前次移轉現值或原規定地價：民國△年△月　　元／平方公尺
其他登記事項：（空白）
＊＊＊＊＊＊＊＊土地他項權利部＊＊＊＊＊＊＊＊＊
（0001）登記次序：0018-000　　　　權利種類：最高限額抵押權
收件年期：民國△年　　　　　　　　字號：△松山字第042440號
登記日期：民國△年△月△日　　　　登記原因：設定
　權利人：合作金庫商業銀行股份有限公司
　住　址：臺北市中正區館前路77號
債權額比例：全部＊＊＊＊＊＊＊＊＊1分之1＊＊＊＊＊＊＊＊
擔保債權總金額：新臺幣＊＊＊48,000,000元正
擔保債權確定期日：民國△年△月△日
清償日期：依照各個契約約定
利息（率）：依照各個契約約定
遲延利息（率）：依照各個契約約定
違約金：依照各個契約約定
權利標的：所有權
標的登記次序：0003
設定權利範圍：＊＊＊＊＊10000分之1512＊＊＊＊＊
設定義務人：△
證明書字號：095北松字第002646號
共同擔保地號：美仁段△小段0100-0000
共同擔保建號：美仁段△小段04068-000 04069-000 04104-000
其他登記事項：（空白）

＊＊＊土地他項權利部—用益物權格式＊＊＊

（XXXX）登記次序：XXXX-XXX　　　　權利種類：○○○○○

收件年期：民國XXX年　　　　　　字號：○○○字第XXXXXX號

登記日期：民國XXX年XX月XX日　登記原因：○○○○○○○○○

權利人：○○○○○○○○○○○○○○○○○○○

　統一編號：XXXXXXXXX　　　△出生日期：○○ XX年XX月XX日

　住　　址：○○○○○○○○○○○○○○○○○○○○○

　管理者：○○○○○○○○○○○○○○○○○○○○○○○

　統一編號：XXXXXXXXX

　住　　址：○○○○○○○○○○○○○○○○○○○○○○○

權利範圍：○○○○ XXXX分之XXXX

設定目的：○○○○○○○○○○○○○○○○○○○○○○○

權利價值：○○○○○○○○X, XXX, XXX, XXX元正

存續期間：自XXX年XX月XX日至XXX年XX月XX日（○○○○○○）

地租：○○○○○○○○○○○○○○○○○○○○○○○

預付地租情形：○○○○○○○○○○○○○○○○○○○○

使用方法：○○○○○○○○○○○○○○○○○○○○○○○

讓與或設定抵押權限制：○○○○○○○○○○○○○○○○○

典物轉典或出租限制：○○○○○○○○○○○○○○○○○○

權利標的：○○○○○○○○○○○○

標的登記次序：XXXX XXXX XXXX XXXX XXXX XXXX XXXX XXXX

設定權利範圍：X, XXX, XXX. XX平方公尺（○○○○ XXXXXXXXXX分之
　　　　　　XXXXXXXXXX）

證明書字號：XXX ○○○字第XXXXXX號

絕賣條款：○○○○○○○○○○○○○○○○○○○○○○○

設定義務人：○○○○○○○○○○○○○○○○○○○○○○

　設定他項權利：○○○○○○○

＃設定他項權利登記次序：XXXX-XXX XXXX-XXX XXXX-XXX XXXX-
　　　　　　XXX

其他登記事項：○○○○○○○○○○○○○○○○○○○○○○○○

本建號標示部第　　　　頁

台北市　　　區　　　段　建築改良物登記簿

建號			登簿　校對	登簿　校對	登簿　校對
備　　　　　考					
登　記　者　章					
權利人所有建物附屬建物	面積（平方公尺）				
	主要建築材料				
	用　　途				
建　築　完　成　日			民國　年　月　日	民國　年　月　日	民國　年　月　日
權利人所有建物面積	共　計				
	騎樓地平面				
	地下層				
	二　層				
	地面層				
	層　次				
	平方公尺				
	平方公寸				
構造	主要建築材料				
	平房或樓房層數				
	建築式樣				
主　要　用　途					
基地坐落	小段	地號			
	段				
建物門牌	街路　段　巷　弄　號數				
收　件　日　期			民國　年　月　日	民國　年　月　日	民國　年　月　日
登記原因發生日期			民國　年　月　日	民國　年　月　日	民國　年　月　日
登　記　原　因					
登　記　字　號			字第　號	字第　號	字第　號
登　記　日　期			民國　年　月　日	民國　年　月　日	民國　年　月　日
標　示　先　後					

本建號所有權部第　　　　頁

台北市　　區　　段建築改良物登記簿	建號		
備　考			
登　記　者　章	登簿　校對	登簿　校對	登簿　校對
填發書狀字號	字第　號	字第　號	字第　號
其　他　事　項			
交付後之剩餘領取／交付人支付			
權利移轉交付人			
權　利　範　圍			
住所　巷弄號			
住所　街路段			
住所　村里鄉			
住所　縣市／市區／鄉鎮			
管　理　人			
所　有　權　人			
收　件　日　期	民國　年　月　日	民國　年　月　日	民國　年　月　日
登記原因發生日期	民國　年　月　日	民國　年　月　日	民國　年　月　日
登　記　原　因			
登　記　標　的			
登　記　字　號	字第　號	字第　號	字第　號
登　記　日　期	民國　年　月　日	民國　年　月　日	民國　年　月　日
附記登記次序	（屬主登記）	（屬主登記）	（屬主登記）
主　登　記　次			

本建號他項權利部第　　　頁

台北市　　　區　　　段建築改良物登記簿

建號

項目	一	二	三
備考			
登記者章　填發證明書字號	登簿　校對　字第　號	登簿　校對　字第　號	登簿　校對　字第　號
其他事項			
交付後之剩餘額			
權利移轉交付人			
債務設定人			
設定約金			
遲延利息			
清償日期	民國　年　月　日	民國　年　月　日	民國　年　月　日
存續期間	民國　年　月　日	民國　年　月　日	民國　年　月　日
權利價值			
權利範圍			
住所（巷弄號／街路段／村里鄰／縣市 市區 鄉鎮）			
管理人			
收件日期	民國　年　月　日	民國　年　月　日	民國　年　月　日
登記原因發生日期	民國　年　月　日	民國　年　月　日	民國　年　月　日
登記原因			
登記字號	字第　號	字第　號	字第　號
登記日期	民國　年　月　日	民國　年　月　日	民國　年　月　日
附記登記次序	（屬主登記）	（屬主登記）	（屬主登記）
主登記次序			

台北市　　　區　　　段建築改良物登記簿

區分所有建物共有部分附表

建　號 _____

區分所有建物建號	權利範圍	變更登記紀要	登簿	校對

區分所有建物建號	權利範圍	變更登記紀要	登簿	校對

本建號附表已登記用紙頁數

建物登記第二類謄本（所有權個人全部）

松山區美仁段△小段02915-000建號

列印時間：民國△年△月△日△時△分
本謄本係網路申領之電子謄本，由陳銘福自行列印
謄本檢查號：097AD072831REGD85D624B141AFA0DC4647DBCFA1C1，可至：http://land.hinet.net
查驗本謄本之正確性
松山地政事務所　主任　林△△
松山電謄字第072831號
資料管轄機關：臺北市松山地政事務所　謄本核發機關：臺北市松山地政事務所
＊＊＊＊＊＊＊＊＊＊＊＊建物標示部＊＊＊＊＊＊＊＊＊＊＊＊
登記日期：民國△年△月△日　　　　　登記原因：第一次登記
建物門牌：光復北路△號7樓
建物坐落地號：美仁段△小段　0126-0000
主要用途：商業用
主要建材：鋼筋混凝土造
層數：012層　　　　　　　　　　　總面積：＊＊＊＊159.44平方公尺
層次：七層　　　　　　　　　　　　層次面積：＊＊＊＊159.44平方公尺
建築完成日期：民國△年△月△日
　共有部分：美仁段△小段02926-000建號＊＊＊321.77平方公尺
　權利範圍：＊＊＊＊＊＊＊26分之1＊＊＊＊＊＊＊
其他登記事項：使用執照字號：△年使1690號
＊＊＊＊＊＊＊＊＊＊＊＊建物所有權部＊＊＊＊＊＊＊＊＊＊＊＊
（0001）登記次序：0005
登記日期：民國△年△月△日　　　　　登記原因：買賣
原因發生日期：民國△年△月△日
　所有權人：△△△
　住址：△△△△△
權利範圍：全部
權狀字號：△北松字第012100號
相關他項權利登記次序：0005-000
其他登記事項：（空白）
＊＊＊＊＊＊＊＊＊＊＊＊建物他項權利部＊＊＊＊＊＊＊＊＊＊＊＊
（0001）登記次序：0005-000　　　　　權利種類：最高限額抵押權
收件年期：民國△年　　　　　　　　　字號：松山字第117740號
登記日期：民國△年△月△日　　　　　登記原因：設定
　權利人：渣打國際商業銀行股份有限公司
　住址：新竹市中正里中央路106號
債權額比例：全部＊＊＊＊＊1分之1＊＊＊＊＊
擔保債權總金額：新臺幣＊＊＊18,000,000元正
擔保債權確定期日：民國△年△月△日
清償日期：依照各個契約約定
利息（率）：依照各個契約約定
遲延利息（率）：依照各個契約約定
違約金：依照各個契約約定
權利標的：所有權
標的登記次序：0005
設定權利範圍：全部＊＊＊＊1分之1＊＊＊＊＊
證明書字號：△北松字第007315號
共同擔保地號：美仁段△小段0126-0000
共同擔保建號：美仁段△小段02915-000
其他登記事項：（空白）

建物他項權利部（用益物權格式）

（XXXX）登記次序：XXXX-XXX　　　　　權利種類：○○○○○

收件年期：民國XXX年　　　　　　字號：○○○字第XXXXXX號

登記日期：民國XXX年XX月XX日　　登記原因：○○○○○○○○

權利人：○○○○○○○○○○○○○○○○○○○

統一編號：XXXXXXXXX　　　　△出生日期：○○ XX年XX月XX日

住　　址：○○○○○○○○○○○○○○○○

管理者：○○○○○○○○○○○○○○○○

統一編號：XXXXXXXXX

住　　址：○○○○○○○○○○○○○○○○○○○○

權利範圍：○○○○ XXXX分之XXXX

設定目的：○○○○○○○○○○○○○○○○○○

權利價值：○○○○○○○○○X, XXX, XXX, XXX元正

存續期間：自XXX年XX月XX日至XXX年XX月XX日（○○○○○○）

地租：○○○○○○○○○○○○○○○○

預付地租情形：○○○○○○○○○○○○○○○

使用方法：○○○○○○○○○○○○○○○○○

典物轉典或出租限制：○○○○○○○○○○○○○○

權利標的：○○○○○○○○○○○○

標的登記次序：XXXX XXXX XXXX XXXX XXXX XXXX XXXX XXXX
XXXX

設定權利範圍：X, XXX, XXX. XX平方公尺（○○○○ XXXXXXXXXX分之
　　　　　　　XXXXXXXXXX）

證明書字號：XXX ○○○字第XXXXXX號

絕賣條款：○○○○○○○○○○○○○○○○○○○○○○

設定義務人：○○○○○○○○○○○○○○○○○○○○

　設定他項權利：○○○○○○○

#設定他項權利登記次序：XXXX-XXX XXXX-XXX XXXX-XXX XXXX-
　　　　　　　　　　　XXX

其他登記事項：○○○○○○○○○○○○○○○○○○○○○○○○

第七節　權利書狀

一、登記完畢發給權利書狀

（一）於土地總登記或權利變更登記完畢，由登記機關發給土地所有權狀或
他項權利證明書。至於建物，於登記完畢後則發給建物所有權狀（土
§62、75，土登§65）。

（二）登記機關應備土地所有權狀、建物所有權狀及他項權利證明書（土登
§14）。各該所有權狀及證明書，一般合稱為權利書狀。

（三）於土地登記以電腦處理者，其權利書狀由電腦列印。以人工作業者，
其權利書狀由人工繕寫發給。

二、權利書狀之簽署

土地或建物所有權狀及他項權利證明書，應蓋登記機關印信及其首長職
銜簽字章，發給權利人（土登§25）。

三、各種權利書狀

土地所有權狀

臺北市古亭地政事務所為左記土地所有權業經依法登記完畢合行發給本權狀以憑執管

項目	內容
所有權人	
住所	縣市　鄉村　鄉鎮市區　里　街路　段　巷弄　號
管理人	
土地標示	坐落：鄉鎮　市區　段　小段　地號
	地目
	等則
	面積　公頃　公畝　平方公尺
權利範圍	
原因日期	民國　年　月　日
登記日期	民國　年　月　日
權狀字號	字第　號
本書狀物權是否有變更或已設定他項權利以地政事務所登記簿所載者為準。	
發狀日期	中華民國　年　月　日
主任	

臺北市△△地政事務所
土地所有權狀

登記日期：中華民國 △ 年 △ 月 △ 日

發狀日期：中華民國 △ 年 △ 月 △ 日

權狀字號： △△ 北松字第 △△ 號

所有權人：△△△

統一編號：△△△

土地標示：

　坐　　落：南港區玉成段△小段

　地　　號：△△△

面　　積：*********120 平方公尺

權利範圍：應有部分********四分之一********

以上土地所有權業經依法登記完畢，合行發給本權狀以憑執管。

　　　　　　　　　主　任　△△△

建築改良物所有權狀

臺北市古亭地政事務所為左記建築改良物所有權業經依法登記完畢合行發給本權狀以憑執管

項目	內容
權利人	住所：市鄉鎮　里鄰　路街段巷弄號
管理人	住所
建築改良物標示	
基地坐落	鄉鎮市區　段　小段
建物門牌	路街　段　巷　弄　號
建號	
構造（建築式樣）	
建物面積	層次　平方公尺　平方公寸
建築完成日期	民國　年　月　日
平房或樓房層數	
附屬建物	用途　主要建築材料　面積（平方公尺、平方公寸）
主要建築材料	
登記日期	民國　年　月　日
權利範圍	本書狀物權是否有變更或已設定他項權利以地政事務所登記簿所載者為準。
權狀字號	字第　號
發狀日期	中華民國　年　月　日
	主任

臺北市△△地政事務所
建物所有權狀

登記日期：中華民國 △年△月△日
發狀日期：中華民國 △年△月△日
權狀字號：△△ 北松字第 △△ 號

所有權人：△△△
統一編號：△△△

建物標示：△△△

坐　　落：松山區西松段△小段
建　　號：△△△

門 牌 號：八德路4段　巷　弄　號
建築完成日期：民國　年　月　日
主要建材：鋼筋混凝土造　　　　　　主要用途：商業用
建物層數：06 層

層　　次：一層
面　　積：****57.94　　（平方公尺）

總 面 積：*****57.94　　（平方公尺）

附屬建物：平台
面　　積：*****9.36　　（平方公尺）

權利範圍：全部

建物坐落地號：西松段三小段 0059-0000 地號
共有部分：
西松段三小段 02899-000建號**1,321.56平方公尺
權利範圍：*****10000 分之 186*****

以上建物所有權業經依法登記完畢，合行發給本權狀以憑執管。

主 任　△△△

他項權利證明書

台北市古亭地政事務所為左記他項權利業經依法登記完畢合行發給本證明書以憑執管

權利人

住所　市縣　鄉鎮市區　村里　鄉鎮　街路　段　市區　巷弄　號

管理人

他項權利標的

土地標示
- 鄉鎮市區
- 段
- 小段
- 地號
- 地目
- 等則
- 面積：公頃　公畝　平方公尺
- 權利範圍
- 權利先後

建物標示
- 建號
- 建物門牌：街路　段　巷弄　號
- 基地坐落：鄉鎮市區　段　小段　地號
- 建築式樣
- 平房或樓房及層數
- 建築主要材料
- 建物面積（單位：平方公尺）：地面層　二層　三層　四層　…　層　地下層　騎樓地面　平　共用附屬建物　計　用途　建築主要材料　面積
- 權利範圍
- 權利先後

權利種類

權利範圍

總價值

利息（地租）
- 遲延利息
- 違約金

義務人
- 債務人
- 證明書字號：字第　號

原因發生日期：民國　年　月　日
清償日期：民國　年　月　日

存續期限：民國　年　月　日
登記日期：民國　年　月　日

本書狀物權是否有變更或已設定他項權利以地政事務所登記簿所載者為準。

主任

發狀日期

中華民國　年　月　日

臺北市松山地政事務所
他項權利證明書

登記日期：中華民國 △△ 年 △ 月 △ 日
發狀日期：中華民國 △△ 年 △ 月 △ 日
證明書字號：△△ 北松字第 △△ 號

權　利　人：△△△
統一編號：△△△

權利種類：抵押權
債權額比例：全部
權利價值：最高限額新台幣****1,300,000 元
存續期間：自　　年　　月　　日至　　年　　月　　日
清償日期：依照各個契約約定
利　　　息：無
遲延利息：無
違　約　金：依照各個契約約定
債　務　人：△△△
收件字號：△ 南港字第　△△　號
抵押權標的：
土　　　地：南港區新光段二小段　△△　地號
面　　　積：***40,177.00 平方公尺
登記次序：△△△
權利標的：所有權　　　　　　　　標的登記次序：
設定權利範圍：*****38000 分之 20*********
設定義務人：△△△

建　　　物：南港區新光段二小段　　　　建號
門牌號：福德街　　巷　號　樓
總　面　積：*****70.01 平方公尺
附屬建物總面積：********8.00 平方公尺
登記次序：0002-000
權利標的：所有權　　　　　　　　標的登記次序：0002
設定權利範圍：全部
設定義務人：
以上他項權利業經依法登記完畢，合行發給本證明書以憑執管。
主任　△△△

○○市、縣（市）○○○地政事務所

他項權利證明書

登記日期：中華民國XXX年XX月XX日

發狀日期：中華民國XXX年XX月XX日

證明書字號：XXX○○○字第XXXXXX號

權利人：○○○○○○○○○○○○○○○○○○○○

統一編號：XXXXXXXXX

管理者：○○○○○○○○○○○○○○○○○○

統一編號：XXXXXXXXX

權利種類：○○○○○

權利範圍：○○○○　XXXX分之XXXX

設定目的：○○○○○○○○○○○○○○○○○○○○

權利價值：○○○○○○○○X,XXX,XXX,XXX元正

存續期間：自XXX年XX月XX日至XXX年XX月XX日（○○○○○○）

地租：○○○○○○○○○○○○○○○○○○○○

預付地租情形：○○○○○○○○○○○○○○○○○

使用方法：○○○○○○○○○○○○○○○○○○○○

讓與或設定抵押權限制：○○○○○○○○○○○○○

典物轉典或出租限制：○○○○○○○○○○○○○○

收件字號：XXX○○○字第XXXXX號

他項權利檔號：XXXXXXXXXX號

（權狀註記事項）○○○○○○○○○○○○○○○○○

他項權利標的：

土地：○○○區（鄉／鎮／市）○○○○○○段○○○○○○小段XXXX-XXXX地號

面積：X,XXX,XXX.XX平方公尺　　　登記次序：XXXX-XXX

權利標的：○○○○○○○○○

標的登記次序：XXXX XXXX XXXX XXXX XXXX XXXX XXXX

設定權利範圍：○○○○XXXXXXX分之XXXXXXX（X,XXX,XXX.XX平方公尺）

絕賣條款：○○○○○○○○○○○○○○○○○○

設定義務人：○○○○○○○○○○○○○○○○○○

（權狀註記事項）○○○○○○○○○○○○○○○○○

建物：○○○區（鄉／鎮／市）○○○段○○○小段XXXX-XXX建號

門牌號：○○○○○○○○○○○○○○○○○○○○

總面積：XXX,XXX.XX平方公尺

附屬建物總面積：XXX,XXX.XX平方公尺

登記次序：XXXX-XXX

權利標的：○○○○○○○○○

#標的登記次序：XXXX XXXX XXXX XXXX XXXX XXXX XXXX

　設定權利範圍：○○○○XXXXXXX分之XXXXXXX（X,XXX,XXX.XX平方公尺）

絕賣條款：○○○○○○○○○○○○○○○○○○

設定義務人：○○○○○○○○○○○○○○○○○○

#（權狀註記事項）○○○○○○○○○○○○○○○○

信託財產，信託內容詳信託專簿。

以上他項權利業經依法登記完畢，合行發給本證明書以憑執管。

本地籍資料管轄機關為○○市、縣（市）○○○地政事務所

主任△△△

第八節　地籍圖與建物平面位置圖

一、地籍圖

（一）地籍圖表示地形及位置

　　地籍圖表示土地之位置、界址及形狀。是以從地籍圖上可瞭解到土地是否屬於畸零地？能否利用及如何利用？依規定，地籍圖應永久保存（土登§20）。

（二）重測前地籍圖

　　臺灣原所使用之地籍圖，係日據時代所測繪，其比例為1：1200，由於長久之使用，可能有所破損，致時有不正確之情形，且未套繪都市計畫圖，使用上較為不便。因此，乃全面實施地籍圖重測。

（三）重測後地籍圖

　　重測後之地籍圖，其比例在都市地區大多為1：500，且套繪都市計畫圖，在農地或山地等地區其比例大多為1：1000，使用上不但較為正確而且方便。

（四）閱覽地籍圖

　　目前地籍圖之藍曬圖或複製圖可供閱覽，任何人對於任何一筆土地均可申請閱覽，限時20分鐘，每幅收新臺幣10元。電腦處理到所閱覽費每筆（棟）20元，限時5分鐘。

（五）申請地籍圖謄本

　　任何人對於任何一筆土地，均可申請地籍圖謄本。尚未重測地區之地籍圖，無法影印，而需描繪，致需時較久。地籍圖謄本電腦列印者，每張新臺幣20元，人工描繪者，每筆新臺幣40元，人工影印者，每張15元。其申請書與第六節登記謄本申請書同。

二、建物平面位置圖

　　有產權登記之房屋，始有其平面位置圖，因登記前，地政機關應先測量，製成測量成果圖，並永久保存。該測量成果圖，在表示房屋之平面及位置。任何人對於任何房屋均得申請謄本，惟應先從權狀上得知建號始可。若未產權登記之房屋，則無是項圖說。房屋平面圖或測量成果圖影印本，每張新臺幣15元，其採電腦列印者，每張新臺幣20元。

三、加強防範偽造土地登記證明文件注意事項（110.12.15內政部修正）

（一）為加強防範偽造變造權利書狀、身分證明、印鑑證明及其他有關文件不法申請土地登記，以確保土地登記之安全，特訂定本注意事項。

（二）登記機關應將歷次核發不同版之權利書狀樣式、防偽措施說明、機關印信、歷任首長簽字章及其任期等資料以密件建檔保存，供審查人員查對並列入移交。
　　　權利書狀之規格由內政部訂定。

（三）登記機關接收登記案件時，應確實核對送件人身分，並查核所附權利書狀、印鑑證明、身分證明及稅捐繳（免）納證明等有關文件，發現上述文件有疑義時，應調閱原案比對或與原文件核發機關聯繫，請其協助審認文件之真偽。
　　　電腦化作業前之權利書狀與登記簿係由同一人繕寫者，如發現疑義時，應注意核對登記簿與權利書狀之筆跡是否相符。
　　　登記機關於發現有偽造變造情事者，應迅即密報治安單位偵辦並通報上級地政機關，該上級地政機關認案情重大者應迅即層報內政部及轉知其他直轄市、縣（市）地政機關預為防杜。

（四）登記名義人或當事人親自到場並依土地登記規則第40條規定程序辦理之案件，登記機關指定核對簽證之人員，應確實查核其身分，並將其身分證明文件影印附案存檔。

（五）申請住址變更登記案件，應注意審查其身分證明文件，必要時應向核發機關查證。

（六）未能繳附原權利書狀之申請案件，應注意審查其原因證明文件，必要時應調閱原案或登記簿，或向權利利害關係人、原文件核發機關查證。
　　　前項申請案件於公告原權利書狀註銷時，應以登記名義人之戶籍住所、登記簿登記住所併同通知。但登記名義人死亡，其繼承人僅有一

人時之繼承登記者，並應就繼承人申請案載住所及最近一次於戶政機關辦竣變更前之住所通知。

（七）權利書狀補發登記之通知依行政程序法送達規定辦理之。但其應受送達人以登記名義人本人，或其法定代理人、代表人、管理人或指定之代收人爲限。

前項通知之送達處所有下列各款情形者，應以登記名義人其他相關住所併同通知：

1.送達登記名義人之住所與登記簿登記住所不同者。

2.送達登記名義人之居所、事務所、營業所、就業處所或法定代理人、指定代收人處所與登記名義人之申請案載住所、登記簿登記住所不同者。

3.登記名義人最近一次於戶政機關辦竣變更前之住所與送達處所不同者。

前二項通知郵件封面應載明「不得改投或改寄」及「本郵件僅限收件人拆封，如非收件人無故擅自拆封，需自負相關法律責任」。

（八）登記機關應加強保管空白權利書狀用紙，對其領用及存量，須按月清點並記錄。

（九）登記機關應依直轄市、縣（市）地政機關訂定之地籍資料庫管理規定加強地籍資料管理，以防範地籍資料遺失或被僞造變造。直轄市、縣（市）地政機關並應加強監督。

（十）直轄市、縣（市）地政機關應加強與登記名義人、地政士、戶政、稅捐、法院、外交部等機關進行防僞作業之聯繫、交流；受理跨直轄市、縣（市）、跨所收辦登記案件者，於遇有疑義時，應速與管轄登記機關聯繫，加強民眾防僞方法之宣導，並鼓勵民眾申辦地籍異動即時通。

（十一）登記機關人員因適時查覺僞造變造情事，而有效防止不法申請登記案件者，直轄市、縣（市）地政機關應優予獎勵。

復習問題

1.登記機關應備哪些書表簿冊圖狀？

2.登記書表簿冊圖狀之填載須知由何機關訂定？其格式及尺幅由何機關訂定？

3.書表簿冊之保存年限爲何？

4.何人得申請抄錄或影印登記申請書及其附件？

5.登記申請書之用途為何？何種登記應使用登記清冊？

6.登記專用之契約書，其性質為何？有哪些種類？

7.登記簿有幾種？其內容劃分成幾部分？

8.何謂物之編成主義？何謂人之編成主義？

9.登記簿滅失如何補造？損壞如何重造？

10.何謂權利書狀？為何所有權狀名為「狀」？為何他項權利證明書不名為「他項權利狀」？

11.權利書狀如何簽署發給？（108基特四）

12.地籍圖在表示什麼？建物平面位置又是什麼？

13.公示原則為我國土地登記制度特點之一，惟個人資料亦應適度予以保護，請闡述目前地政機關對地籍資料公開之規定內容。（102普）

14.請問我國土地登記公示制度之土地登記簿的編成方式為何？可否以姓名查詢？又，依照土地登記規則之規定，債權人得申請哪一類謄本，以查詢債務人之不動產地籍資料？如果因為法院訴訟需要，持有法院通知的文件可以申請哪一類謄本？（109基特四）

第三章

登記之申請及處理

第一節　登記之申請

一、雙方申請

（一）土地登記，除土地登記規則另有規定外，應由權利人及義務人會同申請之（土登§26）。

（二）所謂「權利人」，簡單而言，即是因登記而蒙受利益之人或取得權利之人，例如買受人、受贈人或抵押權人等均是。

（三）所謂「義務人」，簡單而言，即是因登記而蒙受不利之人或喪失權利之人，例如出賣人、贈與人或抵押物之所有權人等均是。

二、單獨申請

（一）下列登記由權利人或登記名義人單獨申請之（土登§27）：

1.土地總登記。

2.建物所有權第一次登記。

3.因繼承取得土地權利之登記。

4.因法院、行政執行分署或公正第三人拍定、法院判決確定之登記。

5.標示變更登記。

6.更名或住址變更登記。

7.消滅登記。

8.預告登記或塗銷登記。

9.法定地上權登記。

10.依土地法第12條第2項規定回復所有權之登記。

11.依土地法第17條第2項、第3項、第20條第3項、第73條之1、地籍清理條例第11條、第37條或祭祀公業條例第51條規定標售或讓售取得土地之登記。

12.依土地法第69條規定更正之登記。

13.依土地法第133條規定取得耕作權或所有權之登記。

14.依民法第513條第3項規定抵押權之登記。

15.依民法第769條、第770條或第772條規定因時效完成之登記。

16.依民法第824條之1第4項規定抵押權之登記。

17.依民法第859條之4規定就自己不動產設定不動產役權之登記。

18.依民法第870條之1規定抵押權人拋棄其抵押權次序之登記。

19.依民法第906條之1第2項規定抵押權之登記。

20.依民法第913條第2項、第923條第2項或第924條但書規定典權人取得典物所有權之登記。

21.依民法第1185條規定應屬國庫之登記。

22.依直轄市縣（市）不動產糾紛調處委員會設置及調處辦法作成調處結果之登記。

23.法人合併之登記。

24.其他依法律得單獨申請登記者。

（二）所謂「權利人」，簡單而言，即是因登記而蒙受利益之人或取得權利之人，例如建物所有權第一次登記之權利人、繼承人、法院拍賣之拍定人等均是。

（三）所謂「登記名義人」，簡單而言，即是申請登記時，登記簿上所登記之名義人，例如更正登記時之所有權人、標示變更登記之所有權人、更名或住址變更登記之所有權人或抵押權人等均是。

三、部分公同共有人申請登記

（一）公同共有之土地，公同共有人中之一人或數人，為全體公同共有人之利益，得就公同共有土地之全部，申請為公同共有之登記（土登§32Ⅰ）。

（二）登記機關於登記完畢後，應將登記結果通知其他公同共有人（土登§32Ⅱ）。

四、代位申請

（一）權利人之代位申請

下列各款登記，得代位申請之（土登§30）：

1.登記原因證明文件為法院確定判決書，其主文載明應由義務人先行辦理登記，而怠於辦理者，得由權利人代位申請之。

2.質權人依民法第906條之1第1項規定辦理土地權利設定或移轉登記於出質人者。

3.典權人依民法第921條或第922條之1規定重建典物而代位申請建物所有權第一次登記者。

4.其他依法律得由權利人代位申請登記者。

（二）建物滅失之代位申請

1. 建物全部滅失時，該建物所有權人未於規定期限內申請消滅登記者，得由土地所有權人或其他權利人代位申請之，亦得由登記機關查明後逕為辦理消滅登記（土登§31Ⅰ）。
2. 前項建物基地有法定地上權登記者，應同時辦理該地上權塗銷登記；建物為需役不動產者，應同時辦理其供役不動產上之不動產役權塗銷登記（土登§31Ⅱ）。
3. 登記機關於登記完畢後，應將登記結果通知該建物所有權人及他項權利人。建物已辦理限制登記者，並應通知囑託機關或預告登記請求權人（土登§31Ⅲ）。

五、通信申請

（一）為簡政便民，對於簡易之登記案件，得以通信方式申請登記。

（二）臺北市、高雄市及臺灣省均分別訂定「各地政事務所受理通信申請案件實施要點」，對於簡易之登記案件，例如住址變更登記、姓名變更登記、權利書狀換給登記……等，除一律免納登記規費外，均得檢附各該登記所需文件及以掛號回郵郵資，寄轄區地政事務所，並在信封正面左上角書明「通信登記案件」字樣，以通信方式申請登記。

（三）有關通信申請登記，詳情請自行參閱省、市政府所訂定之前述「實施要點」，本書不贅述。

六、逕為登記

（一）逕為登記之定義

所謂逕為登記，即無須當事人申請，而由登記機關依法律之授權或職權直接辦理登記是也。

（二）逕為登記之情形

1. 下列各款應由登記機關逕為登記（土登§28）：
   (1)建物因行政區域調整、門牌整編或基地號因重測、重劃或依法逕為分割或合併之標示變更登記。
   (2)依第143條第3項規定之國有登記。
   (3)依第144條規定之塗銷登記。

(4)依第153條規定之住址變更登記。

(5)其他依法律得逕為登記者。

2.登記機關逕為登記完畢後，應將登記結果通知登記名義人。但登記機關依登記名義人之申請登記資料而逕為併案辦理，及因政府機關辦理行政區域調整、門牌整編而逕為辦理之住址變更或建物標示變更登記，不在此限。

（三）其他依法律得逕為登記者

所謂其他依法律得逕為登記者，例如：土地法第53條規定，無保管或使用機關之公有土地及因地籍整理而發現之公有土地，由該管直轄市或縣（市）地政機關逕為登記，其所有權人欄註明為國有。又如都市更新條例第64條規定：經權利變換之土地及建築物，實施者應依據權利變換結果，列冊送請各級主管機關囑託該管登記機關辦理權利變更或塗銷登記，換發權利書狀；未於規定期限內換領者，其原權利書狀由該管登記機關公告註銷。

七、囑託登記

（一）囑託登記之定義

所謂囑託登記，即無須當事人申請，而由法院或政府機關因特定原因，以囑託登記之公文書，囑託登記機關辦理登記是也。

（二）囑託登記之情形

政府機關遇有下列各款情形之一時，得囑託登記機關登記之（土登§29）：

1.因土地徵收或撥用之登記。

2.照價收買土地之登記。

3.因土地重測或重劃確定之登記。

4.依土地法第52條規定公有土地之登記——公有土地之登記，由原保管或使用機關囑託該管直轄市或縣（市）地政機關為之，其所有權人欄註明為國有、直轄市有、縣（市）有或鄉（鎮、市）有。

5.依土地法第57條、第63條第2項、第73條之1第5項或地籍清理條例第18條第2項規定國有土地之登記。

(1)土地法第57條規定：土地總登記逾期無人申請登記之土地，或經申請而逾限未補繳證明文件者，其土地視為無主土地，由該管直轄市

或縣（市）地政機關公告之，公告期滿，無人提出異議，即為國有
土地之登記。

(2)土地法第63條第2項規定：土地總登記之證明文件所載四至不明或不
符者，如測量所得面積未超過證明文件所載面積十分之一時，應按
實際測量所得之面積予以登記，如超過十分之二時，其超過部分視
為國有土地，但得由原占有人優先繳價承領登記。

(3)土地法第73之1條第5項規定：未繼承登記之土地，於列冊管理十五
年後仍未申請登記者，移請財政部國有財產署公開標售。標售之土
地或建築改良物無人應買或應買人所出最高價未達標售之最低價額
者，由財政部國有財產署定期再標售，於再行標售時，財政部國有
財產署應酌減拍賣最低價額，酌減數額不得逾百分之二十。經五次
標售而未標出者，登記為國有並準用第2項後段喪失占有權及租賃
期限之規定。自登記完畢之日起十年內，原權利人得檢附證明文件
按其法定應繼分，向財政部國有財產署申請就第4項專戶提撥發給價
金；經審查無誤，公告九十日期滿無人異議時，按該土地或建築改
良物第五次標售底價分算發給之。

(4)地籍清理條例第18條第2項規定：原權利人中，其股東或組合員為日
本人者，應依該日本人之股權或出資比例登記為國有。

6.依強制執行法第11條或行政執行法第26條準用強制執行法第11條規定
之登記。

(1)供強制執行之財產權，其取得、設定、喪失或變更，依法應登記
者，為強制執行時，執行法院應即通知該管登記機關登記其事由。

(2)前項通知，執行法院得依債權人之聲請，交債權人逕行持送登記機
關登記。

(3)債務人因繼承、強制執行、徵收或法院之判決，於登記前已取得不
動產物權者，執行法院得因債權人之聲請，以債務人費用，通知登
記機關登記為債務人所有後而為執行。

(4)前項規定，於第5條第3項之續行強制執行而有辦理繼承登記之必要
者，準用之。但不影響繼承人拋棄繼承或限定繼承之權利。

7.依破產法第66條規定所為之登記——法院為破產宣告時，就破產人或
破產財團有關之登記，應即通知該登記所，囑託為破產之登記。

8.依稅捐稽徵法第24條第1項規定所為之登記——納稅義務人欠繳應納稅
捐者，稅捐稽徵機關得就納稅義務人相當於應繳稅捐數額之財產，通
知有關機關，不得為移轉或設定他項權利；其為營利事業者，並得通

知主管機關限制其減資之登記。

9. 依原國民住宅條例施行細則第23條第3項規定法定抵押權之設定及塗銷登記。

10. 依第147條但書規定之塗銷登記——查封、假扣押、假處分、破產登記或其他禁止處分之登記，應經原囑託登記機關或執行拍賣機關之囑託，始得辦理塗銷登記。但因徵收、區段徵收或照價收買完成後，得由徵收或收買機關囑託登記機關辦理塗銷登記。

11. 依第151條規定之公有土地管理機關變更登記。

12. 其他依法規得囑託登記機關登記者：例如平均地權條例第53條、第59條、土地法第232條及土地徵收條例第23條、第40條第6項規定所為之登記等是。

八、申請土地權利變更登記之期限

(一) 期 限

申請土地權利變更登記，應於權利變更之日起一個月內為之。繼承登記得自繼承開始之日起六個月內為之（土登§33Ⅰ）。

(二) 權利變更日

前項權利變更之日，係指下列各款之一者（土登§33Ⅱ）：

1. 契約成立之日。
2. 法院判決確定之日。
3. 訴訟上和解或調解成立之日。
4. 依鄉鎮市調解條例規定成立之調解，經法院核定之日。
5. 依仲裁法作成之判斷，判斷書交付或送達之日。
6. 產權移轉證明文件核發之日。
7. 法律事實發生之日。

復習問題

1. 試說明土地登記之申請方式。（84特）
2. 何種情形雙方申請登記？何種情形得單方申請登記？（88檢）
3. 何種情形申請為公同共有登記？
4. 何種情形得代位申請登記？（83檢、87特、88特、107普、107原三、110基

特三）何種情形得通信申請登記？

5.何謂逕為登記？何種情形得逕為登記？

6.何謂囑託登記？何種情形得囑託登記？（82檢、87交特）

7.土地登記之申請期限為何？何謂權利變更之日？（99普、107原四）

8.試述政府機關於何種情形下，得囑託登記機關辦理登記。（91檢）

9.土地登記之申請，應由權利人與義務人會同申請之，惟在特定情形下得由他人代位申請，試說明代位申請之意義及代位申請登記之時機為何。（98普）

10.土地登記申請之當事人，除登記權利人與義務人以下，尚有「與登記有關之第三人」，試問其意義與相關之情形為何？請依規定說明之。（100普）

11.政府因實施土地重劃，而公告禁止之事項，登記機關應如何處理？又辦理權利變更登記時應如何處理？請依土地登記規則之規定說明之。（105普）

12.依土地登記規則第26條規定：「土地登記，除本規則另有規定外，應由權利人及義務人會同申請之。」其中土地登記權利人與土地登記義務人所指為何？並請舉例說明之。（107普）

第二節　申請登記之文件

一、應提出之基本文件

申請登記，除本規則另有規定外，應提出下列文件（土登§34）：

（一）登記申請書。

（二）登記原因證明文件。

（三）已登記者，其所有權狀或他項權利證明書。

（四）申請人身分證明──能以電腦處理達成查詢者，得免提出。

（五）其他由中央地政機關規定應提出之證明文件。

二、得免提出權利書狀之情形

有下列情形之一者，得免提出前條第1項第3款之文件（土登§35）：

（一）因徵收、區段徵收、撥用或照價收買土地之登記。

（二）因土地重劃或重測確定之登記。

（三）登記原因證明文件為法院權利移轉證書或確定判決之登記。

（四）法院囑託辦理他項權利塗銷登記。

（五）依法代位申請登記。

（六）遺產管理人之登記。

（七）法定地上權之登記。

（八）依原國民住宅條例規定法定抵押權之設定及塗銷登記。

（九）依土地法第34條之1第1項至第3項規定辦理之登記，他共有人之土地所有權狀未能提出。

（十）依民法第513條第3項規定之抵押權登記。

（十一）依本規則規定未發給所有權狀或他項權利證明書。

（十二）祭祀公業或神明會依祭祀公業條例第50條或地籍清理條例第24條規定成立法人，所申請之更名登記。

（十三）其他依法律或由中央地政機關公告免予提出。

三、義務人應親自到場並提出身分證明文件之情形

為確保登記名義人之財產權利，於申請登記時，該登記名義人為登記完畢處於不利地位之義務人，應親自到場，以查證其真意。

（一）申請登記時，登記義務人應親自到場，提出國民身分證正本，當場於申請書或登記原因證明文件內簽名，並由登記機關指定人員核符後同時簽證（土登§40Ⅰ）。

（二）前項登記義務人未領有國民身分證者，應提出下列身分證明文件（土登§40Ⅱ）：

1.外國人應提出護照或中華民國居留證。

2.旅外僑民應提出經僑務委員會核發之華僑身分證明書或中央地政主管機關規定應提出之文件，及其他附具照片之身分證明文件。

3.大陸地區人民應提出經行政院設立或指定之機構或委託之民間團體驗證之身分證明文件或臺灣地區長期居留證。

4.香港、澳門居民應提出護照或香港、澳門永久居留資格證明文件。

5.歸化或回復中華民國國籍者，應提出主管機關核發之歸化或回復國籍許可證明文件。

四、當事人得免親自到場之情形

申請登記時，有下列情形之一者，當事人得免親自到場（土登§41）：

1.依第27條第4款規定，得由權利人單獨申請登記。

2.登記原因證明文件及同意書經依法公證、認證。

3.與有前款情形之案件同時連件申請辦理，而登記義務人同一，且其所蓋之印章相同。

4.登記原因證明文件經依法由地政士簽證。

5.登記義務人為無行為能力人或限制行為能力人，其法定代理人已依第39條規定辦理並親自到場。

6.登記義務人依土地登記印鑑設置及使用作業要點於土地所在地之登記機關設置土地登記印鑑。

7.外國人或旅外僑民授權第三人辦理土地登記，該授權書經我駐外館處驗證。

8.大陸地區人民或香港、澳門居民授權第三人辦理土地登記，該授權書經行政院設立或指定之機構或委託之民間團體驗證。

9.祭祀公業土地授權管理人處分，該契約書依法經公證或認證。

10.檢附登記原因發生日期前一年以後核發之當事人印鑑證明。

11.土地合併時，各所有權人合併前後應有部分之價值差額在一平方公尺公告土地現值以下。

12.建物所有權第一次登記協議書與申請書權利人所蓋印章相符。

13.依第43條第3項規定辦理更正登記所提出之協議書，各共有人更正前後應有部分之價值差額在一平方公尺公告土地現值以下。

14.第104條規定以籌備人公推之代表人名義申請登記提出協議書。

15.應用憑證進行網路身分驗證，辦理線上聲明登錄相關登記資訊。

16.其他由中央地政機關規定得免由當事人親自到場。

地政士簽證責任及簽證基金管理辦法

92.5.30內政部修正

第 1 條　本辦法依地政士法（以下簡稱本法）第22條第3項規定訂定之。

第 2 條　地政士公會全國聯合會（以下簡稱全國聯合會）應於金融機構開設中華民國地政士公會全國聯合會簽證基金專戶，儲存地政士簽證基金（以下簡稱本基金）。

第 3 條　地政士辦理不動產契約或協議之簽證時，應查明簽訂人身分為真正，始得為之，其因簽證不實或錯誤造成當事人損害者，應負損害賠償責任。

　　　　地政士有本法第20條第2款情事者，廢止其簽證人登記，並送直轄市或
　　　　縣（市）主管機關依法懲戒。

第　4　條　當事人依本法第22條第2項規定請求損害賠償，應先向簽證人請求，其
　　　　未能完全賠償部分，得備具下列書件，向全國聯合會申請代為支付：
　　　　一、申請書。
　　　　二、申請人身分證明文件。
　　　　三、受損害之證明文件及其影本。
　　　　四、未能完全賠償之證明文件。
　　　　前項第3款之文件指確定判決、或與判決有同一效力之和解、調解及仲
　　　　裁判斷等證明文件。

第　5　條　全國聯合會應組成簽證基金管理委員會（以下簡稱本會），掌理事項如
　　　　下：
　　　　一、關於本基金與其孳息之收支，保管及運用。
　　　　二、關於本基金代為支付之核議事項。
　　　　三、簽證保證金退還之核議事項。
　　　　四、本基金管理經費之審議。
　　　　五、關於簽證人投保簽證責任保險之規劃審議事項。
　　　　六、其他經中央主管機關指定辦理之事項。

第　6　條　本會置委員十一人至十五人，就下列人員聘任之，其中一人為主任委
　　　　員，由委員互選之：
　　　　一、地政士五人至七人。
　　　　二、專家學者四人。
　　　　三、消費者保護團體代表一人或二人。
　　　　四、中華民國律師公會全國聯合會代表一人或二人。
　　　　前項委員由全國聯合會提報理事會決議後聘任之。
　　　　第1項地政士人數不得超過委員人數半數。

第　7　條　本會置執行長一人，由主任委員提報本會通過後聘任之；承主任委員之
　　　　命，執行本會決議事項及處理日常事務。
　　　　本會必要時得置工作人員若干人，由執行長提報本會通過後聘任之，辦
　　　　理會務。

第　8　條　本會委員均為無給職。但得發給出席費或交通費。
　　　　本會執行長及工作人員得支給薪資。

第　9　條　本會會議由主任委員召集，並為會議主席；主任委員因故不能出席或有
　　　　第11條規定應自行迴避之情形時，由委員互推一人代理之。
　　　　本會第一次會議或主任委員因故不能召集會議時，由全國聯合會理事長

召集之。

第 10 條　本會開會應有委員三分之二以上之出席；決議事項應有出席委員二分之
一以上之同意。

第 11 條　本會委員對具有利害關係之申請案，應自行迴避。

第 12 條　本會委員任期三年，期滿得續聘之，續聘以二次為限。但代表團體出任
者，應隨其職務進退。

前項委員出缺時，應予補聘，補聘委員之任期至原委員任期屆滿之日為
止。

前二項委員之續聘、補聘依第6條第2項之程序辦理。

第 13 條　委員未經請假致未出席會議達三次者，由本會報請全國聯合會提報理事
會決議後，予以解職。

第 14 條　本基金除依本法第22條第2項規定代為支付或依第19條規定退還外，不
得動支。

第 15 條　本基金孳息之動支，應編列預算並提經本會審議，其運用範圍如下：
一、出席費或交通費。
二、行政工作人員之薪資。
三、管理及總務之支出。
四、辦理簽證人責任保險投保支出。
五、其他有關必要之支出。

第 16 條　本會應編製會計年度之基金孳息運用計畫及預算報表，經委員三分之二
以上出席，及出席委員二分之一以上同意後，於下一會計年度開始二個
月以前，將該運用計畫及預算報表連同會議紀錄送全國聯合會審查通過
後，函報內政部備查並副知各直轄市、縣（市）地政士公會。

第 17 條　全國聯合會受理代為支付案件，應於一個月內提交本會審查；經本會審
查決議代為支付者，全國聯合會應於十五日內償付當事人。

本會為前項審查時，應通知當事人及簽證人列席說明。

第 18 條　全國聯合會依前條規定代為支付後，對簽證人行使求償權時，得先與簽
證人進行協商，並得酌情允許其分期給付，協商結果應作成紀錄。

第 19 條　簽證人未發生本法第22條第2項所定由本基金代為賠償情事，且符合下
列各款之一者，於事實發生屆滿五年後，得由本人或其繼承人備具申請
書、原因證明文件，向全國聯合會申請無息退還所繳納之簽證保證金：
一、依本法第15條因自行停止執業或死亡，經主管機關註銷開業登。
二、依本法第20條第1款經全國聯合會撤回推薦者。

第19-1條　本法施行前，已依土地登記專業代理人簽證作業試辦要點規定完成登記
之簽證人，全國聯合會應通知其於三個月內補繳簽證保證金差額新臺幣

十萬元，於限期內補繳者，視為已辦理簽證人登記；逾期未補足者，由全國聯合會函請直轄市或縣（市）主管機關註銷簽證人登記。

本法施行前，專戶儲存之簽證基金及其孳息，全國聯合會應於91年11月1日土地登記專業代理人簽證作業試辦要點廢止生效日起五年後，依下列方式處理退還：

一、依前項註銷之簽證人，以其原繳簽證保證金及計算至退還日止之孳息。

二、依前項補足簽證保證金者，以其原繳簽證保證金計算至本法施行日止之孳息。

本法施行前，土地登記專業代理人因簽證不實或錯誤應負損害賠償之案件，向全國聯合會請求代為支付者，適用簽證當時之規定。

第 20 條　本會應於每季（年）結束後二十日內，編列該季（年）基金收支結算表，送全國聯合會確認後，報請內政部備查並副知各直轄市、縣（市）地政士公會。

第 21 條　全國聯合會受理之代為支付及求償事件，應分別編訂卷宗，並至少保存十五年。

第 22 條　本辦法自發布日施行。

土地登記印鑑設置及使用作業要點

102.11.15內政部修正

第 1 點　土地權利登記名義人為申辦土地登記，依土地登記規則第41條第6款規定，以在土地登記機關申請設置之土地登記印鑑（以下簡稱印鑑）取代親自到場者，其印鑑之設置及使用應依本要點之規定。

第 2 點　申請人為法人者，應由其代表人提出申請，並各設法人及其代表人印鑑於同一印鑑卡。

法人名稱或其代表人變更者，應申請變更印鑑。

第 3 點　申請人為限制行為能力人者，應與其法定代理人會同申請，並各設印鑑於同一印鑑卡。

前項申請人之法定代理人變更者，應申請變更印鑑。

第1項申請人成為有行為能力人時，得繼續使用原設置之印鑑。

第 4 點　已在土地所在之登記機關設置印鑑者，委託他人申辦土地登記案件使用該設置之印鑑時，應於土地登記申請書備註欄註明「使用已設置之印鑑」，以作為登記機關審查之依據。

第 5 點　於登記機關設置之印鑑，僅供該機關審核土地登記案件之用。

第 6 點　申請設置印鑑，應檢附下列文件，由申請人或法人之代表人親自辦理：

（一）印鑑申請書（格式一）。

（二）印鑑卡（格式二）及印鑑章。

（三）身分證明文件：

1.本國自然人檢附國民身分證。

2.外國人檢附護照或中華民國居留證。

3.旅外僑民檢附經僑務委員會核發之華僑身分證明書或中央地政主管機關規定應提出之文件及其他附具照片之身分證明文件。

4.大陸地區人民檢附經行政院設立或指定之機構或委託之民間團體驗證之身分證明文件或台灣地區長期居留證。

5.香港、澳門居民檢附護照或香港、澳門永久居留資格證明文件。

6.歸化或回復中華民國國籍者，應提出主管機關核發之歸化或回復國籍許可證明文件。

7.法人檢附登記證明文件及其代表人之資格證明或公司登記主管機關核發之公司設立、其影印本或100年3月前核發之抄錄本、變更登記表或其抄錄本。

（四）土地權利登記名義人之所有權狀或他項權利證明書。

前項第3款之文件除公司設立或變更登記表抄錄本外，應檢附正、影本各一份，並準用申請土地登記應附文件法令補充規定第41條第3款至第6款規定切結並簽章；正本於核對後發還。

申請人擁有多筆不動產權利分屬同一直轄市、縣（市）之不同轄區登記機關管轄者，得由申請人依其不動產所屬之登記機關填備同份數第1項應附文件，並備妥雙掛號郵資，交由受理之登記機關依第7點第1項第1款及第2款規定查核後轉寄其他登記機關辦理。收受轉寄印鑑卡之登記機關應向原受理之登記機關查證，並經查驗檢附證明文件無誤後，辦理印鑑卡設置。

第 7 點　登記機關受理申請設置印鑑案件後，應依下列規定辦理：

（一）查驗申請人之身分及其檢附之證明文件。

（二）核驗印鑑章，並請申請人或法人之代表人當場親自簽名。

（三）印鑑卡加蓋印鑑設置專用章後設專檔保存。

（四）申請書及其附件歸檔。

登記機關完成印鑑設置後，應以申請人之印鑑申請書所載住所及登記簿登記住所併同通知。申請人為法人者，並通知法人之代表人住址。

第 8 點　申請人於同一登記機關設置之印鑑以一式為限，已申請設置者，不再受理其申請。

第 9 點　申請變更印鑑，準用第6點及第7點規定辦理。

第 10 點　申請註銷印鑑，應由已設置印鑑之本人或法人之代表人檢附土地登記印鑑申請書辦理之。但有下列各款情形者，各依其規定：

（一）本人已死亡或受死亡宣告者，由其繼承人或利害關係人檢附其死亡記事之戶籍資料代為申請。

（二）本人受監護宣告者，由其監護人或利害關係人檢附受監護宣告有關文件代為申請。

（三）本人仍為限制行為能力人者，與其法定代理人會同申請。

（四）法人經合併者，由存續法人或另立法人之代表人檢附合併相關文件申請。

（五）法人經解散、撤銷、廢止或註銷登記者，由其清算人檢附解散、撤銷、廢止或註銷登記之相關文件申請。

（六）法人宣告破產者，由其破產管理人檢附其資格證明及破產宣告之相關文件申請。

前項印鑑註銷，準用第6點規定辦理。

第1項第1款及第2款之文件，能以電腦處理達成查詢者，得免提出。

第 11 點　登記機關發現印鑑設置人有下列情形之一者，應逕為註銷其設置之印鑑：

（一）已死亡或受死亡宣告。

（二）受監護宣告。

（三）法人經解散、撤銷、廢止、註銷登記或宣告破產者。但法人經解散、撤銷、廢止或註銷登記，於清算完結前，僅註銷其代表人之印鑑。

（四）申請設置證明文件經該主管機關認定屬偽造、變造。

（五）未依第2點第2項及第3點第2項規定辦理者。

前項逕為註銷，併同通知已知設置該印鑑之相關登記機關。

第 12 點　印鑑設置人遺失印鑑章，應申請變更或註銷印鑑。

第 13 點　印鑑卡應永久保存；其經註銷者，自註銷之日起保存十五年；印鑑申請書及其附件之保存年限亦同。

前項文件之保存及銷毀作業，由登記機關依檔案法相關規定辦理。

第 14 點　登記機關應指派專人依下列各款規定設置印鑑專簿管理印鑑卡：

（一）印鑑卡應按自然人及法人分類裝釘成專簿集中保管。申請人為自然人者依出生年月日先後順序，申請人為法人者，依其統一編號大小順序，並以電腦建檔管理。

（二）印鑑卡變更者，變更後之印鑑卡應與原設置之印鑑卡一併保存。

> （三）印鑑卡之保存場所，應嚴格管制，除法律或中央地政機關另有規
> 　　　定或為避免遭受損害外，印鑑卡不得攜出保存場所。
> （四）印鑑卡除有土地登記案件必須調閱比對者外，不得調閱。
> 第 15 點　本要點規定之書卡格式及電腦作業系統規範，由中央地政機關定之。

五、文件之簽註及應提出之特殊文件

（一）登記申請書之簽名或蓋章

1.登記申請書除本規則另有規定外，應由申請人簽名或蓋章（土登§36
　Ⅰ）。
2.由代理人申請者，代理人並應於登記申請書或委託書內簽名或蓋章。
　有複代理人者，亦同（土登§36Ⅱ）。

（二）代理申請

1.代理申請登記檢附之委託書具備特別授權之要件者，委託人得免於登
　記申請書內簽名或蓋章（土登§38Ⅰ）。
2.前項委託書應載明委託事項及委託辦理登記之土地或建物權利之坐
　落、地號或建號與權利範圍（土登§38Ⅱ）。

（三）法定代理人之處分

依土地登記規則第39條規定：

父母處分未成年子女所有之土地權利，申請登記時，應於登記申請書適
當欄記明確為其利益處分並簽名。

未成年人或受監護宣告之人，其監護人代理受監護人或受監護宣告之人
購置或處分土地權利，應檢附法院許可之證明文件。

繼承權之拋棄經法院准予備查者，免依前二項規定辦理。

（四）破產財團

破產管理人就破產財團所屬土地申請權利變更登記時，除依第34條規定
辦理外，應提出破產管理人、監查人之資格證明文件與監查人之同意書或法
院之證明文件（土登§103）。

（五）申請人為法人者

1. 申請人為法人者，應提出法人登記證明文件及其代表人之資格證明。其為義務人時，應另提出法人登記機關核發之法人及代表人印鑑證明或其他足資證明之文件，及於登記申請書適當欄記明確依有關法令規定完成處分程序，並蓋章（土登§42Ⅰ）。
2. 前項應提出之文件，於申請人為公司法人者，為法人登記機關核發之設立、變更登記表或其抄錄本、影本（土登§42Ⅱ）。
3. 義務人為財團法人或祭祀公業法人者，應提出其主管機關核准或同意備查之證明文件（土登§42Ⅲ）。

（六）共有持分

1. 申請登記，權利人為二人以上時，應於申請書內記明應有部分或相互之權利關係（土登§43Ⅰ）。
2. 前項應有部分，應以分數表示之，其分子分母不得為小數，分母以整十、整百、整千、整萬表示為原則，並不得超過六位數（土登§43Ⅱ）。
3. 已登記之共有土地權利，其應有部分之表示與前項規定不符者，得由地政機關通知土地所有權人於三十日內自行協議後準用更正登記辦理，如經通知後逾期未能協議者，由登記機關報請上級機關核准後更正之（土登§43Ⅲ）。

（七）第三人之同意

1. 申請登記須第三人同意者，應檢附第三人同意書或由第三人在登記申請書內註明同意事由（土登§44Ⅰ）。
2. 前項第三人除符合第41條第2款、第5款至第8款及第10款規定之情形者外，應親自到場，並依第40條規定程序辦理（土登§44Ⅱ）。

六、申請土地登記應附文件法令補充規定（108.1.25內政部修正）

登記原因證明文件

（一）土地登記案件以契約書為登記原因證明文件者，應以公定契約書為之。

（二）抵繳遺產稅或贈與稅之不動產辦理移轉登記為公有，應以稅捐稽徵機

關核准函為登記原因證明文件，無須另檢附移轉契約書。

所有權狀或他項權利證明書

（三）（刪除）

（四）（刪除）

申請人身分證明

（五）（刪除）

（六）登記申請人之身分證明得以國民身分證或戶口名簿影本代替戶籍謄本。

（七）申請人申請登記所提身分證明所載統一編號與登記簿所載相符，且依其他資料均足證明申請人與登記名義人確係同一人者，無須再檢附原登記住址之戶籍證明文件。

（八）登記機關核對代理人、複代理人或登記助理員之身分證件，得以政府機關核發載有姓名、國民身分證統一編號（或統一證號）並貼有照片之證明文件正本代之。

（九）非法人之商號及工廠不得為登記權利主體。其為獨資型態者，應以其代表人或負責人名義；為合夥組織者，應以其合夥人名義；組織型態不明者，得檢具一人以上保證無其他出資人或合夥人之保證書，以其代表人或負責人名義為登記之權利主體。

（十）法人之分支機構不得為登記權利主體。其因判決確定取得之權利應以該法人名義辦理登記。

（十一）公司董事長得依民法第167條規定檢附委託書授權總經理申辦不動產抵押權設定及塗銷登記。申請人仍應以董事長為法定代理人，但申請書件得免認章。

（十二）公司經理人代理公司為不動產之處分或設定負擔申請登記時，應檢附經董事會決議之書面授權文件。但因公司放款就他人提供不動產取得抵押權登記及塗銷登記，免予提出董事會決議之書面授權文件。

（十三）公司代表人如為自己或他人與公司為買賣、借貸或其他法律行為時，除向公司清償債務外，不得同時為公司之代表。並依下列方式另定公司代表人：

1.有限公司僅置董事一人者，由全體股東之同意另推選有行為能力

之股東代表公司。申請登記時，應檢附該同意推選之證明文件。

2.有限公司置董事二人以上，並特定其中一人為董事長者，由其餘之董事代表公司。申請登記時，應檢附董事之證明文件。

3.一人組成之有限公司，應先依公司法規定增加股東，再由全體股東同意另推選有行為能力之股東代表公司。申請登記時，應檢附該同意推選之證明文件。

4.股份有限公司應由監察人為公司之代表。申請登記時，應檢附監察人之證明文件。

（十四）（刪除）

（十五）（刪除）

（十六）（刪除）

（十七）人民團體籌組成立，除特別法另有規定外，非依法經法院登記，不得認係社團法人。但於71年10月14日前已由主管機關造具簡冊送同級法院備查者，已取得法人資格，得為不動產登記之權利主體。

（十八）法律已明定為法人之人民團體，申請登記時，得免附法人登記證書，並應提出主管機關核發之立案證書或圖記證明及其代表人之資格證明。

（十八之一）無統一編號之權利人申請登記時，除應提出土地登記規則第34條規定之文件外，應附扣繳單位統一編號編配通知書。

臺灣地區無戶籍人士（含本國人及外國人）應檢附中華民國統一證號之相關證明文件申請登記。未能檢附者，由申請人自行於申請書上以西元出生年月日加英文姓氏前二字母填寫之；如遇有重複時，則以英文姓氏前一、三字母填寫。

（十九）已為寺廟登記之寺廟，得為登記權利主體。申請登記時，應檢附下列文件：

1.寺廟登記證。

2.負責人身分證明文件。但能以電腦處理達成查詢者，得免附。

3.扣繳單位統一編號編配通知書。

前項第1款所定之寺廟登記證，指主管機關核發之下列文件之一：

1.臨時寺廟登記證。

2.未經註記為私建或公建寺廟之寺廟登記證。

寺廟處分不動產申請登記時，應另檢附主管機關核發之寺廟印鑑證明書，並於登記申請書適當欄記明確依有關法令規定完成處分程序，並蓋章。

（二十）經主管機關備案而未辦法人登記之政黨，不得為登記名義人。

（二一）外國駐我國商務代表辦事處在臺購買不動產，應以該國名義登記，並以該辦事處為管理者。

其他依法令應提出之證明文件

（二二）（刪除）

（二三）（刪除）

（二四）農業用地因繼承或受贈取得後，五年內移轉或變更為非農業用地申請登記時，稅捐稽徵機關於土地增值稅繳款書或免稅證明書上加蓋「另須補繳原免徵之遺產稅」或「另須補免徵之贈與稅」戳記者，免附追繳稅款繳清證明書。

（二五）應納稅賦已逾核課期間之土地申辦登記，應檢附稅捐稽徵機關核發之逾核課期間案件同意移轉證明書。

（二六）（刪除）

（二七）（刪除）

（二八）金融機關之委託書及印鑑證明經地政機關審查無誤後存查。申請抵押權設定、移轉、內容變更或塗銷登記及土地權利信託登記時，地政機關得依其存查文件辦理。

金融機構授權分支機構申辦地上權設定、移轉、內容變更或塗銷登記，應比照土地登記規則第38條規定以特別授權方式辦理。其印鑑證明經總機構行文援用前項備查之法人印鑑（圖記），或行文並檢附新印鑑卡備查，經地政機關審驗後存查者，嗣後申請地上權設定、移轉、內容變更或塗銷登記時，地政機關得依其存查文件處理。

（二九）申請登記時，檢附之華僑身分或印鑑證明，每份只能使用一次，有效期限為一年，其計算自核發之日起至向稅捐稽徵機關報稅之日止。但香港地區居民於中華民國86年6月30日前、澳門地區居民於中華民國88年12月19日前取得之華僑身分證明，不在此限。

前項華僑身分或印鑑證明已註明用途者，應依其註明之用途使用。

第1項華僑身分證明書係依華裔證明文件向該管主管機關申請核發者，應另檢附國籍證明文件。

（三十）外國核發之印鑑證明，應經該國或其就近之我國駐外館處之驗證。

（三一）（刪除）

（三二）（刪除）

（三三）解散、撤銷或廢止登記之公司，進入清算程序後，申請不動產登記，應檢附清算人經法院准予備查或裁定之證明文件爲代表人資格證明，而代表人印鑑證明得以戶政機關核發者代替。至其申請登記事項，是否屬清算人之職務，非地政機關審查範圍。

前項代表人除符合土地登記規則第41條第2款、第4款、第6款至第8款、第10款及第15款規定之情形者外，應親自到場，並依同規則第40條規定程序辦理。

（三四）動員戡亂時期人民團體法修正公布施行前，已以政黨名義登記之不動產，在其取得法人資格前，因處分不動產申請登記時，得檢附內政部核發之圖記證明辦理。

（三五）（刪除）

（三六）（刪除）

（三七）外國公司臺灣分公司經公司登記主管機關撤銷其登記，爲辦理清算申請抵押權塗銷登記，得由其臺灣分公司負責人以總公司名義出具抵押權塗銷同意書，並檢附該負責人之資格證明辦理之。

前項分公司負責人除符合土地登記規則第41條第2款、第4款、第6款至第8款、第10款及第15款規定之情形外，應親自到場，並依同規則第40條規定程序辦理。

（三八）外國公司在臺代理人申辦土地登記，證明其代理人資格應檢附公司登記主管機關核發之公司設立（變更）登記表、抄錄本或經公司登記主管機關核發之影本及外國公司（變更）登記表，無須另檢附經我國駐外館處驗證之授權書正本。

（三九）旅居海外國人授權他人代爲處分其所有國內之不動產，如未檢附國內核發之印鑑證明或其授權書，應檢附我駐外館處驗證之授權書，以配合登記機關之查驗。

（四十）申請失蹤人財產管理人登記，應檢附失蹤人失蹤之證明文件。

（四一）土地登記規則第34條第1項規定，申請登記應檢附之證明文件，依下列規定：

1.下列文件不得以影本代替：

(1)印鑑證明。

(2)戶籍謄本。

(3)同意書。

(4)切結書。

　　(5)協議書。

　　(6)四鄰證明書。

　　(7)保證書。

　　(8)債務清償證明書。

2.下列文件應檢附正副本，於登記完畢後，將正本發還申請人：

　　(1)分割協議書。

　　(2)契約書。

3.下列文件得以影本代替，由申請人或代理人（複代理人）於影本上簽註「本影本與正本相符，如有不實申請人願負法律上一切責任」並簽章：

　　(1)國民身分證。

　　(2)戶口名簿。

　　(3)法人代表人資格證明。

　　(4)建物使用執照。

　　(5)建物拆除執照。

　　(6)工廠登記證。

　　(7)公有財產產權移轉證明書。

　　(8)門牌整（增）編證明。

　　(9)所在地址證明書。

　　(10)駐外館處驗證之授權書。

　　(11)機關、學校及公營事業機構出具之證明書或公文。

　　(12)護照。

4.其餘文件應檢附正本與影本，影本應由申請人或代理人（複代理人）簽註「本影本與正本相符，如有不實申請人願負法律責任」，並簽章；於登記完畢後將正本發還申請人。但於辦理抵押權設定或內容變更登記，抵押權人為金融機構，義務人為公司法人時，免檢附正本（公司登記主管機關核發之抄錄本或影本），登記機關亦無須核對法人及其代表人之印鑑章。

5.公司法人申請登記，依土地登記規則第42條第2項規定檢附之文件，依下列規定：

　　(1)申請人為義務人時，應檢附公司登記主管機關核發之設立、變更登記表正本、其影本或100年3月前核發之抄錄本；抄錄本或影本應由法人簽註所登記之資料現仍為有效，如有不實，申請人願負法律責任，並簽章。上開文件得由申請人自行複行，影

　　本由法人簽註本影本與案附正本（公司登記主管機關核發之抄
　　錄本或影本）相符，所登記之資料現仍爲有效，如有不實，申
　　請人願負法律責任，並簽章；正本（公司登記主管機關核發之
　　抄錄本或影本）於核對後發還申請人。

(2)申請人爲權利人時，得檢附前目文件之影本，並由法人簽註本
影本與正本、抄錄本或公司登記主管機關核發之抄錄本或影本
相符，所登記之資料現仍爲有效，如有不實，申請人願負法律
責任，並簽章後辦理登記。

6.申請登記應附之文件爲外文者，應附經我國駐外館處驗證或國內
公證人認證之中文譯本。但身分證明文件爲外文者，其中文譯
本，得由申請人自行簽註切結負責。

(四二)依土地登記規則第78條規定檢附建物標示圖申請建物所有權第一次
登記者，依該標示圖繪製簽證人之不同，並應檢附下列文件：

1.委由開業之建築師繪製簽證時，應檢附該建築師之開業證書影本
及經主管建築機關核發其備查之開業印鑑資料正本或影本，影本
應由建築師簽註所登記之資料或備查之印鑑現仍爲有效，如有不
實願負法律責任，並簽章。印鑑資料得由申請人自行複印，並由
建築師註本影本與案附正本（主管建築機關核發其備查之開業印
鑑資料正本或影本）相符，所備查之印鑑資料現仍爲有效，如有
不實願負法律責任，並簽章；正本於核對後發還申請人。

2.委由開業之測量技師繪製簽證時，應檢附測量技師執業執照影
本、測繪業登記證影本及簽證報告，影本應由測量技師簽註本影
本與正本相符，所登記之資料仍爲有效，如有不實願負法律責
任，並簽章。

申請土地登記應附之授權書填寫說明

授　權　書

身　分	姓　名 (NAME)		性別 (SEX)	出生 年月日 (BIRTH DATE)	出生地 (BIRTH PLACE)	護照或身 分證號碼 (PASSPORT/IC.NO)	住　址 (ADDRESS)	
授權人 (PRINCIPAL)	中文						國內	
							國外	
	英文						中文 名稱	
被授權人 (AGENT)							縣　　鄉鎮　村 市　　(區)　里　鄰 　　　　路 　　段巷弄號樓 街	
授權人與被授權人之關係				備　註				
辦理不動產變更登記之轄區地政事務所：								
房地標示 及 權利範圍								
授權事項								
授權期間	中華民國　　　年　　　月　　　日至中華民國　　　年　　　月　　　日止							

授權人　　　　　　　　　　　　　　　簽字

茲證明前列授權書事項確經授權人　　　　　　之同意並親自簽字屬實無訛。

　中華民國駐　　　　　　　　　　　　（館名條戳及領務圓章）

簽發人

中　華　民　國　　　　　年　　　　月　　　　日

授權書填寫說明

一、授權人欄：請將授權人之姓名、性別、出生年月日、出生地、護照或身分證號碼、住址，逐欄詳實填寫，「國外住址」填寫外文住址，「中文名稱」填寫國外住址之中文譯名。

二、被授權人欄：依被授權人之姓名、性別、出生年月日、出生地、身分證字號、戶籍住址逐欄詳實填寫。

三、房地標示及權利範圍：授權處分房地標示範圍填寫。

　　例如：土地標示：臺北市△區△段△小段△地號土地（全部或持分△分之△）。

　　房屋標示：臺北市△區△路△段△巷△弄△號△樓建物（全部或權利範圍△分之△）。

四、授權事項欄：

　　（一）依實際授權填寫，非授權事項勿須填寫。

　　　　例如：代理本人就前開（土地、建物）全權行使（辦理出售、移轉、贈與、出典、抵押、出租、分割、補（換）發權利書狀、徵收稅款等手續及其他有關權利變更、管理、收益、處分等行為）。

　　　　例如：代理本人領取戶籍謄本或辦理有關戶籍登記事項等。

　　（二）授權事項為授權國內親友代為辦理有關不動產處分事宜者，務須於房地標示及權利範圍暨辦理不動產變更登記之轄區地政事務所欄內分別逐一列明所處分之房地標示及所屬地政事務所。如授權事項為授權國內親友代為辦理有關遺產繼承登記事宜者，應詳載房地標示，倘確無法詳填，至少應填寫不動產所在地之縣（市）名稱，以利我駐外館處寄送授權書副本予該等不動產所在地之縣市政府轉其所在地政事務所審查核對，以保障當事人權益；否則駐外館處無法辦理函轉備查手續，將會造成延誤。

　　（三）授權事項僅為代領印鑑證明者，宜以「印鑑登記辦法」規定之「委任書」填寫之。倘使用本授權書則須比照該「委任書」內容填寫。即本人未曾辦理過印鑑登記者，須先註明：「代理本人申請印鑑登記」；其欲變更登記者，亦須比照註明；同時亦須註明所授權領取之印鑑證明份數，以利國內戶政單位作業並保障授權人權益。

　　　　例如：代理本人申請印鑑登記並領取印鑑證明　份。

　　（四）依據內政部81年5月27日訂頒之「申請土地登記應附文件法令補
　　　　充規定」第36點第2款規定，旅外僑民授權國內親友辦理不動產
　　　　登記，該授權書經我駐外單位簽證者，免附授權人印鑑證明。

五、授權期間欄：由授權人自行填寫，俾便確定授權之起算及終止日期。

六、授權書內容不得塗改，如填寫錯誤，應全份重新填寫或由授權人於更正
　　處簽章以示負責，再由駐外館處加蓋校正章。

七、授權書內如有空欄應加蓋「本欄空白」戳記，房地標示及權利範圍欄及
　　授權事項欄內如有空白處，應在連接最後一行文字末尾處（或左方），
　　加蓋「以下空白」戳記。

復習問題

1. 申請登記應提出之基本文件為何？（82檢、85檢、99普）

2. 何種登記得免提出權利書狀？（86檢、87普、89特、89基特、91檢）

3. 土地登記為何要提出義務人之印鑑證明？何種情形免提出義務人之印鑑證
　明？（87特、89普）

4. 登記文件為協議書時為何要提出當事人之印鑑證明？何種情形免提出當事
　人之印鑑證明？（87特）

5. 登記申請書由申請人及代理人簽名或蓋章之情形為何？

6. 土地登記得否委託代理人申請？代理人是否應親自申請？

7. 法定代理人或監護人處分未成年人或禁治產人之土地，申請登記時應如何
　簽註或檢附何種文件？（84特）

8. 登記申請人為破產管理人時應提出哪些文件？

9. 登記申請人為法人時應提出哪些文件？

10. 何謂共有人之應有部分？如何表示？

11. 哪些文件不得以影本代替？哪些文件應檢附正副本？影本應如何簽註？由
　　誰簽註並蓋章？

12. 依法院判決和解與調解而辦理土地或建物所有權移轉登記時，應檢具哪些
　　文件？（88普）

13. 為配合簡化印鑑證明之業務，以達停止使用印鑑證明之政策目標，現行土
　　地登記規則第40條規定申請登記時登記義務人應親自到場，惟依第41條規
　　定有何情形當事人得免親自到場？（92普）

14. 申請土地登記應提出身分證明文件，申請人為自然人時得檢附何種證明文
　　件？如其未領有國民身分證者，依土地登記規則第40條規定應提出何種身

分證明文件？（101普、107基特）

15.茲有甲公司爲回饋社會，擬將該公司所有建地一筆捐贈與財團法人正義慈善基金會。假如你是代理申辦之地政士，請問甲公司應先完成何種手續？又於向登記機關申請登記時，因本案贈與人和受贈人均非自然人，登記時有何特別規定？應檢附哪些證明文件？請依土地登記法規實務上規定說明之。（103普）

16.依土地登記規則規定，申請登記時，應提出登記申請書及登記原因證明文件，此所謂「登記原因證明文件」究何所指？請舉實務上案例說明之。又其與登記原因發生日期間之關係爲何？請舉登記實務上例子說明登記原因發生日期如何決定。（104普）

第三節　登記規費、罰鍰及測量規費

一、登記規費之定義

登記規費，係指土地法所規定之登記費、書狀費、工本費及閱覽費（土登§45）。

二、登記費

（一）登記費之費率

1.千分之二

(1)土地總登記，應由權利人按申報地價或土地他項權利價值繳納登記費千分之二（土§65）。實務上較少土地總登記之申請案例，但建物所有權第一次登記之申請案例則較多——亦即保存登記。

(2)建物所有權第一次登記，準用土地總登記程序（土登§84）。是以建物所有權第一次登記之登記費，係比照土地法第65條規定，徵收千分之二。申請建物所有權第一次登記，於計收登記規費時，其權利價值，依下列規定認定之（土登§48）：

①建物在依法實施建築管理地區者，應以使用執照所列工程造價爲準。

②建物在未實施建築管理地區者，應以當地稅捐稽徵機關所核定之房屋現值爲準。

2.千分之一

(1)房地產所有權移轉登記──如買賣、贈與、繼承、拍賣、交換、共有物分割，或設定他項權利登記──如抵押權、地上權、典權、不動產役權、農育權設定登記等申請權利變更登記，應由權利人按申報地價或權利價值千分之一繳納登記費（土§76Ⅰ）。

(2)他項權利之計價（土登§49）：

①申請他項權利登記，其權利價值爲實物或非現行通用貨幣者，應由申請人按照申請時之價值折算爲新臺幣，塡入申請書適當欄內，再依法計收登記費。

②申請地上權、農育權、永佃權、不動產役權或耕作權之設定或移轉登記，其權利價值不明者，應由申請人於申請書適當欄內自行加註，再依法計收登記費。

③前二項權利價值低於各該權利標的物之土地申報地價或當地稅捐稽徵機關核定之房屋現值百分之四時，以各該權利標的物之土地申報地價或當地稅捐稽徵機關核定之房屋現值百分之四爲其一年之權利價值，按存續之年期計算；未定期限者，以七年計算之價值標準計收登記費。

（二）登記費之免納

1.免納登記費之登記種類

下列登記，免繳納登記費（土§78）：

(1)因土地重劃之變更登記。

(2)更正登記。

(3)消滅登記。

(4)塗銷登記。

(5)更名登記。

(6)住址變更登記。

(7)標示變更登記。

(8)限制登記。

2.他項權利內容變更登記之免納登記費

申請他項權利內容變更登記，除權利價值增加部分，依前項繳納登記費外（即按權利價值增加部分千分之一計算），免納登記費（土§76Ⅱ）。

（三）其他應納及免納登記規費之情形

1.土地登記，應依土地法規定繳納登記規費。登記費未滿新臺幣1元者，不予計收。但有下列情形之一者，免繳納（土登§46Ⅰ）：
   (1)抵押權設定登記後，另增加一宗或數宗土地權利為共同擔保時，就增加部分辦理設定登記。
   (2)抵押權次序讓與、拋棄或變更登記。
   (3)權利書狀補（換）給登記。
   (4)管理人登記及其變更登記。
   (5)其他法律規定免納。
2.以郵電申請發給登記簿或地籍圖謄本或節本者，應另繳納郵電費（土登§46Ⅱ）。
3.登記規費之收支應依預算程序辦理（土登§46Ⅲ）。

三、登記費之繳納及退還

（一）繳　納

登記規費，除網路申請土地登記依第76條之6規定繳納外，應於申請登記收件後繳納之（土登§47）。

（二）退　還

1.已繳之登記費及書狀費，有下列情形之一者，得由申請人於十年內請求退還之（土登§51Ⅰ）：
   (1)登記經申請撤回。
   (2)登記經依法駁回。
   (3)其他依法令應予退還。
2.申請人於十年內重新申請登記者，得予援用未申請退還之登記費及書狀費（土登§51Ⅱ）。

四、逾期申請登記之罰鍰

（一）罰鍰之計收

1.逾期申請登記之罰鍰，應依土地法之規定計收（土登§50Ⅰ）。
2.申請土地權利變更登記，應於土地權利變更後一個月內為之。其係繼承登記者，得自繼承開始之日起，六個月內為之。申請逾期者，每逾一個

月得處應納登記費額一倍之罰鍰。但最高不得超過二十倍（土§73II）。

3.土地權利變更登記逾期申請，於計算登記規費罰鍰時，對於不能歸責於申請人之期間，應予扣除（土登§50II）。

（二）罰鍰不得申請退還

已繳納之登記費罰鍰，除法令另有規定外，不得申請退還（土登§52I）。

（三）重新申請登記之扣除

經駁回之案件重新申請登記，其罰鍰應重新核算，如前次申請已核計罰鍰之款項者應予扣除，且前後數次罰鍰合計不得超過應納登記費之二十倍（土登§52II）。

有關逾期申請登記計收罰鍰適用行政罰法規定相關事宜（內政部99.1.26內授中辦地字第0990723661號令）

一、有關土地法第73條規定逾期申請登記所計收之罰鍰，經函准法務部98年11月27日法律字第0980046887號函釋，係就行為人違反應於一定期限內為聲請之義務所為裁罰性不利處分，其本質應屬行政罰，依行政罰法第1條規定，登記罰鍰除優先適用土地法規定外，餘未規定者應適用行政罰法之規定。

二、修正現行登記罰鍰作業規定如下：

（一）登記罰鍰裁處之對象及程序：依行政罰法第3條及第44條規定，登記機關為逾期申辦登記罰鍰之裁處時，應以違反登記義務之登記權利人為對象，並應另作成裁處書為送達，故登記申請案件若涉有登記罰鍰時，登記機關仍應依法審查登記，並另對登記權利人因怠於申辦登記而應處之罰鍰作成裁處書及為送達；裁處書格式如附件。

（二）登記罰鍰之減輕或免罰：

1.依行政罰法第9條規定，行為人受行政處罰應依年齡或辨識能力而為不罰或減輕，因土地法規並無因受罰人之年齡或其精神狀態不同而為不罰或減輕，或就行為人之法定代理人之代理行為有違反行政法之義務仍須加以處罰另予規定，故登記罰鍰仍應適用上開行政罰法規定辦理。

2.參照最高法院90年12月份第2次庭長法官聯席會議決議，行政罰

鍰係國家為確保行政秩序之維持，對於違規之行為人所為之財產上制裁，而違規行為之行政法上責任，性質上不得作為繼承之對象，故原繼承人對於遲延登記而應課處罰鍰之責任應因其死亡而歸於消滅，無由將該責任轉由其再轉繼承人負擔。是登記機關受理逾期申辦繼承登記案件，如涉有再轉繼承時，應由登記機關個別考量可歸責於繼承人及再轉繼承人之情形，分別計收罰鍰，至已死亡之原繼承人所應課處之登記罰鍰，不再予計收。

（三）登記簿註記「罰鍰○○元」等文字之處理：

依土地登記規則第100條及第120條規定，部分共有人或繼承人為全體共有人或繼承人申辦判決共有物分割之測量、登記或相關繼承登記時，登記機關應於未會同申請之共有人或繼承人之所有權部其他登記事項欄註記：「未會同申請，欠繳土地複丈費○○元、登記費○○元、書狀費、罰鍰○○元及代管費用○○元（無罰鍰或代管情事者免登載），繳清後發狀。」等文字，因罰鍰依法應另作裁處書及為送達，故毋需再予註記「罰鍰○○元」。登記機關應就原已於登記簿註記欠繳罰鍰之案件，儘速依行政罰法規定作成裁處書及為送達。

（四）登記機關對逾期仍不繳納罰鍰之處理：登記權利人逾期仍不繳納罰鍰時，登記機關應依行政執行法規定移送行政執行處執行。

三、本部88年7月21日合內中地字第8890286號函及93年8月12日內授中辦地字第0930724588號函釋規定，與行政罰法規範裁罰對象應為違反行政義務之人有違，一併停止適用。另因罰鍰應另作裁處書及為送達，爰修正本部89年11月1日台內中地字第8971914號、90年6月22日台內地字第9073215號及94年12月9日合內地字第0940073597號函，有關註記內容，刪除「罰鍰○○元」等文字。

○○市（縣）○○○地政事務所土地登記罰鍰裁處書

　年　月　日　　　　　　　　　　　　　　　　字第No.　號

繳款義務人	姓名或名稱		住址		
	統一編號		出生日期		電話	
代表人或管理人	姓名或名稱		住址		
	統一編號		出生日期		電話	
代理人	姓名或名稱		住址		
	統一編號		出生日期		電話	

不動產標的					
事實	申請人○○○申辦（代為申辦）○○登記（00年00月00日○○○字第0000000號收件），因逾○○個月，依土地法第73條第2項規定裁處罰鍰。				
裁罰基準（登記費）		裁罰倍數		裁罰應繳金額（元）	
繳納方式	繳納期限： 繳納地點：				
法令依據	一、土地法第73條第2項規定：「前項聲請，應於土地權利變更後一個月內為之。其係繼承登記者，得自繼承開始之日起，六個月內為之。聲請逾期者，每逾一個月得處應納登記費額一倍之罰鍰，但最高不得超過二十倍。」 二、土地登記規則第50條規定：「逾期申請登記之罰鍰，應依土地法之規定計收。土地權利變更登記逾期申請，於計算登記費罰鍰時，對於不能歸責於申請人之期間，應予扣除。」 三、內政部訂頒「土地登記規費及其罰鍰計收補充規定」第8(1)點及第8(2)點規定：「逾期申請土地權利變更登記者，其罰鍰計算方式如下： （一）法定登記期限之計算：土地權利變更登記之申請登記期限，自登記原因發生之次日起算，並依行政程序法第48條規定計算其終止日。 （二）可扣除期間之計算：申請人自向稅捐稽徵機關申報應繳稅款之當日起算，至限繳日期止及查欠稅費期間，及行政爭訟期間得視為不可歸責於申請人之期間，予以全數扣除；其他情事除得依有關機關核發文件之收件及發件日期核計外，應由申請人提出具體證明，方予扣除。但如為一般公文書及遺產、贈與稅繳（免）納證明等項文件，申請人未能舉證郵戳日期時，得依其申請，准予扣除郵遞時間4天。」				
注意事項	一、本案逾期申請登記如有不可歸責於受處分人之事由者，請提出具體證明，再行重新核計。 二、受處分人如有不服，得依訴願法第14條及第58條規定，自本件裁罰書達到之次日起30日內，繕具訴願書並檢附本裁罰書影本，向本所遞送（以實際收受訴願書之日期為準），由本所層轉訴願管轄機關○○市（縣）政府訴願審議委員會提起訴願。 三、罰鍰逾期不繳納者，即移送法務部行政執行署所屬行政執行分署執行。				

處分機關

（機關首長）○○○

有關土地法第73條有關登記機關執行登記罰鍰事宜（內政部100.4.7內授中辦地字第1000724148號令）

一、有關土地法第73條第2項規定登記罰鍰之執行相關事宜，請依下列規定辦理：

（一）土地法第73條第2項規定，係對申請人逾期申請登記所為之處罰，該罰鍰之主要目的，乃為促使利害關係人儘速申辦登記，針對其逾期登記而違反行政法上義務行為之制裁。申請人逾期未申請登記而違反行政法上義務之行為，至其申請登記前，該違法行為仍繼續中，其登記義務未被免除，需俟申請登記時該繼續行為才結束。故從行政罰之本質及行政管制面之角度觀之，登記罰鍰之裁處權時效起算時點應自申請人履行登記義務時開始起算，亦即為登記機關受理申請登記之時。

（二）依行政罰法第7條規定意旨，違反行政法上義務之行為非出於故意或過失者，不予處罰，且行政機關欲對行為人為處罰時，應負證明行為人有故意或過失之舉證責任。惟不動產物權因法律行為或法律事實發生變動後，均應辦理登記始得發生物權效力或處分該物權，依土地登記規則第24條之1規定，申請人得向地政機關查詢相關土地登記資料，以知悉不動產權利之有無並依法申辦登記，故登記機關已盡其主觀責任條件之證明責任，若登記案件仍有逾期申請登記情事，申請人縱非故意，亦有應注意且能注意而不注意之過失責任。又登記機關係被動接受申請登記，難以得知不動產物權已發生變動，物權變動之當事人本應負有協力申辦登記之義務（最高行政法院98年判字第258號判決參照）。爰申請人未依規定期限申請權利變更登記，登記機關應依土地法第73條及土地登記規則第50條規定計算登記罰鍰。至倘逾期申請登記係因其他申請人怠於會同申請所致，並提出證明文件者，應由登記機關就具體個案事實，本於職權依行政罰法第7條規定辦理。

（三）依土地法第73條及第76條規定登記罰鍰總數額不得逾申請不動產標的申報地價或權利價值千分之二十之意旨，同一登記案件有數申請人因逾期申請登記而應處罰鍰時，應由全體登記申請人共同負擔全部罰鍰，登記機關應對各別行為人分算罰鍰作成裁處書並分別送達。

（四）同一登記案件有數申請人因逾期申請登記而應處罰鍰時，應先就案件應納登記費額依下列方式分算申請人應納之登記費額後，再

依其逾期月數計算各自應繳之罰鍰：

1. 屬依法由權利人單獨申請之登記，按各權利人取得不動產之權利價值比例分算；取得之物權為公同共有權利者，除成立公同共有關係之法律未規定或契約未約定公同共有不動產之潛在應有部分，應推定為均等外，按各權利人之潛在應有部分分算罰鍰。

2. 屬依法應由權利人及義務人會同申請之登記，應先由權利人及義務人各負擔罰鍰二分之一，再按權利人及義務人各自取得或處分之權利價值比例分算罰鍰。

（五）同一登記案件有數申請人因逾期申請登記應予課罰時，應依前開分算方式計算答申請人應納之罰鍰，涉有不罰或減輕處罰情形時，其處理方式如下：

1. 登記申請人有行政罰法第9條第1項及第3項不予處罰之情形者，應不得列為登記罰鍰之裁處對象。

2. 登記申請人有同法第9條第2項及第4項規定得減輕處罰者，應就其原應負擔之罰鍰減輕二分之一。

3. 繼承登記有再轉繼承情形者，已死亡之原繼承人所延遲時間不予計算，故再轉繼承人未逾期申請者，則不列為登記罰鍰之裁處對象；其仍逾期申請者，自原繼承人死亡之時起，按其逾期月數計算罰鍰。

4. 罰鍰有不罰或減輕之情事者，應於裁處書之「裁罰應繳金額」欄內註明減少金額及理由。

二、參照法務部99年8月2日法律決字第0999026300號函釋，行政罰法第19條第1項所稱「法定最高額」，於土地法第73條所定罰鍰非定額之情形，應以裁罰機關就具體個案調查認定依該條規定所應受法定最高額之罰鍰金額為準。故登記機關依土地法第73條規定裁處登記費之倍數所計算之登記罰鍰在新臺幣3,000元以下者，得依具體個案情況衡酌處罰。

三、依行政罰法第3條規定，該法所稱行為人係指實施違反行政法上義務行為之自然人、法人、設有代表人或管理人之非法人團體、中央或地方機關或其他組織，故登記機關為逾期申辦登記罰鍰之裁處時，應以違反登記義務之行為人為對象，本部99年1月26日內授中辦地字第0990723661號令二（一）有關登記罰鍰裁處之對象為「以違反登記義務之登記權利人為對象」之規定，與土地法第73條第1項前段及上開行政罰法規定未合，應修正為「以違反登記義務之行為人為對象」。

四、本部76年8月28日合內地字第530712號、84年10月21日台內地字第8482352號、84年11月9日合內地字第8415370號、89年1月1日台內中地字第8971914號、90年6月22日台內地字第9073215號及94年12月9日台內地字第0940073597號等函釋，涉有罰鍰之內容與現行規定不符，不予適用。

五、書狀費、工本費及閱覽費

（一）書狀費

土地登記完畢後，若需發給權利書狀，於計徵登記費時，同時計徵書狀費，其費額由中央地政機關定之（土§67）。

（二）工本費或閱覽費（土§79-2）

1.有下列情形之一者，應繳納工本費或閱覽費：
　(1)申請換給或補給權利書狀者。
　(2)申請發給登記簿或地籍圖謄本或節本者。
　(3)申請抄錄或影印登記申請書及其附件者。
　(4)申請分割登記，就新編地號另發權利書狀者。
　(5)申請閱覽地籍圖之藍曬圖或複製圖者。
　(6)申請閱覽電子處理之地籍資料者。
2.前項工本費、閱覽費費額，由中央地政機關定之。

六、複丈費及測量費

（一）標準之訂定

土地複丈費及建築改良物測量費標準，由中央地政機關定之（土§47-2）。

（二）繳　納

申請土地複丈或申請建物測量時，應繳納土地複丈費或建物測量費（地測§209、268）。

（三）不退回

1.申請人於複丈時，應到場會同辦理；申請人屆時不到場或不依規定

埋設界標者,視爲放棄複丈之申請,已繳複丈費不予退還(地測
§211II)。

2.申請人於測量時,應到場會同辦理;申請人屆時不到場者,視爲放棄
測量之申請,已繳建物測量費不予退還(地測§264II)。

(四) 退　回

1.申請人申請複丈案件,有下列情形之一者,得於五年內請求退還其已
繳土地複丈費(地測§214):
(1)依第211條之1規定申請撤回。
(2)申請再鑑界,經查明第一次複丈確有錯誤。
(3)經通知補正逾期未補正而駁回。
(4)其他依法令應予退還。
前項第1款、第3款之情形,其已支出之費用應予扣除。
申請人於五年內重新申請複丈者,得予援用未申請退還之土地複丈
費。

2.已繳建物測量費,有下列情形之一者,申請人得於五年內請求退還之
(地測§266):
(1)依第264條之1規定申請撤回者。
(2)經通知補正逾期未補正而駁回者。
(3)其他依法令應予退還者。
前項第1款、第2款之情形,其已支出之費用應予扣除。
申請人於五年內重新申請建物測量者,得予援用未申請退還之建物測
量費。

七、土地或建築改良物權利書狀及申請應用地籍資料規費收費標準 (103.3.17內政部訂定)

(一) 本標準依土地法第67條、第79條之2第2項及規費法第10條第1項規定
訂定之。

(二) 土地或建築改良物所有權狀及他項權利證明書,其書狀費或換發、補
發工本費之費額爲每張新臺幣80元。
申請應用地籍資料,其工本費或閱覽費之費額如附表。

(三) 本標準自發布日施行。

附表

項　　目	費　　額
登記（簿）謄本或節本工本費	人工影印：每張新臺幣5元 電腦列印：每張新臺幣20元
地籍圖謄本工本費	人工影印：每張新臺幣15元 人工掃描：每張新臺幣40元 電腦列印：每張新臺幣20元
登記申（聲）請書及其附件影印工本費	每張新臺幣10元
登記申（聲）請書及其附件閱覽、抄錄或攝影閱覽費	每案新臺幣75元 限時20分鐘
各類登記專簿影印工本費	每張新臺幣10元
各類登記專簿閱覽、抄錄或攝影閱覽費	每案新臺幣75元 限時20分鐘
地籍圖之藍曬圖或複製圖閱覽費	每案新臺幣10元 限時20分鐘
電子處理之地籍資料（含土地資料及地籍圖）到所查詢閱覽費	每筆（棟）新臺幣20元 限時5分鐘
電子處理之地籍資料電傳資訊閱覽費	每人每筆（棟）新臺幣10元
歸戶查詢閱覽費	每次新臺幣45元 限時10分鐘
地籍異動索引查詢閱覽費	每筆（棟）新臺幣10元 限時3分鐘
各項查詢畫面列印工本費	每張新臺幣20元
土地建物異動清冊影印工本費	每張新臺幣5元

八、土地複丈費及建築改良物測量費收費標準（103.5.8內政部訂定）

（一）本標準依土地法第47條之2及規費法第10條第1項規定訂定之。

（二）土地複丈費之收費如附表一。

（三）建築改良物測量費之收費如附表二。

（四）各級法院囑託辦理複丈及測量業務，並限期在十五日內辦理者，其費用依前二條規定加倍計收。

（五）各級法院或檢察機關行使國家刑罰權囑託辦理測量、複丈者，免納費

用。

（六）本標準自發布日施行。

附表一　土地複丈費之收費標準表

項次	項　　目	收費標準
一	土地分割複丈費	按分割後筆數計算，每單位以新臺幣800元計收。申請人未能埋設界標，一併申請確定分割點界址者，加繳複丈費之半數。
二	土地合併複丈費	免納複丈費。
三	土地界址鑑定費	每單位以新臺幣4,000元計收。
四	土地地目變更勘查費	每單位以新臺幣400元計收。
五	土地界址調整複丈費	每單位以新臺幣800元計收。申請人未能埋設界標一併申請確定調整後界址點者，加繳複丈費之半數。
六	調整地形複丈費	每單位以新臺幣800元計收。申請人未能埋設界標一併申請確定調整後界址點者，加繳複丈費之半數。
七	土地他項權利位置之測量費或鑑定費	每單位以新臺幣4,000元計收。
八	未登記土地測量費	每單位以新臺幣4,000元計收。必須辦理基本控制測量或圖根測量者，其測量費用，應另案核計。
九	土地自然增加或浮覆測量費	每單位以新臺幣4,000元計收。必須辦理基本控制測量或圖根測量者，其測量費用，應另案核計。
十	土地坍沒複丈費	以坍沒後存餘土地每單位新臺幣800元計收。

附註：

土地分割複丈費、土地界址鑑定費、土地地目變更勘查費、土地界址調整複丈費、調整地形複丈費、土地他項權利位置之測量費或鑑定費、未登記土地測量費、土地自然增加或浮覆測量費、土地坍沒複丈費，以每筆每公頃為計收單位，不足一公頃者，以一公頃計，超過一公頃者，每增加半公頃增收半數，增加不足半公頃者，以半公頃計；至面積超過十公頃者。由登記機關依規費法規定，核實計算應徵收規費，並檢附直接及間接成本資料，經該級政府規費主管機關（財政局）同意，報直轄市或縣（市）政府核定後計收。

附表二　建築改良物測量費之收費標準表

項次	項　目	收費標準
一	建物位置圖測量費	每單位以新臺幣4,000元計收。同棟其他區分所有權人申請建物位置圖勘測時,可調原勘測位置圖並參酌使用執照竣工平面圖或建造執照設計圖轉繪之。每區分所有建築改良物應加繳建物位置圖轉繪費新臺幣200元。
二	建物平面圖測量費	每單位以新臺幣800元計收,如係樓房,應分層計算,如係區分所有者,應依其區分,分別計算。
三	建築改良物合併複丈費	按合併前建號計算,每單位以新臺幣400元計收。
四	建築改良物分割複丈費	按分割後建號計算,每單位以新臺幣800元計收。
五	建築改良物部分滅失測量費	按未滅失建築改良物之面積計算,每單位以新臺幣800元計收。
六	未登記建築改良物,因納稅需要,申請勘測之測量費	依建物位置圖測量費計收。
七	建築改良物基地號或建築改良物門牌號變更勘查費	不論面積大小,以每建號計算,每單位以新臺幣400元計收。
八	建築改良物全部滅失或特別建築改良物部分滅失之勘查費	不論面積大小,以每建號計算,每單位以新臺幣400元計收。
九	建物位置圖轉繪費	每建號新臺幣200元計收。
十	建物平面圖轉繪費	每建號新臺幣200元計收。
十一	建物平面圖或建物測量成果圖影印本	以每張新臺幣15元計收。
十二	建物測量成果圖採電腦列印	以每張新臺幣20元計收。

附註:

一、建物位置圖測量費及未登記建築改良物,因納稅需要,申請勘測之測量費,以整棟建築改良物為一計收單位。

二、建物平面圖測量費、建築改良物合併複丈費、建築改良物分割複丈費、建築改良物部分滅失測量費,以每建號每五十平方公尺為計收單位,不足五十平方公尺者,以五十平方公尺計。

九、土地登記規費及其罰鍰計收補充規定（108.3.14內政部修正）

（一）新登記土地辦理所有權第一次登記之登記費，應以該土地依平均地權條例施行細則第25條第1項規定補辦規定地價時之申報地價為準計收。

（二）申辦區分所有建物第一次登記所附使用執照列有工程造價者，其需就各區分所有建物分別計收規費時，應以工程造價之總價除以使用執照所列建物總面積，所得之單位工程造價，乘以建物勘測面積計算之。但建物使用執照附表已載有各區分所有建物之面積及造價者，得逕依其所列造價計收登記費。

（三）申辦建物所有權第一次登記，如係使用執照上各區分所有建物全部一次申請登記者，依其使用執照所列工程造價之總價計徵登記費。至於各區分所有建物應分擔之登記費，由申請人或代理人自行分算，其分算標準得以使用執照所列建物面積或勘測面積計算之。

（四）區分所有建物未能依第3點規定全部一次申請登記者，除申請人得檢附全體起造人協議分算之各區分所有建物工程造價分算表依法計徵登記費外，仍應依第2點規定計徵登記費。

（五）土地權利變更登記之登記費核計標準，除法令另有規定外，依下列規定辦理：

　　1.所有權移轉登記，以申報地價、稅捐機關核定繳（免）納契稅之價值為準。

　　2.典權設定登記，以權利價值、稅捐機關核定之繳（免）納契稅之價值為準。

　　3.繼承登記，土地以申報地價，建物以稅捐機關核定之繳（免）納遺產稅價值為準，無核定價值者，依房屋稅核課價值為準。

　　4.無核定價值或免申報者，以土地權利變更之日當期申報地價或房屋現值為準；無當期申報地價者，以土地權利變更之日最近一期之申報地價為準。但因駁回重新申請登記者，以前次申請登記時計徵登記費之價值為準。

　　5.共有物分割登記，以分割後各自取得部分之申報地價、稅捐機關核定之繳（免）納契稅之價值計收。

　　6.經法院拍賣之土地，以權利移轉證明書上之日期當期公告土地現值為準。但經當事人舉證拍定日非權利移轉證明書上之日期者，以拍定日當日公告土地現值為準，其拍定價格低於公告現值者以拍定價額為準。至於法院拍賣之建物，依其向稅捐單位申報之契稅價值計

　　　　收登記費。

　　7.信託移轉登記，以信託或信託內容變更契約書所載權利價值爲準；
　　　非以契約書爲登記原因證明文件者，以當事人自行於申請書塡寫之
　　　權利價值爲準。

（六）申辦土地登記，合於土地法第76條第2項、第78條及土地登記規則第46條
　　　規定情形者免繳納登記費。檢察署辦理罰金執行案件就受刑人遺產執
　　　行囑辦繼承登記者，亦同。

（七）有下列各款情形之一者，免納書狀工本費：

　　1.因行政機關之行政措施所爲之更正、變更或依權責逕爲變更申請登
　　　記，致需繕發新權利書狀予權利人。

　　2.原住民申請回復傳統姓名後，換發權利書狀。但第一次換發後申請
　　　補發不在此限。

　　3.無列印任何地籍資料之權利書狀末頁。

　　4.其他依法令規定免納。

（八）逾期申請土地權利變更登記者，其罰鍰計算方式如下：

　　1.法定登記期限之計算：土地權利變更登記之申請登記期限，自登記
　　　原因發生之次日起算，並依行政程序法第48條規定計算其終止日。

　　2.可扣除期間之計算：申請人自向稅捐稽徵機關申報應繳稅款之當日
　　　起算，至限繳日期止及查欠稅費期間，及行政爭訟期間得視爲不可
　　　歸責於申請人之期間，予以全數扣除；其他情事除得依有關機關核
　　　發文件之收件及發件日期核計外，應由申請人提出具體證明，方予
　　　扣除。但如爲一般公文書及遺產、贈與稅繳（免）納證明等項文
　　　件，申請人未能舉證郵戳日期時，得依其申請，准予扣除郵遞時間
　　　四天。

　　3.罰鍰之起算：逾法定登記期限未超過一個月者，雖屬逾期範圍，仍
　　　免予罰鍰，超過一個月者，始計收登記費罰鍰。

　　4.罰鍰之裁處送達：同一登記案件有數申請人因逾期申請登記而應處
　　　罰鍰時，由全體登記申請人共同負擔全部罰鍰，登記機關應對各別
　　　行爲人分算罰鍰作成裁處書並分別送達。

　　5.駁回案件重新申請登記其罰鍰之計算：應依前四款規定重新核算，
　　　如前次申請已核計罰鍰之款項者應予扣除，且前後數次罰鍰合計不
　　　得超過二十倍。

（九）因逾期繳納與土地登記有關之稅費，其處滯納金罰鍰之期間，非不能
　　　歸責於申請人，計收登記費罰鍰時不能扣除。

（十）登記案件經駁回後十年內重新申請者，已繳之登記費及書狀費准予援用；若係多次被駁回，均在前次駁回後十年內重新申請登記者，其已繳之登記費及書狀費亦准予援用。申請退費，應於最後一次駁回後十年內為之。

復習問題

1.何謂登記規費？（83檢、101普）登記費之費率為何？免繳納登記費之情形為何？（90特）
2.逾期申請登記之罰鍰計算及繳納情形為何？
3.登記費及書狀費之請求退還情形為何？（101普）
4.登記費之罰鍰可否申請退還？於何種情形可以抵繳？
5.何種情形應繳納工本費或閱覽費？
6.已繳納之土地複丈費或建物測量費，因何種情形下得退回？（91檢、97普）在何種情形下不退回？其請求退回之期限為何？（97普）

第四節　登記處理程序

一、辦理程序

辦理土地登記，除本規則另有規定外，程序如下（土登§53Ⅰ）：

（一）收　件

登記機關接收登記申請書時，除第70條之5另有規定外，應即收件，並記載收件有關事項於收件簿與登記申請書。收件，並應按接收申請之先後編列收件號數，登記機關並應給與申請人收據（土登§54）。

（二）計收規費

（三）審　查

1.分為初審、複審及核判。登記機關接收申請登記案件後，應即依法審查。辦理審查人員，應於登記申請書內簽註審查意見及日期，並簽名或蓋章。經審查無誤者，應即登載於登記簿。但依法應予公告或停止

登記者，不在此限（土登§55）。

2.補正與駁回：登記案件經審查有誤時，應依土地登記規則規定，分別予以通知補正或駁回。

（四）公　告

僅於土地總登記、土地所有權第一次登記、建物所有權第一次登記、時效取得登記、書狀補給登記及其他法令規定者適用之（土登§53Ⅱ）。公告期間分別為十五天（土登§72）及三十天（土登§118、155）。

（五）登　簿

1.處理期限（土登§61）

(1)登記，應依各類案件分別訂定處理期限，並依收件號數之次序或處理期限為之。其為分組辦理者，亦同。除法令另有規定外，同一宗土地之權利登記，其收件號數在後之土地，不得提前登記。

(2)登記程序開始後，除法律或本規則另有規定外，不得停止登記之進行。

2.登簿及校對之分別辦理（土登§62）

應登記之事項記載於登記簿後，應由登簿及校對人員分別辦理並加蓋其名章。

3.特約之不審查登記（土登§63）

登記原因證明文件所載之特約；其屬應登記以外之事項，登記機關應不予審查登記。

4.二人以上之分別登載（土登§64）

權利人為二人以上時，應將全部權利人分別予以登載。義務人為二人以上時，亦同。

（六）繕發書狀

1.繕發或加註（土登§65Ⅰ）

土地權利於登記完畢後，除權利書狀所載內容未變更、本規則或其他法規另有規定外，登記機關應即發給申請人權利書狀。但得就原書狀加註者，於加註後發還之。

2.免發書狀（土登§65Ⅱ）

有下列情形之一，經申請人於申請書記明免繕發權利書狀者，得免發給

之，登記機關並應於登記簿其他登記事項欄內記明之：

(1)建物所有權第一次登記。

(2)共有物分割登記，於標示變更登記完畢。

(3)公有土地權利登記。

3.逕為分割登記之通知換領（土登§65Ⅲ）

登記機關逕為辦理土地分割登記後，應通知土地所有權人換領土地所有權狀；換領前得免繕發。

4.共有之繕發書狀（土登§66）

(1)土地權利如係共有者，應按各共有人分別發給權利書狀，並於書狀內記明其權利範圍。

(2)共有人取得他共有人之應有部分者，於申請登記時，應檢附原權利書狀，登記機關應就其權利應有部分之總額，發給權利書狀。

(3)同一所有權人於同一區分所有建物有數專有部分時，其應分擔之基地權利應有部分，得依申請人之申請分別發給權利書狀。

5.發還文件（土登§68）

登記完畢之登記申請書件，除登記申請書、登記原因證明文件或其副本、影本及應予註銷之原權利書狀外，其餘文件應加蓋登記完畢之章，發還申請人。

6.單獨申請登記之通知（土登§69）

(1)由權利人單獨申請登記者，登記機關於登記完畢後，應即以書面通知登記義務人。但有下列情形之一者，不在此限。

①無義務人。

②法院、行政執行分署或公正第三人拍定之登記。

③抵押權人為金融機構，辦理抵押權塗銷登記，已提出同意塗銷證明文件。

(2)前項義務人為二人以上時，應分別通知之。

7.領　狀

登記完畢時，權利人或代理人接獲通知，或得知登記完畢時，應即憑收件收據及印章，領取權利書狀及有關應行領回之文件。

（七）異動整理

包括統計及異動通知。所謂統計，即統計有關登記之相關資料。所謂異動通知，即通知稅捐機關、有關機關或當事人等。

（八）歸　檔

歸檔之文件，依規定之保存年限予以保存。

二、申請撤回

1.申請登記案件，於登記完畢前，全體申請人以書面申請撤回者，登記機關應即將登記申請書及附件發還申請人（土登§59）。
2.撤回複丈之申請，應於複丈前以書面向登記機關提出。但屬有需通知前條第3項關係人之案件，應於原定複丈日期三日前為之（地測§211-1）。

三、駁回或撤回之重新申請收件

已駁回或撤回登記案件，重新申請登記時，應另行辦理收件（土登§60）。

四、權利書狀之公告作廢

土地登記有下列各款情形之一，未能提出權利書狀者，應於登記完畢後公告註銷（土登§67）：
（一）申辦繼承登記，經申請之繼承人檢附切結書。
（二）申請他項權利塗銷登記，經檢附他項權利人切結書者，或他項權利人出具已交付權利書狀之證明文件，並經申請人檢附未能提出之切結書。
（三）申請建物滅失登記，經申請人檢附切結書。
（四）申請塗銷信託、信託歸屬或受託人變更登記，經權利人檢附切結書。
（五）申請都市更新權利變換登記，未受分配或不願參與分配者；或經登記機關於登記完畢後通知換領土地及建築物權利書狀，未於規定期限內提出。
（六）合於第35條第1款至第5款、第9款、第12款及第13款情形之一。但經中央地政主管機關公告權利書狀免予公告註銷者，不在此限。

五、停止受理登記

（一）政府因實施土地重劃、區段徵收及依其他法律規定，公告禁止所

有權移轉、變更、分割及設定負擔之土地，登記機關應於禁止期間內，停止受理該地區有關登記案件之申請。但因繼承、強制執行、徵收、法院判決確定或其他非因法律行為，於登記前已取得不動產物權而申請登記者，不在此限（土登§70）。

（二）土地重劃之公告禁止登記（平例§59）：

1.重劃地區選定後，直轄市或縣（市）政府，得視實際需要報經上級主管機關核定後，分別或同時公告禁止或限制下列事項：

(1)土地移轉、分割或設定負擔。

(2)建築改良物之新建、增建、改建或重建及採取土石或變更地形。

2.前項禁止或限制期間，以一年六個月為期。

（三）區段徵收之公告禁止登記（平例§53）：

1.區段徵收地區選定後，徵收機關得視實際需要報經上級主管機關核定後，分別或同時公告禁止下列事項：

(1)土地移轉、分割、設定負擔。

(2)建築改良物之新建、增建、改建或重建及採取土石或變更地形。

2.前項禁止期間，以一年六個月為期。

（四）「依其他法律規定」：例如土地徵收條例第23條、獎勵民間參與交通建設條例第17條……等是。

復習問題

1.辦理土地登記之一般程序為何？（82檢、87交特）

2.何種情形得申請撤回申請之登記案件？

3.何種情形應於登記完畢時公告作廢權利書狀？

4.何種情形應停止受理登記案件之申請？哪些情形例外？（88檢、90基特）

5.土地登記案件經審查結果應如何處理？試詳述之。（87交特）

6.登記機關依法審查登記案件後，有哪三種不同之處理方式？試詳分述之。（89普）

7.依土地登記規則規定，土地登記如未能提出權利書狀者，有哪些情形應於登記完畢後將權利書狀公告註銷？（96普）

8.土地權利登記完畢後，登記機關本應發給申請人權利書狀。但在何種情形下，經申請人之申請，登記機關得免繕發權利書狀？其立法意旨為何？請分別說明之。（103普）

第五節 網路申請登記

　　土地登記規則經內政部於民國110年7月13日修正公布，增訂網路申請登記一節，其立法意旨爲因應土地登記網路申請作業，統一規範網路申請土地登記之應附文件、簽章及繳費方式、後續登記處理程序等。其詳細內容如下：

一、申請方式

（一）網路申請土地登記方式，分爲全程網路申請及非全程網路申請。網路申請登記項目由中央地政機關公告之（土登§70-1Ⅰ）。

（二）前項全程網路申請，係指申請人於網路提出土地登記之申請，其應提出之文件均以電子文件提供並完成電子簽章者；非全程網路申請，係指申請人於網路提出土地登記之申請，其應提出之文件未能全部以電子文件提供並完成電子簽章，部分文件仍爲書面者（土登§70-1Ⅱ）。

（三）網路申請土地登記，除未涉權利義務變動者得由權利人或登記名義人單獨申請外，應由地政士或律師代理（土登§70-1Ⅲ）。另規定地政士或律師代理以網路申請土地登記，並經憑證確認身分者，得免親自到場並由登記機關核對身分（土登§70-4）。

二、應附文件（土登§70-3）

　　依第34條規定申請登記應提出之文件，於網路申請土地登記時，依下列規定辦理：

（一）登記申請書電子文件應以電子簽章方式辦理。

（二）登記原因證明文件或其他由中央地政機關規定應提出之證明文件，除能以政府資料庫達成查詢或提供者，得免提出外，應爲電子文件並完成電子簽章。但非全程網路申請土地登記者，不在此限。

（三）已登記者，除有第35條規定情形外，應提出所有權狀或他項權利證明書。

（四）申請人身分證明文件，能以電腦處理達成查詢，得免提出。

三、收件（土登§70-5）

（一）登記機關接收全程網路申請案件時，應即收件；登記機關接收非全程網路申請案件時，應俟書面文件到所後再辦理收件。

（二）依前項規定收件之網路申請土地登記案件，其審查、補正、駁回等辦理程序，依第三章第四節規定辦理。

四、計收規費

網路申請土地登記之登記規費，得於登記機關收件前完成網路計費及繳費或於收件後繳納（土登§70-6）。

五、文件保存

網路申請土地登記之登記申請書及其附件電子檔案之保存及銷毀，準用第19條規定辦理（土登§70-7）。即收件簿、登記申請書及其附件，除土地所有權第一次登記案件應永久保存外，應自登記完畢之日起保存十五年。

六、網路申請土地登記之系統規範

（一）網路申請土地登記，其處理之系統規範，由中央地政機關定之（土登§70-2）。

（二）網路申請土地登記及測量案件注意事項（110.7.26內政部訂定）

　　1.為執行網路申請土地登記、複丈及建物測量案件（以下簡稱網路申請案件），優化地政線上服務，以達簡政便民並提升服務效能，特訂定本注意事項。

　　2.本注意事項適用之申請項目及其實施日期，由中央地政機關公告實施。

　　3.網路申請案件分為全程網路申請及非全程網路申請，其定義如下：

　　　(1)全程網路申請：申請人及代理人於網路提出土地登記、複丈或建物測量之申請，其應提出之文件均以電子文件提供並完成電子簽章。

　　　(2)非全程網路申請：申請人及代理人於網路提出土地登記、複丈或建物測量之申請，其應提出之文件未能全部以電子文件提供並完成電子簽章，部分文件仍為書面。

　　4.網路申請案件由申請人及代理人依下列程序辦理：

　　　(1)登入數位櫃臺系統：以自然人憑證或工商憑證驗證登入數位櫃臺

系統（以下簡稱申辦系統），由地政士或律師代理申請者，申辦系統自動檢核其職業別。

(2)輸入申請資料產製書表：輸入相關申請資訊，產製網路申辦用申請書表。如有其他應檢附文件，除符合得於申辦系統上傳附件（影像檔或電子檔）情形者外，紙本附繳證件之提交，應配合於申辦系統產製並列印紙本附件清單附案，以利勾稽。

(3)書表線上簽章：線上預覽申請書表，確認無誤後電子簽章。但依規定無需會同或免予簽章者，不在此限。

(4)線上送件及提交紙本附件：全程網路申請案件，案件線上送出後即完成線上送件；非全程網路申請案件，除案件線上送出外，另需郵寄或提交紙本附件清單及紙本附繳證件予管轄登記機關。

5.網路申請案件由管轄登記機關受理，並依下列程序辦理：

(1)接收案件：登記機關專責人員每日定時接收網路申請案件。全程網路申請案件，接收後即予列印；非全程網路申請案件，俟登記機關接獲同一網路申辦流水號之紙本附件清單及紙本附繳證件後，再行接收案件及列印。自案件線上送出後紙本附件清單及紙本附繳證件逾一個月仍未送達，申辦系統即予註銷該網路申辦流水號。

(2)案件收件：收件人員接獲應予收件之網路申請案件，於「土地登記複丈地價地用電腦作業系統WEB版」以網路申辦流水號匯入案件收件資料，確認後辦理收件，收件後即開始案件處理程序。

(3)計收規費：案件已網路繳費或以其他方式預繳者，收件後應配合開立規費收據。未繳費或經核算已繳數額不足，得先行通知申請人或代理人於一定期限內繳納，逾期仍未繳納者依土地登記規則第56條、地籍測量實施規則第212條及第265條規定通知補正。

(4)審查案件：按案件類型，依土地登記規則及地籍測量實施規則之規定程序辦理。

6.網路申請買賣登記案件需申報登錄不動產成交案件實際資訊者，得於線上申報或檢附已核章之紙本申報書，如有申報書序號，應於登記申請書中載明。

7.網路申請案件經收件審查，因補正而需修正原申請內容，除紙本附件清單及紙本附繳證件得僅於該等文件簽章修正外，如於申辦系統線上修正申請書表，申請人及代理人均應重新電子簽章。

8.網路申請案件經登記機關通知補正或駁回，如需至登記機關領回紙

本文件，應提供案件收件年字號並提出身分證明文件，依下列規定辦理：

(1)單獨申請案件：權利人或登記名義人經核驗身分後簽章領回。

(2)代理申請案件：代理人或複代理人經核驗身分後簽章領回。但代理人為地政士，網路申請土地登記之申請書已載明得協助補正或駁回領回紙本文件之登記助理員資訊（含姓名及統一編號），可由登記助理員經核驗身分後簽章領回。

9.網路申請案件如有應發還（給）文件，應於申請書敘明至管轄登記機關領取或郵寄到家。自行領取者，領件對象及相關程序準用第8點規定辦理；郵寄到家者，應檢附足額郵資，如有賸餘，登記機關應將賸餘郵資隨同寄回。

10.申請人或代理人完成網路送件，且登記機關尚未接收網路申請案件前，申請人或代理人得於申辦系統線上取消送件。經登記機關接收並辦理收件之網路申請案件，其撤回應依土地登記規則第59條、地籍測量實施規則第211條之1及第264條之1規定辦理。

全程網路申請及非全程網路申請登記項目及其實施日期

內政部110.7.26台內地字第11002638735號公告

一、全程網路申請及非全程網路申請登記項目：如附表。（略）

二、全程網路申請及非全程網路申請登記，自110年8月1日起實施。

三、全程網路申請登記時，得免提出權利書狀，其經登記完畢後，免予公告註銷且於換領前得免繕發。

四、本公告另刊載於本部地政司全球資訊網（網址https://www.land.moi.gov.tw）。

全程網路申請登記項目及其實施日期

內政部110.11.16台內地字第1100266503號公告修正

一、修正全程網路申請登記項目，其新增內容如下：

（一）更名（限經公司法人登記機關變更有案，且提供公司登記表掃描檔或地政機關能以電腦處理達成查詢者）。

（二）住址變更（限經公司法人登記機關變更有案，且提供公司登記表掃描檔或地政機關能以電腦處理達成查詢者）。

二、修正之全程網路申請登記項目，自110年12月1日起實施。

三、全程及非全程網路申請登記項目更新如附表。（略）

四、本公告另刊載於本部地政司全球資訊網（網址https://www.land.moi.gov.tw）。

復習問題

1.何謂全程網路申請登記？何謂非全程網路申請登記？（110基特四）

第六節　補正及駁回

一、補　正

所謂補正，即登記申請案件，經審查發現未完全符合規定，而須予以補足文書證件或書寫訂正者也。

（一）土地登記案件之補正

有下列各款情形之一者，登記機關應以書面敘明理由或法令依據，通知申請人於接到通知書之日起十五日內補正（土登§56）：

1.申請人之資格不符或其代理人之代理權有欠缺。

2.登記申請書不合程式，或應提出之文件不符或欠缺。

3.登記申請書記載事項，或關於登記原因之事項，與登記簿或其證明文件不符，而未能證明其不符之原因。

4.未依規定繳納登記規費。

（二）土地複丈案件之補正

登記機關受理複丈申請案件，經審查有下列各款情形之一者，應通知申請人於接到通知書之日起十五日內補正（地測§212）：

1.申請人之資格不符或其代理人之代理權有欠缺。

2.申請書或應提出之文件與規定不符。

3.申請書記載之申請原因與登記簿冊或其證明文件不符，而未能證明不符原因。

4.未依規定繳納土地複丈費。

5.依排定時間到場，發現有障礙物無法實施測量，需申請人排除者，登記機關應依前項規定通知補正。

（三）建物測量案件之補正

登記機關受理建物測量申請案件，經審查有下列各款情形之一者，應通知申請人於接到通知書之日起十五日內補正（地測§265）：

1.申請人之資格不符或其代理人之代理權有欠缺。

2.申請書或應提出之文件不符。

3.申請書記載之申請原因或建物標示與登記簿冊或其證明文件不符，而未能證明其不符之原因。

4.未依規定繳納建物測量費。

依排定時間到場，發現有障礙物無法實施測量，需申請人排除者，登記機關應依前項規定通知補正。

二、駁　回

所謂駁回，即登記申請案件，經審查發現依法不能登記或逾期未補正，而予以批駁退回者也。

（一）土地登記案件之駁回

1.有下列各款情形之一者，登記機關應以書面敘明理由及法令依據，駁回登記之申請（土登§57Ⅰ）：

　(1)不屬受理登記機關管轄。

　(2)依法不應登記。

　(3)登記之權利人、義務人或其與申請登記之法律關係有關之權利關係人間有爭執。

　(4)逾期未補正或未照補正事項完全補正。

2.申請人不服前項之駁回者，得依訴願法規定提起訴願（土登§57Ⅱ）。

3.依第1項第3款駁回者，申請人並得訴請司法機關裁判或以訴訟外紛爭解決機制處理（土登§57Ⅲ）。

（二）駁回之發還登記申請書件

駁回登記之申請時，應將登記申請書件全部發還，並得將駁回理由有關文件複印存參（土登§58）。

（三）駁回後之重新申請登記

已駁回或撤回登記案件，重新申請登記時，應另行辦理收件（土登§60）。

（四）土地複丈案件之駁回

登記機關受理土地複丈案件，經審查有下列各款情形之一者，應以書面敘明法令依據或理由駁回之（地測§213）：

1.不屬受理地政事務所管轄。

2.依法不應受理。

3.逾期未補正或未依補正事項完全補正。

（五）建物測量案件之駁回

登記機關受理建物測量申請案件，有下列各款情形之一者，應以書面敘明法令依據或理由，駁回測量之申請（地測§268準用§213）：

1.不屬受理地政事務所管轄。

2.依法不應測量。

3.逾期未補正或未依補正事項完全補正。

復習問題

1.何謂補正？土地登記案件之補正情形為何？（86特、86檢、90檢）

2.土地複丈案件及建物測量案件之補正情形為何？（84檢、88檢、91檢、91特、100普）

3.何謂駁回？土地登記案件之駁回情形為何？（85檢、86特、86檢、87基特、87原特、90檢）

4.申請人不服土地登記案件之駁回者，如何進行救濟？（85檢）

5.土地登記案件駁回者如何處理？重新申請登記者如何辦理？

6.土地複丈案件及建物測量案件之駁回情形為何？（84檢、88檢）

○○市、縣（市）○○○地政事務所土地登記案件補正通知書

　　　　　　　　　　　　　　　　　　　　年　　月　　　日
　　　　　　　　　　　　　　　　　　　　字　　　　　號

| 受　文　者 | 　　　　　君　　（代理人　　　君） |

一、台端於中華民國　　年　　月　　日申請　　　　登記（收件
　　　字第　　　號）一案，經查尚需補正，請於接到本通知
　　　之日起十五日內前來本所補正。逾期不補正或補正不完全即依
　　　照土地登記規則第五十七條規定駁回。

二、辦理補正時，請攜帶本通知書及原蓋印章，向本所承辦人
　　　（聯絡電話：　　　　　　　　）當場註明補正日期並簽章。

三、補正事項：

　　　　　　　　　　　　　申　　請　　人　　　簽名
上列應補正事項業已補正　　　或　　　　　　　或　　年　月　日
　　　　　　　　　　　　　其　代　理　人　　　蓋章

備註：本通知書共二聯，第一聯送歸檔人員歸檔；第二聯以郵寄掛號
　　　寄送申請人（或代理人）。

○○市、縣（市）○○○地政事務所土地登記案件駁回通知書			
年　　　月　　　日 字第　　　　　號			
受文者	○○○○○○○○○○（代理人○○○○○○○○○○）		
收件日期	民國×××年××月××日××時	申請事由	○○○○○○○○
收件字號	○○○字第×××××號等 ×××件	發還文件	□原申請書件全部發還 □原申請書件於補正時已領回
駁回說明				
附註	申請人應行注意事項： 一、申請人不服駁回者，依土地登記規則第五十七條第二項規定得依訴願法規定提起訴願。駁回之事由涉及私權爭執者，申請人提訴請司法機關裁判。 二、申請人為防止其登記申請受到妨害，得於提起訴願或訴請司法機關裁判時，依土地法第七十九條之一規定，申請預告登記。 三、地政事務所對司法機關之裁判不服時，應於法定期間內提起抗告；逾期不抗告或經裁判確定者，應依裁判內容辦理之。 四、經補正或經裁判確定，准予登記之案件，應檢附有關書件，連同駁回理由書或法院裁決證明文件，重新申請登記，另行收件編號。 五、駁回之登記申請案件重行申請時，如已逾法定申請期限及第一項規定之期限者，除別有規定外，應依法計收登記費罰鍰。惟對於法院受理異議之期間或向政府機關請領證件之期間，應予扣除。 六、經駁回之登記案件，如其土地或建物權利。於重行申請登記前，經第三人取得並申請登記完竣，原申請人如欲取得該項權利及保全登記請求權，應向法院提起塗銷登記之訴及聲請假處分。		

備註：本通知單共二聯，第一聯送歸檔人員歸檔；第二聯以郵寄掛號寄送申請人（或代理人）。

第四章

總登記

第一節　土地總登記

一、土地總登記之定義

（一）所謂土地總登記，謂於一定期間內就直轄市或縣（市）土地之全部為土地登記（土§38II）。

（二）依土地總登記之定義而言，目前實務上並無土地總登記之業務，故本節依土地法及土地登記規則等有關規定予以略述。

二、未登記地之登記

（一）土地法第2條第三類及第四類土地，應免予編號登記。但因地籍管理必須編號登記者，不在此限（土§41）。

（二）土地法第2條規定之第三類土地為交通水利用地，如道路、溝渠、水道、湖泊、港灣、海岸、堤堰等屬之。土地法第2條規定之第四類土地為其他土地，如沙漠、雪山等屬之。

（三）土地總登記後，未編號登記之土地，因地籍管理，必須編號登記者，其登記程序準用土地總登記之程序辦理（土登§77）。

三、土地總登記之次序

土地總登記依下列次序辦理（土§48）：

（一）調查地籍。

（二）公布登記區及登記期限。

（三）接收文件。

（四）審查並公告。

（五）登記、發給書狀並造冊。

四、調查地籍

（一）地籍整理之程序

1.地籍除已依法律整理者外，應依本法之規定整理之（土§36I）。

2.地籍整理之程序，為地籍測量及土地登記（土§36II）。

（二）登記前應先測量

辦理土地登記前，應先辦地籍測量，其已依法辦理地籍測量之地方，應即依本法規定辦理土地總登記（土§38Ⅰ）。

（三）土地坐落

地籍整理以直轄市或縣（市）為單位，直轄市或縣（市）分區，區內分段，段內分宗，按宗編號（土§40）。

（四）公布地籍圖

土地總登記辦理前，應將該登記區地籍圖公布之（土§50）。

五、公布登記區及登記期限

（一）登記區之劃分

1.土地總登記得分若干登記區辦理（土§42Ⅰ）。
2.前項登記區，在直轄市不得小於區，在縣（市）不得小於鄉（鎮、市、區）（土§42Ⅱ）。

（二）登記期限

每一登記區接受登記申請之期限，不得少於二個月（土§49）。

六、接收文件

（一）申請登記

1.土地總登記，由土地所有權人於登記期限內檢同證明文件申請之。如係土地他項權利之登記，應由權利人及義務人共同申請（土§51）。
2.應備文件及會同申請（土登§71）：
  (1)土地總登記，所有權人應於登記申請期限內提出登記申請書，檢附有關文件向登記機關申請之。
  (2)土地總登記前，已取得他項權利之人，得於前項登記申請期限內，會同所有權人申請之。
3.和平繼續占有之土地，依民法第769條或第770條之規定，得請求登記為所有人者，應於登記期限內，經土地四鄰證明，申請為土地所有權

之登記（土§54）。

（二）囑託登記

公有土地之登記，由原保管或使用機關囑託該管直轄市或縣（市）地政機關為之，其所有權人欄註明為國有、直轄市、縣（市）有或鄉（鎮、市）有（土§52）。

（三）逕為登記

無保管或使用機關之公有土地及因地籍整理而發現之公有土地，由該管直轄市或縣（市）地政機關逕為登記，其所有權人欄註明為國有（土§53）。

（四）繳納登記規費

1.土地總登記，應由權利人按申報地價或土地他項權利價值，繳納登記費2‰（土§65）。
2.土地所有權狀及他項權利證明書，應繳納書狀費，其費額由中央地政機關定之（土§67）。

七、審查並公告

（一）審查無誤應即公告

1.直轄市或縣（市）地政機關接受申請或囑託登記之件，經審查證明無誤，應即公告之，其依第53條逕為登記者亦同（土§55Ⅰ）。
2.前項申請或囑託登記，如應補繳證明文件者，該管直轄市或縣（市）地政機關應限期令其補繳（土§55Ⅱ）。

（二）訴請確認權利

1.依前條審查結果，認為有瑕疵而被駁回者，得向該管司法機關訴請確認其權利，如經裁判確認，得依裁判再行申請登記（土§56）。
2.在辦理土地總登記期間，當地司法機關應設專庭，受理土地權利訴訟案件，並應速予審判（土§61）。

（三）視為無主土地

逾登記期限無人申請登記之土地或經申請而逾限未補繳證明文件者，其土地視為無主土地，由該管直轄市或縣（市）地政機關公告之，公告期滿，無人提出異議，即為國有土地之登記（土§57）。

（四）公　告

1.公告期間

(1)土地總登記之公告不得少於十五日，視為無主土地為國有登記之公告，不得少於三十日（土§58）。

(2)登記機關對審查證明無誤之登記案件，應公告十五日（土登§72）。

2.公告之處所及事項

前條公告，應於主管登記機關之公告處所為之，其內容應載明下列事項（土登§73）：

(1)申請登記為所有權人或他項權利人之姓名、住址。

(2)土地標示及權利範圍。

(3)公告起訖日期。

(4)土地權利關係人得提出異議之期限、方式及受理機關。

3.更正後重新公告

依前條公告之事項如發現有錯誤或遺漏時，登記機關應於公告期間內更正，並即於原公告之地方重新公告十五日（土登§74）。

（五）異　議

1.土地權利關係人，在前條公告期間內，如有異議，得向該管直轄市或縣（市）地政機關以書面提出，並應附具證明文件（土§59Ⅰ）。

2.土地權利關係人於公告期間內提出異議，而生權利爭執事件者，登記機關應於公告期滿後，依土地法第59條第2項規定調處（土登§75）。

3.依第57條公告之土地，原權利人在公告期內提出異議，並呈驗證件，申請為土地登記者，如經審查證明無誤，應依規定程序，予以公告並登記，但應加繳登記費之二分之一（土§66）。

（六）調　處

因前項異議而生土地權利爭執時，應由該管直轄市或縣（市）地政機關予以調處，不服調處者，應於接到調處通知後十五日內，向司法機關訴請處

理，逾期不起訴者，依原調處結果辦理之（土§59Ⅱ）。

八、登記、發給書狀並造冊

（一）確定登記

1.申請登記之土地權利公告期滿無異議或經調處成立或裁判確定者，應即為確定登記，發給權利人以土地所有權狀或他項權利證明書（土§62Ⅰ）。
2.前項土地所有權狀，應附以地段圖（土§62Ⅱ）。

（二）登記之面積

1.依前條確定登記之面積，應按原有證明文件所載四至範圍以內，依實際測量所得之面積登記之（土§63Ⅰ）。
2.前項證明文件所載四至不明或不符者，如測量所得未超過證明文件所載面積十分之一時，應按實際測量所得之面積予以登記，如超過十分之二時，其超過部分視為國有土地。但得由原占有人優先繳價承領登記（土§63Ⅱ）。

（三）造具登記總簿

1.每登記區應依登記結果，造具登記總簿，由直轄市或縣（市）政府永久保存之（土§64Ⅰ）。
2.登記總簿之格式及其處理與保存方法，由中央地政機關定之（土§64Ⅱ）。

九、喪失占有權利

合法占有土地人，未於登記期限內申請登記，亦未於公告期間內提出異議者，喪失其占有之權利（土§60）。

十、更正登記

登記人員或利害關係人，於登記完畢後，發現登記錯誤或遺漏時，非以書面申請該管上級機關查明核准後，不得更正。但登記錯誤或遺漏，純屬登記人員記載時之疏忽，並有原始登記原因證明文件可稽者，由登記機關逕行更正之（土§69）。

十一、損害賠償

（一）損害賠償之責任歸屬與限度

1.因登記錯誤、遺漏或虛偽致受損害者，由該地政機關負損害賠償責任。但該地政機關證明其原因應歸責於受害人時，不在此限（土§68 I）。

2.前項損害賠償，不得超過受損害時之價值（土§68 II）。

（二）登記儲金

1.所謂登記儲金，即是提撥一定數額之登記費，作為儲備金，以專供損害賠償之用。

2.提存及撥歸（土§70）：

(1)地政機關所收登記費，應提存百分之十作為登記儲金，以專備第68條所定賠償之用。

(2)地政機關所負之損害賠償，如因登記人員之重大過失所致者，由該人員償還，撥歸登記儲金。

（三）損害賠償之請求

損害賠償之請求，如經該地政機關拒絕，受損害人得向司法機關起訴（土§71）。

十二、逾總登記期限無人申請登記之土地處理原則（91.4.2內政部修正）

（一）已完成無主土地公告及代管程序，並已登記為國有之土地，應不再受理主張權利與補辦登記。

（二）已完成無主土地公告及代管程序而尚未完成國有登記之土地，應由縣市政府查明於三個月內完成國有登記。

（三）未完成無主土地公告代管程序而已登記為國有之土地，應查明事實擬具具體處理意見專案報請中央核定。

（四）未完成無主土地公告代管程序亦未完成所有權登記之土地，應分別依照下列規定處理：

1.日據時期土地臺帳及不動產登記簿記載國、省、縣、市鄉鎮（含州廳街庄）有土地，該管縣市政府應會同該權屬機關切實調查，並依

土地權利清理辦法及公有土地囑託登記提要規定爲公有之囑託登記。

2. 日據時期登記臺帳及不動產登記簿記載日人私有或「會社地」、「組合地」，顯非一般人民漏未申報之土地，應由該管縣市政府會同國有財產局切實調查，依臺灣省土地權利清理辦法及公有土地囑託登記提要等有關規定辦理。

3. 日據時期土地臺帳及不動產登記簿記載日人與國人共有之土地，應由該管縣市政府會同國有財產局切實調查單獨列冊，補辦無主土地公告，並由國有財產局就日人私有部分聯繫國人所有部分申辦登記。

4. 日據時期土地臺帳及不動產簿記載爲國人私有者，亦應依法補辦無主土地公告，並於公告開始三個月後依法執行代管，代管期間無人申請，期滿即爲國有登記，縣市政府執行代管情形應每半年報內政部備查。

（五）爲加速無主土地之清理，並兼顧人民合法權益，無主土地公告及代管期間改爲一年。

（六）代管期間人民申請登記時經審查無誤者，應隨即依土地法第55條規定處理。

（七）無主土地補辦登記後，其在補辦登記以前之賦稅，由於情況不同，應由當地主管稽徵機關報請該直轄市、縣（市）政府根據實際使用情形分別核定徵免。

（八）原已申請尚待結案之案件，一律依照上開原則處理。

復習問題

1. 何謂土地總登記？（86普、108原四）哪些土地免予編號登記？（108原四）
2. 土地總登記之次序爲何？
3. 土地總登記之公告期間多久？其公告事項爲何？有錯誤或遺漏如何重新公告？在何處公告？
4. 何人得提出異議？土地登記機關應如何謂處土地權利爭執事件？（83檢、86檢、86普）
5. 登記錯誤或遺漏而致有損害如何請求賠償？何謂登記儲金？（85特、85檢、86普）

第二節　建物所有權第一次登記

一、任意登記——登記自由主義

（一）土地總登記具有強制性質，未於期限內申請登記，則視為無主土地，經公告期滿無人提出異議，即為國有土地登記（土§57）。惟建物所有權並未有如此強制登記之規定，更未有逾期登記，課徵登記費罰鍰之規定，是以臺灣地區，至今仍有甚多之建物，未曾辦理建物登記。

（二）區分所有建物登記，依公寓大廈管理條例第3條及第4條規定，分為專有部分及共用部分。登記實務將專有部分又區分為主建物及附屬建物兩種，至於共用部分，土地登記規則原稱之為共同使用部分，修正後改稱為共用部分，再依修正後民法之規定改稱為共有部分，一般則稱之為房屋公共設施。

（三）於任意登記之情形下，區分所有建物之所有權是否登記？主建物、附屬建物及共有部分之是否登記？頗不一致，茲略圖如次：（「√」者為登記，「×」者為未登記）。

項目　情形	1	2	3	4	5
主建物登記	×	√	√	√	√
附屬建物登記	×	×	√	×	√
共有部分登記	×	×	×	√	√

（四）建物所有權第一次登記，有謂為「保存登記」者。

二、準用土地總登記程序辦理

（一）建物所有權第一次登記，除本節規定者外，準用土地總登記程序（土登§84）。因此，應申請測量→申請登記→審查→公告→登記。

（二）先測量再申請登記

1.申請建物所有權第一次登記前，應先向登記機關申請建物第一次測量。但在中華民國102年10月1日以後領有使用執照之建物，檢附依使用執照竣工平面圖繪製及簽證之建物標示圖辦理登記者，不在此

限（土登§78）。

2.建物標示圖之繪製及簽證（土登§78-1）

前條之建物標示圖，應由開業之建築師、測量技師或其他依法規得為測量相關簽證之專門職業及技術人員辦理繪製及簽證。

前項建物標示圖，應記明本建物平面圖、位置圖及建物面積確依使用執照竣工平面圖繪製，如有遺漏或錯誤致他人受損害者，建物起造人及繪製人願負法律責任等字樣及開業證照字號，並簽名或蓋章。

依建物標示圖申請建物所有權第一次登記，申請人與委託繪製人不同時，應於登記申請書適當欄記明同意依該圖繪製成果辦理登記，並簽名或蓋章。

3.得同時申請測量及登記（地測§280）

申請建物第一次測量時，得同時填具土地登記申請書件，一併申請建物所有權第一次登記。

（三）實務上之做法

1.雖然地籍測量實施規則規定，申請測量時得同時申請登記，惟實務上，因測量成果圖尚需作為申報房屋稅或計算土地及公設持分之依據，是以均先行領取後，再申請登記。似此，縱未同時申請第一次測量與第一次登記，地政事務所仍應受理第一次測量，於測量完畢後，核發建物測量成果圖。

2.如是舊屋且已開徵房屋稅者，則可同時申請第一次測量及第一次登記。

三、第一次測量

依地籍測量實施規則有關建物第一次測量之規定，略述如次：

（一）申請人

1.申請建物測量，由建物所有權人或管理人向建物所在地登記機關為之（地測§261Ⅰ）。

2.前項申請，得以書面委託代理人為之（地測§261Ⅱ）。

（二）不得申請測量

新建房屋得依規定申請建物第一次測量。但有下列情形之一者，不得申請測量（地測§259）：

1.依法令應請領使用執照之建物，無使用執照者。
2.實施建築管理前建造完成無使用執照之建物，無土地登記規則第79條第3項所規定之文件者。

（三）應備文件

1.申請建物第一次測量，應填具申請書，檢附土地登記規則第79條所規定之文件辦理（地測§279Ⅰ）。
2.建物起造人向主管建築機關申請建物使用執照時，得同時檢附建造執照、設計圖、申請使用執照之相關證明文件及其影本，向登記機關申請建物第一次測量（地測§279Ⅱ）。
3.前二項規定繳驗之文件正本，於繳驗後發還之（地測§279Ⅲ）。

（四）區分所有建物得單獨申請測量

區分所有建物，區分所有權人得就其專有部分及所屬共有部分之權利，單獨申請測量（地測§263）。

（五）施　測

1.現場測量

(1)登記機關受理建物測量申請案件，應予收件，經審查准予測量者，隨即排定測量日期、時間及會同地點，填發建物測量定期通知書交付申請人。原定測量日期，因風雨或其他事故，致不能實施測量時，登記機關應另定測量日期通知申請人（地測§264Ⅰ）。
(2)申請人於測量時，應到場會同辦理；屆時不到場者，視為放棄測量之申請，已繳建築改良物測量費不予退還（地測§264Ⅱ）。

2.測量圖之簽名或蓋章

測量人員於實施測量前，應先核對申請人之身分。測量完竣後，應發給申請人建物測量成果圖。測量結果應由申請人當場認定，並在建物測量圖上簽名或蓋章。申請人不簽名或蓋章時，測量人員應在建物測量圖及建物測量成果圖載明其事由；其涉及原建物標示變更者，發給之建物測量成果圖並加註僅供參考，其所附土地登記申請書件予以退還（地測§267）。

（六）測量圖之調製

建物測量圖之調製，應依下列規定辦理（地測§270）：

1.依地籍圖或圖解地籍圖數值化成果調製建物測量圖時，應將其鄰接四周適當範圍內之經界線及圖根點，精密移繪於圖紙上，移繪時並應將界線之彎曲、鄰接圖廓線及圖面折縐破損等情形繪明之。

2.建物測量圖調製後，應核對地籍圖、原有建物測量圖後，始得辦理測量。

3.建物測量圖應按申請案件逐次調製，不得重複使用。

（七）位置圖及平面圖之測繪

1.實地測繪

測繪建物位置圖及平面圖，應以平板儀或經緯儀實地測繪之，並註明邊長，以公尺為單位，量至公分為止（地測§271）。

2.位置圖之謄繪

建物位置圖，以地籍圖同一比例尺謄繪於建物測量成果圖左上角或適當位置，並繪明土地界線，註明地號、建號、使用執照號碼及鄰近之路名。但建物所坐落之土地過大或過小時，得按原圖比例尺酌予縮放。前項建號應於公告確定後填寫（地測§275）。

（八）平面圖之測繪

1.比例尺

建物平面圖之比例尺，以一百分之一或二百分之一為原則，如有特殊情形，得視實際需要增減（地測§272）。

2.測繪之邊界

建物平面圖測繪邊界依下列規定辦理（地測§273）：

(1)建物以其外牆之外緣為界。

(2)兩建物之間有牆壁區隔者，以共用牆壁之中心為界；無牆壁區隔者，以建物使用執照竣工平面圖區分範圍為界。

(3)使用執照竣工平面圖載有陽臺之突出部分者，以其外緣為界，並以附屬建物辦理測量。

(4)地下層依建物使用執照竣工平面圖所載樓層面積之範圍為界。

中華民國107年1月1日前已申請建造執照者，或都市更新事業計畫已報核，並依都市更新條例第61條之1第1項及第2項規定期限申請建造執照之建物，其屋簷、雨遮及地下層之測繪，依本條修正前規定辦理。

3.分層測繪

建物之各層樓及地下室，分別測繪於平面圖上，各層樓平面圖，應註明其層次。騎樓地平面、附屬建物與主體建物相連處繪虛線（地測§274）。

4.分別計算面積

(1)各棟及各層樓房之騎樓地平面及其附屬建物應分別計算其面積（地測§276Ⅰ）。

(2)建物面積之計算，應依第151條第2項、第158條及第159條規定辦理（地測§276Ⅱ）。

(3)建物面積之單位為平方公尺，平方公尺以下記載至第二位，第三位以下四捨五入（地測§276Ⅲ）。

5.面積計算方法

(1)前項以實量距離及圖上量距計算面積，至少應由二人分別計算，並取其平均值（地測§151Ⅱ）。

(2)圖上量距法計算面積所用之邊長，應以實量距離為原則，如依圖上量距，應量至毫米下一位（地測§158）。

(3)圖上量距法計算面積，其宗地二次計算之較差適用第157條之規定，並取其平均值（地測§159）。

(4)較差與平均值（地測§157）：

①坐標讀取儀計算面積時，其面積較差應不得大於$0.0003M\sqrt{F}$（M為圖比例尺之分母，F為以平方公尺為單位所計算之面積），並取其平均值。

②前項計算面積，於量取各界址點坐標時，每點連續二次，其較差不得超過圖上零點二毫米。

③面積較差超過第1項之限制時，應重新計算之。

（九）核發測量成果圖

依地籍測量實施規則規定如下：

1.第282條：建物第一次測量，應測繪建物位置圖及其平面圖。登記機關於測量完竣後，應發給建物測量成果圖。

2.第282條之1：於實施建築管理地區，依法建造完成之建物，其建物第一次測量，得依使用執照竣工平面圖轉繪建物平面圖及位置圖，免通知實地測量。但建物位置涉及越界爭議，經查明應辦理建物位置測量者，不在此限。

　　前項轉繪應依第272條至第275條、第276條第1項、第3項、第283條及
下列規定以電腦繪圖方式辦理：
　　(1)建物平面圖應依使用執照竣工平面圖轉繪各權利範圍及平面邊長，
　　　並詳列計算式計算其建物面積。
　　(2)平面邊長，應以使用執照竣工平面圖上註明之邊長為準，並以公尺
　　　為單位。
　　(3)建物位置圖應依使用執照竣工平面圖之地籍配置轉繪之。
　　(4)圖面應註明辦理轉繪之依據。
　3.第282條之2：依前條規定轉繪之建物平面圖及位置圖，得由開業之建
　　築師、測量技師、地政士或其他與測量相關專門職業及技術人員為轉
　　繪人。
　　依前項規定辦理之建物平面圖及位置圖，應記明本建物平面圖、位置
　　圖及建物面積如有遺漏或錯誤致他人受損害者，建物起造人及轉繪人
　　願負法律責任等字樣及開業證照字號，並簽名或蓋章。
　　依本條規定完成之建物平面圖及位置圖，應送登記機關依前條第2項規
　　定予以核對後發給建物測量成果圖。
　4.第282條之3：依土地登記規則第78條但書規定，申請建物所有權第一
　　次登記時檢附之建物標示圖，應依第282條之1第2項規定繪製，並簽
　　證，其記載項目及面積計算式，登記機關得查對之。
　　前項建物辦竣所有權第一次登記後，其建物標示圖由登記機關永久保
　　管。

（十）編定建號

　1.一般建物以段或小段為單位，依登記先後，逐棟編列建號，以五位數
　　為之（地測§287Ⅰ）。
　2.特別建物數棟併編一建號為母號，亦為五位數，其各棟建物之棟次以
　　分號編列，為三位數（地測§287Ⅱ）。

（十一）領取測量成果圖

　　領取測量成果圖即可據以申請第一次登記。

【公布日期文號】內政部102年9月24日台內地字第1020312102號函。
【要旨】修正「建物測量成果圖」格式及訂頒「建物標示圖」格式，並自中

華民國102年10月1日生效。

【內容】

一、依土地登記規則第156條及地籍測量實施規則第299條規定辦理。

二、為避免資源浪費，原修正前之建物測量成果圖如仍有庫存，得繼續使用至用完為止。

三、貴屬辦理建物測量案件所繪製之建物測量成果圖，其相關註記文字內容，例如測量或轉繪日期、辦理依據、共有部分各項目等內容，得依相關規定及實際情形調整。

四、依土地登記規則第78條、第79條及地籍測量實施規則第282條之3規定申辦建物第一次登記之建物，係以建物標示圖取代建物測量成果圖，該標示圖業經專技人員簽證，並據以辦竣登記，有與登記資料一併公示之必要，應比照建物測量成果圖謄本發給之作業方式受理該建物標示圖資料之申請。

建物測量成果圖

縣（市）　地政事務所建物測量成果圖

建物測量成果圖			
段	小段	地號	建號

申請書	年　月　日 字　第　號		位置圖　比例尺 1/	平面圖　比例尺 1/	共　頁　第　頁
測量、轉繪日期			北 4		
建物坐落					
建物門牌					
主體結構					
主要用途					
使用執照					

樓層別	主體結構	建物面積（平方公尺）
建物面積		平方公尺
合　計		

附屬建物	主要用途	主體結構	建物面積（平方公尺）
合　計			

申請人姓名

一、本建物係　　　層建物本件僅測量第　　層部分。
二、建築基地地號：　　段　　小段　　地號。
三、本圖以建物登記為限。

本案依分層負責規定授權單位主管決行	測量/轉繪人員	複算人員	核定
	蓋章	住址	
			檢查

申請人姓名

建物測量成果圖（法院或行政執行分署囑託辦理未登記建物之測量）

縣（市）　　地政事務所建物測量成果圖

段	小段	地號	建號

申請書			位置圖　比例尺 1/	平面圖　比例尺 1/	共 頁　第 頁
測量日期	年 月 日 字 第 號				
建物坐落					
建物門牌					
主體結構					
主要用途					
使用執照					

北

建物面積

樓層別	主體結構	建物面積（平方公尺）
	平方公尺	
合計		

附屬建物

	主要用途	主體結構	建物面積（平方公尺）
合計			

一、本建物係　　層建物本件僅測量第　　層部分。
二、本成果圖係依囑託單位指示範圍測繪。
三、本成果圖係依指定人員指示範圍測繪。

囑託單位	囑託事項	測量人員	複算人員	文號	檢查	核定
本案依分層負責規定授權單位主管決行						

	債權人	債務人

建物測量成果圖（開業之建築師、測量技師、地政士轉繪）

縣（市）　地政事務所建物測量成果圖　　段　　小段　　地號　　建號

申請書	年　月　日 字　　　第　　號	位置圖 比例尺 1/		平面圖 比例尺 1/	共　頁　第　頁
轉繪日期		北			
建物坐落					
建物門牌					
主體結構					
主要用途					
使用執照					

	樓層別	平方公尺
建物面積		
	合　計	

附屬建物	主要用途	主體結構	建物面積（平方公尺）
	合　計		

一、依地籍測量實施規則第 282 條之 2 規定辦理。
二、本建物平面圖、位置圖及建物面積係由　　　　　　依使用執照　　　　　字第　　　號竣工平面圖轉繪計算，如有遺漏或錯誤致他人受損害者，建物起造人及轉繪人願負法律責任。
三、本建物本件僅測量第　　　層部分。　　　　　　　　起造人審章：
四、建築基地地號：　段　　小段　　地號：　　　　　　轉繪人審章：
五、本圖以建物登記為限。　　　　　　　　　　　　　　開業證照字號：

申請人姓名

	蓋章	住址
本案依分層負責規定授權審查核定行　核對　檢查　核定

建物標示圖

申請書	年　字　月　第　日　號
繪製日期	
建物坐落	
建物門牌	
主體結構	
主要用途	
使用執照	

位置圖　比例尺 1/
北
4

樓層別	平方公尺
建物面積 合計	

平面圖　比例尺 1/

段　　小段　　地號　　建號

共　頁　第　頁

一、依土地登記規則第 78 條、第 78 條之 1 及地籍測量實施規則第 282 條之 3 規定辦理。
二、本建物平面圖、位置圖及建物面積係由　　字第　　號竣工平面圖繪製及簽證，如有遺漏或錯誤致他人受損害者，起造人願負法律責任。
　　起造人簽章：
　　繪製人簽章：
三、同意登記機關將本圖及檢附之電子檔資料建檔保管，及依登記公示　依使用執照
　　原則受理不特定人申請發給謄本資料。　　開業證照字號：
四、本建物係　層建物本件僅測量第　層部分。
五、建築基地地號：　段　小段　地號。
六、本圖以建物登記為限。

	主要用途	主體結構	建物面積（平方公尺）
建物			
面積			
合計			
附屬建物			
			合計

申請人姓名	蓋章	住址

四、第一次登記

依土地登記規則有關建物第一次登記之規定，略述如次：

(一) 申請人

1.由起造人申請。
2.由權利人申請：如申請人非起造人時，應檢具移轉契約書或其他證明文件。

(二) 應備文件

1.登記申請書。
2.身分證明文件。
3.建物測量成果圖。
4.其他證明文件（土登§79）：
　(1)申請建物所有權第一次登記，應提出使用執照或依法得免發使用執照之證件及建物測量成果圖或建物標示圖。有下列情形者，並應附其他相關文件：
　　①區分所有建物申請登記時，應檢具全體起造人就專有部分所屬各共有部分及基地權利應有部分之分配文件。
　　②區分所有建物之專有部分，依使用執照無法認定申請人之權利範圍及位置者，應檢具全體起造人之分配文件。
　　③區分所有建物之地下層或屋頂突出物，依主管建築機關備查之圖說標示為專有部分且未編釘門牌者，申請登記時，應檢具戶政機關核發之所在地址證明。
　　④申請人非起造人時，應檢具移轉契約書或其他證明文件。
　(2)前項第3款之圖說未標示專有部分者，應另檢附區分所有權人依法約定為專有部分之文件。
　(3)實施建築管理前建造之建物，無使用執照者，應提出主管建築機關或鄉（鎮、市、區）公所之證明文件或實施建築管理前有關該建物之下列文件之一：
　　①曾於該建物設籍之戶籍證明文件。
　　②門牌編釘證明。
　　③繳納房屋稅憑證或稅籍證明。
　　④繳納水費憑證。
　　⑤繳納電費憑證。

⑥未實施建築管理地區建物完工證明書。

⑦地形圖、都市計畫現況圖、都市計畫禁建圖、航照圖或政府機關測繪地圖。

⑧其他足資證明之文件。

(4)前項文件內已記載面積者，依其所載認定。未記載面積者，由登記機關會同直轄市、縣（市）政府主管建築、農業、稅務及鄉（鎮、市、區）公所等單位，組成專案小組並參考航照圖等有關資料實地會勘作成紀錄以為合法建物面積之認定證明。

(5)第3項之建物與基地非屬同一人所有者，並另附使用基地之證明文件。

（三）記明基地權利種類及範圍（土登§83）

區分所有權人申請建物所有權第一次登記時，除依第79條規定，提出相關文件外，並應於申請書適當欄記明基地權利種類及範圍。

登記機關受理前項登記時，應於建物登記簿標示部適當欄記明基地權利種類及範圍。

五、第一次登記流程圖

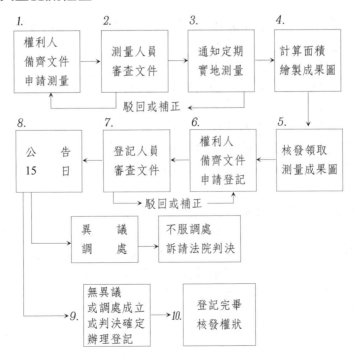

六、區分所有建物之登記

（一）名詞定義

相關名詞之定義如下（公寓例§3）：

1. 公寓大廈：指構造上或使用上或在建築執照設計圖樣標有明確界線得區分為數部分之建築物及其基地。
2. 區分所有：指數人區分一建築物而各有其專有部分，並就其共用部分按其應有部分有所有權。
3. 專有部分：指公寓大廈之全部或一部分，具有使用上之獨立性，且為區分所有之標的者。
4. 共用部分：指公寓大廈專有部分以外之其他部分及不屬專有之附屬建築物，而供共同使用者。
5. 約定專用部分：公寓大廈共用部分經約定供特定區分所有權人使用者。
6. 約定共用部分：指公寓大廈專有部分經約定供共同使用者。

（二）共用部分之限制

1. 公寓大廈共用部分不得獨立使用供做專有部分。其為下列各款者，並不得為約定專用部分（公寓例§7）

   (1)公寓大廈本身所占之地面。
   (2)連通數個專有部分之走廊或樓梯，及其通往室外之通路或門廳，社區內各巷道、防火巷弄。
   (3)公寓大廈基礎、主要樑柱、承重牆壁、樓地板及屋頂之構造。
   (4)約定專用有違法令使用限制之規定者。
   (5)其他有固定使用方法，並屬區分所有權人生活利用上不可或缺之共用部分。

2. 銷售限制（公寓例§58）

   (1)公寓大廈起造人或建築業者，非經領得建造執照，不得辦理銷售。
   (2)公寓大廈之起造人或建築業者，不得將共用部分，包含法定空地、法定停車空間及法定防空避難設備，讓售於特定人或為區分所有權人以外之特定人設定專用使用權或為其他有損害區分所有權人權益之行為。

（三）單獨申請

1. 區分所有建物，區分所有權人得就其專有部分及所屬共有部分之權利，單獨申請測量（地測§263）。
2. 區分所有建物，區分所有權人得就其專有部分及所屬共有部分之權利，單獨申請建物所有權第一次登記（土登§80）。
3. 區分所有建物，雖得由任一專有部分之權利人單獨申請第一次測量及第一次登記，但因涉及共用部分及基地須全體權利人申請及持分計算，且使用執照等正本文件僅有一份。因此，建築工地之預售契約書均明文約定由建築商統一指定一地政士為登記之專業代理人辦理，以便於整體作業。

（四）建物區分所有登記之意義

所謂建物區分所有登記，係指一建築物而各有其專有部分，並各就其專有部分辦理所有權登記，且就其共用部分按其應有部分有所有權是也。

（五）建物區分所有登記之要件

1. 須構造上或使用上或在建築執照設計圖樣標有明確界線，得區分為數部分之建築物。
2. 須已由戶政機關編列門牌或核發其所在地址證明者。

（六）民法第799條

稱區分所有建築物者，謂數人區分一建築物而各專有其一部，就專有部分有單獨所有權，並就該建築物及其附屬物之共同部分共有之建築物。

前項專有部分，指區分所有建築物在構造上及使用上可獨立，且得單獨為所有權之標的者。共有部分，指區分所有建築物專有部分以外之其他部分及不屬於專有部分之附屬物。

專有部分得經其所有人之同意，依規約之約定供區分所有建築物之所有人共同使用；共有部分除法律另有規定外，得經規約之約定供區分所有建築物之特定所有人使用。

區分所有人就區分所有建築物共有部分及基地之應有部分，依其專有部分面積與專有部分總面積之比例定之。但另有約定者，從其約定。

專有部分與其所屬之共有部分及其基地之權利，不得分離而為移轉或設定負擔。

七、共有部分之登記

對於區分所有之公寓大廈公共設施，土地登記規則原稱爲「共同使用部分」，嗣配合公寓大廈管理條例之規定，修正爲「共用部分」，嗣再依民法物權編之規定，修正爲「共有部分」，但無論如何，實務上仍稱「公設」者居多。

（一）共用專有登記

1. 79.6.28以前未標示共用部分

由於民國69年修正之土地登記規則第69條及已停止適用之建物測量辦法第28條規定，區分所有建物之共用部分，除有特殊情形外，應測繪於各區分所有建物之內。因此，專有之主建物面積包括了共用部分之面積，但是共用面積究竟多少？無法從登記面積中顯示。

2. 79.6.29以後標示共用部分

由於地籍測量實施規則79年6月27日修正，依當時修正之該規則第296條規定，區分所有建物之共用部分，除有特殊情形者外，應測繪於各區分所有建物之內，並標明之。因此，共用部分雖併同專有之主建物登記，但是登記面積中分別了專有面積及共用面積。

（二）共用共有登記

1. 83.10.18以前之不相同登記

依修正前之地籍測量實施規則第297條及土地登記規則第72條規定，區分所有建物之共用部分，未能測繪於各區分所有建物之內者，得視各區分所有權人實際使用情形分別單獨或合併勘測，另編建號，單獨登記。因此，可知區分所有之建物，於83年10月17日以前，其共用部分，有所謂共有登記者，亦有所謂專有登記者。

2. 83.10.19以後均應共有登記

(1)地籍測量實施規則於102年8月28日修正，依該規則第283條規定，區分所有建物之共有部分，除法規另有規定外，依區分所有權人按其設置目的及使用性質之約定情形，分別合併，另編建號予以勘測。

建物共有部分之建物測量成果圖或建物標示圖應註明共有部分各項目內容。

(2)土地登記規則於84年7月12日修正。依當時修正之該規則第75條規定（現爲§81），區分所有建物之共用部分，應另編建號，單獨登記。

(3)土地登記規則第81條：區分所有建物所屬共有部分，除法規另有規定外，依區分所有權人按其設置目的及使用性質之約定情形，分別合併，另編建號，單獨登記為各相關區分所有權人共有。

區分所有建物共有部分之登記僅建立標示部，及加附區所有建物共有部分附表，其建號、總面積及權利範圍，應於各專有部分之建物所有權狀中記明之，不另發給所有權狀。

八、地下層或屋頂突出物登記

（一）區分所有建物之地下層或屋頂突出物等，依主管建築機關備查之圖說標示為專有部分，並已由戶政機關編列門牌或核發其所在地址證明者，得單獨編列建號，予以測量。前項圖說未標示專有部分，經區分所有權人依法約定為專有部分者，亦同（地測§284）。

（二）如未能以主建物登記，則應以共有部分登記。

九、停車位之登記

（一）停車位之種類

停車位可區分為室外與室內兩種：

1.室外停車位

室外停車位，通常設於地平面，其上或有遮雨棚，但不屬於建築法第4條所規定之建築物，因此該停車位不能辦理建物產權登記。且實例均係於法定空地上規劃車位，故該車位屬土地所有權範圍，無關乎建物所有權登記。法定空地為建築基地之一部分，依「公寓大廈管理條例」第7條規定，「不得為約定專用部分」，亦即以法定空地區劃車位者，該車位不得約定供特定人使用，故該車位，建築商不得將使用權出賣或約定供特定人使用。換言之，該車位是整棟公寓大廈任何住戶均有權利予以停車用。

2.室內停車位

至於室內車位，有專用停車場及附設停車場兩種。

專用停車場又可區分為分層停車場及不分層之停車塔兩種。

附設停車場即一般建築物所附建之停車場，有附建於地面層者，有附建於地下各層者。各該停車空間有屬於法定者，有屬於增設者，更有屬於獎勵增設者，其性質不一而足。

（二）產權登記

　　室內停車空間，只要是合法之建築物，均可辦理建物所有權登記，茲分述如下：

1.專用停車場

(1)分層停車場

　　所謂分層停車場，即整幢建築物分層分設停車場，其車道有行車式及輸送帶式者。類此停車場，有出租者，有出售使用權者，有出售所有權者。其產權有整幢爲一主建物登記者，有每層爲一主建物登記者，但無論如何，若買一車位，則取得持分所有權及所有權狀。

(2)停車塔

　　所謂停車塔，即整幢建築物不分層，而以履帶式之停車板作爲停車位，其產權登記僅能以一層之面積登記，停車板之面積不能登記，故登記之總面積相對稀少，如買一車位，亦可取得持分所有權及所有權狀。

2.附設停車場

(1)併同地面層主建物登記

　　80年9月18日內政部函釋有關法定停車空間應爲公共設施登記以前，頗多實例顯示，法定停車位設於地面層之室內，故併同地面層以主建物方式登記，但特別標示停車位之面積。此類登記之停車位，甚少作停車使用，例如臺北市忠孝東路三段兩旁建物多是如此，難怪停車空間嚴重不足，實是早期建築法令不當所致。

(2)獨立以主建物登記

　　80年9月18日前述內政部函釋以前，無論是法定、增設或獎勵增設之停車空間，均得以契約自由約定爲主建物登記，71年5月10日以前更得編定門牌。故無論有無門牌，既爲主建物登記，如買一車位，當然可取得持分所有權及所有權狀。

(3)以附屬建物登記

　　於獨幢透天厝應附建停車空間者，該停車位以該透天厝主建物之附屬建物方式辦理登記。

(4)以共有部分方式登記

　　①法定停車空間：80年9月18日內政部函釋略謂嗣後新申請建造執照者，其法定停車空間均應以共用部分方式辦理登記，並登記爲整幢各戶全體共有（即俗稱「大公」）或合意由部分所有權人共有（即俗稱的「小公」）。準此，凡是法定停車空間，有登記爲大公者，

有登記為小公者，如買一停車位者，則取得持分所有權，但沒有所有權狀。

停車位登記為「大公」者，可能停車位不賣給特定人，而是將停車空間面積由各戶分擔，於完工後將停車空間移交給管理委員會接管，欲停車之住戶再向管理委員會承租。亦可能出賣給特定人，但以「大公」方式登記，買停車位之人，公設持分較多，此種登記方式較不理想，因為買車位之人，除了要簽訂分管契約書外，也要與未買車位之人另簽訂分管契約書，增加了分管程序上之麻煩。

②增設或獎勵增設停車空間：增設或獎勵增設之停車空間，如與法定停車空間在構造上或使用上各具獨立性，則可以主建物辦理登記，如是，則買一車位，取得持分所有權及所有權狀。如與法定停車空間同屬一層，構造上或使用上無法獨立，則受到法定停車空間必須以公設方式登記之「拖累」，各該增設或獎勵增設之停車空間，亦必須以公設方式登記。

獎勵增設之停車空間，應供公眾使用，致有不同之見解，有認為應以公設方式登記者，亦有認為可以主建物方式登記者，依內政部曾經釋示之意旨，可合意以主建物方式登記，亦可合意以公設方式登記。

社會需求之多元化，停車空間也多元化，致使產權登記也隨之多元化，影響所及，不僅管理使用複雜化，買賣交易也複雜化，複雜化之結果是糾紛普遍化。是以政府實應早日制訂一套「簡淺明確」之停車場（位）登記制度，以應社會的需要。

（三）關於建築物附設停車空間管理與產權登記疑義（80.9.18內政部台內營字第8071337號函）

1.本案前經本部於80年8月22日邀集法務部、經建會、省、市政府之地政、建管等相關單位共同研商，獲致結論如下：

依建築法第102條之1規定，建築物依規定應附建防空避難設備或停車空間，按其性質應依土地登記規則第72條規定辦理所有權登記，但為考量社會實際發展需要，依下列規定辦理：

(1)區分所有建築物內之法定防空避難設備或法定停車空間均不得與主建築物分離，應為該區分所有建築物全體所有權人所共有或合意由部分該區分所有建築物區分所有權人所共有。

(2)前項區分所有建築物內之法定防空避難設備或法定停車空間所有權
登記，參照土地登記規則第72條規定辦理（編者按：該規則第72條
已修正爲第81條）。

(3)區分所有建築物內之法定防空避難設備或法定停車空間，其移轉承
受人應爲該區分所有建築物之區分所有權人。

　2.基於法律不溯及既往原則，並避免購屋糾紛影響人民權益，對新申請
建造執照之案件，應依前開結論辦理。

十、建物所有權第一次登記法令補充規定（109.4.9內政部修正）

登記申請人

（一）債務人怠於申請辦理建物所有權第一次登記時，債權人得依法院確定
判決代位申請。

（二）共有建物所有人申辦建物所有權第一次登記，如他共有人經通知而不
會同申請者，得代爲申請。

（三）夫妻聯合財產中，民國74年6月4日以前以妻名義爲建物起造人而取得
使用執照之未登記建物，於民國86年9月26日以前，夫或妻一方死亡或
夫妻均死亡者，除爲妻之原有或特有財產外，申請人應提出下列文件
之一證明爲夫所有，始得以夫或夫之繼承人之名義申請建物所有權第
一次登記：

　1.夫或妻一方死亡，其死亡登記之戶籍謄本，及生存一方與他方之全
體繼承人同意認定爲夫所有之文件。

　2.夫妻均死亡，其死亡登記之戶籍謄本，及雙方之全體繼承人同意認
定爲夫所有之文件。

　3.經法院確定判決或其他足資認定爲夫所有之文件。

前項第1款及第2款死亡登記之戶籍謄本，能以電腦處理達成查詢者，
得免提出；檢附同意認定爲夫所有之文件時，當事人除符合土地登記
規則第41條第2款、第5款至第8款及第10款規定之情形外，應親自到
場，並依同規則第40條規定程序辦理。

合法建物之認定

（四）於實施建築管理後且在中華民國57年6月6日以前建築完成之建物，得
憑建築執照申請建物所有權第一次登記。

（五）建物同一樓層之夾層超過該層樓地板面積三分之一或一百平方公尺，

並有獨立出入口與門牌者，得單獨編列建號登記。

（六）建築工程部分完竣且可獨立使用，並核發部分使用執照之建物，得申請建物所有權第一次登記。

（七）以樑柱架高形成第一層建物與地面架空部分，得依使用執照之記載辦理建物所有權第一次登記。

（八）都市計畫公共設施保留地上之臨時建物，領有主管建築機關核發之臨時建築物使用許可證者，得申辦建物所有權第一次登記。登記時應於登記簿標示部其他登記事項欄及建物所有權狀內註明：「本建物為臨時建物，公共設施開闢時，應無條件拆除。」

（九）下列建物得辦理建物所有權第一次登記：

1.無牆之鋼架建物。

2.游泳池。

3.加油站（亭）。

4.高架道路下里民活動中心。

共用部分與附屬建物

（十）區分所有建物地下層依法附建之防空避難設備或停車空間應為共有部分，其屬內政部中華民國80年9月18日台內營字第8071337號函釋前請領建造執照建築完成，經起造人或承受該所有權之人全體依法約定為專有部分，並領有戶政機關核發之所在地址證明者，得依土地登記規則第79條規定辦理建物所有權第一次登記。

（十一）區分所有建物之騎樓，除依主管建築機關備查之圖說標示為專有部分者外，應以共有部分辦理登記。

（十二）區分所有建物依主管建築機關備查之圖說標示為共用部分及約定專用部分，應以共有部分辦理測量及登記。

前項共有部分之分類及項目如附表。

第1項主管建築機關備查之圖說與前項附表所定分類及項目不符時，應通知申請人釐清，如有變更、更正或備查必要時，應由申請人向該建築機關申請。

基地使用權利

（十三）申請實施建築管理前建築完成之建物所有權第一次登記，申請人與基地所有權人非同一人時，而有下列情形之一者，免附基地所有權人同意使用之證明文件：

　　　　　1.申請人為地上權人或典權人。

　　　　　2.因法院拍賣移轉取得建物者。

　　　　　3.日據時期已登記之建物。

　　　　　4.占用基地經法院判決確定有使用權利者。

　　　　　5.租用他人土地建築房屋且提出土地使用證明者。

（十四）建物基地經辦理查封登記，仍可辦理建物所有權第一次登記。

（十五）建物基地若經稅捐稽徵機關囑託辦竣禁止處分登記，於辦理建物所
　　　　有權第一次登記公告時，應通知原囑託之稅捐稽徵機關。

（十六）領有使用執照之建物，其建築面積與使用執照相符，惟部分占用基
　　　　地相鄰之土地，該建物所有人得就未占用部分，申辦建物所有權第
　　　　一次登記，公告時無須通知鄰地所有人。辦理登記時，應於登記簿
　　　　標示部其他登記事項欄加註：「本合法建物尚有部分面積因使用鄰
　　　　地未予以登記」之文字。

（十七）實施建築管理前建造之建物部分占用鄰地，得比照前點規定，就未
　　　　占用鄰地部分，申辦建物所有權第一次登記。

（十八）共有人之一於實施建築管理前在共有土地興建完成之房屋，申請建物
　　　　所有權第一次登記時，應檢附他共有人之土地使用同意書。但該建物
　　　　為基地共有人區分所有者，免檢附他共有人之土地使用同意書。

申請登記之處理

（十九）申請建物所有權第一次登記，有下列情形各依其規定辦理：

　　　　　1.申請人與起造人不同係因權利移轉者，應提出權利移轉證明文
　　　　　　件，其未檢附契稅收據者，登記機關於登記完畢後，應通報稅捐
　　　　　　稽徵機關。

　　　　　2.起造人為限制行為能力人或無行為能力人者，無須檢附贈與稅繳
　　　　　　（免）納證明文件。

（二十）區分所有權人申請建物所有權第一次登記時，依土地登記規則第83條
　　　　規定應於申請書適當欄記明之基地權利種類，以所有權、地上權或
　　　　典權為限。

（二一）已登記之建物在同一建號下就增建部分申請登記時，應以「增建」
　　　　為登記原因，並以建物所有權第一次登記方式申請辦理登記。登記
　　　　時應於登記簿標示部其他登記事項欄註記：「第○次增建，增建建
　　　　築完成日期：○年○月○日」，及顯示於建物所有權狀上；公告時
　　　　並應分別列示將增建前後之標示。

前項建物增建部分以主管建築機關核發之他起造人增建使用執照申辦登記者，其所有權之權利範圍依權利人與增建前之建物所有權人之協議定之。

（二二）依第4點規定申請建物所有權第一次登記者，其建築執照已遺失且無法補發時，得由同一建築執照已登記之鄰屋所有權人出具證明書證明申辦登記之建物確與其所有已登記之建物為同一建築執照。

（二三）法院囑託查封之未登記建物，在未塗銷查封以前，債務人得檢具使用執照申請建物所有權第一次登記，登記時應將原查封事項予以轉載，並將辦理情形函知原執行法院。
前項登記前之勘測結果與查封面積不符時，其違建部分，應不予登記。

（二四）以法院核發之不動產移轉證書申請建物所有權第一次登記，仍須公告，如有權利關係人提出異議，依土地法第59條之規定處理。

（二五）依土地法第59條規定，於建物所有權第一次登記公告期間提出異議之「權利關係人」，係指對公告之建物所有權有爭議之人。

（二六）申請建物所有權第一次登記，因不服調處結果訴請司法機關判決確定者，其登記免再公告。經提起訴訟復撤回者，視為未起訴，如另行起訴已逾調處起訴期限，均得依調處結果辦理。

（二七）公告文張貼於公告揭示處後意外毀損，不影響公告效力。

附　則

（二八）中華民國85年6月4日前領得建造執照之建物，得依修正前之規定辦理所有權第一次登記。
中華民國100年6月15日前領得建造執照之建物，使用執照竣工平面圖已將附屬建物計入樓地板面積者，得辦理所有權第一次登記。
中華民國109年4月9日前領得建造執照之建物，其共有部分之登記，得依109年4月9日修正前之第12點規定辦理。

附表　區分所有建築物共有部分之分類及項目

分類	項目
一、共同出入空間	走廊、樓梯、樓梯間、門廳、梯廳、大廳、昇降機間、直通樓梯、安全梯、排煙室、無障礙樓梯及其他使用性質相同之項目。

二、機電設備空間	1.電氣設備空間	機電設備空間（台電配電場所）、機電設備空間（緊急發電機房）、機電設備空間（電錶室）、變電室、配電室、受電室、電錶（箱）室、發電機室、緊急發電機室、電梯機房及其他使用性質相同之項目。	
	2.電信設備空間	機電設備空間（供電信使用）、電信室、電信機房及其他使用性質相同之項目。	
	3.燃氣設備空間	機電設備空間（油槽室）、日用油箱及其他使用性質相同之項目。	
	4.給水排水設備空間	機電設備空間（自來水蓄水池）、機電設備空間（雨水機房）、水箱、蓄水池、水塔、景觀水池機房、噴灌機房、雨水蓄留機房、水錶室、屋頂水箱、泳池機房、泵浦室、貯水槽、污水機房、污水設備（沈澱池、消毒池、曝氣池）及其他使用性質相同之項目。	
	5.空氣調節設備空間	機電設備空間（排進風）、排風機房、進風機房及其他使用性質相同之項目。	
	6.消防設備空間	機電設備空間（供消防使用）、消防設備空間、消防泵浦室、消防配電室、消防機房、防災中心及其他使用性質相同之項目。	
	7.污物處理設備空間	機電設備空間（垃圾暫存使用）、污水處理設施（化糞池）、資源回收空間（室）、環保室、垃圾儲藏室、垃圾暫存室、垃圾處理室、垃圾收集場及其他使用性質相同之項目。	
三、管理委員會使用空間		警衛室、管理室（管理員室）、守衛室、收發室、郵務室、管理維護空間。	
四、公共使用空間		親子教室、公共廁所、交誼廳、會議室、辦公室、文教室、健身房、餐廳、游泳池及其他具獨立性可作為區分所有權之客體，經約定供共同使用而成為共有部分者。	
五、停車空間（含車道及必要空間）		防空避難設備（室）兼停車空間、自行增設停車空間（限屬共有部分者）、車道、停車空間（場）、裝卸位、機車停車空間、垃圾車暫停區及其他使用性質相同之項目。	
六、防空避難設備空間		防空避難設備（室）。	

十一、直轄市及縣（市）政府建物測量與建築管理聯繫作業要點（109.2.20內政部台內地字第1090260588號函）

（一）為提、升政府服務效能，達簡政便民之目的，並建立各直轄市、縣（市）地政機關與主管建築機關（以下簡稱建管機關）執行建物測量與建築管理相關事項之橫向聯繫作業與配合事項，特訂定本要點。

（二）為處理建物測量或建築申請案件，地政機關與建管機關應相互協助查證業管資料，如以機關提供之網路服務或系統查詢後仍有需要，得參依下列方式辦理：

　　1.受理申請案件之承辦人員得填具聯繫單（如附件，省略），併同相關附件傳真或電子郵件傳送至資料管轄機關進行查證，並以電話聯繫。

　　2.資料管轄機關接獲前款聯繫單，承辦人員應於三日內查明並填載查證結果，傳真或電子郵件回復受理申請案件機關。但以電話聯繫說明因案情複雜未能於期限內回復者，不在此限。

（三）建管機關核發建造執照應載明首次掛號日期，並將執照字號、建物坐落地號與地籍套繪圖、現況圖及專共圖說電子檔檢送地政機關建檔運用。變更時，亦同。

　　前項專共圖說，指公寓大廈管理條例第56條第1項所稱專有部分、共用部分、約定專用部分、約定共用部分標示之詳細圖說。

（四）建管機關核發使用執照應將使用執照及竣工圖電子檔檢送地政機關建檔運用。

　　屬建築法第71條第2項免附竣工平面圖及立面圖申請使用執照者，建管機關應於使用執照及核定工程圖樣內註記法令依據，並依前項規定檢送相關圖說電子檔。

　　前二項竣工圖及工程圖樣應包含基地位置圖、面積計算表、平面圖及立面圖內容。

（五）地政機關審查建物第一次測量或建物所有權第一次登記案件，發現下列情形時，應通知申請人補正：

　　1.辦理轉繪、核對建物測量成果圖或查對建物標示圖，發現使用執照竣工平面圖上記載之尺寸、文字或計算有誤，記載設施項目用詞適用建築法規疑義或建物坐落位置不符者。

　　2.專共圖說內容不符、錯誤或疑義者。

　　前項如有變更、更正或備查之必要，地政機關應通知申請人向建管機

關提出申請。逾期未補正或未照補正事項完全補正者,地政機關應以
書面敘明理由及法令依據,駁回案件之申請。

地政機關經建物第一次測量結果,發現建物有越界情事,應於辦竣後
通知建管機關。

(六)地政機關辦理下列已記載受套繪管制之土地標示變動時,應將登記完
畢之土地地號及地籍圖異動情形通知建管機關:

1.土地複丈涉及原有標示變更者(如分割、合併、界址調整、調整地
形等)。

2.因地籍整理計畫,致土地地號或範圍變動者(如地籍圖重測、重
劃、區段徵收、都市更新權利變換等)。

(七)本要點規定配合提供資料事項,得採建立資訊系統,以資料交換或介
接方式為之。

十二、登記費計收標準

申請建物所有權第一次登記,於計收登記規費時,其權利價值,依下列
規定認定之(土登§48):

(一)建物在依法實施建築管理地區者,應以使用執照所列工程造價為
準。

(二)建物在未實施建築管理地區者,應以當地稅捐稽徵機關所核定之
房屋現值為準。

十三、申請實務

(一)申請建物第一次測量應備文件

1.建物測量申請書:每戶一份,即每一主建物一份,共用部分則每一建
號一份。

2.分配協議書:如區分所有建物,無法確定各權利人之位置及範圍時應
檢附本文件。

3.申請人非起造人者之移轉契約書或其他證明文件。

4.合法權利證明文件:

(1)建築管理以前完工之房屋,為房屋稅捐證明或水電繳納證明或建築
管理機關核發之證明。

(2)建築管理以後至民國57年6月6日以前完工之房屋,為主管建築機關
核發之建造執照,並附平面位置圖及起造人名冊等文件。

(3)民國57年6月7日以後完工之房屋，為主管建築機關核發之使用執照，並附平面位置圖及起造人名冊等文件。

5.使用基地證明文件。（建物與基地非屬一人所有者）

（二）建物第一次測量申辦手續

1.備齊所需有關文書證件，並依式繕寫蓋章後，將申請書對摺放置於第一頁，其他文件再依序放置整齊，並裝訂成冊。

2.收件及計收規費：

(1)案件提向地政事務所申辦時，其程序為收件→計算規費→開單→繳費→領取收件收樣。

(2)位置圖測量費以整棟建物為一計收單位，每一單位新臺幣4,000元，平面圖測量費，如係樓房，則分層計算，騎樓亦分別計算，每五十平方公尺新臺幣800元，未滿五十平方公尺，以五十平方公尺計算。另平面圖轉繪費每一建號新臺幣200元。

3.核驗正本：如申請案件所附之證明文件為影本者，應持正本予承辦人員核驗。

4.補正或駁回：如申請書填寫錯誤或文件不全或證件不符，經通知補正，申請人應於期限內補正，否則駁回。

5.領測：申請人或代理人應依通知時間，攜帶於申請書上所蓋之印章及測量時間通知書，準時到現場指界領測，並於測量完竣認為無誤後於測量圖上簽章認定。

6.領取測量成果圖：現場測量後，其成果經整理完畢，申請人即可憑收件收據及原蓋用之印章，領取建物測量成果圖，並據以繼續申請該建物所有權第一次登記。

（三）申請建物所有權第一次登記應備文件

1.土地登記申請書：

(1)基地權利之記明（土登§83Ⅰ）：區分建物所有權人，於申請建物所有權第一次登記時，除應依第79條規定，提出相關文件外，並應於申請書適當欄記明基地權利種類及其範圍。

(2)基地權利之登記（土登§83Ⅱ）：登記機關受理前項登記時，應於建物登記簿標示部適當欄記明基地權利種類及範圍。

2.登記清冊：共有者則檢附本文件。

3.權利人身分證明文件：
　(1)權利人如為自然人時，應附戶籍謄本。如權利人為未成年人或為禁
　　治產人時，應另附其法定代理人之戶籍謄本，並得以身分證影本或
　　戶口名簿影本代替，各該影本應加註與正本相符之字樣，並由申請
　　人加蓋印章。
　(2)權利人如為法人時，應附法人登記證明文件如設立變更登記表抄錄
　　本、影本，及其法定代理人資格證明。
　(3)在臺未設立戶籍之華僑，則附僑居地使領館或僑務委員會核發之身
　　分證明，並自行加註國內外地址。
4.建物測量成果圖。
5.合法權利證明文件：與申請建物勘測所檢附之文件相同——即或為使
　用執照、或為建造執照、或為房屋稅捐收據、或為水電費收據、或為
　建築管理機關核發之證明文件——可正影本併附，登記完竣後發還正
　本，或僅附影本而由承辦員核驗正本。
6.建物竣工圖：即申請建造執照或使用執照所附之建物平面圖、位置
　圖，正本於辦妥登記後發還。
7.起造人名冊：如所附之合法權利證明文件及平面位置圖，未顯示全部
　起造人之姓名時，應附起造人名冊，正本於辦妥登記後發還。
8.其他文件：
　(1)移轉契約書或其他證明文件：如申請人非起造人應檢附本文件。
　(2)協議書：如建物為區分所有，其起造人不止一人，而所附之使用執
　　照等文件無法認定申請人之權利範圍及位置者，應附全體起造人分
　　層區分所有之協議書。
　(3)土地使用權同意書：實施建築管理前建造之建物，無使用執照者，
　　如建物與基地同屬一人所有者，應提出建築主管機關或鄉鎮市區公
　　所之證明文件或實施建築管理前繳納房屋稅、水電費之憑證。建物
　　與基地非屬同一人所有者，並另附使用基地之證明文件，如基地租
　　賃契約書或基地所有權人出具之使用權同意書。

（四）建物所有權第一次登記申辦手續

1.備齊所需有關文書證件，並依式繕寫蓋章後，將申請書對摺放置於第
　一頁，登記清冊對摺放置於第一頁，其他應附繳之書件，再依序放置
　整齊，並裝訂成冊。

2.收件及計收規費：

 (1)案件提向地政事務所申辦時，其程序爲收件→計算收規費→開單→繳費→領取收件收據。

 (2)登記費爲建物價值的千分之二，書狀費每張新臺幣80元。

3.核驗正本：如所附繳之證明文件爲影本者，應於送件後持正本予承辦人員核驗。

4.補正：申請案件經審查發現有填寫錯誤或文件不全或證件不全或證件不符，應於期限內補正。

5.公告：申請案件經審核無誤，由地政事務所依法公告十五天，公告期間內，利害關係人可檢附有關證明文件，以書面提出異議，逾期則不予受理。

6.領狀：公告期滿無異議，經登記完畢後，即可持收件收據及原蓋用之印章，領取建物所有權狀。

復習問題

1.何謂任意登記？於任意登記之情形下，建物之登記與否之情形爲何？

2.公寓大廈辦理建物所有權第一次登記之程序爲何？合法建物如何認定？（90基特）

3.何謂建物第一次測量？其申請人爲何？

4.何種情形不得申請建物第一次測量？（92普、108專普）

5.建物第一次測量應備哪些文件？（86特、86檢、92普）

6.申請第一次測量如何同時申辦第一次登記？（92普）

7.建物第一次測量如何施測？

8.如何測繪建物平面圖？其測繪之邊界爲何？（92檢、101普）應依何種比例測繪？（101普）

9.如何計算建物面積？一般及特別建物之建號如何編定？何謂特別建物？（102普）

10.建物所有權第一次登記之申請人爲誰？應備哪些文件？（85特、85檢、90檢）其計算登記費之權利價值如何認定？（90檢）

11.試述建物所有權第一次登記之作業程序，辦理時應提出哪些文件？（82檢）

12.何謂公寓大廈？何謂區分所有？何謂專有部分？何謂共用部分？何謂約定專用部分？何謂約定共用部分？哪些情形不得爲約定專用部分？

13.預售之要件為何？預售屋之共用部分讓售之限制為何？

14.共用部分之登記，其演變之情形為何？何謂共用專有登記？何謂共用共有登記？

15.地下層或屋頂突出物之登記情形為何？如非屬共同使用部分，須提出哪些文件，才得辦理第一次登記？（85特、85檢、89檢）

16.室內停車位之種類為何？其產權登記之情形為何？

17.建物所有權第一次登記所為之公告，其必要性為何？

18.何謂建築改良物區分所有登記？其登記之要件為何？（81檢、82特、91特）何謂主建物登記？（90基特）

19.土地登記規則中，對於區分所有建物之登記有何規定？請詳述之。（83特）

20.區分所有權建物之共同使用部分另編建號，單獨登記時，依土地登記規則第72條（新修正為第81條）規定，應如何辦理？（84檢、91特）

21.試說明區分所有建物共同使用部分之意義及其登記方法。（87檢、89原特、89基特）

22.區分所有建物之專有部分與共用部分如何辦理建物所有權第一次登記？（92檢、108高）

23.請依土地登記規則之規定，說明區分所有建物之「共用部分」應如何登記？又，其登記有何限制？（95普）

24.申請建物所有權第一次登記，應提出使用執照，但實施建築管理前建造之建物，無使用執照者，應提出什麼文件？試依土地登記規則之規定列舉說明之。又申請建物所有權第一次登記時，如何認定建物之權利價值以計收登記規費？（97普、107普、107基特、110普）

25.建物所有人申請建物第一次測量時，登記機關對於區分所有建物之共同使用部分及地下層，應如何處理？試說明之。（98普）

26.登記機關受理建物測量申請案件，於收件並經審查准予測繪者應如何處理？經審查有何種情形之一者應予通知補正？（101普）

27.於實施建築管理地區，依法建造完成之建物，其建物第一次測量，得依使用執照竣工平面圖轉繪建物平面圖及位置圖，請問有關轉繪之規定為何？得為轉繪人之專業人員有哪些？（103普）

28.依土地登記法令及制度之規範，辦理土地登記前，應先辦理地籍測量。茲試問除土地總登記外，有哪幾種登記，應先向登記機關申辦相關測量？（104普）

29.不動產投資開發公司興建集合住宅大樓一棟，其公共使用之樓梯、電梯、

一樓公共空間及地下室等屬於區分所有權人所共有。請說明區分所有建物之共有部分如何辦理測量？如何辦理登記？不動產投資開發公司將其中一戶出售給區分所有權人後，若該所有權人要將該區分所有建物辦理抵押貸款，該共有部分又應如何辦理登記？（106普）

30.建築改良物測量包括哪兩種？並請分別說明其得申請各該項測量之原因。（109專普）

31.有一區分所有權建物，其於民國102年11月1日完工且領有使用執照，其在申請建物所有權第一次登記前，在提出何種證件下，毋須申請建物測量？此證件應記名哪些事項？另此區分所有權建物之「共有部分」如何界定？而此「共有部分」又如何登記？（111專普）

範例一　建物第一次測量

受理機關	測量收件字號			登記收件字號			收費者章	收費者章	測量費	收費者章	收費者章	登記費			合計
	日期	年　月　日　時　分		日期	年　月　日　時　分				新臺幣			書狀費	罰　鍰		
	字號	字第　　號		字號	字第　　號			元	元			元	元		元
														核算者

建　物　測　量　及　標　示　變　更　登　記　申　請　書

		地政事務所	建物略圖
原因發生日期	中華民國 △△ 年 △ 月 △△ 日		

申請測量原因（選擇打√一項）
☑ 建物第一次測量　□ 申請未登記建物基地號及門牌號勘查　□ 其他（　　　）

申請測量原因（選擇打√一項）
□ 建物合併　□ 基地號勘查
□ 門牌號勘查
□ 建物滅失
□ 建物增建
□ 其他（　　　）

申請標示變更登記事由及登記原因（選擇打√一項）
標示變更登記（□ 分割　□ 合併　□ 基地號變更
　　　　　　　　□ 門牌整編）
消滅登記（□ 減失　□ 部分滅失）
所有權第一次登記（□ 登記）

建物標示	建號	縣市	鄉鎮市區	基地坐落 段　小段　地號			建物門牌 街路　段　巷　弄　號　樓						
		△△	△△	△△	△	△△	△△	△	△△	△△	△△	△	樓

主要用途	主要構造
商業用	鋼骨造

附繳證件	1.使用執照影本	1份	4.身分證影本	1份	7.	份
	2.竣工平面圖	1份	5.	1份	8.	份
	3.分配協議書	1份	6.	1份	9.	份

委任關係	本建物測量及標示變更登記案之申請委託　陳 △△　代理（　　　）複代理（　　　），並經核對身分無誤，如有虛偽不實，本代理人（複代理人）願負法律責任。印		聯絡方式	聯絡電話	△△△△△△△△△
	及指界認章。委託人確為登記標的物之權利人或權利關係人，並經核對身分無誤，如有			傳真電話	△△△△△△△△△
				電子郵件信箱	△△△@△△△.tw

備註

登記申請書

申請人	姓名或名稱	出生年月日	統一編號	住所 縣市	鄉鎮市區	村里	鄰	街路	段	巷	弄	號	樓	權利範圍	簽章
權利人或義務人　權利人	林△△	△△△	△△△	△△	△△	△△	△	△△	△	△		△△	△	全部	印
代理人	陳△△	△△△	△△△	△△	△△	△△	△	△△				△	△		印

簽收測量定期通知書　△△年　△△月　△△日　簽章 印

核敘結果

本案處理經過情形（以下各欄申請人請勿填寫）

測量人員	測量成果檢查	測量成果核定	登記初審	登記複審	登記核定

登簿	校簿	書狀列印	書狀用印	校狀	地價異動	通知領狀	異動通知	交付發狀	歸檔

共有部分測量

測量收件：日期 年 月 日 時 分　收件者章　字第 號

登記收件：日期 年 月 日 時 分　收件者章　字第 號

測量費	新臺幣	△△	元	收據	字第 號	收費者章
登記費			元			
書狀費			元	合計	元	收費者章
罰　鍰			元			核算者

受理機關：△△縣市 △△地政事務所

建物測量及標示變更登記申請書

原因發生日期：中華民國 △△ 年 △△ 月 △△ 日

申請測量原因（選擇打✓一項）

☑建物第一次測量 □申請未登記建物基地號及門牌號勘查 □其他（　　）

申請測量原因（選擇打✓一項）
□建物分割 □基地號勘查
□建物合併 □門牌號勘查
□建物滅失
□建物增建
□其他（　　）

申請標示變更登記事由及登記原因（選擇打✓一項）
標示變更登記（□分割 □合併 □門牌整編 □基地號變更）
消滅登記（□滅失 □部分滅失）
所有權第一次登記（□　　登記）

建物標示	建　物　坐　落						建　物　門　牌					建物略圖
建號	鄉鎮市區	段	小段	地號	基地坐落 段		街路	段	巷	弄	號 樓	建物略圖
	△△	△△	△	△△	△△	△	△△	△	△	△△	△△ 1-20	

附繳證件	1.使用執照影本 1份	4.身分證影本 1份	7. 1份
	2.竣工平面圖 1份	5. 1份	8. 1份
	3.協議書 1份	6. 1份	9. 1份

委任關係：本建物測量及標示變更登記案之申請委託 陳△△ 代理（　　複代理）。委託人確為登記標的物之權利人或權利關係人，並經核對身分無誤，如有虛偽不實，本代理人（複代理人）願負法律責任。 印

	主要用途	共有部分	
(8)聯絡方式	主要構造	鋼骨造	
	聯絡電話	△△△△△-△△△△	
	傳真電話	△△△△△-△△△△	
	電子郵件信箱	△△△@△△△.tw	

備註

申請人	權利人或義務人	姓名或名稱	出生年月日	統一編號	住 縣市	鄉鎮市區	村里	鄰	街路	段	所 巷	弄	號	樓	權利範圍	簽章
	權利人	林△△	△△△	△△△	△△	△△	△△	△	△△	△	△	△	△△	△	$\frac{210}{10000}$	印
	代理人	陳△△	△△△	△△△	△△	△△	△△	△	△△				△	△		印

申請書　△△年△△月△△日　簽章　印

簽收測量通知書

核發成果

測量人員	測量成果檢查	測量成果核定	登記初審	登記複審	登記核定

登簿	校簿	書狀列印	書狀用印	校狀	地價異動	通知領狀	登記初番	登記複番	異動通知	登記核定	付狀發狀	歸檔

本案處理經過情形（以下各欄申請人請勿填寫）

分配協議書 　　民國△△年△月△△日

　　立協議書人△△等△人係經政府核准許可之起造人,在臺北市△△區△△段△小段△△地號土地上興建之房屋(臺北市政府核發使用執照△年度使字第△△△△號),茲同意依照原申請許可建築之配置圖分配分層取得該建物之所有權(分配表填明於後),恐口無憑,特立此同意書為據。

編　　　號		1	2	3	4	5	6	7
立協議書人	即所有權人	△ △ △	△ △ △	△ △ △	△ △ △	△ △ △	△ △ △	△ △ △
建物門牌	街　　路	△△	△△	△△	△△	△△	△△	△△
	段	△	△	△	△	△	△	△
	巷　　弄	△巷	△巷	△巷	△巷	△巷	△巷	△巷
	號	△號△樓	△號△樓	△號△樓	△號△樓	△號△樓	△號△樓	△號△樓
基地坐落	鄉鎮　市區	△△	△△	△△	△△	△△	△△	△△
	段	△△	△△	△△	△△	△△	△△	△△
	小　　段	△	△	△	△	△	△	△
	地　　號	△△	△△	△△	△△	△△	△△	△△
層　　　次		一	二	三	四	五	六	七
主建物面積		105.23m²	105.23m²	105.23m²	105.23m²	105.23m²	105.23m²	105.23m²
附屬建物面積		12.11m²	12.11m²	12.11m²	12.11m²	12.11m²	12.11m²	12.11m²
權　利　範　圍		所有權全部	所有權全部	所有權全部	所有權全部	所有權全部	所有權全部	所有權全部
立協議書人住址		△ △ △ △ △	△ △ △ △ △	△ △ △ △ △	△ △ △ △ △	△ △ △ △ △	△ △ △ △ △	△ △ △ △ △
立協議書人證號		△△△△	△△△△	△△△△	△△△△	△△△△	△△△△	△△△△
出 生 年 月 日		民國　△ 　　△	民國　△ 　　△	民國　△ 　　△	民國　△ 　　△	民國　△ 　　△	民國　△ 　　△	民國　△ 　　△
立協議書人蓋章		印	印	印	印	印	印	印

(註:由起造人協議複寫二份,測量用一份、登記用一份)

共有部分及基地權利範圍協議書　民國△△年△月△△日

　　立協議書人△△等△人係臺北市政府核發△使字第△號使用執照之起造人，與建臺北市△△區△△路△段△號十二層房屋乙棟，其主建物已由全體起造人協議分層分區所有，至共有部分，經全體協議其範圍包括：地下室之水池、化糞池、受電室、電梯間、樓梯間、一樓之門廊、電梯間、樓梯間、二樓至十二樓之電梯間、樓梯間、屋頂之樓梯間、機械房、水箱等共有部分及基地，並由全體起造人就共有部分及其基地協議按下列明細表所訂之持分，登記為各區分所有建物之權利範圍。

主建物門牌	臺北市△△路△段三四號一樓之一	臺北市△△路△段三四號一樓之二	臺北市△△路△段三四號一樓之一	臺北市△△路△段三四號一樓之二	臺北市△△路△段三四號一樓之一	┈┈┈▶
共有部分持分	$\dfrac{123}{10000}$	$\dfrac{156}{10000}$	$\dfrac{134}{10000}$	$\dfrac{156}{10000}$	$\dfrac{123}{10000}$	
基地持分	$\dfrac{123}{10000}$	$\dfrac{156}{10000}$	$\dfrac{134}{10000}$	$\dfrac{156}{10000}$	$\dfrac{123}{10000}$	┈┈┈▶
權利人 即立協議書人	△△△	△△△	△△△	△△△		
立協議書人住址	臺北市△△區△△街△號△里△鄰	同右	臺北市△△區△△街△號△里△鄰	同右	臺北市△△區△△街△號△里△鄰	
立協議書人證號	民國△△△△生△△△	民國△△△△生△△△	民國△△△△生△△△	民國△△△△生△△△	民國△△△△生△△△	
立協議書人蓋章	印	印	印	印	印	

註：1.本協議書三份：測量一份、登記一份、申報房屋稅一份2.本協議書亦得與主建物併同一協議書

範例二　建物所有權第一次登記

土地登記申請書

收件	日期	年 月 日 時	分	收件者章	連序序別（非連件者免填）	第1件	共1件	登記費	元
	字號	字第 號						書狀費	元
								罰鍰	元
								合計	元
								收據	字號
								核算者	

(1) 受理機關　△△縣　△△市　地政事務所　□跨所申請　資料管轄機關　△△縣市　△△地政事務所

(3) 申請登記事由（選擇打✓一項）　(4) 登記原因（選擇打✓一項）
- ✓所有權第一次登記　　✓第一次登記
- □所有權移轉登記　　□買賣 □贈與 □繼承 □分割繼承 □拍賣 □共有物分割
- □抵押權登記　　□設定 □法定 □
- □抵押權塗銷登記　　□清償 □拋棄 □混同 □判決塗銷 □
- □抵押權內容變更登記　　□權利價值變更 □權利內容等變更 □
- □標示變更登記　　□分割 □合併 □地目變更 □

(5) 標示及申請權利內容　詳如 □契約書 □登記清冊 ✓複丈結果通知書 □建物測量成果圖 □

(6) 附繳證件
1. 建物測量成果圖　1份　4. 竣工平面圖　　份
2. 戶口名簿影本　1份　5. 分配協議書　　份
3. 使用執照影本　1份　6.　　　　　7.　　份　8.　　份　9.　　份

(7) 委任關係　本土地登記案之申請委託 陳△△ 代理。　　複代理。
委託人確為登記標的物之權利人或權利關係人，並經核對身分無誤，如有虛偽不實，本代理人（複代理人）願負法律責任。 印

(2) 原因發生日期　中華民國△△年△月△△日

(8) 聯絡方式
- 權利人電話　△△△△△△△△
- 義務人電話　△△△△△△△△
- 代理人聯絡電話　△△△△△△△△
- 傳真電話　△△△△△△△△
- 電子郵件信箱　△△△@△△△.tw
- 不動產經紀業名稱及統一編號
- 不動產經紀業電話

(9) 備註　基地權利：所有權；權利範圍：123/10000

(11) 權利人或義務人	(12) 姓名或名稱	(13) 出生年月日	(14) 統一編號	(15) 住所 縣市	鄉鎮市區	村里	鄰	街路	段	巷	弄	號	樓	(16) 簽章
權利人	林△△	△△△	△△△△△△	△△	△△	△△	△	△△	△			△		印
代理人	陳△△	△△△	△△△△△△	△△	△△	△△	△	△△	△			△		印
登記助理員	吳△△	△△△	△△△△△△	△△	△△	△△	△	△△	△			△		印

(10) 申請人

本案處理經過情形（以下各欄申請人請勿填寫）

初審	複審	核定	登簿	校簿	書狀列印	書狀校對	書狀用印

地價異動	通知領狀	異動通知	交發狀	歸檔

第五章

複丈及標示變更登記

第一節　複丈及標示變更登記之定義及關聯

一、複丈之定義

（一）複　丈

　　所謂複丈，即是再一次丈量之意，亦即土地或建物曾經第一次測量並辦理登記完畢，嗣後因特定情形之需要而再一次丈量是也。

（二）土地複丈之情形

　　土地有下列情形之一者，得申請土地複丈（地測§204）：
1.因自然增加、浮覆、坍沒、分割、合併、鑑界（鑑定界址或經界不明）或變更。
2.因界址曲折需調整。
3.依建築法第44條或第45條第1項規定調整地形。
4.宗地之部分設定地上權、農育權、不動產役權或典權。
5.因主張時效完成、申請時效取得所有權、地上權、農育權或不動產役權。

（三）建物複丈之情形

1.建物測量，包括建物第一次測量及建物複丈（地測§258）。所謂建物第一次測量，即建物興建完工後，為辦理第一次登記所為之測量。所謂建物複丈，即建物登記後，為某種原因而測量。
2.建物因增建、改建、滅失、分割、合併或其他標示變更者，得申請複丈（地測§260）。

二、標示變更登記之定義

（一）土地登記簿及建物登記簿分為「標示部」、「所有權部」及「他項權利部」等三大部分（土登§16），其中「標示部」為第一部分，故「土地登記規則」於民國90年大幅度修正時，特設「標示變更登記」專章，並置於「所有權」及「他項權利」等有關登記之章節前面。
（二）所謂「標示變更登記」，係指登記之土地標示或建物標示有變更時所為之變更登記。

三、複丈及標示變更登記之關聯

（一）土地因自然增加、浮覆、坍沒、分割、合併或調整地界及地形而複丈，其地號、面積等資料均有所變更，故除複丈外，應標示變更登記。

（二）建物因增建、改建、分割、合併或其他標示變更——例如基地號變更或門牌號變更而複丈，其面積或標示資料均有所變更，故除複丈外，應標示變更登記。

（三）土地總登記後，因分割、合併、增減及其他標示之變更，應為標示變更登記（土登§85）。

四、土地重劃之標示變更登記

（一）重造土地登記簿、他項權利轉載及基地號變更登記（土登§91）：

　　1.因土地重劃辦理權利變更登記時，應依據地籍測量結果釐正後之重劃土地分配清冊重造土地登記簿辦理登記。

　　2.土地重劃前已辦竣登記之他項權利，於重劃後繼續存在者，應按原登記先後及登記事項轉載於重劃後分配土地之他項權利部，並通知他項權利人。

　　3.重劃土地上已登記之建物未予拆除者，應逕為辦理基地號變更登記。

（二）土地重劃確定之登記，得囑託登記機關登記之（土登§29），於登記時，得免提出權利書狀（土登§35）。但於領取新權利書狀時，應提出原權利書狀，如未能提出者，應於登記完畢時公告註銷（土登§67）。

五、地籍圖重測之標示變更登記

（一）重造土地登記簿、基地號變更登記及他項權利人之通知（土登§92）：

　　1.因地籍圖重測確定，辦理變更登記時，應依據重測結果清冊重造土地登記簿辦理登記。

　　2.建物因基地重測標示變更者，應逕為辦理基地號變更登記。

　　3.重測前已設定他項權利者，應於登記完畢後通知他項權利人。

（二）土地重測確定之登記，得囑託登記機關登記之（土登§29），於登記時，得免提出權利書狀（土登§35）。但於領取新權利書狀時，應

提出原權利書狀，如未能提出者，應於登記完畢時公告註銷（土登§67）。

六、申請人

（一）土地複丈申請人

1.申請複丈，由土地所有權人或管理人向土地所在地登記機關為之。但有下列情形之一者，各依其規定辦理（地測§205Ⅰ）：

　(1)因承租土地經界不明者，應由承租人會同土地所有權人或管理人申請。

　(2)因宗地之部分擬設定地上權、農育權、不動產役權或典權者，由擬設定各該權利人會同土地所有權人或管理人申請。

　(3)地上權之分割者，由地上權人會同土地所有權人或管理人申請。

　(4)依民法第769條、第770條或第772條規定，因時效完成所為之登記請求者，由權利人申請。

　(5)因司法機關判決確定或訴訟上之和解或調解成立者，由權利人申請。

　(6)共有土地之協議分割、合併者，由共有人全體申請；但合併或標示分割，得由共有人依土地法第34條之1規定申請。

　(7)因建造行為需要鑑界者，得由建造執照起造人會同土地所有權人或管理人申請。

　(8)依土地法第12條第2項規定因土地浮覆回復原狀時，復權範圍僅為已登記公有土地之部分，需辦理分割者，由復權請求權人會同公有土地之管理機關申請。

　(9)依直轄市、縣（市）不動產糾紛調處委員會設置及調處辦法作成調處結果確定者，由權利人或登記名義人單獨申請。

　(10)依法令規定得由地政機關逕為測量者。

2.前項申請，得以書面委託代理人為之（地測§205Ⅱ）。

（二）建物複丈申請人

1.申請建物測量，由建物所有權人或管理人向建物所在地登記機關為之（地測§261Ⅰ）。

2.前項申請，得以書面委託代理人為之（地測§261Ⅱ）。

七、土地界址調整

（一）要件

1. 土地界址調整應以同一地段、地界相連、使用性質相同之土地爲界限。如爲實施建築管理地區，並應符合建築基地法定空地分割辦法規定。前項土地設有他項權利者，應先徵得他項權利人之同意（地測§225）。

2. 第192條、第193條、第224條及前條所稱之使用性質於都市土地指使用分區，於非都市土地指使用分區及編定之使用地類別（地測§225-1）。

（二）埋設界標

申請人應自備界標，於界址點自行埋設，並永久保存之（地測§210）。

（三）改算地價

直轄市、縣（市）主管機關或登記機關於辦理土地界址調整複丈後，應依複丈成果改算當期公告土地現值，調整前後各宗土地地價之總合應相等。實施界址調整之土地，其調整線跨越不同地價區段者，複丈成果應分別載明調整線與原地籍交叉所圍各塊坵形之面積，作爲改算地價之參考（地測§226）。

（四）徵免土地增值稅（地測§227）

1. 各土地所有權人調整後土地價值，與其原有土地價值無增減時，應通知申請人申辦土地標示變更登記。

2. 調整後土地價值與其原有土地價值有增減時，應通知申請人就調整土地向直轄市或縣（市）稅捐稽徵機關申報土地移轉現值。

（五）通知

登記機關辦理土地界址調整之標示變更登記後，應即通知申請人領件並即改算地價及訂正地籍、地價有關圖冊，並通知直轄市或縣（市）稅捐稽徵機關訂正稅籍暨通知他項權利人換發或加註權利書狀（地測§228）。

八、調整地形

（一）應備文件（地測§229）

1.土地所有權人或鄰接土地所有權人依第204條第3款規定申請土地複丈時，應填具土地複丈申請書，並檢附權利書狀及下列規定文件，向土地所在地登記機關辦理：

(1)依建築法第44條規定協議調整地形者：調整地形協議書及建設（工務）機關核發合於當地建築基地最小面積之寬度及深度且非屬法定空地之文件及圖說。

(2)依建築法第45條第1項規定調處調整地形者：調處成立紀錄。

2.前項土地設有他項權利者，應先徵得他項權利人之同意。

（二）埋設界標

申請人應自備界標，於界址點自行埋設，並永久保存之（地測§210）。

（三）改算地價、徵免土地增值稅及通知等之準用

依前條規定辦理調整地形準用第226條至第228條規定（地測§230）。

九、辦理依據

（一）有關土地或建物複丈，應依「地籍測量實施規則」之規定辦理，中央地政機關並訂頒「辦理土地複丈與建物測量補充規定」。

（二）有關標示變更登記，應依「土地登記規則」之規定辦理。

十、辦理土地複丈與建物測量補充規定（85.8.7內政部台內地字第8584585號函）

（一）共有物分割，經法院判決確定後，雙方當事人復協議分割，持憑分割協議書申辦共有物複丈分割及登記者，地政事務所得依其協議結果辦理。

（二）共有土地，經法院判決確定或和解、調解成立分割，共有人申請複丈分割時，發現地籍圖與土地登記簿所載面積不符時，應先辦理分割登記完畢後，再依法辦理更正。

（三）部分共有人持憑法院確定判決、和解或調解筆錄爲全體共有人申辦共有土地分割，其應納之土地複丈費，得依土地登記規則第100條規定於領取土地所有權狀前，連同登記費及罰鍰一併繳納。

（四）政府機關使用私有土地一宗之部分者，在不牴觸法令限制分割範圍內，經徵得土地所有權人同意後，得囑託地政事務所辦理測量分割及登記。

（五）依法徵收之土地，其因地籍圖重測，界址糾紛尚未解決者，如有地籍分割之必要，應依重測前之地籍圖辦理，並於徵收土地清冊中註明該標示係重測前之土地標示。

（六）私有土地因天然流失坍沒，而合於土地法第12條第1項規定情形者，應由土地所有權人申請，經該管地政機關會同水利機關勘查無訛後辦理消滅登記。

（七）一宗土地之一部分設定地上權，經登記完畢，而未測繪其位置圖者，地上權人申請勘測其位置時，應以登記之地上權面積為其範圍，由地上權人會同土地所有權人就實際使用位置領丈認定。土地所有權人拒不會同領丈時，得由地上權人指界，如勘測結果與地上權登記之面積一致，得核發成果圖予地上權人及通知土地所有權人。

土地所有權人或管理人申請勘測地上權位置圖，而地上權人拒不會同領丈時準用前項規定辦理。

第1項土地，所有權人申請土地分割時，如經依法通知地上權人會同勘測，而拒不到場指界領丈，得由土地所有權人單方指界，先測繪地上權位置後，再辦理土地分割，並以書面將複丈結果通知地上權人，如其有異議，應於接到通知書次日起十日內提出，逾期未提出異議，地政事務所即辦理地上權轉載之登記。

（八）地籍測量實施規則第224條前段所稱「同一地段」，係指相同之「段」或「小段」而言，即僅劃分「段」者，指相同段，段內設有「小段」者，指相同小段。所稱「使用分區」、「使用性質」相同，於非都市土地，係指劃定之使用區及編定之使用地類別相同而言。

（九）地籍測量實施規則第232條第2項所稱「技術引起者」，係指複丈時，權利關係人對土地界址並無爭議，純係觀測、量距、整理原圖或計算面積等錯誤所致，並有原始資料可稽者而言。

（十）地籍測量實施規則第279條第2項所稱「實施建築管理前建造之建物」，如建物位於都市地區內者，係指都市計畫發布實施日之前建造之建物；惟該地如依法實施禁、限建者，則應以實施禁、限建之日為準。如其位於非都市地區內者，係指實施區域計畫地區建築物管理辦法訂定發布日之前建造之建物。

（十一）有下列測量錯誤情形之一者，地政事務所得依照土地法第69條規定

辦理更正登記，並通知土地所有權人：

1.土地面積係日據時期計算錯誤者。

2.因都市計畫樁位測定錯誤致地籍分割測量錯誤，經工務機關依法完成樁位更正者。

3.都市計畫樁位測定並無錯誤，因地籍逕為分割測量錯誤者。

（十二）申辦建物所有權第一次登記，建築基地號與地籍圖地號不符，而發生於使用執照核發之前者，應由當事人檢附基地分割或合併前後之土地登記簿謄本及地籍圖謄本，向建管機關申請更正基地地號後辦理。如興建之建築物確係在同一基地，且其範圍和主要位置均與使用執照之配置圖相符，純係由於土地合併、分割而造成地號不一致者，得逕由地政機關依基地分割、合併前後土地登記簿及地籍圖對照地號辦理。

前項不符之情形係於使用執照核發之後發生者，毋須再行辦理更正。

（十三）申請土地分割複丈後，若該土地受法院查封時，地政事務所仍應予施測。

土地所有權人依前項複丈結果，申請分割登記：如認為有礙查封效力之虞者，地政事務所應駁回之。

（十四）地政事務所受理法院囑託土地複丈或建物測量案件，依下列規定處理：

1.地政機關所屬人員個人不得受託辦理法院勘測不動產或鑑定界址案件。

2.土地界址經權利關係人已向法院提起確認經界之訴者，地政事務所得不予受理申請界址鑑定。

3.經依法院指定日期前往實地複丈，如因故未予施測，原繳費人於規定期限內申請退還土地複丈費者，應予扣除已支出之勞務費後之餘額予以退還。

4.法院囑託辦理查封欠稅人土地案件，其土地複丈費標準為：

　(1)指明為鑑定查封土地周圍界址者，依照鑑定界址費計收。

　(2)僅指明查封土地之實地坐落位置者，依照基地號勘查費計收。

5.地籍測量實施規則第269條所稱之「司法機關指定人員」，係指法院人員或其指定於測量圖上簽章之債權人或其他訴訟關係人。

6.未登記之建物，於法院囑託查封登記時，已予勘測，其於撤銷查封後，再查封時，有無重行勘測之必要，應依法院囑託事項辦理。

7.因訴訟需要，法院囑託辦理共有土地分割案，測量地上使用現況

　　　　（含地上建物位置），按實測後之筆數，依土地分割複丈費之收費標準計收。

（十五）利害關係人對其所有土地相鄰土地鑑界結果有異議時，以其所有土地地號申請鑑界者，依再鑑界程序辦理。

（十六）申請鑑定界址，地政事務所應免費核發土地複丈成果圖。

　　　　前項鑑定界址，其屬圖解法辦理者，土地複丈成果圖應編列界址號數，並註明界標名稱、關係位置及實量邊長，其屬數值法辦理者，其成果圖除應編列界址號數、註明界標名稱及關係位置外，另加註土地界址坐標。

（十七）申請土地複丈或建物測量案件，因撤回、駁回或其他情形，依規定得請求退還已繳之土地複丈費或建物測量費者，地政事務所於所為決定之通知書，應敘明得請求退還之期限。

　　　　申請人逾規定期限申請退還土地複丈費或建物測量費者，地政事務所應不予受理。

　　　　第1項之申請土地複丈或建物測量案件，經複丈人員於排定日期前往實施複丈或測量時，申請人因故不需測量，當場撤回申請並於規定期限內申請退費者，得扣除已支出之勞務費後，將餘額予以退還。

（十八）土地複丈分割原圖不得對外印發，但因訴訟需要，當事人得請求法院逕向該管地政事務所調閱。

（十九）申請建物第一次測量時，縱未同時申請建物所有權第一次登記，地政事務所仍應受理，並於測量完畢後，核發建物測量成果圖。

（二十）（刪除）

（二一）已登記之建物未增編門牌，權利人持憑法院確定判決申辦建物登記者，應依法院判決意旨及該建物原編門牌號辦理，俟增編門牌號後，再另辦標示變更登記。

（二二）領有使用執照之加油亭得申請建物第一次測量登記。其建物平面圖應依據其頂蓋垂直投影範圍予以測繪。

（二三）（刪除）

（二四）一般建物應逐棟編列建號，為五位數。特別建物數棟併編一建號為母號，亦為五位數，其各棟建物以分號編列，為三位數，以表棟次。

（二五）未登記建物，為申報自用住宅用地優惠稅率需要，得申請該建物之基地號勘查或勘測建物位置。

　　　　依前項辦理基地號勘查或勘測建物位置完畢，應於建物測量成果表（圖）內註明「本項成果表（圖）僅供申請核課自用住宅用地稅率

之用」。

十一、地目等則制度之廢止

（一）由於目前已全面實施都市計畫及區域計畫，故原地目等則制度已無存
　　　在之必要。緣此，乃有廢止之議。

（二）地目等則係日據時期為課徵土地稅賦，依土地使用現況所詮定，惟沿
　　　襲至今，地目等則之記載與土地使用現況已有失實，有關其存廢問
　　　題，前經本部邀集有關機關開會研商獲致廢除地目等則制度之決議，
　　　並分別以87年9月25日台內地字第8790533號函及同年11月3日台內地字
　　　8790704號函送會議紀錄在案。惟因目前仍有法律以地目作為管制手
　　　段，為免驟然廢除地目影響民眾權益，爰採逐步漸進方式，處理原則
　　　如下（83.3.3內政部台內地字第8888644號函）：

　　　1.自民國88年3月16日起，除與民眾權利義務較有關之「田」、
　　　　「旱」、「建」、「道」等四種地目之變更及其他地目變更為上述
　　　　四種地目之登記仍受理外，其餘與上開地目無關之地目變更登記及
　　　　地目詮定不再辦理。

　　　2.土地登記簿上所載之地目原則上仍予保留，惟日後除「田」、
　　　　「旱」、「建」、「道」地目外，其餘地目將不再辦理釐正。至現
　　　　有地籍圖上已記載之地目則不予刪除，惟將來一律不再辦理釐正。
　　　　又如核發的地籍圖謄本上有地目之記載者，應註明地目僅供參考字
　　　　樣。

　　　3.請有關機關儘速檢討並研究以實地勘查及以使用分區或使用編定來
　　　　替代以地目作為土地使用現況或土地法定用途認定標準之作法，並
　　　　請於88年12月底前將涉有地目之法規修正完畢，俾利全面廢除地
　　　　目。

（三）內政部於105年10月27日以台內地字第1050436952號函令發布「自106
　　　年1月1日正式廢除地目等則制度，並停止辦理地目變更登記」，未來
　　　土地登記、地價謄本及權利書狀將不再顯示地目等則，地政機關也不
　　　再受理申請地目變更及塗銷地目登記，光復後沿用61年的地目等則制
　　　度，正式走入歷史。

復習問題

1.何謂建物測量？建物第一次測量與建物複丈有何區別？（80特）

2.何謂土地複丈？（91特、92檢）依規定何人具有申請複丈之資格？（80

特、82檢、84特、88檢）

3.何謂建物複丈？其申請人爲何？（83檢）原因有哪些？（95普、108專普）何謂標示變更登記？（86普、87原特）

4.哪些複丈應辦理標示變更登記？

5.申請土地複丈、除鑑界之外，還有哪些原因？（88特、91特、108專普）其程序爲何？（91特）

6.試依土地登記規則，說明有關土地重劃之確定辦理變更登記時有哪些規定？（83特、86普、108基特四）

7.試述地籍圖重測之作業程序及變更登記。（109基特四）

8.依地籍測量實施規則規定，申請土地界址調整的限制爲何？又請就各土地所有權人調整後土地價值與其原有土地價值「有」、「無」增減兩種情形，分別說明應辦理何種登記。（96普）

9.土地界址調整之原則爲何？又調整時有關土地之公告土地現值應如何改算與進行異動處理？試依規定說明之。（100普）

10.土地複丈如發現錯誤者，應報經直轄市或縣（市）主管機關核准後始得辦理更正，但有何種情形得由登記機關逕行辦理更正？其應如何界定？（103普）

第二節　土地鑑界

一、不須辦理標示變更登記

　　土地鑑界，僅係鑑定土地界址，通常均無土地標示變更之情況發生，故無需辦理標示變更登記。

二、界標之埋設及保存

　　經鑑界後，申請人應自備界標，於經鑑定確定之界址點，自行埋設，並永久保存之（地測§210）。

三、通知鄰地所有權人

　　申請鑑界，應通知關係人。所稱關係人，於鑑界時，指鑑界界址之鄰地所有權人，鄰地爲公寓大廈之基地者，指公寓大廈管理委員會，於主張時效

取得地上權、農育權或不動產役權時，指所有權人。關係人屆時不到場者，得逕行複丈（地測§211）。

四、鑑界之辦理

鑑界複丈，應依下列規定辦理（地測§221）：
（一）複丈人員實地測定所需鑑定之界址點位置後，應協助申請人埋設界標，並於土地複丈圖上註明界標名稱、編列界址號數及註明關係位置。
（二）申請人對於鑑定界址結果有異議時，得再填具土地複丈申請書敘明理由，向登記機關繳納土地複丈費申請再鑑界，原登記機關應即送請直轄市或縣（市）主管機關派員辦理後，將再鑑界結果送交原登記機關，通知申請人及關係人。
（三）申請人對於再鑑界結果仍有異議者，應向司法機關訴請處理，登記機關不得受理其第三次鑑界之申請。

前項鑑界、再鑑界測定之界址點應由申請人及到場之關係人當場認定，並在土地複丈圖上簽名或蓋章。申請人或關係人不簽名或蓋章時，複丈人員應在土地複丈圖及土地複丈成果圖載明其事由。

關係人對於第1項之鑑界或再鑑界結果有異議時，並以其所有土地申請鑑界時，其鑑界之辦理程序及異議之處理，準用第1項第2款及第3款之規定。

五、免費發給複丈成果圖

依「辦理土地複丈與建物測量補充規定」第16點規定：
（一）申請鑑定界址，地政事務所應免費核發土地複丈成果圖。
（二）前項鑑定界址，其屬圖解法辦理者，土地複丈成果圖應編列界址號數，並註明界標名稱、關係位置及實量邊長，其屬數值法辦理者，其成果圖除應編列界址號數、註明界標名稱及關係位置外，另加註土地界址坐標。

六、申請實務

（一）應備書件

1.土地複丈申請書。
2.土地所有權狀：影本附於申請案件內，正本核驗後領回。

（二）申辦手續

1. 備齊有關書件，依式填寫蓋章後，將複丈申請書對摺放置於第1項，其餘書件再依次放置整齊，並裝訂成冊，即可提向土地所在地之地政事務所申請。
2. 收件及計收規費：
   (1)案件提向地政事務所申辦時，其程序為收件→計算規費→開單→繳費→領取收件收據。
   (2)複丈費每筆每公頃新臺幣4,000元，不足1公頃者，以1公頃計算，超過1公頃者，每0.5公頃，增收半數，不足0.5公頃者，以0.5公頃計算，至面積超過10公頃者，得視實際需要，另案核計。其筆數依鑑界範圍內土地計算，並應另購買界標。
3. 領丈：
   (1)申請人接到訂期複丈通知書後，應準備界標。並攜帶複丈通知書及印章，準時到現場領丈。
   (2)如因故未能親自到現場領丈時，得出具委託書委託代理人領丈。
   (3)如不到場領丈，或不依規定埋設界標者，視為放棄申請，已繳費用，不予發還（地測§211）。
   (4)現場如有障礙物，應由申請人先自行清除處理。
   (5)經鑑界後，由申請人於必要之界點，訂立界標。
   (6)鑑界完畢後，申請人當場認定無誤，應即在鑑界圖上簽名或蓋章（地測§221）。
   (7)應於收件日起十五日內辦竣（地測§216）。
4. 領取土地複丈成果圖。

復習問題

1. 何謂鑑界？需要辦理標示變更登記嗎？
2. 鑑界如何埋設界標？為何要通知鄰地所有權人？
3. 試述土地鑑界之辦理。
4. 土地鑑界應備哪些文件？其辦理之手續為何？
5. 申請人對於鑑界結果有異議時，得申請再鑑界，如對於再鑑界結果仍有異議時，應如何處理？試分述之。（88檢、89檢）
6. 因鑑界申請複丈，應提出哪些文件？申請人對鑑界結果有異議時如何處理？（97普）

土地複丈及標示變更登記申請書

| 受理機關 | △△ 縣市 | △△ 地政事務所 |

收件：日期　年　月　日　時　分　字第　號

複丈收件：日期　年　月　日　時　分　字第　號

複丈費：新臺幣　元　收據　字第　號

書狀費：新臺幣　元　收據　字第　號

登記費：新臺幣　元　收據　字第　號

複丈略圖（現場）

原因發生日期：中華民國△△年△△月△△日

申請會同地點（申請人填寫）

申請複丈原因（選擇打 ∨ 一項）
- ☑ 鑑界　□ 再鑑界　□ 其他（　　　　　　權）　□ 他項權利位置測量

申請複丈原因（選擇打 ∨ 一項）：界址調整（調整地形）
- □ 分割　□ 合併　□ 界址調整　□ 界址調整
- □ 坍沒　□ 浮覆　□ 其他（　　　　　）

申請標示變更登記事由及登記原因（選擇打 ∨ 一項）
- 標示變更登記　□ 分割　□ 合併　□ 界址調整
- 消滅登記　□ 滅失　□ 部分滅失
- 所有權回復登記　□ 回復
- 登記（　　　　）　（　　　　）

坐落土地	鄉鎮市區	段	小段	地號	面積（平方公尺）
	△△	△△	△	△△△-△△	312.21

附繳證件
1. 土地所有權狀影本　1份
2. 身分證影本　1份
3.　　　　　　　　　　份
4.　　　　　　　　　　份
5.　　　　　　　　　　份
6.　　　　　　　　　　份
7.　　　　　　　　　　份
8.　　　　　　　　　　份
9.　　　　　　　　　　份

委任關係：本土地複丈及標示變更登記案之申請委託 陳△△ 代理（　　　複代理），委託人確為登記標的物之權利人或權利關係人，並經核對身分無誤，如有虛偽不實，本代理人（複代理人）願負法律責任。 印

聯絡方式
- 聯絡電話：△△△△△△△△
- 傳真電話：△△△△△△△△
- 電子郵件信箱：△△△@△△.tw

備註

申請人申辦土地複丈案件請自備符合規定之界標，便於測量時埋設以保障自身權益，如需購買界標請向地政事務所洽詢

申請人		姓名或名稱	出生年月日	統一編號	住 所 縣市	鄉鎮市區	村里	鄰	街路	段	巷	弄	號	樓	權利範圍	簽章
權利人或義務人	權利人	林△△	△△△	△△△	△△	△△	△△	△	△△				△	△	全部	印
	代理人	陳△△	△△△	△△△	△△	△△	△△	△	△△				△	△		印

複丈費收據定期通知書：△△年　△月　△△日　簽章　印

結果通知

本案處理經過情形（申請人請勿填寫）以下各欄	複丈人員	複丈成果檢查	複丈成果核定	登記初審	登記複審	登記核定
	簿登	簿校	校狀	書狀列印	書狀用印	

地價異動	通知領狀	異動通知	交發付狀	歸檔

第三節 土地合併登記

一、複丈與登記

（一）已經產權登記之土地，因自然之變遷或事實之需要，得將兩筆以上之土地合併成一筆土地，合併後應依據合併成果，辦理土地標示變更登記。

（二）土地因合併得申請複丈（地測§204），土地複丈涉及原有標示變更者，應於申請複丈時，填具土地登記申請書，一併申請土地標示變更登記（地測§207）。

二、土地合併之要件（地測§224）

（一）土地因合併申請複丈者，應以同一地段、地界相連、使用性質相同之土地為限。

（二）前項土地之所有權人不同或設定有抵押權、典權、耕作權等他項權利者，應依下列規定檢附相關文件：

1.所有權人不同時，應檢附全體所有權人之協議書。

2.設定有抵押權時，應檢附土地所有權人與抵押權人之協議書。但為擔保同一債權，於數土地上設定抵押權，未涉權利範圍縮減者，得免附。

3.設定有典權或耕作權時，應檢附該他項權利人之同意書。

（三）登記機關辦理合併複丈，得免通知實地複丈。

（四）第1項之土地設定有用益物權者，其物權範圍為合併後土地之一部分者，應於土地複丈成果圖繪明其位置。

三、合併後地號之留存

土地合併之地號，應依下列規定編定，並將刪除分號情形登載於分號管理簿，其因合併而刪除之地號不得再用（地測§234）：

（一）數宗原地號土地合併為一宗時，應保留在前之原地號。

（二）原地號土地與其分號土地合併時，應保留原地號。

（三）原地號之數分號土地合併時，應保留在前之分號。

（四）原地號土地與他原地號之分號土地合併時，應保留原地號。

（五）原地號之分號土地與他原地號之分號土地合併時，應保留在前原
　　　地號之分號。

四、合併之限制

（一）部分合併應先分割

一宗土地之部分合併於他土地時，應先行申請辦理分割（土登§86
Ⅰ）。

（二）合併後之持分及他項權利之處理

1.二宗以上所有權人不同之土地辦理合併時，各所有權人之權利範圍依
其協議定之（土登§88Ⅰ）。得協議以公告現值或面積之比例定持
分，或自由協議定之。
2.設定有地上權、永佃權、不動產役權、典權、耕作權或農育權之土地
合併時，應先由土地所有權人會同他項權利人申請他項權利位置圖勘
測。但設定時已有勘測位置圖，且不涉及權利位置變更者，不在此限
（土登§88Ⅱ）。
3.前項他項權利於土地合併後，其權利仍存在於合併前原位置之上，不
因合併而受影響（土登§88Ⅲ）。
4.設定有抵押權之土地合併時，該抵押權之權利範圍依土地所有權人與
抵押權人之協議定之（土登§88Ⅳ）。

（三）合併後之基地號變更

申請建物基地分割或合併登記，涉及基地號變更者，應同時申請基地號
變更登記。建物與基地所有權人不同時，得由基地所有權人代為申請或由登
記機關查明後逕為辦理變更登記。

前項登記，除建物所有權人申請登記者外，登記機關於登記完畢後，應
通知建物所有權人換發或加註建物所有權狀（土登§89）。

（四）通知他項權利人

設定有他項權利之土地申請合併登記，於登記完畢後，應通知他項權利
人換發或加註他項權利證明書（土登§90）。

（五）合併前後價值減少者應課徵土地增值稅

土地合併後，各共有人應有部分價值與其合併前之土地價值相等者，免徵土地增值稅。其價值減少者，就其減少部分課徵土地增值稅（平例施§65，土稅施§42）；該減少部分，如為有償，其納稅義務人為減少者；如為無償，其納稅義務人為增多者。

（六）合併後之面積

數宗土地合併為一宗土地，該合併後之土地面積，應與各宗原地號土地面積之總和相符，如有差數，應就原測量及計算作必要之檢核，經檢核無誤後依該宗土地外圍界址點坐標所計算之面積為準（地測§256）。

五、申請人

（一）如土地所有權同屬一人者，由該所有權人單獨申請。
（二）如為共有土地，由共有人共同申請，亦得適用土地法第34條之1第1
　　　項、第2項及第3項之規定辦理。
（三）如經法院判決確定者，可單獨申請。
（四）如經和解者，應由各權利人會同申請，如有一方拒不會同申請，他方
　　　可檢具有關證件單獨申請。
（五）各該申請人，如為未成年人，或為受監護人或為法人時，應由法定代
　　　理人共同申請。

六、申請期限

土地總登記後，土地權利有合併時，應為變更登記（土§72）。土地權利變更登記之申請，應於土地權利變更後一個月內為之。申請逾期者，每逾一個月得處應納登記費額一倍之罰鍰，但最高不得超過二十倍（土§73）。實際上，各該規定，不盡適用，因為標示變更登記，免繳納登記費（土§78）。

七、申請實務

（一）應備書件

1.土地複丈及標示變更登記申請書。
2.登記清冊。

3.合併成果圖：由測量人員將成果圖逕附登記案件內。

4.身分證明文件。

5.協議書：如不同所有權人之土地合併，應檢附本項文件，其前後之價值差額在一平方公尺公告現值以上增減者，並應先報繳土地增值稅。

6.土地所有權狀。

7.法院判決書及判決確定書：如經法院判決者應附本項文件，否則免附，惟經最高法院判決者，免附判決確定書。

8.和解筆錄或協議書：如經當事人和解或協議者應檢附本項文件，否則免附。

9.他項權利人同意書：如有設定他項權利時，應檢附本項文件及印鑑證明，否則免附。

10.建造執照平面位置圖：如建築基地合併時，應檢附本項文件正本及影本。

（二）申辦手續

1.備齊所需書件，依式填寫蓋章後，將土地複丈及標示變更登記申請書對摺放置於第一頁，其他所需之文件再依次放置整齊，並裝訂成冊，即可提向土地所在地之主管地政事務所申請。

2.收件及計收規費：

　(1)案件提向地政事務所申辦時，其程序為收件→計算規費→開單→繳費→領取收件收據。

　(2)複丈費免費，另標示變更登記亦免登記費。如發給新權狀，則每張工本費新臺幣80元。

3.領丈：

　(1)申請人接到訂期複丈通知書後，應攜帶該通知書及印章，準時到現場領丈。

　(2)如因故未能親自到現場領丈時，得出具委託書委託代理人領丈。

　(3)如經通知未到現場領丈，視為放棄申請，已繳複丈費用不予發還。

　(4)複丈完畢後，申請人當場認定無誤，應即在複丈圖上簽名或蓋章。

4.登記：

　(1)經合併後，移送地價部門分算地價，並通知所有權人。

　(2)複丈人員將複丈成果整理完畢後，將成果圖逕附於標示變更登記案

件內，並將標示變更登記案件逕行移送登記部門登記。

　　(3)登記案件經審查發現有文件不全或證件不符或繕寫錯誤等情事時，
　　　 應依通知期限補正。

　　(4)申請案件經審查無誤，即予登記。

5.領狀：登記完畢後，即可持收件收據及原蓋用之印章，領取合併後之
　　土地所有權狀。

復習問題

1.土地合併為何須辦理標示變更登記？

2.土地因合併申請複丈者在何種要件下，始得為之？（85特、85檢、87檢、
　89檢、109專普）又申請合併複丈，有何限制？（83檢、108高）

3.不同所有權人之土地合併，如何定權利範圍？設定他項權利如何處理？應
　檢附何種文件？（85特、85檢、104普、108高、109專普）

4.基地合併，其地上建物應辦理何種登記？

5.土地合併之申請人為何？（88普）應備哪些文件？（102普）其辦理手續為
　何？（104普）其地號之編定順序如何？（95普、102普、107普）

6.所有權人不同或設定有他項權利者，應檢附何種文件，經地政事務所派員
　實地勘查後，始能核發土地複丈成果表？（83檢）

7.設有A、B、C三宗所有權人不同之土地辦理合併時，各所有權人、地上權
　人、典權人、耕作權人或抵押權人之權利範圍如何處理？（86檢、104普）

8.甲將其所有之兩筆土地申請合併，登記機關於接受土地合併申請後，其合
　併應如何編定？試說明之。（98普）

複丈及標示變更登記申請書

複丈收件	日期	年　月　日　時　分
	字號	字第　號
登記收件	日期	年　月　日　時　分
	字號	字第　號

收件者章		複丈費	新臺幣　　元
		收據	字第　號
收費者章		書狀費	新臺幣　　元
		收據	字第　號
收費者章		收費者章	

土地複丈及標示變更登記申請書

受理機關	△△縣市　△△地政事務所
複丈原因發生日期	中華民國△△年△月△△日
複丈之原因	鑑界（選擇打ˇ一項）□再鑑界　□他項權利位置測量（　權）□其他（　　）
申請複丈原因（選擇打ˇ一項）	□鑑界　□合併ˇ　□界址調整（調整地形）（　　）
申請標示變更登記事由及登記原因（選擇打ˇ一項）	標示變更登記（□分割　□合併ˇ　□界址調整） 消滅登記（□滅失　□部分滅失） 所有權回復登記（□回復）登記（□　　）

土地坐落					
鄉鎮市區	段	小段	地號	面積（平方公尺）	
△△	△△	△	85	101	
△△	△△	△	85-1	55	

附繳證件	1.建造執照影本及平面位置圖	1份	4.土地所有權狀	2份	7.	份
	2.協議書	1份	5.		8.	份
	3.戶口名簿影本	2份	6.		9.	份

| 委任關係 | 本土地複丈及標示變更登記案之申請委託　陳△△　代理（　）複代理（　　）委託人確為登記標的物之權利人或權利關係人，並經核對身分無誤，如有虛偽不實，本代理人（複代理人）願負法律責任　印 |
| 聯絡方式 | 聯絡電話　△△△△△△△△△
傳真電話　△△△△△△△△△
電子郵件信箱　△△△@△△.tw |

| 備註 | 請同時辦理土地所有權人林△△住所變更登記 |

複丈略圖

| 85 | 85
-1 |

申請人申辦土地複丈案件請自備符合規定之界標，便於測量時埋設以保障自身權益，如需購買界標請向地政事務所洽詢

申請人	權利人或義務人	姓名或名稱	出生年月日	統一編號	住所 縣市	鄉鎮市區	村里	鄰	街路	段	巷	弄	號	樓	權利範圍	簽章
請	權利人	林△△	△△△	△△△	△△	△△	△△	△	△△				△	△	$\frac{3525}{10000}$	印
	權利人	江△△	△△△	△△△	△△	△△	△△	△	△△				△	△	$\frac{6475}{10000}$	印
	代理人	陳△△	△△△	△△△	△△	△△	△△	△	△△				△	△		印

△△年　△　月　△△日　簽章　印

簽收複丈定期通知書

結果通知

本案經過情形（申請人請勿填寫）以下各欄

複丈人員	複丈成果檢查	複丈成果核定	登記初審	登記複審	登記核定

登簿	校簿	書狀列印	校狀	書狀用印	通知領狀	地價異動	異動通知	支付發狀	歸檔

登記清冊

申請人： 林△△ 印　江△△ 印

代理人　陳△△ 印

土地標示			合併前	合併前	合併後
(1) 坐落	鄉鎮市區		△△	△△	△△
	段		△△	△△	△△
	小段		△	△	△
(2) 地號			85	85-1	85
(3) 面積（平方公尺）			101	55	156
(4) 權利範圍			林△△ 全部	江△△ 全部	林△△ $\dfrac{3525}{10000}$　江△△ $\dfrac{6475}{10000}$
(5) 備註			合併前	合併前	合併後

(6) 建 號										
(7) 門牌	鄉鎮市區									
	街 路									
	段 巷 弄									
	號 樓									
(8) 建物坐落	段 小段									
	地 號									
(9) 面 積 （平方公尺）	層									
	層									
	層									
	層									
	共 計									
(10) 附屬建物	用 途									
	面 積 （平方公尺）									
(11) 權 利 範 圍										
(12) 備 註										

以下空白

建 物 標 示

土地合併協議書

　　立協議書人江△△林△△等二名所有臺北市△△區△△段
△小段△△地號土地等兩筆（土地上已興建樓房，並領有臺北
市政府核發△年建字第△△△號建造執照在案），茲為便於地
籍管理，並經全體土地所有權人同意以合併前土地面積（或公
告現值）作為計算合併後之權利範圍，絕無異議，恐口無憑，
特立本協議書為據，如有不實願負法律上一切責任。茲將合併
前、後之土地標示、所有權人及權利範圍等列表如下：

	地號	面積（公頃）	土地所有權人	權利範圍	公告現值	面　積地　價	增減面積地價	備註
合併前	85	0.0101	江△△	全部	101萬			
	85-1	0.0055	林△△	全部	55萬			
合併後	85	0.0156	江△△	$\frac{6475}{10000}$		101萬	無	
			林△△	$\frac{3525}{10000}$		55萬		

立同意書人：

　　　江△△　㊞　A100233412
　　　住：××××　　民國△年△月△日生
　　　林△△　㊞　A100234801
　　　住：××××　　民國△年△月△日生

中　華　民　國　　△△　　年　　△　　月　　△　　日

第四節　土地分割登記

一、複丈與登記

(一) 分割之原因

　　已經產權登記之土地，因自然之變遷如增加、浮覆、坍沒或事實之需要，得將一筆土地分割成數筆土地，分割後依據分割成果辦理土地標示變更登記。所謂自然變遷，如土地部分流失或部分坍沒等情事。所謂事實需要，如土地部分建築或全部建築，為便於使用管理等情事。

(二) 同時申請

　　1.申請複丈應填具土地複丈申請書，並檢附權利書狀或其他足資證明文件（地測§207Ⅰ）。
　　2.複丈涉及原有標示變更者，應於申請複丈時，填具土地登記申請書，一併申請土地標示變更登記（地測§207Ⅲ）。

二、埋設界標

　　申請分割時，申請人應自備界標，於分割點自行埋設，並永久保存之（地測§210）。

三、分割後地號之編定

　　土地分割後地號，應依下列規定編定，並將編定情形登載於分號管理簿（地測§233）：
　　（一）原地號分割時，除將其中一宗維持原地號外，其他各宗以分號順序編列。
　　（二）分號土地或經分割後之原地號土地，再行分割時，除其中一宗保留原分號或原地號外，其餘各宗，繼續原地號之最後分號之次一分號順序編列之。

四、分割後面積之計算

　　一宗土地分割為數宗土地，該分割後數宗土地面積之總和，應與原宗土地之面積相符，如有差數，應就原測量及計算作必要檢核，經檢核無誤後，

依分割面積之大小比例配賦之（地測§255）。

五、建築基地法定空地分割辦法（99.1.29內政部修正）

（一）本辦法依建築法第11條第3項規定訂定之。

（二）直轄市或縣市主管建築機關核發建造執照時，應於執照暨附圖內標註土地座落、基地面積、建築面積、建蔽率，及留設空地位置等，同時辦理空地地籍套繪圖。

前項標註及套繪內容如有變更，應以變更後圖說為準。

（三）建築基地之法定空地併同建築物之分割，非於分割後合於下列各款規定者不得為之：

1.每一建築基地之法定空地與建築物所占地面應相連接，連接部分寬度不得小於二公尺。

2.每一建築基地之建蔽率應合於規定。但本辦法發布前已領建造執照，或已提出申請而於本辦法發布後方領得建造執造者，不在此限。

3.每一建築基地均應連接建築線並得以單獨申請建築。

4.每一建築基地之建築物應具獨立之出入口。

（四）本辦法發布前，已提出申請或已領建造執照之建築基地內依法留設之私設通路提供作為公眾通行者，得准單獨申請分割。

（五）建築基地空地面積超過依法應保留之法定空地面積者，其超出部分之分割，應以分割後能單獨建築使用或已與其鄰地成立協議調整地形或合併建築使用者為限。

（六）申請建築基地法定空地分割，應檢附直轄市、縣市主管建築機關准予分割之證明文件。

實施建築管理前或民國60年12月22日建築法修正前建造完成之建築基地，其申請分割者，得以土地登記規則第70條第2項所列文件辦理（註：現行為土登§79Ⅲ）。

（七）建築基地之土地經法院判決分割確定，申請人檢附法院確定判決書申辦分割時，地政機關應依法院判決辦理。

依前項規定分割為多筆地號之建築基地，其部分土地單獨申請建築者，應符合第3條或第4條規定。

（八）直轄市或縣市主管建築機關依第5條規定核發准予分割證明，應附分割圖，標明法定空地位置及分割線，其比例尺應與地籍圖相同。

前項證明核發程序及格式，由內政部另訂之。

（九）本辦法自發布日施行。

法定空地分割證明申請書					收 文字 號			※第			號
			年 月 日		發 字 證 號			※第			號

審查簽章	批 示	核 稿	承辦人	審查項目	審查結果
	※	※	※	法定空地與建築物所占地面連接寬度足夠。	※
				建蔽率合於規定（或75年1月31日前已領建照）。	※
				基地均連接建築線並得以單獨申請建築。	※
				建築物均具獨立出入口。	※
				畸零地已協議調整地形或合併使用。	※

下列基地申請發給法定空地准予分割證明。　　　　　　　　　　此致　　縣　政府　建設局
　　　　　　　　　　　　　　　　　　　　　　　　　　　　　　　市　　　　　工務

檢 附 文 件 及 書 圖	1.使用執照謄本　　　　　份	2.擬分割圖　　份	3.分割示意圖　　　　份
	4.成立協議證明文件　　　份	5.建造執照　　份	6.其他　　　　　　　份

申請人	姓 名	等 名	出 生 年月日		年　　　月　　　日生	
	身分證 統一編號		電 話		（　　　）	
	住 址					印

建築地點	地 號	區市 鄉鎮　　段　　　小　　　段　　　地號			
	地 址				

使用分區或 編(指)定用途		原使用 執照字號	
基地面積 騎樓地		現有空地 面 積	
建築面積		法定空地 面 積	
合 計		建蔽率	

備註 事項	

法定空地分割證明申請核發程序及格式：

一、本核發程序及格式依「建築基地法定空地分割辦法」（以下稱本辦法）第七條第二項訂定之。

二、申請人申請法定空地分割證明應備具下列書圖文件：㈠申請書。㈡使用執照謄本或建造執照影本。㈢擬分割圖，其比例尺為與地籍圖相同。㈣臺樓平面及配置分割示意圖，應標示建築物最大投影範圍，其比例尺不得小於1/200。

　　擬分割圖及分割示意圖均應標明分割線尺寸，及法定空地分割前後之面積。

三、依本辦法第四條申請分割者，得免附分割示意圖，但超出空地為畸零地者，應檢附成立協議調整地形或合併建築使用之證明文件。

四、已領有建造執照之基地申請分割者，得併同申領使用執照時為之，或於建築物主要結構體完成時，檢附竣工平面圖辦理。

五、直轄市、縣（市）主管建築機關受理申請案件對於審查合於規定者，發給法定空地分割證明。

（附註）1.申請人應以土地所有權人名義為之，其在二人以上時應造列名冊。2.申請書中「※」各欄，申請人請勿填寫。3.填寫字跡應力求清晰整齊，最好打字。

政府　　局法定空地分割證明				字第　　　　號	
下列建築基地准予分割，其分割圖法定空地位置及分割線、分割示意圖如附。 　　此給 申請人					
中華民國　　年　　月　　日					

申請人	姓　　名	等 名	出　生 年月日	年　　　　月　　　　日生	
	身 分 證 統一編號		電　話	（　）	
	住　　址				
建築地點	地　　號	區市 鄉鎮　段　小段　地號			
	地　　址				
使用分區或 編(指)定用途			原 使 用 執照字號		
基地面積	騎 樓 地		現 有 空 地 面 積		
	建築面積		法 定 空 地 面 積		
	合　　計		建 蔽 率		
備註 事項					

建築基地分割後，各基地之資料依序填於下表。（不敷使用時於次面繪製）

分割後各基地編號	基地面積	建築面積	法定空地面積	建蔽率

六、耕地之分割

（一）農業發展條例第16條規定

　　每宗耕地分割後每人所有面積未達0.25公頃者，不得分割。但有下列情形之一者，不在此限：

1.因購置毗鄰耕地而與其耕地合併者，得為分割合併；同一所有權人之二宗以上毗鄰耕地，土地宗數未增加者，得為分割合併。
2.部分依法變更為非耕地使用者，其依法變更部分及共有分管之未變更部分，得為分割。
3.本條例中華民國89年1月4日修正施行後所繼承之耕地，得分割為單獨所有。
4.本條例中華民國89年1月4日修正施行前之共有耕地，得分割為單獨所有。
5.耕地三七五租約，租佃雙方協議以分割方式終止租約者，得分割為租佃雙方單獨所有。
6.非農地重劃地區，變更為農水路使用者。
7.其他因執行土地政策，農業政策或配合國家重大建設之需要，經中央目的事業主管機關專案核准者，得為分割。

（二）耕地分割執行要點（105.5.6內政部修正）

1.為登記機關執行耕地分割事宜，特訂定本要點。
2.依農業發展條例（以下簡稱本條例）第16條規定辦理耕地分割，除依本條例、本條例施行細則、土地登記規則及地籍測量實施規則之規定外，應依本要點規定辦理。
3.本要點適用範圍為本條例第3條第11款規定之耕地。
4.耕地之分割，除有本條例第16條第1項各款情形外，其分割後每人所有每宗耕地面積應在0.25公頃以上。
5.共有耕地依共有人應有部分之比例，辦理共有物分割，其分割後各人所取得之土地價值較其分割前應有部分價值減少者，其減少部分，應依平均地權條例施行細則第65條規定辦理。
6.依本條例第16條第1項第1款前段規定因購置毗鄰耕地而與其耕地合併者，得為分割合併，係為擴大農場經營規模，因買賣、贈與、交換及共有物分割之原因，必須分割毗鄰耕地與其耕地合併。
　　依前項規定申請分割合併者，應符合地籍測量實施規則第224條規定之

要件，並依下列規定辦理：
(1)土地所有權人申請土地分割複丈時，應由擬取得之毗鄰耕地所有權人承諾取得分割後之土地，並與其原有土地合併。
(2)登記機關於核發土地分割複丈結果通知書時，應於備註欄註明本案土地之分割，係依本條例第16條第1項第1款前段規定辦理，並應與承受人之土地合併，始得辦理登記。
(3)申請人得依土地分割複丈結果通知書所列地號面積向稅捐稽徵機關申報土地現值或申請不課徵土地增值稅，申請人應就土地分割標示變更登記、所有權移轉登記及土地合併標示變更登記，連件向登記機關申辦。
7.依本條例第16條第1項第1款後段規定同一所有權人或共有人均相同之二宗以上毗鄰耕地，申請分割合併，係為便利農作經營之需要，申請先分割後合併或先合併後分割，並應連件辦理，土地宗數不得增加。
依前項規定辦理合併分割後，任一宗耕地面積達0.5公頃以上者，不得再依本條例第16條第1項前段規定辦理分割。但整宗土地移轉他人者，不在此限。
8.本條例第16條第1項第2款所稱部分依法變更為非耕地使用者，其依法變更部分及共有分管之未變更部分，得為分割者，指共有耕地部分變更為非耕地使用，其依法變更部分，得為分割；其餘未變更為非耕地部分，為共有分管者，得依共有人之分管協議書，分割為單獨所有或維持共有；分割為單獨所有者，其分割後土地宗數不得超過共有人人數，並應連件辦理。
9.依本條例第16條第1項第3款及第4款規定辦理耕地分割，應分割為單獨所有。但有下列情形之一者，不在此限：
(1)耕地之部分共有人協議就其應有部分維持共有。
(2)依法院確定判決或和解筆錄就共有物之一部分由全體繼承人或全體共有人維持共有。
10.繼承人辦理繼承登記後，將繼受持分移轉予繼承人者，得依本條例第16條第1項第3款規定辦理分割。
11.依本條例第16條第1項第4款規定申辦分割之共有耕地，部分共有人於本條例修正後，移轉持分土地，其共有關係未曾終止或消滅，且分割後之宗數未超過修正前共有人數者，得申請分割。
依前項規定申請分割，其共有人人數少於本條例修正前共有人數者，分割後之宗數，不得超過申請分割時共有人人數。

12. 依本條例第16條第1項第5款規定租佃雙方協議以分割耕地方式終止耕地三七五租約時，其分割後之土地宗數不得超過租佃雙方之人數。

13. 依本條例第16條第1項第6款規定非農地重劃地區變更為農水路使用者，應先變更為交通用地或水利用地後，始得辦理分割。

14. 已辦竣農地重劃之耕地，依本條例第16條規定辦理分割時，不受農地重劃條例施行細則第34條有關最小坵塊土地短邊十公尺之限制。但耕地合併分割不得破壞已完成規劃之農水路系統。

七、分割之程序限制

（一）部分設定用益物權應先勘測位置

一宗土地之部分已設定地上權、永佃權、不動產役權、典權或農育權者，於辦理分割登記時，應先由所有權人會同他項權利人申請勘測確定權利範圍及位置後為之。但設定時已有勘測位置圖且不涉及權利位置變更者，不在此限（土登§87）。

（二）基地號變更

申請建物基地分割或合併登記，涉及基地號變更者，應同時申請基地號變更登記。建物與基地所有權人不同時，得由基地所有權人代為申請或由登記機關查明後逕為辦理變更登記。前項登記，除建物所有權人申請登記者外，登記機關於登記完畢後，應通知建物所有權人換發或加註建物所有權狀（土登§89）。

（三）通知他項權利人

設定有他項權利之土地申請分割登記，於登記完畢後，應通知他項權利人換發或加註他項權利證明書（土登§90）。

八、申請人

（一）如土地所有權同屬一人者，由該所有權人單獨申請。

（二）如為共有土地，由共有人共同申請，亦得適用土地法第34條之1第1項、第2項及第3項之規定辦理。

（三）如經法院判決確定者，可單獨申請。

（四）如經和解者，由各權利人會同申請，如有一方拒不會同申請，他方可檢具有關證件單獨申請。

（五）各該申請人，如為未成年人，或為受監護人，或為法人時，應由法定代理人共同申請。

九、申請期限

　　土地總登記後，土地權利有分割時，應為變更登記（土§72）。土地權利變更登記之申請，應於土地權利變更後一個月內為之。申請逾期者，每逾一個月得處應納登記費額一倍之罰鍰，但最高不得超過二十倍（土§73）。實際上，各該規定，不盡適用，因為標示變更登記，免繳納登記費（土§78）。

十、申請實務

（一）應備書件

1.土地複丈及標示變更登記申請書。
2.登記清冊。
3.分割成果圖：通常由複丈人員將成果圖逤附登記案件內，不再發給成果圖。
4.身分證明文件。
5.土地所有權狀。
6.法院判決書及判決確定書：如經法院判決者應附繳本項文件，否則免附，惟經最高法院判決者，免附判決確定書。
7.和解筆錄或協議書：如經當事人（如共有人）和解或協議者，應檢附本項，否則免附。
8.都市計畫分區使用證明書：如分割之土地為田、旱地目時，應檢附本項文件，否則免附，惟如附建照執照亦可。
9.建造執照、平面圖、位置圖：如建築基地分割時，應檢附本項文件正本及影本。

（二）申辦手續

1.備齊所需書件，依式填寫蓋章後，將申請書對摺放置於第一頁，其他所需之文件再依次放置整齊，並裝訂成冊——即可提向土地所在地之主管地政事務所申請。
2.收件及計收規費：
　(1)案件提向地政事務所申辦時，其程序為收件→計算規費→開單→繳費→領取收件收據。
　(2)複丈費每筆每公頃新臺幣800元，不足1公頃者，以1公頃計算，超過

　　　　1公頃者，每0.5公頃增收半數，不足0.5公頃者，以0.5公頃計算。至於標示變更登記則免費，書狀費每份新臺幣80元。其筆數係以分割後之筆數計算，且應依分割點之數目購買界標。

　3.領丈：

　　(1)申請人接到訂期複丈通知書後，應攜帶該通知書及印章、界標，準時到現場領丈。

　　(2)如因故未能親自到現場領丈時，得出具委託書委託代理人領丈。

　　(3)如經通知不到場領丈，視為放棄申請，已繳複丈費不予發還。

　　(4)複丈完畢後，申請人當場認定無誤，應即在複丈圖上簽名或蓋章。

　4.登記：

　　(1)經分割後，移送地價部門分算地價，並通知所有權人。

　　(2)複丈人員將複丈成果整理完畢後，將複丈結果通知書逕附於標示變更登記案件內。並將標示變更登記案件逕行移送登記部門登記。

　　(3)登記案件經審查發現有文件不全，或證件不符，或填寫錯誤等情事時，應依通知限期補正。

　　(4)登記案件經審查無誤，即予登記。

　5.領狀：登記完畢後，即可持收件收據及原蓋用之印章，領取分割後之各筆土地所有權狀。

復習問題

1.為何土地分割須辦理標示變更登記？土地分割登記之意義為何？（87基特、87原特、108原四）

2.農地禁止分割之情形為何？在何種情形下農地得分割？

3.土地分割如何埋設界標？

4.土地分割後如何編定地號？（95普、99普、107普）分割後各宗土地面積計算如何處理？（99普）

5.建築基地法定空地在何種情形下始得分割？分割時應提出何種文件？

6.一宗土地部分設定用益物權如何辦理分割？

7.建物之基地號分割應如何辦理？

8.土地分割之申請人為何？（87基特）申請期限為何？應備哪些文件？（108原四）辦理之手續為何？

9.土地因分割申請複丈者，其申請之原因為何？有何限制？（83檢）

10.甲與乙共有一筆土地，其中甲提供擔保，讓丙設定一個普通抵押權，如甲與乙欲將土地分割為兩筆單獨所有權之土地，試問有哪些分割限制？要辦理哪些登記？丙設定的普通抵押權又有哪些處理方式？（110普）

土地複丈及標示變更登記申請書

複丈收件	日期	年 月 日 時 分	字第 號	複丈費	新臺幣	字第	收據	元 號	收件者章	收費者章
登記收件	日期	年 月 日 時 分	字第 號	書狀費	新臺幣	字第	收據	元 號	收件者章	收費者章

受理機關　△△縣市　△△地政事務所

複丈原因發生日期

標示變更登記事由及登記原因發生日期　中華民國△△年△月△△日

申請複丈原因（選擇打∨一項）

- □鑑界　□再鑑界
- ☑分割　□合併　□界址調整（調整地形）
- □坍沒
- □浮覆
- □他項權利位置測量（　　）
- □其他（　　）

申請標示變更登記事由及登記原因（選擇打∨一項）

- ☑標示變更登記（☑分割　□合併　□界址調整）
- □消滅登記（□滅失　□部分滅失）
- □所有權回復登記（□回復）
- □其他（　　）

坐落

鄉鎮市區	段	小段	地號	面積（平方公尺）
△△	△△	△	△△	1234

申請會同地點（請申請人填寫）　現場

複丈略圖

分割線

附繳證件

1.分區使用證明	1份	4.	1份	7.	份
2.戶口名簿影本	1份	5.	1份	8.	份
3.土地所有權狀	1份	6.	1份	9.	份

委任關係

本土地複丈及標示變更登記案之申請委託　陳△△　代理（　　複代理）。委託人確為登記標的物之權利人或權利關係人，並經核對身分無誤，如有虛偽不實，本代理人（複代理人）願負法律責任。　印

聯絡方式

聯絡電話	△△△△-△△△△
傳真電話	△△△△-△△△△
電子郵件信箱	△△△@△△.tw

備註

請同時辦理土地所有權人林△△住所變更登記

申請	權利人或義務人	姓名或名稱	出生年月日	統一編號	住所 縣市	鄉鎮市區	村里	鄰	街路	段	巷	弄	號	樓	權利範圍	簽章
請	權利人	林△△	△△△	△△△	△△	△△	△△	△	△△				△	△	全部	印
人	代理人	陳△△	△△△	△△△	△△	△△	△△	△	△△				△	△		印

△△ 年 △ 月 △△ 日　簽章　印

簽收複丈定期通知書　結果通知

本案經過情形（申請人請勿填寫以下各欄）

複丈人員	複丈成果檢查	複丈成果核定	登記初審	登記複審	登記核定
登簿	書狀列印	書狀用印	地價異動	異動通知	歸檔
校簿	校狀	通知領狀	通知狀	異動通知	支付發狀

登 記 清 冊	申請人： 林△△ 印 簽章　　代理人 陳△△ 印						

		登　記　清　冊			申請人：　林△△ 印 簽章　　代理人　陳△△ 印		
土 地 標 示	(1) 坐 落	鄉 鎮 市 區	△△	△△	△△		
		段	△△	△△	△△		
		小 段	△	△△	△△		
	(2) 地 號		32-1	32-1			
	(3) 面 積 （平方公尺）		145				
	(4) 權利範圍		全部	全部	全部		
	(5) 備 註		分割前	分割後	分割後		

建物標示		
(6) 建 號		以下空白
(7) 門牌	鄉鎮市區	
	街 路	
	段 巷 弄	
	號 樓	
(8) 建物坐落	段	
	小 段	
	地 號	
(9) 面積（平方公尺）	層	
	層	
	層	
	層	
	共 計	
(10) 附屬建物	用 途	
	面 積（平方公尺）	
(11) 權利範圍		
(12) 備 註		

第五節　建物合併登記

一、複丈與登記

　　建物複丈（包括標示勘查）涉及原有標示變更者，應於申請複丈時填具土地登記申請書，檢附有關權利證明文件，一併申請建物標示變更登記。其經申請人於複丈時當場認定，並在建物測量圖上簽名或蓋章者，複丈完竣後，登記機關據以辦理建物標示變更登記（地測§295）。

二、合併之要件

（一）辦理建物合併，應以辦畢所有權登記、位置相連之建物為限（地測§290Ⅰ）。

（二）所謂位置相連，包括建物間左右、前後或上下之位置相毗鄰者（地測§290Ⅱ）。

三、不同所有權人及設定等之處理

　　申請建物合併應填具申請書檢附合併位置圖說，建物之所有權人不同或設定有抵押權、不動產役權、典權等他項權利者，應依下列規定辦理：

（一）所有權人不同時，各所有權人之權利範圍除另有協議應檢附全體所有權人之協議書外，應以合併前各該棟建物面積與各棟建物面積之和之比計算。

（二）設定有抵押權時，應檢附建物所有權人與抵押權人之協議書。但為擔保同一債權，於數建物上設定抵押權，未涉權利範圍縮減者，不在此限。

（三）設定有不動產役權、典權時，應檢附該不動產役權人、典權人之同意書。

四、合併後建號之留存

　　建物合併，除保留合併前之最前一建號外，其他建號應予刪除，不得使用（地測§291）。

五、增建之合併

（一）增建建物之所有權人得提出增建使用執照（含竣工平面圖）、執照影本及藍曬圖各一份，連同建物測量申請書，申請建物複丈（地測§293Ⅰ）。

（二）前項建築使用執照，於繳驗後發還之（地測§293Ⅱ）。

六、申報房屋稅籍變更

因建物合併或增建，課稅面積等有關資料均已異動，故尚應向主管房屋稅之稽徵機關申報（房稅§7）。

七、申請人

建物合併登記，由建物所有權人向建物所在地之主管地政事務所申請辦理。所有權人如為未成年人或為受監護人或為法人者，應由其法定代理人共同申請。其為共有者，亦得適用土地法第34條之1第1項、第2項及第3項之規定辦理。

八、申請期限

合併時應為變更登記，並於變更後一個月內申請，逾期者，每逾一個月得處應納登記費額一倍之罰鍰，最高至二十倍為止（土§72、73）。實際上，各該規定，不盡適用，因免繳納登記費之故。

九、準用土地合併之有關規定

土地登記規則未明示建物合併之有關規定，亦未明示準用土地合併之有關規定。惟土地登記規則既規定土地登記係指土地及建築改良物之所有權及他項權利之登記（土登§2），則有關土地合併之規定，應可類推適用（或準用）於建物合併。準此：

（一）土地總登記後，因分割、合併、增減及其他標示之變更，應為標示變更登記（土登§85）。故建物合併，應為標示變更登記。

（二）一宗土地之部分合併於他土地時，應先行申請辦理分割（土登§86）。故一棟建物之部分合併於他建物時，應先行申請辦理分割。

（三）二宗以上所有權人不同之土地辦理合併時，各所有權人之權利範圍依其協議定之（土登§88）——建物合併亦如是。

（四）設定有抵押權之土地合併時，該抵押權之權利範圍依土地所有權人與抵押權人之協議定之（土登§88Ⅳ）——建物合併亦如是。

（五）設定有他項權利之土地申請分割或合併登記，於登記完畢後，應通知他項權利人換發或加註他項權利證明書（土登§90）——建物合併亦如是。

十、申請實務

（一）應備書件

1. 建物測量及標示變更登記申請書。
2. 登記清冊。
3. 建物測量成果圖：於申請測量完畢，始有本項文件。
4. 身分證明文件。
5. 建物所有權狀。
6. 增建之建物使用執照及平面圖：增建合併者應附本項文件，否則免附。
7. 他項權利人同意書：如設定有他項權利者應附本項文件，否則免附。

（二）申辦手續

1. 備齊繕妥所需書件後，將申請書對摺放置於第1項，其餘書件再依次放置整齊，並裝訂成冊後，即可提向主管之地政事務所申請。
2. 收件及計收規費：
   (1)案件提向地政事務所申辦時，其程序為收件→計算規費→開單→繳費→領取收件收據。
   (2)建物面積五十平方公尺新臺幣400元，不足五十平方公尺以五十平方公尺計算，並依合併前之建號計算。
   (3)標示變更登記係免費，另書狀費每張80元。
3. 領丈：
   (1)申請人接到訂期勘測通知書後，應攜帶該通知書及印章，準時到現場領。
   (2)如因故未能親自到現場領丈時，得出具委託書委託代理人領丈。
   (3)如經通知未到現場領丈，視為放棄申請，已繳複丈費不予發還。
   (4)複丈完畢後，申請人當場認定無誤，應即在複丈圖上簽名或蓋章。
4. 檢附測量成果圖：經完成內、外作業後，由測量部門檢附測量成果圖

於登記案件內，逕行移送至登記部門登記。

5.補正：申請案件，如經審查發現填寫錯誤或文件不全或證件不符時，應依通知限期補正。

6.領狀：登記完畢，即可持收件收據及原蓋用之印章，領取建物所有權狀。

（三）申請房屋稅籍變更

原有房屋既已合併成一戶，自應向房屋稅稽徵機關申請房屋稅籍變更。

復習問題

1.建物合併之要件為何？（104普）為何合併應辦理標示變更登記？（81檢）

2.不同所有權人之建物合併，如何訂定各人之權利範圍？

3.合併申請複丈應備哪些文件？

4.建物合併如何留存建號？

5.增建之合併應提出哪些文件？

6.建物合併之申請人為何？應備哪些文件？如何申請辦理？

7.試依照地籍測量實施規則，說明申辦建物合併複丈之規定及其申辦時應注意哪些事項？（83特）

建物測量及標示變更登記申請書

測量收件	年月日時分	字第　號	收件者章	測量費	新臺幣　元	字第　號	收費者章	登記收件	年月日時分	字第　號	收件者章	登記費	書狀費	罰鍰	合計
				收據	△△		收據字　號								元

受理機關	△△縣市　△△地政事務所	原因發生日期	中華民國 △△年 △月 △△日

申請測量原因（選擇打✓一項）
□建物第一次測量　□申請未登記建物基地號及門牌號勘查　□其他（　）

申請測量原因（選擇打✓一項）
- ☑建物合併
- □基地號勘查
- □門牌號勘查
- □建物滅失
- □建物增建
- □其他（　）

申請標示變更登記原因（選擇打✓一項）
- 標示變更登記（□分割　☑合併　□基地號變更）
- □門牌整編
- 消滅登記（□滅失　□部分滅失）
- 所有權第一次登記（□增建）
- □登記（　）

建物標示	建號	基地坐落 鄉鎮市區	段	小段	地號	建物門牌 街路	段	巷	弄	號	樓
	△△△	△△	△△	△	△△	△△	△	△		22、22-1	2

附繳證件		
1.戶口名簿影本　1份	4.	7.
2.建物所有權狀　2份	5.	8.
3.　　　份	6.	9.

委任關係：本建物測量及標示變更登記案之申請委託 陳△△ 代理（　複代理　）
及指界認章。委託人確為登記標的物之權利人或權利關係人或權利人之代理人（複代理人），如有虛偽不實，本代理人（複代理人）願負法律責任。

聯絡方式	聯絡電話	△△△△-△△△-△△△
	傳真電話	△△△△-△△△-△△△
	電子郵件信箱	△△△@△△△.tw

主要用途	主要構造
住家用	鋼骨造

建物略圖：
一層　二層

份　份　份

備註

申請人		姓名或名稱	出生年月日	統一編號	住 縣市	鄉鎮市區	村里	鄰	街路	段	巷	弄	號	樓	權利範圍	簽章
	權利人或義務人	林△△	△△△	△△△	△△	△△	△△	△	△△				△	△	全部	印
	代理人	陳△△	△△△	△△△	△△	△△	△△	△	△△				△	△		印

簽收測量定期通知書 △△年 △ 月 △△日 簽章 印

結果通知

本案經辦處理情形（申請人請勿填寫）以下各欄

測量人員	測量成果檢查	測量成果核定	登記初審	登記複審	登記核定

簿校	簿列	校狀印	書狀印	地價異動	書狀用印	通知領狀	異動通知	交付發狀	歸檔

登 記 清 冊			申請人： 林△△ 印 簽章 代理人 陳△△ 印				
土 地 標 示	(1) 坐 落	鄉 鎮 市 區	以下空白					
		段					
		小 段					
	(2) 地 號						
	(3) 面 積 （平方公尺）						
	(4) 權利範圍						
	(5) 備 註						

		合併前	合併前	合併後
(6) 建　號		△△	△△	△△
(7) 門牌	鄉鎮市區	△△	△△	△△
	街　路	△△	△△	△△
	段巷弄	△	△	△
	號	21	21-1	21
	樓	△△	△△	△△
(8) 建物坐落	段	△	△	△
	小段	△△	△△	△△
	地號			
(9) 面積（平方公尺）	一層	85.25		85.25
	二層		85.25	85.25
	層			
	層			
	共計	85.25	85.25	170.50
(10) 附屬建物	用途			
	面積（平方公尺）			
(11) 權利範圍		全部	全部	全部
(12) 備註		合併前	合併前	合併後

第六節　建物分割登記

一、分割之情形

（一）已經產權登記之建物，為求使用管理或處分之方便起見，得辦理分割，分割後依據分割成果辦理建物標示變更登記。

（二）所謂分割，亦含有分層分割之意義，如甲擁有一、二、三層樓建物一棟，原係以同一建號辦理產權登記，現將一、二、三樓予以分割分別登記，亦有謂為分層登記。

（三）已經產權登記之建物，因部分拆除或焚燬，亦得辦理分割。

二、分割之要件

已登記之建物申辦分割，以分割處已有定著可為分隔之樓地板或牆壁，且法令並無禁止分割者為限（地測§288Ⅰ）。

三、申請複丈應備書件

申請建物分割，應填具申請書檢附分割位置圖說及編列門牌號文件證明為之。經法院判決分割者，依法院確定判決辦理（地測§288Ⅱ）。

四、分割後建號之編定

分割後之建物，除將其中一棟維持原建號外，其他各棟以該地段最後建號之次一號順序編列。新編列之建號，應登載於建號管理簿（地測§289）。

五、標示變更登記

建物分割涉及原有標示變更，應一併申請標示變更登記（地測§295）。

六、申報房屋稅籍變更

建物經分割登記後，其課稅面積等有關資料均已異動，故尚應向主管房屋稅之稽徵機關申報。

七、申請人

建物分割登記，由建物所有權人向建物所在地之主管地政事務所申請辦理。所有權人如為未成年人或為受監護人或為法人者，應由其法定代理人共同申請。其為共有者，亦得適用土地法第34條之1第1項、第2項及第3項之規定辦理。

八、申請期限

土地法第72條及第73條規定，分割時應為變更登記，並於變更後一個月內申請，逾期者，每逾一個月得處應納登記費額一倍之罰鍰，最高至二十倍為止。實際上，各該規定，不盡適用，因為免繳納登記費之故。

九、準用土地分割之有關規定

土地登記規則未明示建物分割之有關規定，亦未明示準用土地分割之有關規定。惟土地登記規則既規定土地登記係指土地及建築改良物之所有權及他項權利之登記（土登§2），則有關土地分割之規定，應可類推適用（或準用）於建物分割。準此：

　　（一）土地總登記後，因分割、合併、增減及其他標示之變更，應為標示變更登記（土登§85）——建物分割亦如是。

　　（二）設定有他項權利之土地申請分割或合併登記，於登記完畢後，應通知他項權利人換發或加註他項權利證明書（土登§90）——建物分割亦如是。

十、申請實務

（一）應備書件

1.建物測量及標示變更登記申請書。
2.登記清冊。
3.建物測量成果圖：於申請測量完畢，始有本項文件。
4.身分證明文件。
5.建物所有權狀。
6.門牌分編證明。

（二）申辦手續

1.備齊繕妥所需書件後，將申請書對摺整齊，放置於第1項，其餘書件，

再依次整齊放置於後面，並裝訂成冊後，即可提向建物所在地之主管地政事務所申請。

2.收件及計收規費：

(1)案件提向地政事務所申辦時，其程序為收件→計算規費→開單→繳費→領取收件收據。

(2)複丈規費，依分割後建號為準，每建號五十平方公尺新臺幣800元，不足五十平方公尺，以五十平方公尺計算。

(3)標示變更登記係免費，另書狀費每張80元。

3.領丈：

(1)申請人接到訂期勘測通知書後，應攜帶該通知書及印章，準時到現場領丈。

(2)如因故未能親自到現場領丈時，得出具委託書委託代理人領丈。

(3)如經通知未到現場領丈，視為放棄申請，已繳之複丈費不予發還。

(4)複丈完畢後，申請人當場認定無誤，應即在複丈圖上簽名或蓋章。

4.檢附測量成果圖：經完成內、外作業後，由測量部門檢附測量成果圖於登記案件內，逕行移送登記部門登記。

5.補正：申請案件，如經審查發現填寫錯誤或文件不全或證件不符時，應依通知限期補正。

6.領狀：登記完畢後，即可持收件收據及原蓋用之印章，領取建物所有權狀。

（三）申請房屋稅籍變更

原有房屋既已分割成二戶以上，自應向房屋稅稽徵機關申請房屋稅籍變更。

復習問題

1.建物分割之情形為何？其分割之要件為何？（81檢、90特、104普）

2.建物分割複丈應備哪些文件？（90特）分割後如何編定建號？

3.共用部分可否分割？建物分割為何須要標示變更登記？

4.建物分割之申請人為何？應備哪些文件？如何申請辦理？

建物測量及標示變更登記申請書

	測量收件			登記收件			
日期	年 月 日 時 分			年 月 日 時 分			
字號	字第 號			字第 號			

測量費收據	元 字 號	收費者章		登記費	元	合計	元
				書狀費	元	收據	
				罰鍰	元	核算者	

受理機關	△△縣市　△△地政事務所	原因發生日期	中華民國 △△ 年 △ 月 △△ 日

申請測量原因（選擇打∨一項）
□建物第一次測量　□申請未登記建物基地號及門牌勘查

申請測量原因（選擇打∨一項）
∨建物分割　□建物合併　□基地號勘查
□門牌號勘查
□建物滅失
□建物增建
□其他（　　）

申請標示變更登記事由及登記原因（選擇打∨一項）
標示變更登記（∨分割　□合併　□基地號變更
　　　　　　　□門牌整編　□部分滅失）
消滅登記（□滅失　□部分滅失）
所有權第一次登記（□增建）
□登記（□　　　　　　　　　　）

建物標示	建號	△△△	基地坐落	鄉鎮市區	段	小段	地號
				△△	△△	△△	△△

建物門牌	街路	段	巷	弄	號	樓
	△△	△△	△△		△	△

| 主要用途 | 住家用 |
| 主要構造 | 鋼骨造 |

建物略圖：一層、二層

附繳證件	1.門牌分編證明	1 份	4.	份	7.	份
	2.戶口名簿影本	1 份	5.	份	8.	份
	3.建物所有權狀	1 份	6.	份	9.	份

委任關係：本建物測量及標示變更登記案之申請委託 陳△△ 代理。　複代理。本代理人（複代理人）確為登記標的物之權利人或權利關係人，並經核對身分無誤，如有虛偽不實，本代理人（複代理人）願負法律責任。

聯絡方式	聯絡電話	△△△△△△△△
	傳真電話	△△△△△△△△
	電子郵件信箱	△△△@△△△.tw

備註

申請人	姓名或名稱	出生年月日	統一編號	縣市	鄉鎮市區	村里	鄰	街路	段	巷	弄	號	樓	權利範圍	簽章
權利人或義務人					住							所			
權利人	林△△	△△△	△△△	△△	△△	△△	△	△△				△	△	全部	印
代理人	陳△△	△△△	△△△	△△	△△	△△	△	△△				△	△		印

簽收測量定期通知書　　△△年　△月　△△日　　簽章　印

結果通知

測量人員	測量成果檢查	測量成果核定	登記初審	登記複審	登記核定

本案處理經過情形（申請人請勿填寫）

登簿	校簿	書狀列印	書狀用印	校狀	地價異動	通知領狀	異動通知	支付發狀	歸檔
		印	印						

登　記　清　冊

	(1) 坐落			(2) 地號	(3) 面積（平方公尺）	(4) 權利範圍	(5) 備註
	鄉鎮市區	段	小段				
土地標示	以下空白						

申請人　王△△　印
代理人　陳△△　印　簽章

建物標示	分割前	分割後	分割後
(6)建　號		115	115-1
(7)門牌　鄉鎮市區	△△	△△	△△
街　路	△△	△△	△△
段　巷　弄	△△	△△	△△
號	△	△	△
樓	△	△	△
(8)建物坐落　段	△△	△△	△△
小　段	△	△	△
地　號	△△	△△	△△
(9)面積（平方公尺）　一層	120.00	120.00	
二層	120.00		120.00
層			
層			
共　計	240.00		
(10)附屬建物　用途			
面積（平方公尺）			
(11)權利範圍	全部	全部	全部
(12)備　註	分割前	分割後	分割後

第六章

所有權變更登記

第一節　所有權變更登記之概觀

一、變更登記之定義

（一）土地總登記後，土地所有權移轉、分割、合併、設定、增減或消滅時，應爲變更登記（土§72，土登§93）。依土地登記規則之章節架構，分割、合併及增減等標示變更登記，已於第五章敘述，設定係指他項權利之登記置於第七章。至於消滅登記則置於第十一章。故本章之所有權變更登記，係指狹義之移轉變更登記。

（二）所謂移轉，例如買賣、交換、贈與、繼承、遺贈、拍賣、徵收、照價收買等等。其中繼承登記，依土地登記規則之章節架構，置於第八章。至於徵收及照價收買等囑託登記，本書不敘述。本章以常見之申請登記——買賣、贈與、交換、共有物分割、拍賣及公產出售等爲範圍。

（三）因徵收或照價收買取得土地權利者，直轄市、縣（市）地政機關應於補償完竣後一個月內，檢附土地清冊及已收受之權利書狀，囑託登記機關爲所有權登記，或他項權利之塗銷或變更登記（土登§99）。

二、登記之申請

（一）雙方或單方申請

土地權利變更登記，應由權利人及義務人會同申請之。其無義務人者，由權利人申請之。其係繼承登記者，得由任何繼承人爲全體繼承人申請之。但其申請，不影響他繼承人拋棄繼承或限定繼承之權利（土§73Ⅰ）。

（二）各種申請方式

所有權變更登記，有由權利人及義務人會同申請者，有由權利人或登記名義人單獨申請者，有代位申請者，有逕爲登記者，有囑託登記者（土登§26～31），請參閱本書第三章第一節。

（三）一方死亡之申請登記

1.土地權利移轉、設定，依法須申報土地移轉現值者，於申報土地移轉

現值後，如登記義務人於申請登記前死亡時，得僅由權利人敘明理由並提出第34條規定之文件，單獨申請登記（土登§102Ⅰ）。

2.登記權利人死亡時，得由其繼承人為權利人，敘明理由提出契約書及其他有關證件會同義務人申請登記（土登§102Ⅱ）。

3.前二項規定於土地權利移轉、設定或權利內容變更，依法無須申報土地移轉現值，經訂立書面契約，依法公證或申報契稅、贈與稅者，準用之（土登§102Ⅲ）。

（四）法人或寺廟籌備處取得土地之申請登記

1.法人或寺廟在未完成法人設立登記或寺廟登記前，取得土地所有權或他項權利者，得提出協議書，以其籌備人公推之代表人名義申請登記。其代表人應表明身分及承受原因（土登§104Ⅰ）。

2.登記機關為前項之登記，應於登記簿所有權部或他項權利部其他登記事項欄註記取得權利之法人或寺廟籌備處名稱（土登§104Ⅱ）。

3.第1項之協議書，應記明於登記完畢後，法人或寺廟未核准設立或登記者，其土地依下列方式之一處理（土登§104Ⅲ）：

(1)申請更名登記為已登記之代表人所有。

(2)申請更名登記為籌備人全體共有。

4.第1項之法人或寺廟在未完成法人設立登記或寺廟登記前，其代表人變更者，已依第1項辦理登記之土地，應由該法人或寺廟籌備人之全體出具新協議書，辦理更名登記（土登§104Ⅳ）。

三、申請期限

（一）申請土地權利變更登記，應於土地權利變更後一個月內為之。其係繼承登記者，得自繼承開始之日起，六個月內為之。申請逾期者，每逾一個月得處應納登記費額一倍之罰鍰。但最高不得超過二十倍（土§73Ⅱ）。

（二）土地登記規則第33條規定：

1.申請土地所有權變更登記，應於權利變更之日起一個月內為之。繼承登記得自繼承開始之日起六個月內為之。

2.前項權利變更之日，係指下列各款之一者：

(1)契約成立之日。

(2)法院判決確定之日。

(3)訴訟上和解或調解成立之日。

(4)依鄉鎮市調解條例規定成立之調解，經法院核定之日。

(5)依仲裁法作成之判斷，判斷書交付或送達之日。

(6)產權移轉證明文件核發之日。

(7)法律事實發生之日。

四、房地一體化之移轉或設定之限制

（一）專有部分不得與其所屬建築物共用部分之應有部分及其基地所有權或地上權之應有部分分離而為移轉或設定負擔（公寓例§4Ⅱ，民§799Ⅵ）。

（二）區分所有建物之共有部分，除法令另有規定外，應隨同各相關專有部分及其基地權利為移轉、設定或限制登記（土登§94）。

（三）專有部分為主物，共用部分及其基地應有部分得視為從物。故登記實務上，可謂主物與從物一體化。因建物與其基地亦一體化，故亦有房地一體化之說法。

五、農地移轉及限制

（一）合法使用之移轉限制

1.耕地之使用及違規處罰，應依據區域計畫法相關法令規定，其所有權之移轉登記依據土地法及民法之規定辦理（農發§31）。

2.耕地，指依區域計畫法劃定為特定農業區、一般農業區、山坡地保育區、森林區之農牧用地（農發§3Ⅰ⑪）。

農業用地作農業使用認定及核發證明辦法

105.2.15農委會修正

第 1 條　本辦法依農業發展條例（以下簡稱本條例）第39條第2項規定訂定之。

第 2 條　本辦法所稱農業用地之範圍如下：

　　　　一、本條例第3條第11款所稱之耕地。

　　　　二、依區域計畫法劃定為各種使用分區內所編定之林業用地、養殖用地、水利用地、生態保護用地、國土保安用地及供農路使用之土地，或上開分區內暫未依法編定用地別之土地。

　　　　三、依區域計畫法劃定為特定農業區、一般農業區、山坡地保育區、森林區以外之分區內所編定之農牧用地。

　　　　四、依都市計畫法劃定為農業區、保護區內之土地。

　　　　五、依國家公園法劃定為國家公園區內按各分區別及使用性質，經國家
　　　　　　公園管理機關會同有關機關認定合於前三款規定之土地。

第　3　條　有下列各款情形之一者，得申請核發農業用地作農業使用證明書：
　　　　一、依本條例第37條第1項或第2項規定申請農業用地移轉不課徵土地增
　　　　　　值稅。
　　　　二、依本條例第38條規定申請農業用地及其地上農作物免徵遺產稅、贈
　　　　　　與稅或田賦。

第　4　條　農業用地符合下列情形，且無第5條所定情形者，認定為作農業使用：
　　　　一、農業用地實際作農作、森林、養殖、畜牧、保育使用者；其依規定
　　　　　　辦理休耕、休養、停養或有不可抗力等事由而未使用者，亦得認定
　　　　　　為作農業使用。
　　　　二、農業用地上施設有農業設施，並檢附下列各款文件之一：
　　　　　　（一）容許使用同意書及建築執照。但依法免申請建築執照者，免
　　　　　　　　　附建築執照。
　　　　　　（二）農業設施得為從來使用之證明文件。
　　　　三、農業用地上興建有農舍，並檢附農舍之建築執照。

第　5　條　農業用地有下列各款情形之一者，不得認定為作農業使用：
　　　　一、農業設施或農舍之興建面積，超過核准使用面積或未依核定用途使
　　　　　　用。
　　　　二、本條例中華民國89年1月26日修正公布施行前，以多筆農業用地合
　　　　　　併計算基地面積申請興建農舍，其原合併計算之農業用地部分或全
　　　　　　部業已移轉他人，致農舍坐落之農業用地不符合原申請興建農舍之
　　　　　　要件。
　　　　三、現場有阻斷排灌水系統等情事。
　　　　四、現場有與農業經營無關或妨礙耕作之障礙物、砂石、廢棄物、柏
　　　　　　油、水泥等使用情形。

第　6　條　農業用地部分面積有下列情形之一，且不影響供農業使用者，得認定為
　　　　作農業使用：
　　　　一、於非都市土地使用編定公告前已存在有墳墓，經檢具證明文件。
　　　　二、農業用地存在之土地公廟、有應公廟等，其面積在十平方公尺以
　　　　　　下。
　　　　三、農業用地存在私人無償提供政府施設供公眾使用之道路或屬依法應
　　　　　　徵收而未徵收性質之其他公共設施。
　　　　四、農業用地存在非都市土地使用編定公告前之合法房屋，經檢具證明
　　　　　　文件。

五、農業用地上存在由中央主管機關興建或補助供農村社區使用之農村
再生相關公共設施，且符合下列各目規定：

（一）位於已核定農村再生計畫範圍內。

（二）該筆農業用地為私人無償提供且具公眾使用之公共設施。

（三）經中央主管機關出具符合前二目之證明文件。

六、共有農業用地有違反使用管制規定之情形，其違規面積未大於違規
使用共有人之應有部分面積，其他未違規使用共有人之應有部分，
經檢具第8條之文件。

第　7　條　依本辦法申請核發農業用地作農業使用證明書時，應填具申請書並檢具
下列文件資料，向直轄市或縣（市）政府申請：

一、最近一個月內核發之土地登記謄本及地籍圖謄本。但直轄市、縣
（市）地政主管機關能提供網路查詢者，得免予檢附。

二、申請人國民身分證影本或戶口名簿影本；其屬法人者，檢具相關證
明文件。

三、目的事業主管機關許可文件及其他相關文件。

前項農業用地如屬都市土地者，應另檢附都市計畫土地使用分區證明。

第1項農業用地如位於國家公園範圍內，應另檢附國家公園管理機關出
具符合第2條第5款規定之證明文件。

第　8　條　符合第6條第6款之共有人申請核發其應有部分作農業使用證明書時，除
依前條規定辦理外，並應檢附下列文件之一：

一、全體共有人簽署之分管契約書圖。

二、違規使用之共有人切結書；其切結書內容應包括違規使用面積未大
於違規使用共有人之應有部分面積。

三、因他共有人無法尋覓、死亡或不願切結違規使用等情事，共有人得
檢附民法第820條所為之多數決分管證明，或其他由行政機關出具
足資證明共有分管區位之相關書圖文件。

依前項第3款規定辦理者，受理機關應踐行行政程序法第一章第六節及
第104條至第106條規定。

第　9　條　直轄市或縣（市）政府為辦理農業用地作農業使用之認定及證明書核發
作業，得組成審查小組，其成員由農業、地政、建設（工務）、環境保
護等有關機關（單位）派員組成之；依其業務性質分工如下：

一、農業：業務聯繫與執行及現場是否作農業用途之認定工作。

二、地政：非都市土地使用分區、用地編定類別及土地登記文件謄本之
審查及協助第10條第3項之認定工作。

三、都市計畫或國家公園：是否符合都市土地分區使用管制規定或國家

公園土地分區使用管制規定之認定工作。

四、建設（工務）：農舍、建物是否為合法使用之認定。

五、環境保護：農業用地是否遭受污染不適作農業使用之認定。

前項第2款至第5款有關機關（單位）得就其審認部分提供書面審查意見，有現場認定之必要者，應配合農業機關（單位）依第10條規定之實地勘查辦理。

第 10 條　直轄市或縣（市）政府受理申請案件後，應實地勘查，並以一次為限。

前項勘查結果應填具勘查紀錄表。

直轄市或縣（市）政府辦理第1項勘查時，應通知申請人到場指界及說明，如界址無法確定，應告知申請人向地政機關申請鑑界。

申請人非土地所有權人時，應通知土地所有權人到場。

第 11 條　申請案件經審查符合本條例第3條第12款及本辦法第4條或第6條規定者，受理機關應核發農業用地作農業使用證明書。

第 12 條　申請案件不符合規定，其情形可補正者，應通知申請人限期補正；不能補正、屆期仍未補正或經補正仍未符合規定者，受理機關應敘明理由駁回之。

第 13 條　直轄市或縣（市）政府應依農業主管機關受理申請許可案件及核發證明文件收費標準規定，向申請人收取行政規費。

依第11條規定核發之農業用地作農業使用證明書以一份為原則，申請者為同一申請案件要求核發多份證明書時，其超過部分應另收取證明書費，每一份以新臺幣100元計算。

第 14 條　農業用地作農業使用證明書之有效期限為六個月；逾期失其效力。

第 15 條　直轄市或縣（市）政府為辦理第7條至第13條規定事項，得將權限之一部分委任或委辦鄉（鎮、市、區）公所辦理，並依法公告；其作業方式，由直轄市或縣（市）政府定之。

第 16 條　本辦法自發布日施行。

（二）私法人承受耕地之限制

1. 私法人不得承受耕地。但符合第34條規定之農民團體、農業企業機構或農業試驗研究機構經取得許可者，不在此限（農發§33）。
2. 農業發展條例第34條規定：
   (1) 農民團體、農業企業機構或農業試驗研究機構，其符合技術密集或資本密集之類目及標準者，經申請許可後，得承受耕地，技術密集

或資本密集之類目及標準，由中央主管機關指定公告。

(2)農民團體、農業企業機構或農業試驗研究機構申請承受耕地，應檢具經營利用計畫及其他規定書件，向承受耕地所在地之直轄市或縣（市）主管機關提出，經核轉中央主管機關許可並核發證明文件，憑以申辦土地所有權移轉登記。

(3)中央主管機關應視當地農業發展情況及所申請之類目、經營利用計畫等因素為核准之依據，並限制其承受耕地之區位、面積、用途及他項權利設定之最高金額。

(4)農民團體、農業企業機構或農業試驗研究機構申請承受耕地之移轉許可準則，由中央主管機關定之。

（三）得申請不課徵土地增值稅

1.得不課徵土地增值稅及限制（農發§37）

(1)作農業使用之農業用地移轉與自然人時，得申請不課徵土地增值稅。

(2)作農業使用之耕地依第33條及第34條規定移轉與農民團體、農業企業機構及農業試驗研究機構時，其符合產業發展需要、一定規模或其他條件，經直轄市、縣（市）主管機關同意者，得申請不課徵土地增值稅。

(3)前二項不課徵土地增值稅之土地承受人於其具有土地所有權之期間內，曾經有關機關查獲該土地未作農業使用且未在有關機關所令期限內恢復作農業使用，或雖在有關機關所令期限內已恢復作農業使用而再有未作農業使用情事者，於再移轉時應課徵土地增值稅。

(4)前項所定土地承受人有未作農業使用之情事，於配偶間相互贈與之情形應合併計算。

2.農業用地，指非都市土地或都市土地農業區、保護區範圍內，依法供下列使用之土地（農發§3①～⑩）

(1)供農作、森林、養殖、畜牧及保育使用者。

(2)供與農業經營不可分離之農舍、畜禽舍、倉儲設備、曬場、集貨場、農路、灌溉、排水及其他農用之土地。

(3)農民團體與合作農場所有直接供農業使用之倉庫、冷凍（藏）庫、農機中心、蠶種製造（繁殖）場、集貨場、檢驗場等用地。

附件一

農業用地作農業使用證明申請書　　　　　年　　　月　　　日

受文機關：

本人為辦理　　□不課徵土地增值稅（農業發展條例第37條），並得作為免徵贈與稅使用

（請擇一勾選）　□免徵遺產稅（農業發展條例第38條第1項）

　　　　　　　　□免徵贈與稅（農業發展條例第38條第2項），並得作為不課徵土地增值稅使用

在下列土地上須申請農業用地作農業使用證明書，請惠予核發證明書　份。

土地標示						土地所有權人		現有設施項目及面積		土地使用現況
鄉鎮市區	地段	小段	地號	面積（平方公尺）	使用分區	編定類別	姓名	權利範圍	現有設施名稱及核准文號	面積（平方公尺）	

申請人：　　　　　　（簽章）　　　　代理人：　　　　　　（簽章）

國民身分證統一編號：　　　　　　　　住址：

住址：　　　　　　　　　　　　　　　電話：

電話：

附註：

一、本申請書應填寫一份，並檢附下列文件，向土地所在地直轄市、縣（市）政府或其委任
　　（辦）之鄉（鎮市區）公所申請：
　　（一）最近一個月內核發之土地登記謄本及地籍圖謄本。但直轄市、縣（市）地政主管
　　　　　機關能提供網路查詢者，得免予檢附。
　　（二）申請人身分證影本或戶口名簿影本。
　　（三）目的事業主管機關許可文件及其他相關文件。
　　（四）申請土地屬都市計畫農業區、保護區者，請填寫於「使用分區」欄，並應檢附都
　　　　　市計畫土地使用分區證明。
　　（五）申請土地位於國家公園範圍內者，應另檢附國家公園管理機關出具之符合農業發
　　　　　展條例施行細則第二條第五款之證明文件。
二、依農業用地作農業使用認定及核發證明辦法第三條規定，農業用地作農業使用證明書僅
　　為不課徵土地增值稅或免徵遺產稅、贈與稅之法定用途，申請人應確認申請目的並於本
　　申請書之辦理選項，擇一勾選。如同時有二種以上申請目的，應分別填寫申請書。

六、土地法第34條之1處理

（一）土地法第34條之1規定

1. 共有土地或建築改良物，其處分、變更及設定地上權、農育權、不動產役權或典權，應以共有人過半數及其應有部分合計過半數之同意行之。但其應有部分合計逾三分之二者，其人數不予計算。
2. 共有人依前項規定為處分、變更或設定負擔時，應事先以書面通知他共有人；其不能以書面通知者，應公告之。
3. 第1項共有人，對於他共有人應得之對價或補償，負連帶清償責任。於為權利變更登記時，並應提出他共有人已為受領或為其提存之證明。其因而取得不動產物權者，應代他共有人申請登記。
4. 共有人出賣其應有部分時，他共有人得以同一價格共同或單獨優先承購。
5. 前四項規定，於公同共有準用之。
6. 依法得分割之共有土地或建築改良物共有人不能自行協議分割者，任何共有人得聲請該管直轄市、縣（市）政府調處。不服調處者應於接到調處通知後十五日內向司法機關訴請處理，逾期不起訴者，依原調處結果辦理之。

（二）列明及應備文件

1. 部分共有人就共有土地全部為處分、變更及設定地上權、農育權、不動產役權或典權申請登記時，登記申請書及契約書內，應列明全體共有人，及於登記申請書備註欄記明依土地法第34條之1第1項至第3項規定辦理。並提出已為書面通知或公告之證明文件，及他共有人應得對價或補償已受領或已提存之證明文件（土登§95Ⅰ）。
2. 依前項申請登記時，契約書及登記申請書上無須他共有人簽名或蓋章（土登§95Ⅱ）。

（三）基地共有人及應有部分之定義

　　區分所有建物，數人共有一專有部分，部分共有人依土地法第34條之1規定就該專有部分連同其基地權利之應有部分為處分、變更或設定負擔時，其基地共有人，指該專有部分之全體共有人；其基地權利之應有部分，指該專有部分之全體共有人所持有之基地權利應有部分（土登§96）。

（四）土地法第34條之1執行要點（106.12.1內政部修正）

1. 依土地法第34條之1（以下簡稱本法條）規定，部分共有人就共有土地或建築改良物（以下簡稱建物）為處分、變更及設定地上權、農育權、不動產役權或典權，應就共有物之全部為之。

2. 共有土地或建物之應有部分為公同共有者，該應有部分之處分、變更及設定地上權、農育權、不動產役權或典權，得依本法條規定辦理。

3. 本法條第1項所定處分，以有償讓與為限，不包括信託行為及共有物分割；所定變更，以有償或不影響不同意共有人之利益為限；所定設定地上權、農育權、不動產役權或典權，以有償為限。

4. 共有土地或建物為公私共有者，有本法條之適用。
   私有部分共有人就公私共有土地或建物全部為處分時，如已符合本法條各項規定，其申請所有權變更登記，應予受理。但公有部分為直轄市或縣（市）有時，其管理機關於接獲共有人之通知後，以其處分係依據法律之規定，應即報請該管區內民意機關備查。

5. 共有土地或建物標示之分割、合併、界址調整及調整地形，有本法條之適用。
   二宗以上所有權人不相同之共有土地或建物，依本法條規定申請合併，應由各宗土地或建物之共有人分別依本法條規定辦理。

6. 本法條第1項所稱共有人過半數及其應有部分合計過半數，指共有人數及應有部分合計均超過半數；應有部分合計逾三分之二，指應有部分逾三分之二者，共有人數可以不計。共有人數及應有部分之計算，以土地登記簿上登記之共有人數及應有部分為準。但共有人死亡者，以其繼承人數及繼承人應繼分計入計算。
   前項共有人數及應有部分之計算，於公同共有土地或建物者，指共有人數及其潛在應有部分合計均過半數。但潛在應有部分合計逾三分之二者，其共有人數不予計算。各共有人之潛在應有部分，依其成立公同關係之法律規定、習慣或法律行為定之；未有規定者，其比率視為不明，推定為均等。
   分別共有與公同共有併存之土地或建物，部分公同共有人已得依本法條規定處分其公同共有之應有部分，且另有分別共有之共有人同意處分全部共有物者，於計算本法條第1項共有人數及其應有部分時，該公同共有部分，以同意處分之人數及其潛在應有部分併入計算。

7. 本法條第2項所定事先、書面通知及公告，其方式及內容依下列之規定：

(1)部分共有人依本法條規定為處分、變更或設定負擔行為之前，應先行通知他共有人。

(2)書面通知應視實際情形，以雙掛號之通知書或郵局存證信函為之。

(3)公告代替通知他共有人者，應以他共有人住址不明或經通知而無法送達者為限。

(4)公告可直接以布告方式，由村里長簽證後，公告於土地或建物所在地之村、里辦公處，或以登報方式公告之。

(5)通知或公告之內容應記明土地或建物標示、處分方式、價金分配、償付方法及期限、受通知人與通知人之姓名住址及其他事項。

(6)他共有人已死亡者，應以其繼承人為通知或公告之對象。

(7)委託他人代為事先通知，其委託行為無須特別授權。

8.依本法條規定處分、變更或設定負擔，於申請權利變更登記時，應依下列規定辦理：

(1)本法條第1項共有人會同權利人申請權利變更登記時，登記申請書及契約書內，應列明全體共有人及其繼承人，並檢附已為通知或公告之文件，於登記申請書適當欄記明依土地法第34條之1第1項至第3項規定辦理，如有不實，義務人願負法律責任；登記機關無須審查其通知或公告之內容。未能會同申請之他共有人，無須於契約書及申請書上簽名，亦無須親自到場核對身分。如因而取得不動產物權者，本法條第1項共有人應代他共有人申請登記。

(2)涉及對價或補償者，應提出他共有人已領受對價或補償之證明或已依法提存之證明文件，並於登記申請書適當欄記明受領之對價或補償數額如有錯誤，由義務人自行負責；已領受對價補償之他共有人，除符合土地登記規則第41條第2款、第5款至第8款及第10款規定之情形者外，應親自到場，並依同規則第40條規定程序辦理。對價或補償之多寡，非登記機關之審查範圍。

(3)依本法條規定處分全部共有土地或建物，如處分後共有權利已不存在，而他共有人已死亡有繼承人或死亡絕嗣者，部分共有人得直接申辦所有權移轉登記，免辦繼承或遺產管理人登記。

(4)依本法條第3項規定提出他共有人應得之對價或補償已為其繼承人受領或為其提存之證明時，應檢附土地登記規則第119條規定之文件。

(5)依本法條規定移轉、設定典權或調處分割共有物時，得由同意之共有人申報土地移轉現值，但申報人應繳清該土地應納之土地增值稅及有關稅費後，始得申辦土地權利變更登記。

(6)他共有人之應有部分經限制登記者，應依下列規定辦理：

①他共有人之應有部分經法院或行政執行分署囑託查封、假扣押、假處分、暫時處分、破產登記或因法院裁定而爲清算登記者，登記機關應依土地登記規則第141條規定徵詢原囑託或裁定機關查明有無妨礙禁止處分之登記情形，無礙執行效果者，應予受理登記，並將原查封、假扣押、假處分、暫時處分、破產登記或法院裁定開始清算程序事項予以轉載，登記完畢後通知原囑託或裁定機關及債權人；有礙執行效果者，應以書面敘明理由及法令依據，駁回登記之申請。

②他共有人之應有部分經有關機關依法律囑託禁止處分登記者，登記機關應洽原囑託機關意見後，依前目規定辦理。

③他共有人之應有部分經預告登記且涉及對價或補償者，應提出該共有人已受領及經原預告登記請求權人同意之證明文件及印鑑證明；爲該共有人提存者，應提出已於提存書對待給付之標的及其他受取提存物所附之要件欄內記明提存物受取人領取提存物時，須檢附預告登記請求權人之同意書及印鑑證明領取之證明文件。登記機關應逕予塗銷該預告登記，於登記完畢後通知預告登記請求權人。

(7)申請合併之共有土地地價不一者，合併後各共有人之權利範圍，應以合併前各共有人所有土地之地價與各宗土地總地價之和之比計算，並不得影響原設定之他項權利。

9.依本法條第3項規定辦理提存之方式如下：

(1)提存人應爲本法條第1項之共有人，並得由其中一人或數人辦理提存。

(2)他共有人之住址爲日據時期之番地，可以該番地所查對之現在住址向法院辦理提存。

(3)他共有人之住址不詳，經舉證客觀上仍無法查明時，依下列方式辦理：

①他共有人確尚生存者，部分共有人可以該他共有人爲受取權人，辦理提存，並依提存法第27條準用民事訴訟法第149條規定，聲請公示送達。

②他共有人已死亡者，應以其繼承人爲清償或辦理提存之對象。

③他共有人已死亡而其繼承人之有無不明者，則應依民法第1177條選定之遺產管理人或依民法第1178條第2項選任之遺產管理人爲

清償或辦理提存之對象。無遺產管理人時，可依民法第326條規定，以不能確知孰為債權人而難為給付為由，辦理提存。

④他共有人行蹤不明而未受死亡宣告者，可依民法第10條、家事事件法第143條第1項、第2項所定財產管理人為清償或辦理提存之對象。

(4)以他共有人之繼承人為提存對象時，應依提存法第21條規定在提存書領取提存物所附條件欄內記明提存物受取人領取提存物時，應依遺產及贈與稅法第42條檢附遺產稅繳清證明書、免稅證明書、同意移轉證明書或不計入遺產總額證明書後，持憑法院核發之提存書，並檢附土地登記規則第119條規定之文件。

10.部分共有人依本法條第1項規定出賣共有土地或建物時，他共有人得以出賣之同一條件共同或單獨優先購買。

11.本法條所定優先購買權，依下列規定辦理：

(1)他共有人於接到出賣通知後十五日內不表示者，其優先購買權視為放棄。他共有人以書面為優先購買與否之表示者，以該表示之通知達到同意處分之共有人時發生效力。

(2)他共有人之優先購買權，仍應受有關法律之限制。

(3)區分所有建物之專有部分連同其基地應有部分之所有權一併移轉與同一人者，他共有人無本法條優先購買權之適用。

(4)區分所有建物之專有部分為共有者，部分共有人出賣其專有部分及基地之應有部分時，該專有部分之他共有人有優先購買權之適用。

(5)本法條之優先購買權係屬債權性質，出賣人違反此項義務將其應有部分之所有權出售與他人，並已為土地權利變更登記時，他共有人認為受有損害者，得依法向該共有人請求損害賠償。

(6)本法條之優先購買權與土地法第104條、第107條或民法物權編施行法第8條之5第3項規定之優先購買權競合時，應優先適用土地法第104條、第107條或民法物權編施行法第8條之5第3項規定。但與民法物權編施行法第8條之5第5項規定之優先購買權競合時，優先適用本法條之優先購買權。

(7)共有人之應有部分經限制登記者，不影響其優先購買權之行使。

(8)權利人持執行法院或行政執行分署依強制執行法或主管機關依法辦理標售或讓售所發給之權利移轉證書，向地政機關申辦共有人之應有部分移轉登記，無須檢附優先購買權人放棄優先承購權之

證明文件。

(9)共有人出賣其應有部分，除買受人同為共有人外，他共有人對共有人出賣應有部分之優先購買權，均有同一優先權；他共有人均主張或多人主張優先購買時，其優先購買之部分應按各主張優先購買人之應有部分比率定之。

(10)土地或建物之全部或應有部分為公同共有，部分公同共有人依本法條規定出賣該共有物全部或應有部分時，他公同共有人得就該公同共有物主張優先購買權，如有數人主張時，其優先購買權之範圍應按各主張優先購買權人之潛在應有部分比例計算之。

七、外國人之移轉登記

為因應加入世界貿易組織，並促進農牧業之發展，土地法乃配合修正，除刪除第21、22、23條等條文外，對於第17、19、20條等條文並作修正。

（一）不得承受之土地及其繼承後之處理

1.下列土地，不得移轉、設定負擔或租賃於外國人（土§17Ⅰ）：
(1)林地。
(2)漁地。
(3)狩獵地。
(4)鹽地。
(5)礦地。
(6)水源地。
(7)要塞軍備區域及領域邊境之土地。

2.前項移轉，不包括因繼承而取得土地，但應於辦理繼承登記完畢之日起三年內出售與本國人，逾期未出售者，由直轄市或縣（市）地政機關移請國有財產局辦理公開標售，其標售程序準用第73條之1相關規定（土§17Ⅱ）。

3.前項規定，於本法修正施行前已因繼承取得第1項所列各款土地尚未辦理繼承登記者，亦適用之（土§17Ⅲ）。

（二）互惠原則

外國人在中華民國取得或設定土地權利，以依條約或其本國法律，中華民國人民得在該國享受同樣權利者為限（土§18）。

（三）用途、面積及地點之限制

1.外國人為供自用、投資或公益之目的使用，得取得下列各款用途之土地，其面積及所在地點，應受該管直轄市或縣（市）政府依法所定之限制（土§19Ⅰ）：

(1)住宅。

(2)營業處所、辦公場所、商店及工廠。

(3)教堂。

(4)醫院。

(5)外僑子弟學校。

(6)使領館及公益團體之會所。

(7)墳場。

(8)有助於國內重大建設、整體經濟或農牧經營之投資，並經中央目的事業主管機關核准者。

2.前項第8款所需土地之申請程序、應備文件、審核方式及其他應遵行事項之辦法，由行政院定之（土§19Ⅱ）。

（四）辦理程序

1.外國人依前條需要取得土地，應檢附相關文件，申請該管直轄市或縣（市）政府核准；土地有變更用途或為繼承以外之移轉時，亦同。其依前條第1項第8款取得者，並應先經中央目的事業主管機關同意（土§20Ⅰ）。

2.直轄市或縣（市）政府為前項之准駁，應於受理後十四日內為之，並於核准後報請中央地政機關備查（土§20Ⅱ）。

3.外國人依前條第1項第8款規定取得土地，應依核定期限及用途使用，因故未能依核定期限使用者，應敘明原因向中央目的事業主管機關申請展期；其未依核定期限及用途使用者，由直轄市或縣（市）政府通知土地所有權人於通知送達後三年內出售。逾期未出售者，得逕為標售，所得價款發還土地所有權人；其土地上有改良物者，得併同標售（土§20Ⅲ）。

4.前項標售之處理程序、價款計算、異議處理及其他應遵行事項之辦法，由中央地政機關定之（土§20Ⅳ）。

（五）稅　賦

外國人租賃或購買之土地，經登記後，依土地法第24條規定，依法令之所定，享受權利，負擔義務。故外國人有受讓房地產時，仍應比照國人受讓房地產之情形，依法負擔各種稅賦。

（六）外國人在我國取得土地權利作業要點（108.3.21內政部修正）

1.外國人申請在中華民國境內取得或設定土地權利案件，應請當事人檢附由其本國有關機關出具載明該國對我國人民得取得或設定同樣權利之證明文件；如該外國（如美國）有關外國人土地權利之規定，係由各行政區分別立法，則應提出我國人民得在該行政區取得或設定同樣權利之證明文件。

依現有資料已能確知有關條約或該外國法律准許我國人民在該國取得或設定土地權利者，得免由當事人檢附前項證明文件。

2.旅居國外華僑，取得外國國籍而未喪失中華民國國籍者，其在國內取得或設定土地權利所適用之法令，與本國人相同；其原在國內依法取得之土地或建物權利，不因取得外國國籍而受影響。

3.我國人民在國內依法取得之土地或建物權利，於喪失國籍後移轉與本國人，無土地法第20條規定之適用。

外國人因繼承而取得土地法第17條第1項各款之土地，應於辦理繼承登記完畢之日起三年內，將該土地權利出售與本國人，逾期未出售者，依土地法第17條第2項規定處理。

4.外國法人在我國取得或設定土地權利，除法律另有規定者外，應先依我國法律規定予以認許，始得為權利主體。

外國公司申辦土地登記時，應以總公司名義為之，並應檢附外國公司登記證件。但能以電子處理達成查詢者，得免提出。

外國公司依公司法第386條規定申請設置辦事處登記者，不得申辦土地登記。

5.（刪除）

6.外國人得否承受法院拍賣之工業用地，於有具體訴訟事件時，由法院依法認定之。

7.外國法人國籍之認定，依「涉外民事法律適用法」規定。

8.外國人處分其在我國不動產，仍應審查其是否已成年或有無行為能力。

人之有無行為能力,依其本國法。外國人依其本國法無行為能力或僅有限制行為能力,而依中華民國法律有行為能力者,就其在中華民國之法律行為,視為有行為能力。

未成年外國人處分其在我國不動產,應依民法規定,由法定代理人代為或代受意思表示,或應得法定代理人允許或承認。

9.外國人申請設定土地權利案件,無須依土地法第20條第2項規定辦理。

10.外國銀行因行使債權拍賣承受土地權利,其取得與嗣後處分仍應依土地法第20條規定辦理。

11.外國人地權案件簡報表格式如下頁:

○○○政府處理外國人移轉（取得）土地建物權利案件簡報表

	姓　名	護照號碼或居留證統一證號	籍貫（國、州或省）	現　住　所
申請人 權利人				
義務人				

土地標示	鄉鎮市區	段	小段	地號	面積 平方公尺	權利範圍

建物標示	建號	建物坐落 鄉鎮市區／段／小段／地號	門牌 鄉鎮市區／街路段／巷弄／號數	面積（平方公尺）	權利範圍

土地使用分區或編定

為土地法第十九條第一項第○款之使用：□（請於□內打∨）　無違反土地法第十七條第一項規定（請打∨）

取得目的（請於□內打∨）：□自用　□投資　□公益　符合土地法第十八條規定（請打∨）

備註：

（七）外國人在我國取得或設定土地權利互惠國家一覽表（內政部訂頒「互惠國家一覽表」請讀者自行參閱內政部地政司網站之資料，於此不贅述）

八、大陸地區人民之取得移轉或設定

（一）大陸地區人民在臺灣地區取得設定或移轉不動產物權許可辦法（106.6.9內政部訂頒）

1.本辦法依臺灣地區與大陸地區人民關係條例（以下簡稱本條例）第69條第2項規定訂定之。

2.大陸地區人民、法人、團體或其他機構，或其於第三地區投資之公司（以下簡稱陸資公司）申請在臺灣地區取得、設定不動產物權之標的為下列不動產時，應不予許可：

(1)土地法第14條第1項各款或第17條第1項各款所定之土地。

(2)依國家安全法及其施行細則所劃定公告一定範圍之土地。

(3)依要塞堡壘地帶法所劃定公告一定範圍之土地。

(4)各港口地帶，由港口主管機關會同國防部及所在地地方政府所劃定一定範圍之土地。

(5)其他經中央目的事業主管機關劃定應予禁止取得之土地。

3.大陸地區人民、法人、團體或其他機構，或陸資公司申請在臺灣地區取得、設定或移轉不動產物權，有下列情形之一者，應不予許可：

(1)影響國家重大建設。

(2)涉及土地壟斷投機或炒作。

(3)影響國土整體發展。

(4)其他經中央目的事業主管機關認為足以危害國家安全或社會安定之虞。

4.符合下列情形之一者，得為不動產登記之權利主體：

(1)大陸地區人民。但現擔任大陸地區黨務、軍事、行政或具政治性機關（構）、團體之職務或為成員者，不得取得或設定不動產物權。

(2)經依本條例許可之大陸地區法人、團體或其他機構。

(3)經依公司法認許之陸資公司。

5.依本辦法所檢附大陸地區製作之文書，應先經由行政院設立或指定之機構或委託之民間團體予以驗證。

6.大陸地區人民申請取得、設定或移轉不動產物權，應填具申請書，並檢附下列文件，向該管直轄市或縣（市）政府申請審核：

(1)申請人大陸地區常住人口登記卡。

(2)依前條規定經驗證之證明文件。

(3)取得、設定或移轉契約書影本。

(4)其他經內政部規定應提出之文件。

7.大陸地區人民取得之不動產所有權或地上權，限已登記並供住宅用，且每人限單獨取得一戶，並不得出租或供非住宅之用。

　取得前項供住宅用不動產所有權或地上權，於登記完畢後三年內不得移轉或辦理不動產所有權或地上權移轉之預告登記。但因繼承、強制執行、徵收、法院判決或依第17條規定而移轉者，不在此限。

8.大陸地區法人、團體或其他機構，或陸資公司，為供下列需要，得申請取得、設定或移轉已登記之不動產物權：

(1)業務人員居住之住宅。

(2)從事工商業務經營之廠房、營業處所或辦公場所。

(3)大陸地區在臺金融機構辦理授信業務。

　依前項規定申請取得、設定或移轉不動產物權者，應填具申請書，並檢附下列文件，向該管直轄市或縣（市）政府申請審核：

(1)第4條第2款或第3款規定之資格證明文件。

(2)依第5條規定經驗證之證明文件。

(3)取得、設定或移轉契約書影本。

(4)其他經內政部規定應提出之文件。

9.大陸地區法人、團體或其他機構，或陸資公司，從事有助於臺灣地區整體經濟或農牧經營之投資，經中央目的事業主管機關同意後，得申請取得、設定或移轉不動產物權。

　依前項規定申請取得、設定或移轉不動產物權者，應填具申請書，並檢附下列文件，向該管直轄市或縣（市）政府申請審核：

(1)第4條第2款或第3款規定之資格證明文件。

(2)依第5條規定經驗證之證明文件。

(3)中央目的事業主管機關同意之文件。

(4)取得、設定或移轉契約書影本。

(5)其他經內政部規定應提出之文件。

　第1項所稱整體經濟之投資，指下列各款開發或經營：

(1)觀光旅館、觀光遊樂設施及體育場館。

(2)住宅及大樓。

(3)工業廠房。

(4)工業區及工商綜合區。

(5)其他經中央目的事業主管機關公告投資項目。

第1項所稱農牧經營之投資，指符合行政院農業委員會公告之農業技術密集或資本密集類目標準之經營或利用。

10.大陸地區人民來臺投資許可辦法之投資人，從事該辦法之投資行為，應依該辦法之規定，經經濟部許可後，始得申請取得、設定或移轉不動產物權。

11.依第9條第1項規定申請中央目的事業主管機關同意時，其投資計畫涉及二以上中央目的事業主管機關者，申請人應依其投資事業之主要計畫案，向該管中央目的事業主管機關申請；該管中央目的事業主管機關無法判定者，由行政院指定之。

12.中央目的事業主管機關得視發展現況及產業需求，訂定各類用地總量管制基準，作為准駁之依據，並於核准後列冊管理。

13.中央目的事業主管機關同意第9條第1項規定之申請案後，應函復申請人，並函知土地所在地之直轄市或縣（市）政府；未經核准者，應敘明理由函復申請人。

前項同意函之內容，應敘明下列事項：

(1)申請案件經同意後，應依第9條第2項規定之程序辦理。

(2)申請取得之土地，其使用涉及環境影響評估、水土保持、土地使用分區與用地變更及土地開發者，仍應依相關法令規定及程序辦理。

14.申請人依第6條、第8條第2項或第9條第2項規定檢附之文件，有不符規定或不全而得補正者，直轄市或縣（市）政府應通知申請人於二個月內補正；屆期不補正或補正不全者，不予受理其申請。

直轄市或縣（市）政府依第6條、第8條第2項或第9條第2項規定審核通過後，應併同取得、設定或移轉不動產物權案件簡報表，報請內政部許可。

前項許可之文件有效期限為一年。

經許可取得或設定之不動產物權，因法院、行政執行署所屬行政執行分署或依金融機構合併法授權認可之公正第三人之拍賣，由臺灣地區人民拍定，申請移轉該不動產物權者，得逕向不動產所在地之登記機關辦理登記，不適用第6條、第8條第2項或第9條第2項規定。

經許可取得、設定或移轉之不動產物權，內政部及直轄市或縣（市）政府，應列冊管理。

經許可取得或設定不動產物權，直轄市或縣（市）政府應定期稽查其

取得、設定後之使用情形，並報內政部。

15.內政部為第6條、第8條或第9條規定之許可，必要時得邀集有關機關審查之。

內政部為第6條或第8條規定之許可，得訂定一定金額、一定面積及總量管制，作為准駁之依據。

16.經許可取得、設定或移轉不動產物權，應由申請人檢附許可文件及土地登記規則第34條規定之文件，向不動產所在地之登記機關辦理登記。

登記機關依前項及第14條第4項規定辦理登記後，應將登記結果，通知內政部及不動產所在地直轄市或縣（市）政府；第9條所定案件登記結果，並應副知中央目的事業主管機關。

依第1項規定辦竣登記後，所有權人或他項權利人經許可進入臺灣地區定居，設有戶籍並辦竣統一編號更正登記，準用前項規定。

17.大陸地區人民、法人、團體或其他機構，或陸資公司依第6條或第8條規定申請取得或設定不動產物權經許可後，有下列情形之一者，內政部應撤銷或廢止其許可，並通知不動產所在地之直轄市、縣（市）政府限期令其於一年內移轉：

(1)依第6條規定申請取得不動產物權之權利人，擔任大陸地區黨務、軍事、行政或具政治性機關（構）、團體之職務或為其成員。

(2)權利人為不符第7條第1項或第8條第1項所定申請目的之使用。

(3)經劃定屬第2條各款所定之土地。

(4)經查有第3條各款所定情形。

(5)違反其他法令規定。

前項所定各款情形，為權利人明知或故意為之者，或其不動產物權之取得、設定對國家安全、公共利益、社會秩序有立即影響者，內政部應撤銷或廢止其許可，並通知不動產所在地之直轄市、縣（市）政府，依第19條規定逕為標售。

內政部依前二項規定撤銷或廢止許可時，應副知有關機關。

18.大陸地區法人、團體或其他機構，或陸資公司依第9條規定取得或設定不動產物權，應依核定之投資計畫期限及用途使用；其因故未能依核定期限使用者，應敘明原因，向中央目的事業主管機關申請同意展期。

中央目的事業主管機關，應定期稽查其取得、設定不動產物權後之使用情形，並依下列方式處理：

(1)未依核定期限使用者，應通知內政部廢止其許可，並由內政部通知直轄市、縣（市）政府限期令其於二年內移轉。

(2)有與核准計畫用途使用情形不符之情事者，應予制止，通知內政部廢止其許可，並由內政部通知直轄市、縣（市）政府限期令其於一年內移轉。

(3)有違反土地使用分區管制相關法令規定之使用者，應予制止，通知內政部廢止其許可，並由內政部通知直轄市、縣（市）政府限期令其於六個月內移轉。

內政部依前項各款規定廢止許可時，應副知有關機關。

19.屆期未依第17條第1項或前條第2項規定移轉之不動產物權，由土地所在地之直轄市或縣（市）政府逕為標售，所得價款於扣除應納稅賦及百分之八行政處理費後，發還原權利人；其土地上有改良物者，得併同標售。

前項標售之處理程序、價款計算、異議處理及其他應遵行事項，準用依土地法第20條第4項所定之標售辦法辦理。

20.本辦法所定申請書、表格式，由內政部定之。

21.本辦法自發布日施行。

（二）修正「大陸地區人民在臺灣地區取得設定或移轉不動產物權許可辦法」第14條規定有關「大陸地區人民在臺灣地區取得不動產物權採行總量管制之數額及執行方式」，自104年7月1日生效（104.3.19台內地字第1040404695號令）

1.總量管制數額：

(1)長期總量管制：土地1,300公頃，建物二萬戶。

(2)每年許可大陸地區人民申請取得不動產數額（以下簡稱年度數額）：土地13公頃，建物四百戶，年度數額有剩餘者，不再留用。

(3)集中度數額管制：大陸地區人民取得同棟或同一社區之建物，以總戶數百分之十為上限；總戶數未達十戶者，得取得一戶。

2.執行方式：

(1)適用對象：大陸地區人民依大陸地區人民在臺灣地區取得設定或移轉不動產物權許可辦法第6條規定，申請取得不動產物權案件。

(2)認定方式：

①土地部分以申請書所載土地標示面積總和；建物「戶」以申請書

　　所載主建號計算。

②同一社區總戶數之認定，以同一使用執照建物總戶數爲計算基準；多棟透天式建物，各自領有使用執照且共同成立公寓大廈組織並經報備有案者，視爲同一社區，以報備之總戶數爲計算基準。

③其他未能依前二款認定者，由內政部會同有關機關個案審查認定。

(3)收件及審核方式：

①直轄市、縣（市）政府審核集中度數額管制時，應依申請案送達該府之收件時間定其順序審核，並依該順序報請內政部許可；報請許可時，應查明案內同棟或同一社區建物登記情形（含總戶數、已許可取得、已登記或已申請件數），供內政部審核參考。

②內政部應依收件時間定其順序審核。總量管制數額依許可順序編號，依序核給。申請案超過長期總量或年度數額管制上限者，內政部應予駁回。

③申請案超過集中度數額管制上限者，內政部應依直轄市、縣（市）政府收件時間，依序駁回。

④申請案有應補正之情形，經限期補正，屆期未補正或補正後仍不完全者，直轄市、縣（市）政府應不予受理。

(4)彈性調整：內政部原則每半年檢討總量管制數額；必要時並得視年度數額使用情形，邀集相關機關及各直轄市、縣（市）政府會商後，機動檢討調整。

（三）大陸地區人民取得設定或移轉不動產物權申請書

大陸地區人民取得設定或移轉不動產物權申請書			
受 理 機 關			市、縣（市）政府

		姓　　　名		大陸地區公民身分證號	出生年月日（公元）

申　請　人	正體		簡體		
	大陸地區聯絡方式	戶籍住址			市內電話
		□□□□□□（郵遞區號）			
		通訊住址			行動電話
		□同戶籍住址 □其他：□□□□□□（郵遞區號）			
	在臺聯絡方式	□聯絡人姓名（註一）			市內電話
		□本人□其他：_____			
		通訊住址			行動電話
		□□□□□（郵遞區號）			

委（託）任關係	代理人姓名	統一編號/大陸地區公民身分證號	出生年月日（公元）	市內電話
	通　訊　住　址			行動電話
	□□□□□（郵遞區號）			

文件送達地址：	□□□□□（郵遞區號）
申請類別	□取得□移轉□設定
物權類型	□所有權□抵押權□地上權□其他_____

土地基本資料	鄉（鎮、市、區）	段	小段	地號	面　積（m²）	權利範圍	權利面積（m²）	面積合計（m²）

建物基本資料	建號	建　物　坐　落			門　牌	面　積（m²）	權利範圍	權利面積（m²）	備註	面積合計（m²）
		段	小段	地號						

權利金額	新臺幣　　　　　　　　　　　　　　　　　　　　　　元整

申請人切結事項	□1.申請人目前任職於＿＿＿＿＿＿＿＿，職務為＿＿＿＿＿＿＿，工作內容為＿＿＿＿＿＿＿。（目前從事之各項職業應詳實填載） □2.申請人確無擔任大陸地區黨務、軍事、行政或具政治性機關（構）、團體之職務或為其成員。 □3.申請人取得本案不動產僅供自住使用，不另行出租。 以上切結事項如有虛偽不實，願負法律責任。申請人＿＿＿＿＿＿（簽名及蓋章）
檢附文件	□1.常住人口登記卡　　　　　　　　□5.取得、設定或移轉契約書影本 □2.驗證機關出具之證明文件　　　　□6.土地使用分區證明（土地屬非都市土地者免檢附） □3.委任、委託、代理或授權證明文件 □4.代理人身分證明文件　　　　　　□7.其他提出之文件：＿＿＿＿＿＿

申請人：＿＿＿＿＿＿（簽名及蓋章）　　　　代理人：＿＿＿＿＿＿（簽名及蓋章）

申請日期：　　　年　　　月　　　日

備註：
1. 大陸地區人民經本部許可取得臺灣地區不動產及辦竣移轉登記後，各直轄市、縣（市）政府將每半年或不定期派員訪查其使用情形，以確認申請人是否確依原申請之自用住宅使用，故申請人在臺灣地區聯絡方式（含聯絡人姓名及通訊住址）請詳實填載，俾利各直轄市、縣（市）政府辦理後續訪查及聯絡事宜。
2. 不動產基本資料之「建物標示」欄內面積，於填寫時應包含層次及附屬建物面積，如有共有部分（含停車位）者，亦應一併填列其建號等相關資料。
3. 依大陸地區人民在臺灣地區取得設定或移轉不動產物權許可辦法第14條第1項規定，申請人檢附之文件有不符規定或不全而得補正者，直轄市或縣（市）政府應通知申請人於2個月內補正；屆期不補正或補正不全者，不予受理其申請。
4. 本申請書製作1式2份，經申請人簽名蓋章後併各項文件向不動產所在地之直轄市或縣（市）政府申請；如表格不敷使用，請自行擴充填載。

（四）大陸地區法人、團體或陸資公司取得設定或移轉不動產物權

大陸地區法人、團體或陸資公司取得設定或移轉不動產物權申請書			
受 理 機 關		市、縣（市）政府	

申請人	法人、團體、公司名稱	統一編號	代表人姓名	陸資持股或出資總額百分比（非公司法人免填）
	大陸地區法人、團體、公司登記地址			聯絡電話
	□□□□□□（郵遞區號）			
	在臺灣地區登記地址（註一）			聯絡電話
	□□□□□（郵遞區號）			

委（託）任關係	代理人姓名	統一編號/大陸地區公民身分證號	出生年月日（公元）	市內電話
	通 訊 住 址			行動電話
	□□□□□（郵遞區號）			

文件送達地址：　□□□□□（郵遞區號）	

申請類別	□取得□移轉□設定
物權類型	□所有權□抵押權□地上權□其他_____
申請目的	□業務人員居住之住宅□大陸地區在臺金融機構辦理授信業務 □從事工商業務經營之廠房、營業處所或辦公場所 □整體經濟或農牧經營之投資 投資事業類別：_____ 投資項目：_____；計畫核定使用期限：_____

土地基本資料	鄉（鎮、市、區）	段	小段	地號	面積（m²）	權利範圍	權利面積（m²）	面積合計（m²）

建物基本資料	建號	建物坐落			門牌	面積（m²）	權利範圍	權利面積（m²）	備註	面積合計（m²）
		段	小段	地號						

權利金額	新臺幣	元整

申請人切結事項	□1.申請人取得本案不動產僅供業務使用，不另移作他用。 □2.申請人確屬大陸地區人民來臺投資許可辦法第5條規定所稱「陸資投資事業」之臺灣地區公司。 □3.申請人已提供最新之股東名冊。 以上切結事項如有虛偽不實，願負法律責任。申請人＿＿＿＿＿＿（簽名及蓋章）

檢附文件	□1.法人、團體、公司登記證明文件　　　　□6.取得、設定或移轉契約書影本 □2.驗證機關出具之證明文件　　　　　　　□7.土地使用分區證明（土地屬非都市 □3.委任、委託、代理或授權證明文件　　　　土地者免檢附） □4.代理人身分證明文件　　　　　　　　　□8.其他提出之文件：＿＿＿＿＿＿ □5.中央目的事業主管機關同意文件

申請人：＿＿＿＿＿＿＿（簽名及蓋章）

代表人：＿＿＿＿＿＿＿（簽名及蓋章）　　　代理人：＿＿＿＿＿＿＿（簽名及蓋章）

申請日期：　　年　　月　　日

備註：

1. 大陸地區法人、團體或陸資公司經本部許可取得臺灣地區不動產及辦竣移轉登記後，各直轄市、縣（市）政府將每半年或不定期派員訪查其使用情形，以確認申請人是否確依原申請之用途使用，故申請人在臺灣地區登記地址請詳實填載，俾利各直轄市、縣（市）政府辦理後續訪查及聯絡事宜。

2. 不動產基本資料之「建物標示」欄內面積，於填寫時應包含層次及附屬建物面積，如有共有部分（含停車位）者，亦應一併填列其建號等相關資料。

3. 依大陸地區人民在臺灣地區取得設定或移轉不動產物權許可辦法第14條第1項規定，申請人檢附之文件有不符規定或不全而得補正者，直轄市或縣（市）政府應通知申請人於2個月內補正；屆期不補正或補正不全者，不予受理其申請。

4. 本申請書製作1式2份，經申請人簽名蓋章後併各項文件向不動產所在地之直轄市或縣（市）政府申請；如表格不敷使用，請自行擴充填載。

九、破產財團土地之變更登記應備文件

　　破產管理人就破產財團所屬土地申請權利變更登記時,除依第34條規定辦理外,應提出破產管理人、監查人之資格證明文件與監查人之同意書或法院之證明文件(土登§103)。

十、判決和解變更登記

(一)土地建物之所有權移轉,無論其移轉原因為買賣、贈與、交換、共有物分割,或其他移轉原因,如權利人與義務人之間,發生意見紛歧,無法辦理所有權移轉登記時,可請求法院判決或和解後,據以辦理。

(二)經判決者,應有判決書及判決確定證明書,如由最高法院判決者,免附判決確定證明書。經和解者,應有和解筆錄,或其他為依法與法院確定判決有同一效力之證明文件。

(三)經判決及和解者,無需再另訂公定契紙契約書。

十一、父母或監護人之處分

(一)父母處分未成年子女所有之土地權利,申請登記時,應於登記申請書適當欄記明確為其利益處分並簽名(土登§39Ⅰ)。

(二)未成年人或受監護宣告之人,其監護人代理受監護人或受監護宣告之人購置或處分土地權利,應檢附法院許可之證明文件(土登§39Ⅱ)。

(三)繼承權之拋棄經法院准予備查者,免依前二項規定辦理(土登§39Ⅲ)。

十二、應先報繳有關稅捐

　　所有權變更登記,其屬土地移轉者,應報繳土地增值稅。其屬房屋移轉者,應另報繳契稅。其屬贈與或贈與論者,應報繳贈與稅。

十三、登記規費

(一)登記費

1.申請為土地權利變更登記,應由權利人按申報地價或權利價值千分之一繳納登記費(土§76Ⅰ)。

2.申請他項權利內容變更登記,除權利價值增加部分,依前項繳納登記費外,免納登記費(土§76Ⅱ)。

（二）書狀費

1.因土地權利變更登記所發給之土地權利書狀，每張應繳費額，依土地法第67條之規定（土§77）。

2.土地法第67條規定，土地所有權狀及他項權利證明書，應繳納書狀費，其費額由中央地政機關定之（土§67）。

3.目前中央地政機關訂定之書狀費為每張新臺幣80元。

十四、應備文件

申請登記，除本規則另有規定外，應提出下列文件（土登§34）：

（一）登記申請書。

（二）登記原因證明文件：例如契約書、判決確定文件。

（三）已登記者，其所有權狀或他項權利證明書。

（四）申請人身分證明——能以電子處理達成查詢者，得免提出。

（五）其他由中央地政機關依法規定應提出之證明文件：例如印鑑證明、法院允許證明，或其他納稅憑證等等。

復習問題

1.何謂所有權變更登記？所有權移轉登記應提出哪些重要書表文件？（80特、83檢）其種類為何？（86基特）

2.所有權變更登記，於何種情形下一方死亡得由單方申請？（84特、89檢、89特）

3.法人或寺廟籌備處可否取得土地？如何辦理登記？於設立完畢如何登記？未獲核准設立登記，又如何辦理登記？（89特、91特）

4.所有權變更登記之申請期限為何？何謂權利變更之日？（85特、85檢、86檢、89檢）

5.區分所有建物專有部分及共用部分之變更登記有何限制？

6.私人取得農地之面積限制為何？超額如何處理？

7.農地移轉有何限制？限制之農地是指哪些？

8.何種情形應該附農業用地作農業使用證明書？

9.私法人承受耕地之限制為何？

10.適用土地法第34條之1處分共有土地之要件為何？

11.適用土地法第34條之1處分是指哪些處分？

12.何謂優先購買權？土地法第34條之1第4項之優先購買權與土地法第104條

之優先購買權發生競合時，以何者優先？爲什麼？

13.試略述土地法第34條之1第2項所規定之「事先」、「書面通知」或「公告」之方式及內容。

14.試略述土地法第34條之1第4項規定之共有人優先購買權。

15.依土地法第34條之1辦理有關登記應提出哪些文件？

16.所有權變更登記之登記費及書狀費如何？

17.哪些土地不得移轉、設定負擔或租賃於外國人？（85特、85檢）

18.何謂互惠原則？（85特、85檢）

19.外國人租賃或購買土地，其用途、面積及地點之限制爲何？（85特、85檢、90基特）

20.外國人租賃或購買土地之程序有何限制？（85特、85檢、90基特）

21.甲將自己一筆土地出售予乙，雙方已訂立買賣契約，但甲於申報土地移轉現值後，申請登記前死亡，其買賣移轉登記如何申辦？若甲之死亡時間係在申報土地移轉現值前，又應如何辦理登記？（97普）

第二節　買賣移轉登記

一、買賣與權利義務

1.所謂買賣，係當事人約定一方移轉財產權於他方，他方支付價金之契約（民§345Ⅰ）。買賣行爲係債之性質，故民法將買賣各種規定，置於債編。

2.物之出賣人，負交付其物於買受人，並使取得該物所有權之義務，如因其權利而得占有一定之物者，並負交付其物之義務（民§348）。故於買賣場合及登記過程中，稱出賣人爲義務人，稱承買人爲權利人。

3.買賣移轉登記，應由買受人及出賣人會同申請。

二、買賣以贈與論

（一）具有下列情形之一者，以贈與論（遺贈稅§5）

1.在請求權時效內無償免除或承擔債務者，其免除或承擔之債務。

2.以顯著不相當之代價，讓與財產、免除或承擔債務者，其差額部分。

3.以自己之資金，無償爲他人購置財產者，其資金。但該財產爲不動產者，其不動產。

4.因顯著不相當之代價，出資爲他人購置財產者，其出資與代價之差額部分。

5.限制行爲能力人或無行爲能力人所購置之財產視爲法定代理人或監護人之贈與，但能證明支付之款項屬於購買人所有者，不在此限。

6.二親等以內親屬間財產之買賣，但能提出已支付價款之確實證明，且該支付之價款非由出賣人貸與或提供擔保向他人借得者，不在此限。

（二）依前述稅法規定，買賣以贈與論，應另申報贈與稅

三、優先購買權

（一）民法之規定

1.民法第426條之2

(1)租用基地建築房屋，出租人出賣基地時，承租人有依同樣條件優先承買之權。承租人出賣房屋時，基地所有人有依同樣條件優先承買之權（民§426-2Ⅰ）。

(2)前項情形，出賣人應將出賣條件以書面通知優先承買權人。優先承買權人於通知達到後十日內未以書面表示承買者，視爲放棄（民§426-2Ⅱ）。

(3)出賣人未以書面通知優先承買權人而爲所有權之移轉登記者，不得對抗優先承買權人（民§426-2Ⅲ）。

2.民法物權編施行法第8條之5

(1)同一區分所有建築物之區分所有人間爲使其共有部分或基地之應有部分符合修正之民法第799條第4項規定之比例而爲移轉者，不受修正之民法同條第5項規定之限制。

(2)民法物權編修正施行前，區分所有建築物之專有部分與其所屬之共有部分及其基地之權利，已分屬不同一人所有或已分別設定負擔者，其物權之移轉或設定負擔，不受修正之民法第799條第5項規定之限制。

(3)區分所有建築物之基地，依前項規定有分離出賣之情形時，其專有部分之所有人無基地應有部分或應有部分不足者，於按其專有部分面積比例計算其基地之應有部分範圍內，有依相同條件優先承買之權利，其權利並優先於其他共有人。前項情形，有數人表示優先承買時，應

按專有部分比例買受之。但另有約定者，從其約定。

(4)區分所有建築物之專有部分，依第2項規定有分離出賣之情形時，其基地之所有人無專有部分者，有依相同條件優先承買之權利。前項情形，有數人表示優先承買時，以抽籤定之。但另有約定者，從其約定。

(5)區分所有建築物之基地或專有部分之所有人依第3項或第5項規定出賣基地或專有部分時，應在該建築物之公告處或其他相當處所公告五日。優先承買權人不於最後公告日起十五日內表示優先承買者，視為拋棄其優先承買權。

3.民法第919條

(1)出典人將典物出賣於他人時，典權人有以相同條件留買之權。

(2)前項情形，出典人應以書面通知典權人。典權人於收受出賣通知後十日內不以書面表示依相同條件留買者，其留買權視為拋棄。

(3)出典人違反前項通知之規定而將所有權移轉者，其移轉不得對抗典權人。

（二）土地法之規定

1.共有人之優先購買權

(1)共有土地或共有建物，共有人出賣其應有部分時，他共有人得以同一價格共同或單獨優先承購（土§34-1Ⅳ）。

(2)土地法第34條之1第4項規定，於區分所有建物之專有部分連同其基地應有部分之所有權一併移轉與同一人所有之情形，不適用之（土登§98）。

2.地上權人、典權人及承租人之優先購買權

(1)基地出賣時，地上權人、典權人或承租人有依同樣條件優先購買之權。房屋出賣時，基地所有權人有依同樣條件優先購買之權。其順序以登記之先後定之（土§104Ⅰ）。

(2)前項優先購買權人，於接到出賣通知後十日內不表示者，其優先權視為放棄。出賣人未通知優先購買權人而與第三人訂立買賣契約者，其契約不得對抗優先購買權人（土§104Ⅱ）。

3.耕地承租人之優先購買權

(1)出租人出賣或出典耕地時、承租人有依同樣條件優先承買或承典之權（土§107Ⅰ）。

(2)第104條第2項規定，於前項承買承典準用之（土§107Ⅱ）。

（三）耕地三七五減租條例第15條

1. 耕地出賣或出典時，承租人有優先承受之權，出租人應將賣典條件以書面通知承租人，承租人在十五日內未以書面表示承受者，視為放棄（耕減§15I）。
2. 出租人因無人承買或受典而再行貶價出賣或出典時，仍應照前項規定辦理（耕減§15II）。
3. 出租人違反前二項規定而與第三人訂立契約者，其契約不得對抗承租人（耕減§15III）。

（四）農地重劃條例第5條

重劃區內耕地出售時，其優先購買權之次序如下：
1. 出租耕地之承租人。
2. 共有土地現耕之他共有人。
3. 毗連耕地之現耕所有權人。

（五）文化資產保存法第32條

古蹟、歷史建築、紀念建築及其所定著土地所有權移轉前，應事先通知主管機關；其屬私有者，除繼承者外，主管機關有依同樣條件優先購買之權。

（六）登記應備文件及異議之處理

1. 申請土地權利移轉登記時，依民法物權編施行法第8條之5第3項、第5項、土地法第34條之1第4項、農地重劃條例第5條第2款、第3款或文化資產保存法第32條規定之優先購買權人已放棄優先購買權者，應附具出賣人之切結書，或於登記申請書適當欄記明優先購買權人確已放棄其優先購買權，如有不實，出賣人願負法律責任字樣（土登§97I）。
2. 依民法第426條之2、第919條、土地法第104條、第107條、耕地三七五減租條例第15條或農地重劃條例第5條第1款規定，優先購買權人放棄或視為放棄其優先購買權者，申請人應檢附優先購買權人放棄優先購買權之證明文件；或出賣人已通知優先購買權人之證件並切結優先購買權人接到出賣通知後逾期不表示優先購買，如有不實，願負法律責任字樣（土登§97II）。
3. 依前二項規定申請之登記，於登記完畢前，優先購買權人以書面提出

異議並能證明確於期限內表示願以同樣條件優先購買或出賣人未依通知或公告之條件出賣者，登記機關應駁回其登記之申請（土登§97Ⅲ）。

四、申請期限

（一）三十日內申報契稅

1. 納稅義務人應於不動產買賣、承典、交換、贈與及分割契約成立之日起，或因占有而依法申請為所有人之日起三十日內，填具契稅申報書表，檢附公定格式契約書及有關文件，向當地主管稅捐稽徵機關申報契稅。但未辦建物所有權第一次登記之房屋買賣、交換、贈與、分割，應由雙方當事人共同申報（契稅§16Ⅰ）。
2. 不動產移轉發生糾紛時，其申報契稅之起算日期，應以法院判決確定日為準（契稅§16Ⅱ）。
3. 向政府機關標購或領買公產，以政府機關核發產權移轉證明書之日為申報起算日（契稅§16Ⅲ）。
4. 向法院標購拍賣之不動產，以法院發給權利移轉證明書之日為申報起算日（契稅§16Ⅳ）。
5. 建築物於建造完成前，買賣、交換、贈與，以承受人為建造執照原始起造人或中途變更起造人名義並取得使用執照者，以主管建築機關核發使用執照之日起滿三十日為申報起算日（契稅§16Ⅴ）。

（二）三十日內申報移轉現值及申請變更登記

土地所有權買賣移轉，權利人（承買人）及義務人（出賣人）應於訂定契約之日起三十日內，檢同契約及有關文件，共同申請權利變更登記，並同時申報土地移轉現值（平例§47，土§73Ⅱ，土登§33）。

（三）逾期罰鍰

逾期申請登記，每逾一個月處一倍，最高不得超過二十倍（土§73Ⅱ）。

（四）買進未登記再出賣之處罰

1. 土地買賣未辦竣權利移轉登記，承買人再行出售者，處應納登記費二十倍以下之罰鍰（平例§81）。

2.土地買賣未辦竣權利移轉登記，再行出售者，處再行出售移轉現值2%之罰鍰（土稅§54II）。
3.平均地權條例第81條補充規定（93.8.2內政部訂頒）
　(1)本條所稱「買賣」，指當事人約定一方移轉財產權於他方，他方支付價金之契約而言。
　(2)本條所稱「土地買賣未辦竣權利移轉登記」指土地權利尚未經登記機關依土地登記規則第6條登記完畢而言。
　(3)本條所稱「再行出售」，指承買人就所承買土地尚未辦竣權利移轉登記前，即再行出售他人成立「債權契約」而言。
　(4)依本條處以罰款之對象，指買賣土地未辦竣移轉登記之權利人（承買人），亦即未辦竣移轉登記再行出售之義務人（出賣人）而言。
　(5)土地買賣未辦竣權利移轉登記前，承買人再行出售該土地時，其罰鍰之計徵如下：
　　①自當事人訂立買賣契約之日起二個月內再行出售者，處應納登記費一倍之罰鍰，逾二個月者，每逾一個月加處一倍，以至二十倍為限。
　　②前款登記費之計算，以當事人訂定買賣契約之日該土地之當期申報地價為準。
　(6)土地買賣未辦竣權利移轉登記，經處以罰鍰逾期不繳納時，應由原處分機關依行政執行法執行之。

（五）延誤時間之扣除

　土地建物所有權移轉登記時，如確係由於申報遺產稅、贈與稅、契稅、增值稅等主管機關所延誤，致逾期辦理移轉登記而該遲延辦理移轉登記之責不在當事人者，其登記罰鍰之核課，可依檢附該稅捐機關出具之證明文件，將各該在主管機關所延誤之期間予以扣除（土登§50II參照）。

五、買賣移轉登記流程圖

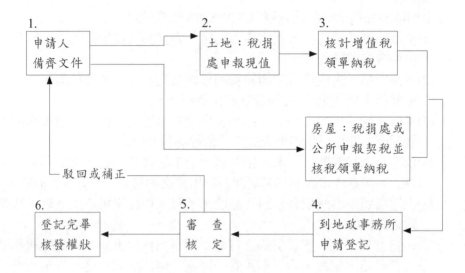

六、申請實務

（一）應備文件

以一戶房屋及其基地一筆為例，略述如次：
 1.買 方
 (1)身分證明文件一份。
 (2)印章。
 2.賣 方
 (1)身分證明文件一份。
 (2)印鑑證明一份。
 (3)印鑑章。
 (4)最近一期之房屋稅繳納收據。
 (5)正開徵中之地價稅繳納收據。
 (6)房屋及土地之所有權狀。
 3.登記代理人
 (1)土地登記申請書一份。
 (2)公定契紙契約書二份。
 (3)印章。

　　(4)土地現值申報書每一地號一份二聯。

　　(5)契稅申報書每一建號一份二聯。

4.其他特殊文件

　　視案情而定，例如法院許可證明文件、贈與稅申報書、優先購買權有關文件等。

（二）申辦手續

1.土地買賣移轉手續

　　(1)備齊所需文件，繕妥蓋章後，將登記申請書等文件對摺，並將申請書放置於第一頁，契約書副本放置於第二頁。其餘書件再依次放置整齊（習慣上所有權狀放置於最後面），並裝訂成冊。

　　(2)現值申報：首先提向土地所在地之主管稅捐稽徵機關申報現值。由主管機關抽取現值報書，並於收據上加蓋收件日期、收件號碼。

　　(3)領取土地增值稅繳納通知書或免稅證明書：

　　　①申報現值經審核低於收件日當期公告土地現值者，應於五日內將其申報書移送直轄市或縣市地政機關依平均地權條例施行細則第42條規定處理。

　　　②申報現值經審核不低於收件日當期公告土地現值，或雖低於收件日當期公告土地現值，但經核定不予收買者，應於七日內（自用住宅用地為20日）查明有無欠稅（包括工程受益費），並核發土地增值稅單或免繳證明書，送達納稅義務人。

　　　③經查無欠稅者，應於土地增值稅單或免繳證明書上加蓋「截至△年△期無欠稅費」戳記及「主辦人職名單」，並註明日期，其有欠稅費者，應於土地增值稅單或免繳證明書上加蓋「另有欠稅費」戳記，連同所有欠稅費單一併送達納稅義務人。

　　　④依當事人申報應課徵贈與稅者，不論有無欠稅費，均應於土地增值稅單或免繳證明書上加蓋「另有贈與稅」戳記。

　　　⑤增值稅及有關欠繳之稅費繳清後，再提向主管稽徵機關審查加蓋欠稅業已繳清之戳記。嗣後再將第一聯增值稅繳納收據浮貼於登記案件契約書正本上面，第二聯收據則浮貼於契約書副本上面。

　　(4)申報贈與稅：如有贈與論，則於登記申請前，先行申報贈與稅。

　　(5)申請登記：向土地所在地之地政事務所申請。

　　　①收件及計收規費：

(A)案件提向地政事務所申辦時，其程序爲收件→計算規費→開單→繳費→領取收件收據。

(B)登記費爲申報地價的千分之一，書狀費每張新臺幣80元。

②補正：如申請案件經審查發現塡寫錯誤或文件不全或證件不符時，經通知補正者，應於限期內補正。

③領狀：經審查無誤並登記完畢後，權利人或代理人即可持收件收據及原蓋用之印章，領取所有權狀、契約書正本及其他不需存查之文件。

2.建物買賣移轉手續

(1)備齊所需文件，繕妥後蓋章。

(2)申報契稅：提向主管稽徵機關申報契稅。

(3)領取稅單：經核計契稅及查欠房屋稅後，即可領取契稅繳納通知單，持向公庫代收銀行繳納。

(4)納稅收據之併案：契稅繳納後，將契稅繳納收據第一聯浮貼於契約書正本上面，第二聯浮貼於契約書副本上面。

(5)申報贈與稅：如有贈與論，則於登記申請前，先行申報繳納贈與稅。

(6)申請登記：向土地所在地之地政事務所申請。

①將已繕妥核章之登記申請書對摺放置於第一頁，契約書副本對摺放置於第二頁，其他書件再依次放置整齊——習慣上所有權狀放置於最後面，並裝訂成冊，即可提出申請。

②計費、開單、繳費、收件、補正及領狀等手續，與前述土地買賣移轉登記之手續相同——可參閱之。

復習問題

1.何謂買賣？其權利與義務之情形爲何？

2.何種情形之買賣以贈與論，應申報贈與稅？

3.何謂優先購買權？常見之優先購買權有哪些？（88特、108普）

4.共有人之優先購買權及地上權人、典權人、承租人等之優先購買權，於登記實務上各應如何處理？（88特）

5.買賣移轉登記之申請期限爲何？買進未完成登記再賣出有何罰則？

6.試略述買賣移轉登記之流程。

7.買賣移轉登記，試就當事人及登記專業代理人分述應備哪些文件？

8.試分述土地及建物買賣移轉登記之手續。

範例一　土地買賣移轉登記

收件	日期	年　月　日　時　分	收件者章	連件序別（非連件者免填）	第1件 共1件	登記費	元	合計	元
	字號	字第　號				書狀費	元	收據	字　號
						罰鍰	元	核算者	

土　地　登　記　申　請　書

| (1) 受理機關 | △△ 縣　市　△△ 地政事務所　☑跨所申請 | 資料管轄機關 | △△ 縣　市　△△ 地政事務所 | (2) 原因發生日期 | 中華民國△△年△月△△日 |

(3) 申請登記事由（選擇打✓一項）
- □所有權第一次登記
- ☑所有權移轉登記
- □抵押權登記
- □抵押權塗銷登記
- □抵押權內容變更登記
- □標示變更登記
- □

(4) 登記原因（選擇打✓一項）
- □第一次登記
- ☑買賣　□贈與　□繼承　□分割繼承　□拍賣　□共有物分割
- □設定
- □法定
- □清償　□拋棄　□混同　□判決塗銷　□
- □權利價值變更　□權利內容等變更　□
- □分割　□合併　□地目變更　□

(5) 標示及申請權利內容　詳如　☑契約書　□登記清冊　□複丈結果通知書　□建物測量成果圖

(6) 附繳證件
1. 買賣契約書　2份
2. 土地增值稅收據　1份
3. 戶口名簿影本　2份
4. 土地所有權狀　1份
5. 法院許可證明文件　1份
6.　份
7.　份
8.　份
9.　份

(7) 委任關係
本土地登記案之申請委託　陳△△　代理。　　複代理。
委託人確為登記標的物之權利人或權利關係人，並經核對身分無誤，如有虛偽不實，本代理人（複代理人）願負法律責任。印

(8) 聯絡方式
- 權利人電話　△△△△△△△△
- 義務人電話　△△△△△△△△
- 代理人聯絡電話　△△△△△△△△
- 傳真電話　△△△△△△△△
- 電子郵件信箱　△△△@△△△△.tw
- 不動產經紀業名稱及統一編號　△△△△△△△△
- 不動產經紀業電話　△△△△△△△△

(9) 備註
本件出賣之土地確無出租，出賣人願負法律責任。（賣方印）

(10)申請人	(11)權利人或義務人	(12)姓名或名稱	(13)出生年月日	(14)統一編號	(15)住所 縣市	鄉鎮市區	村里	鄰	街路	段	巷	弄	號	樓	(16)簽章
	權利人	林△△	△△△	△△△△△	△△	△△	△△	△	△△	△△			△		印
	義務人	王△△	△△△	△△△△△△	△△	△△	△△	△	△△	△			△		印
	法定代理人	王△△	△△△	△△△△△△	△△	△△	△△	△	△△	△			△		印
	代理人	陳△△	△△△	△△△△△△	△△		△△	△	△△	△			△		印

本案處理經過情形（以下各欄申請人請勿填寫）	初審	複審	核定	登簿	校簿	書列印	校狀	書用印
	地價異動	通知領狀	異動通知	交付發狀	歸檔			

土地 建築改良物 所有權買賣移轉契約書

下列土地建物經買受人／出賣人 雙方同意所有權買賣移轉，特訂立本契約：

土地標示

	(1)坐落		(2)地號	(3)面積（平方公尺）	(4)權利範圍
鄉鎮市區	段	小段			
△△	△△	△	21	213	全部

建物標示

項目	內容
(5)建號	
(6)門牌：鄉鎮市區／路／街／段／巷／弄／號／樓	
(7)建物坐落：段／小段／地號	
(8)面積（平方公尺）：層／層／層／層／共計	
(9)附屬建物：用途／面積（平方公尺）	
(10)權利範圍	

(11)買賣價款總金額　新台幣伍佰陸拾萬元正

(12) 申請登記以外之約定事項	(13) 簽名或簽證
1. 他項權利情形：無 2. 3. 4. 5.	

印花 1‰

訂立契約人	(14) 買受人或出賣人	(15) 姓名或名稱	(16) 權利範圍		(17) 出生年月日	(18) 統一編號	(19) 住所									(20) 蓋章
			買受持分	出賣持分			縣市	鄉鎮市區	村里	鄰	街路	段	巷弄	號	樓	
	買受人	林△△	全部		△△	△△	△△	△△	△△	△△	△△	△		△		印
	出賣人	王△△		全部	△△	△△	△△	△△	△△	△△	△△	△		△		印
	法定代理人	王△△					△△	△△	△△	△△	△△	△		△		

(21) 立約日期	中華民國 △△ 年 △△ 月 △△ 日

優先承購權拋棄書

　　立拋棄書人林△△係臺北市△△區△△段△小段△△地號土地壹筆，面積零點零玖貳公頃之地上權人，現所有人王△△將其所有持分肆分之壹出賣，本人無意購買，特此聲明拋棄優先承購權，並同意由王△△任意出賣予他人，本人絕無異議。

　　　　　此致
王△△先生

　　　　　立拋棄書人：林△△　　簽名
　　　　　身分證字號：N100243211
　　　　　住所：臺北市△△區△△里△鄰△△街△△巷△號
　　　　　出生年月日：△△△△

中　華　民　國　△△　年　　△△　月　　△　日

範例二 依土地法第34條之1規定土地買賣移轉登記

土 地 登 記 申 請 書

收件	日期	年 月 日 時	分	收件者章	連件序列（非連件者免填）	共1件 第1件	登記費	元
	字號	字 第 號					書狀費	元
							罰鍰	元
							合計	元
							收據	字號
							核算者	

(1) 受理機關 △△ 縣 市 △△ 地政事務所 □跨所申請 資料管轄機關 △△ 縣 市 △△ 地政事務所

(2) 原因發生日期 中華民國△△年△△月△△日

(3) 申請登記事由（選擇打✓一項）
- □ 所有權第一次登記
- ☑ 所有權移轉登記
- □ 抵押權登記
- □ 抵押權塗銷登記
- □ 抵押權內容變更登記
- □ 標示變更登記
- □

(4) 登記原因（選擇打✓一項）
- □ 第一次登記
- ☑ 買賣 □ 贈與 □ 分割繼承 □ 繼承 □ 拍賣 □ 共有物分割
- □ 設定 □ 法定
- □ 清償 □ 拋棄 □ 混同 □ 判決塗銷 □
- □ 權利價值變更 □ 權利內容等變更
- □ 分割 □ 合併 □ 地目變更 □

(5) 標示及申請權利內容 詳如 ☑契約書 □登記清冊 □複丈結果通知書 □建物測量成果圖 □

(6) 附繳證件
1. 買賣契約書 2份
2. 戶口名簿影本 3份
3. 土地增值稅收據 1份
4. 土地所有權狀 2份
5. 提存證明 1份
6. 印鑑證明 2份
7.
8.
9.

(7) 委任關係 本土地登記案之申請委託 陳△△ 代理。 複代理。 委託人確為登記標的物之權利人或權利關係人，並經核對身分無誤，如有 虛偽不實，本代理人（複代理人）願負法律責任。 印

(8) 聯絡方式
- 權利人電話 △△△△-△△△△
- 義務人電話 △△△△-△△△△
- 代理人聯絡電話 △△△△-△△△△
- 傳真電話 △△△△-△△△△
- 電子郵件信箱 △△△@△△△.tw
- 不動產經紀業名稱及統一編號
- 不動產經紀業電話

(9) 備註 本案依土地法第34條之1第1、2、3項規定辦理，如有不實，申請人願負法律責任。受領之對價或補償數額如有錯誤，由義務人自行負責。 印印

(10)申請人	(11)權利人或義務人	(12)姓名或名稱	(13)出生年月日	(14)統一編號	(15)住所 縣市	鄉鎮市區	村里	鄰	街路	段	巷	弄	號	樓	(16)簽章
	權利人	王△△	△△△	△△△△△△	△△	△△	△△	△	△△	△			△		印
	義務人	黃△△	△△△	△△△△△△	△△	△△	△△	△	△△				△		印
	義務人	張△△	△△△	△△△△△△	△△	△△	△△	△	△△				△		印
	義務人	李△△	△△△	△△△△△△	△△	△△	△△	△	△△				△		印
	代理人	陳△△	△△△	△△△△△△	△△	△△	△△	△	△△				△		印

本案處理經過情形（以下各欄申請人請勿填寫）

初審	複審	核定	登簿	校簿	書列狀印	校狀	書狀用印
			地價異動	通知領狀	異動通知	交發狀	歸檔

土地所有權買賣移轉契約書

買受人　△△
出賣人　△△　雙方同意買賣所有權移轉，特訂立本契約：

下列土地經

土地標示			
(1)坐落	鄉鎮市區	△△	
	段	△△	
	小段	△	
(2)地號		88-1	
(3)面積（平方公尺）		168	
(4)權利範圍		全部	

(5)買賣價款總金額：　新台幣　參佰伍拾貳萬捌仟元整

(8) 買受人或出賣人	(9) 姓名或名稱	(10) 權利範圍 買受持分	(10) 權利範圍 出賣持分	(11) 出生年月日	(12) 統一編號	(13) 住所 縣市	鄉鎮市區	村里	鄰	街路	段	巷弄	號	樓	(14) 蓋章
買受人	王△△	全部		△△	△△△△△	△△	△△	△△	△△	△△	△	△△	△	△	印
出賣人	黃△△		1/3	△△	△△△△△	△△	△△	△△	△△	△△	△	△△	△	△	印
出賣人	張△△		1/3	△△	△△△△△	△△	△△	△△	△△	△△	△	△△	△	△	印
出賣人	李△△		1/3	△△	△△△△△	△△	△△	△△	△△	△△	△	△△	△	△	

訂立契約人

(15) 立約日期　中華民國　△△　年　△△　月　△△　日

(6) 申請登記以外之約定事項

1. 他項權利情形
2.
3. 貼印花 3528 元
4.
5. 本案確依土地法第 34 條之 1 第一、二、三項規定辦理如有不實，出賣人願負法律責任，受領之對價或補償數額如有錯誤，由出賣人自行負責。印印

(7) 簽名或簽證

依土地法第 34 條之 1 規定處分之通知書

寄件人：
姓名　黃△△㊞地址：△△△△
地址　張△△㊞地址：△△△△

收件人：
姓名　李△△
地址　△△△△△△

李△△先生大鑒：

壹、土地標示：

緣臺北市△△區△△段△小段 21 地號面積零點貳壹貳零公頃，係張△△、黃△△及李△△等各三分之一所有。

貳、處分方式：

如今黃△△及張△△擬依土地法第三十四條之一第一、二、三項規定，將該筆土地全部以新臺幣壹百萬貳千元整出賣與王△△。台端依法有依同一條件優先購買之權，請於文到日起十日內惠示是否優先購買，逾期未表示者視為放棄。

參、價金分配：

該筆土地總售價新臺幣壹百萬貳千元整，依各人持分三分之一計算，台端應得價金扣除增值稅後餘額為新臺幣參拾參萬肆千元整。

肆、償付方法：

台端若不欲優先購買，請於民國△△年△月△日以前至王△△之住處（臺北市△△△△△）領取台端應得價金並出具領取證明、印鑑證明及所有權狀，逾期即將依法提存。

中　華　民　國　△△　年　△　月　△　日

（編者註：本信函以郵局存證信函為之）

範例三 房地併同買賣移轉登記

收件	日期	年 月 日 時	分	收件者章	連件序別（非連件者免填）	共1件	第1件	登記費	元	合計	元
	字號	字第 號						書狀費	元	收據	字號
								罰鍰	元	核算者	

土 地 登 記 申 請 書

(1) 受理機關	△△ 縣 市 △△ 地政事務所 □跨所申請	資料管轄機關	△△ 縣 市 △△ 地政事務所	(2)原因發生日期	中華民國△△年△月△△日

(3)申請登記事由（選擇打✓一項）
□所有權第一次登記
✓所有權移轉登記
□抵押權登記
□抵押權塗銷登記
□抵押權內容變更登記
□標示變更登記

(4)登記原因（選擇打✓一項）
□第一次登記
✓買賣 □贈與 □繼承 □分割繼承 □拍賣 □共有物分割
□設定 □法定
□清償 □拋棄 □混同 □判決塗銷 □
□權利價值變更 □權利內容等變更
□分割 □合併 □地目變更

(5)標示及申請權利內容　詳如　✓契約書　□登記清冊　□複丈結果通知書　□建物測量成果圖

(6)附繳證件
1.買賣契約書　2份
2.戶口名簿影本　2份
3.土地增值稅繳收據　1份
4.契稅繳收據　2份
5.土地所有權狀　1份
6.建物所有權狀　1份
7.印鑑證明　1份
8.　　　　份
9.　　　　份

(7)委任關係　本土地登記案之申請委託　陳△△　代理　　複代理。
委託人確為登記標的物之權利人或權利關係人，並經核對身分無誤，如有虛偽不實，本代理人（複代理人）願負法律責任。印

(8)聯絡方式	權利人電話	△△△△△△△△
	義務人電話	△△△△△△△△
	代理人聯絡電話	△△△△△△△△
	傳真電話	△△△△△△△△
	電子郵件信箱	△△@△△△.tw
	不動產經紀業名稱及統一編號	△△△△△△△△
	不動產經紀業電話	△△△△△△△△

(9)備註

(10)申請人	(11)權利人或義務人	(12)姓名或名稱	(13)出生年月日	(14)統一編號	(15)住所 縣市	鄉鎮市區	村里	鄰	街路	段	巷	弄	號	樓	(16)簽章
	權利人	王△△	△△△	△△△△△	△△	△△	△△	△	△△	△			△		印
	義務人	施△△	△△△	△△△△△△	△△	△△	△△	△	△△				△		印
	代理人	陳△△	△△△	△△△△△△	△△	△△	△△	△	△△				△		印

本案處理經過情形（以下各欄申請人請勿填寫）	初審	複審	核定	登簿	校簿	書狀列印	校狀	書狀用印	歸檔
				地價異動	通知領狀	異動通知	交付發狀		

土地建築改良物所有權買賣移轉契約書

下列　土地　建築改良物　經　買受人　出賣人　雙方同意買賣所有權移轉，特訂立本契約：

土地標示

項目		內容
(1) 坐落	鄉鎮市區	△
	段	△
	小段	△
(2) 地號		62
(3) 面積（平方公尺）		245
(4) 權利範圍		全部

建物標示

項目		內容
(5) 建號		△△△△
(6) 門牌	鄉鎮市區	△△
	街 路	△△
	段 巷 弄	△△
	號 樓	△△
	段	△
	小段	△△
(7) 建物坐落	地號	△△
(8) 面積（平方公尺）	一層	116.23
	二層	116.23
	三層	
	層	
	層	
	層	
	共計	232.46
(9) 附屬建物	用途	陽台
	面積（平方公尺）	13.21
(10) 權利範圍		全部

(11) 買賣價款總金額　新台幣　伍佰參拾陸萬柒仟元整

(12) 申請登記以外之約定事項

1. 他項權利情形：
2.
3.　　貼印花 5367 元
4.
5.
6.

(13) 簽名或簽證

(14) 買受人或出賣人	(15) 姓名或名稱	(16) 權利範圍		(17) 出生年月日	(18) 統一編號	(19) 住								所	(20) 蓋章
		買受持分	出賣持分			縣市	鄉鎮市區	村里	鄰	街路	段	巷弄	號	樓	
訂立契約人 買受人	王△△	全部		△△△	△△△△△△△△△	△△	△△	△△	△	△△	△	△△	△	△	印
出賣人	施△△		全部	△△△△	△△△△△△△△	△△	△△	△△	△	△△	△	△△	△	△	印

(21) 立約日期　中　華　民　國　△△　年　△　月　△△　日

第三節 贈與移轉登記

一、贈與之定義

（一）所謂贈與，係指財產所有人以自己之財產無償給與他人，經他人允受而生效力之行為（遺贈稅§4II）。

（二）另民法規定，所謂贈與，係指當事人約定，一方以自己之財產無償給與他方，他方允受之契約（民§406）。

二、應先繳納有關稅捐

（一）土地遺贈及贈與等無償移轉，應報繳土地增值稅，並以取得所有權之人為納稅義務人（土稅§5）。

（二）建物贈與應報繳契稅（契稅§2）。

（三）贈與稅未繳清前，不得辦理贈與移轉登記（遺贈稅§8）。

（四）地政機關辦理贈與財產之產權移轉登記時，應通知當事人檢附稽徵機關核發之稅款繳清證明書，或核定免稅證明書，或不計入贈與總額證明書，或同意移轉登記證明書之副本。其不能繳附者，不得逕為移轉登記（遺贈稅§8）。

（五）作農業使用之農業用地及其地上農作物，贈與民法第1138條所定繼承人者，不計入其土地及地上農作物價值之全數。受贈人自受贈之日起五年內，未將該土地繼續作農業使用且未在有關機關所令期限內恢復作農業使用，或雖在有關機關所令期限內已恢復作農業使用而再有未作農業使用情事者，應追繳應納稅賦。但如因該受贈人死亡，該受贈土地被徵收或依法變更為非農業用地者，不在此限（遺贈稅§20，農發§38II）。

三、權利與義務

（一）土地建物有贈與行為發生，應辦理所有權移轉登記。於贈與場合及登記過程中，受贈人為權利人，贈與人為義務人。

（二）土地建物所有權贈與移轉登記，應由權利人及義務人會同申請。

四、申請實務

(一) 應備書件

1.土地贈與移轉應備書件

(1)現值申報書。

(2)土地登記申請書。

(3)土地所有權贈與移轉契約書（公定契紙）。

(4)稅捐繳納文件：

①於現值申報後，應繳納增值稅，故應附繳增值稅繳納收據，或增值稅免稅證明。

②申報贈與稅後，應附繳贈與稅繳清證明書，或核定免稅證明書，或不計入贈與總額證明書，或同意移轉證明書。

(5)權利人及義務人之身分證明文件。

(6)義務人印鑑證明。

(7)公司法人應另附文件：請參閱第三章第二節。

(8)土地所有權狀。

2.建物贈與移轉應備書件

(1)契稅申報書。

(2)土地登記申請書。

(3)建物所有權贈與移轉契約書（公定契紙）。

(4)權利人及義務人之戶籍資料。

(5)義務人印鑑證明。

(6)稅捐繳納文件：如契稅繳納收據、贈與稅有關證明書。

(7)公司法人應另附文件：請參閱第三章第二節。

(8)最近一期房屋稅繳納收據。

(9)建物所有權狀。

(二) 申請手續

1.土地贈與移轉手續

(1)備齊所需文件，繕妥蓋章後，將登記申請書等文件對摺整齊，並將申請書放置於第一頁，契約書副本放置於第二頁，其餘書件再依次放置整齊（習慣上所有權狀放置於最後面），並裝訂成冊。

(2)現值申報：登記案件首先提向土地所在地之稅捐機關申報現值。由稅

捐機關抽取現值申報書，並於收據上加蓋收件日期、收件號碼及有關文字戳記後，將登記案件暫時領回。

(3)領取土地增值稅繳納通知書或免稅證明書：現值申報後，由主管稅捐機關核計增值稅。於現值申報後，約七天左右即可向主管稅捐機關領取土地增值稅繳納通知書或土地增值稅免徵證明書。

(4)申報贈與稅：

①贈與行為發生後三十日內應辦理贈與稅申報，故在此期限內，通常於增值稅繳納後申報贈與稅。

②如贈與之標的物為土地與建物，通常於增值稅及契稅繳納後申報贈與稅。因為贈與之增值稅及契稅均由受贈人繳納，可由贈與財產之價額中予以扣除。增值稅、契稅等收據及契約書正本，影印後附於贈與稅申報書內。

(5)申請登記：向土地所在地之主管地政事務所申請。

①將增值稅繳納收據第一聯浮貼於契約書正本上面，第二聯浮貼於契約書副本上面。

②將贈與稅有關文件影印後，將正、影本均附於申請之登記案件內。

③收件及計收規費：

(A)案件提向地政事務所申辦時，其程序為收件→計算規費→開單→繳費→領取收件收據。

(B)登記費為土地申報地價的千分之一，書狀費每張80元。

④補正：如申請案件經審查發現填寫錯誤或文件不全或證件不符時，經通知補正者，應於期限內補正。

⑤領狀：申請案件經審查無誤並登記完畢後，權利人或代理人即可持收件收據及原蓋用之印章，領取所有權狀及其他不需存查之文件。

2.建物贈與移轉手續

(1)備齊所需文件，繕妥後蓋章。

(2)申報契稅：提向主管稽徵機關申報契稅。臺灣省鄉鎮市地區，契稅申報均由鄉鎮市公所辦理。

(3)領取稅單：經申報契稅後，主管稽徵機關即行核計契稅，並開發繳納通知單。當事人可於申報契稅後，持印章領取稅單繳納。

(4)申報贈與稅：

①贈與行為發生後三十日內應辦理贈與稅申報，故在此期限內，通常於契稅繳納後申報贈與稅。

②如贈與之標的物為土地與建物，通常於增值稅及契稅繳納後申報贈

與稅。因為贈與之增值稅及契稅均由受贈人繳納，可由贈與財產之價額中予以扣除。

(5)申請登記：向土地所在地之主管地政事務所申請。

①將契稅繳納收據第一聯浮貼於契約書正本上面，第二聯浮貼於契約書副本上面。並將已繕妥蓋章之登記申請書放置於第一頁，契約書副本放置於第二頁（對摺整齊）後，其他書件再依次放置整齊（習慣上所有權狀放置於最後面），有關贈與稅捐文件影印後，正、影本亦均放置於案件內。各書件放置整齊後，再裝訂成冊，即可提出申請。

②計費、開單、繳費、收件、補正及領狀等手續，與前述土地贈與移轉登記之手續相同——可參閱之，於此不贅言。

復習問題

1.何謂贈與？不動產贈與應報繳哪些稅捐？
2.應由何人申請贈與移轉登記？
3.贈與及遺贈有何異同？
4.贈與移轉登記應備哪些文件？
5.不動產贈與移轉登記之辦理程序為何？

範例一　土地與建物贈與移轉登記

土地登記申請書

收件	日期　年　月　日 字號　　字第　　號	連件序別 （非連件 者免填）　共1件　第1件	登記費　　元 書狀費　　元 罰　鍰　　元	合計　　元 收據　　字號 核算者

(1) 受理機關　△△縣/市　△△地政事務所　☑跨所申請　資料管轄機關　△△縣/市　△△地政事務所

(2) 原因發生日期　中華民國△△年△月△△日

(3) 申請登記事由（選擇打✓一項）
- □所有權第一次登記
- ☑所有權移轉登記
- □抵押權登記
- □抵押權塗銷登記
- □抵押權內容變更登記
- □標示變更登記

(4) 登記原因（選擇打✓一項）
- □第一次登記
- □買賣　☑贈與　□繼承　□分割繼承　□拍賣　□共有物分割
- □設定　□法定
- □清償　□拋棄　□混同　□判決塗銷
- □權利價值變更　□權利內容等變更
- □分割　□合併　□地目變更

(5) 標示及申請權利內容　詳如　☑契約書　□登記清冊　□複丈結果通知書　□建物測量成果圖

(6) 附繳證件
1. 贈與契約書　2份
2. 戶口名簿影本　2份
3. 土地增值稅收據　1份
4. 契稅收據　1份
5. 贈與稅繳清證明　1份
6. 土地所有權狀　1份
7. 建物所有權狀　1份
8. 印鑑證明　1份
9.

(7) 委任關係　本土地登記之申請委託　陳△△　代理。　複代理。委託人確為登記標的物之權利人或權利關係人，並經核對身分無誤，如有虛偽不實，本代理人（複代理人）願負法律責任。印

(8) 聯絡方式
- 權利人電話　△△△△△△△△△
- 義務人電話　△△△△△△△△△
- 代理人聯絡電話　△△△△△△△△△
- 傳真電話　△△△△△△△△△
- 電子郵件信箱　△△△@△△△.tw
- 不動產經紀業名稱及統一編號
- 不動產經紀業電話

(9) 備註

(10) 申請人	(11) 權利人或義務人	(12) 姓名或名稱	(13) 出生年月日	(14) 統一編號	(15) 住　所 縣市	鄉鎮市區	村里	鄰	街路	段	巷	弄	號	樓	(16) 簽章
	權利人	林△△	△△△	△△△△△△	△△	△△	△△	△	△△	△			△		印
	義務人	林△△	△△△	△△△△△△	△△	△△	△△	△	△△	△			△		印
	代理人	陳△△	△△△	△△△△△△	△△	△△	△△	△	△△	△			△		印

本案處理經過情形（以下各欄申請人請勿填寫）	初審	複審	核定	登簿	校簿	書狀列印	校狀	書狀用印
				地價異動	通知領狀	異動通知	交付發狀	歸檔

土地
　　所有權贈與移轉契約書
建築改良物

下列土地建築物經 受贈人 贈與人 雙方同意所有權買賣移轉，特訂立本契約：

土地標示

項目		內容
(1)坐落	鄉鎮市區	△△
	段	△△
	小段	△
(2)地號		21
(3)面積（平方公尺）		312
(4)權利範圍		全部

建物標示

項目		內容
(5)建	號	213
(6)門牌	鄉鎮市區	△△
	街　路	△△
	段　巷　弄	△
	號　樓	△
(7)建物坐落	段	△△
	小段	△△
	地號	△△
(8)面積（平方公尺）	1層	80.5
	2層	80.5
	層	
	層	
	共　計	161.0
(9)附屬建物	用　途	陽台
	面　積（平方公尺）	21.5
(10)權利範圍		全部

(13)受贈人或贈與人	(14)姓名或名稱	(15)權利範圍 受贈持分	(15)權利範圍 贈與持分	(16)出生年月日	(17)統一編號	(18)住所 縣市	鄉鎮市區	村里	鄰	街路	段	巷弄	號	樓	(19)蓋章
受贈人	林△△	全部		△△	△△	△△	△△	△△	△	△△	△	△	△		印
贈與人	林△△		全部	△△	△△	△△	△△	△△	△	△△	△	△	△		印

訂立契約人

(12)簽名或蓋證

(20)立約日期　中　華　民　國　△△　年　△△　月　△△　日

(11)申請登記以外之約定事項

1. 他項權利情形：無
2. 贈與權利價值：新台幣參佰伍拾萬元正
3. 　印花1‰
4.
5.

第四節　交換移轉登記

一、交換之定義

所謂交換，係當事人雙方約定互相移轉金錢以外之財產權之契約。亦謂之互易，互易行為係債之性質，故民法將互易置於債編，並準用關於買賣之規定（民§398）。

二、權利與義務

所謂交換，就權利主體而言，需有二個當事人，就權利客體而言，需有二個標的物。就任一標的物而言，於交換場合及登記過程中，稱原所有權人為義務人，稱取得所有權人為權利人。

三、應先報繳有關稅捐

（一）土地交換，為有償移轉，應報繳土地增值稅。

（二）房屋交換，應報繳契稅。

（三）贈與稅申報：

　　1.以顯著不相當之代價，讓與不動產者，應申報贈與稅，為遺產及贈與稅法第5條所明文規定。故土地或建物交換移轉，其價值有差額，而未約定補償，其差額應申報贈與稅。

　　2.二親等內親屬間財產之交換，仍須由各該當事人檢附有關文件，由稅務機關審核有無差額及應否課徵贈與稅後核發證明，再憑以辦理產權移轉登記。

四、法院允許

為保護未成年人及受監護人之權益起見，其交換不動產，應由其監護人提報法院允許。

五、申請人

（一）土地或建物所有權交換移轉登記，應由權利人及義務人——即交換之雙方會同申請。

（二）如經法院判決確定，得由權利人或登記名義人單獨申請（土登§27）。

六、申請期限

（一）土地所有權交換移轉，雙方應於訂定契約之日起三十日內，檢同契約及有關文件，共同申請土地所有權移轉登記，並同時申報其土地移轉現值（平例§47）。

（二）申請土地所有權變更登記，應於權利變更之日起一個月內為之（土登§33）。

（三）土地建物所有權移轉登記時，如確係由於申報遺產稅、贈與稅、契稅、增值稅等主管機關所延誤，致逾期辦理移轉登記，而該遲延辦理移轉登記之責任，不在當事人者，其登記罰鍰之核課，可依檢附該稅捐機關出具之證明文件，將各該主管機關所延誤之期間予以扣除（土登§50Ⅱ參照）。

七、申請實務

（一）應備書件

1.土地交換移轉應備書件

(1)現值申報書。

(2)土地登記申請書。

(3)土地所有權交換移轉契約書（公定契紙）。

(4)稅捐繳納文件：

①於現值申報後，應繳納增值稅，故應附繳增值稅繳納收據，或增值稅免稅證明。

②如交換之土地有差額而未補償者，應申報繳納贈與稅，故應附贈與稅繳清證明或贈與稅免稅證明。

(5)雙方之身分證明文件。

(6)雙方印鑑證明。

(7)法院允許證明。

(8)公司法人應另附文件：請參閱第三章第二節。

(9)土地所有權狀。

2.建物交換移轉應備書件

(1)契稅申報書。

(2)土地登記申請書。

(3)建物所有權交換移轉契約書（公定契紙）。

(4)雙方之身分證明文件。

(5)雙方印鑑證明。

(6)稅捐繳納文件。

(7)法院允許證明。

(8)公司法人應另附文件：請參閱第三章第二節。

(9)最近一期房屋稅繳納收據。

(10)建物所有權狀。

（二）申辦手續

1.土地移轉手續

(1)備齊所需文件，繕妥蓋章後，將登記申請書等文件對摺，並將申請書放置於第一頁，契約書副本放置於第二頁，其餘書件再依次放置整齊（習慣上所有權狀置於最後面）並裝訂成冊。

(2)現值申報：首先提向土地所在地之主管稅捐機關申報現值。由稅捐機關抽取現值申報書，並於收據上加蓋收件日期、收件號碼及有關文字戳記後，將登記案件暫時領回。

(3)領取土地增值稅繳納通知書或免稅證明書：現值申報後審核無誤，由主管稅捐機關核計增值稅。於現值申報後約七天左右即可向主管稅捐機關領取土地增值稅繳納通知書或土地增值稅免徵證明書。如不等值交換，其差額未補償或係二親等或未成年者，應另行申報贈與稅。

(4)申請登記：向土地所在地之地政事務所申請。

　①將增值稅繳納收據第一聯浮貼於契約書正本，第二聯浮貼於契約書副本。

　②收件及計收規費：

　　(A)案件提向地政事務所申辦時，其程序為收件→計算規費→開單→繳費→領取收件收據。

　　(B)登記費為申報地價的千分之一，書狀費每張新臺幣80元。

　③補正：如申請案件經審查發現填寫錯誤或文件不全或證件不符時，經通知補正者，應於期限內補正。

　④領狀：申請案件經審查無誤並登記完畢後，權利人或代理人即可持收件收據及原蓋用之印章，領取所有權狀、契約書正本及其他不需存查之文件。

2.建物交換移轉手續

(1)備齊所需文件，繕妥後蓋章。

(2)申報契稅：提向主管稽徵機關申報契稅。臺灣省鄉鎮市地區，契稅申報均由鄉鎮市公所辦理。

(3)領取稅單：經申報契稅後，主管稽徵機關即行核計契稅並開發繳納通知書。當事人可於申報契約後，持印章領取稅單繳納。

(4)納稅收據之併案：契稅繳納後，將契稅繳納收據第一聯浮貼於契約書正本上面，第二聯浮貼於契約書副本上面。如交換有差額未補償或係二親等、未成年者，應另申報贈與稅。

(5)申請登記：向土地建物所在地之地政事務所申請。

①將已繕妥核章之登記申請書對摺放置於第一頁，契約書副本放置於第二頁（對摺整齊）。其他書件再依次放置整齊（習慣上所有權狀放置於最後面），並裝訂成冊，即可提出申請。

②計費、開單、繳費、收件、補正及領狀等手續，與前述土地交換移轉登記之手續相同——可參閱之，於此不贅言。

復習問題

1.何謂交換？當事人之權利與義務為何？

2.不動產交換應繳納哪些稅捐？

3.交換登記之申請人為何？其申請期限為何？

4.不動產交換移轉登記應備哪些文件？

5.不動產交換移轉登記之手續為何？

範例　土地交換移轉登記

收件	日期	年 月 日 時 分		收件者章		連件序列（非連件者免填）		收件	登記費	元		合計	元
	字號	字第　號				共1件　第1件			書狀費	元		收據	字號
									罰鍰	元		核算者	

土 地 登 記 申 請 書

(1) 受理機關　△△ 縣 △△ 地政事務所　□跨所申請　　資料管轄機關　△△ 市　　△△ 地政事務所

(2) 原因發生日期　中華民國△△年△△月△△日

(3) 申請登記事由（選擇打✓一項）
　□ 所有權第一次登記
　✓ 所有權移轉登記
　□ 抵押權登記
　□ 抵押權塗銷登記
　□ 抵押權內容變更登記
　□ 標示變更登記
　□

(4) 登記原因（選擇打✓一項）
　□ 第一次登記
　□ 買賣　□ 贈與　□ 繼承　□ 分割繼承　□ 拍賣　□ 共有物分割　✓ 交換
　□ 設定　□ 法定
　□ 清償　□ 拋棄　□ 混同　□ 判決塗銷　□
　□ 權利價值變更　□ 權利內容等變更
　□ 分割　□ 合併　□ 地目變更

(5) 標示及申請權利內容　詳如　✓ 契約書　□ 登記清冊　□ 複丈結果通知書　□ 建物測量成果圖　□

(6) 附繳證件
　1. 交換契約書　2份
　2. 戶口名簿影本　2份
　3. 土地增值稅繳收據　2份
　4. 土地所有權狀　2份
　5. 印鑑證明　2份
　6. _____ ___份
　7. _____ ___份
　8. _____ ___份
　9. _____ ___份

(7) 委任關係
　本土地登記案之申請委託　陳△△　代理。　　複代理。
　委託人確為登記標的物之權利人或權利關係人，並經核對身分無誤，如有虛偽不實，本代理人（複代理人）願負法律責任。印

(8) 聯絡方式
　權利人電話　△△△△△△△△
　義務人電話　△△△△△△△△
　代理人聯絡電話　△△△△△△△△
　傳真電話　△△△△△△△△
　電子郵件信箱　△△@△△△.tw
　不動產經紀業名稱及統一編號
　不動產經紀業電話

(9) 備註

(10) 申請人	(11) 權利人或義務人	(12) 姓名或名稱	(13) 出生年月日	(14) 統一編號	(15) 住所										(16) 簽章
					縣市	鄉鎮市區	村里	鄰	街路	段	巷	弄	號	樓	
	權利人	張△△	△△△	△△△△	△△	△△	△△	△	△△	△			△		印
	權利人	李△△	△△△	△△△△△	△△	△△	△△	△	△△	△			△		印
	代理人	陳△△	△△△	△△△△△	△△	△△	△△	△	△△	△			△		印

本案處理經過情形（以下各欄申請人請勿填寫）								
初審	複審	核定	登簿	校簿	書狀列印	校狀	書狀用印	
			地價異動	通知領狀	異動通知	交發狀	歸檔	

土地建築改良物所有權交換移轉契約書

下列　土地建築改良物　經所有權人雙方同意交換所有權移轉，特訂立本契約：

			土地標示（交換前）	土地標示（交換後）	建物標示（交換前）	建物標示（交換後）
(1) 坐落	鄉鎮市區		△△	△△		
	段		△△	△△		
	小段		△	△		
(2) 地號			21	23		
(3) 面積（平方公尺）			213	215		
(4) 所有權人姓名			張△△	辛△△		
(5) 權利範圍			全部	全部		
(6) 權利價值			125萬元	150萬元		
(7) 建號						
(8) 門牌	鄉鎮市區					
	街路					
	段巷弄					
	號樓					
	段					
	小段					
	地號					
(9) 建物坐落						
(10) 面積（平方公尺）	層					
	層					
	層					
	層					
	層					
	共計					
(11) 附屬建物	用途					
	面積（平方公尺）					
(12) 所有權人姓名						
(13) 權利範圍						
(14) 權利價值						

(15) 申請登記以外之約定事項
1. 他項權利情形及處理方法：
2. 交換權利差額及補償情形：差額 25 萬元於登記完畢後付清
3.
4.
5.　　　　　貼印花 2750 元

	(16) 簽名或簽證										
訂立契約人	(17) 姓名或名稱	(18) 出生年月日	(19) 統一編號	(20) 住　　　所								(21) 蓋章
				縣市	鄉鎮市區	村里	鄰	街路	段	巷弄	號	樓	
	張△△	△△△△△△	△△△△△△△△△△	△△	△△	△△	△	△△	△	△	△	△	印
	李△△	△△△△△△	△△△△△△△△△△	△△	△△	△△	△	△△	△	△	△	△	印

(22) 立約日期	中 華 民 國 △△ 年 △△ 月 △△ 日

第五節　共有物所有權分割登記

一、共有物分割之定義

（一）所謂共有物所有權分割，係指共有人為便於處分使用收益其應有部分，經全體共有人協議同意或不能協議請求法院判決分割確定，將共有物所有權分割，按共有人中各人應有部分，登記為各人所有或是變更原共有型態而為其他共有人共有是也。其係權利分割，而非實物分割，與一般所謂之測量分割不同。其實際性質係屬原物分配，惟登記實務上，係採移轉登記主義，因此以所有權移轉方式辦理。

（二）圖說

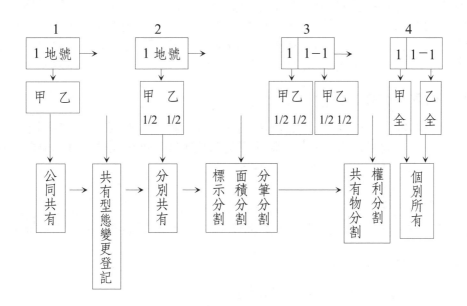

二、分別共有與公同共有

所謂共有，係數人按其應有部分，對於一物有所有權之型態是也，各所有權人即為共有人（民§817Ⅰ）。各共有人之所有權，亦稱之為共有權。此即一般所謂之分別共有或持分共有。另外，所謂公同共有，係依法律規定、習慣或法律行為，成一公同關係之數人，基於其公同關係而共有一物者是也（民§827Ⅰ）。

三、推定均等

各共有人之應有部分不明者，推定其為均等（民§817Ⅱ）。

四、隨時請求分割

各共有人，除法令另有規定外，得隨時請求分割共有物。但因物之使用目的不能分割或契約訂有不分割之期限者，不在此限。前項約定不分割之期限，不得逾五年；逾五年者，縮短為五年。但共有之不動產，其契約訂有管理之約定時，約定不分割之期限，不得逾三十年；逾三十年者，縮短為三十年。前項情形，如有重大事由，共有人仍得隨時請求分割（民§823）。

五、公同共有物之分割

公同關係存續中，各公同共有人不得請求分割其公同共有物（民§829）。公同共有物之分割，除法律另有規定外，準用關於共有物分割之規定（民§830Ⅱ）。

六、分割方法

關於共有物分割，民法定有其分割方法，土地登記規則並據以明示規定。

（一）民法第824條

1.共有物之分割，依共有人協議之方法行之。

2.分割之方法不能協議決定，或於協議決定後因消滅時效完成經共有人拒絕履行者，法院得因任何共有人之請求，命為下列之分配：

　(1)以原物分配於各共有人。但各共有人均受原物之分配顯有困難者，得將原物分配於部分共有人。

　(2)原物分配顯有困難時，得變賣共有物，以價金分配於各共有人；或以原物之一部分分配於各共有人，他部分變賣，以價金分配於各共有人。

3.以原物為分配時，如共有人中有未受分配，或不能按其應有部分受分配者，得以金錢補償之。

4.以原物為分配時，因共有人之利益或其他必要情形，得就共有物之一部分仍維持共有。

5.共有人相同之數不動產，除法令另有規定外，共有人得請求合併分割。

6.共有人部分相同之相鄰數不動產，各該不動產均具應有部分之共有人，經各不動產應有部分過半數共有人之同意，得適用前項規定，請求合併分割。但法院認合併分割為不適當者，仍分別分割之。

7.變賣共有物時，除買受人為共有人外，共有人有依相同條件優先承買之權，有二人以上願優先承買者，以抽籤定之。

（二）民法第824條之1

1.共有人自共有物分割之效力發生時起，取得分得部分之所有權。

2.應有部分有抵押權或質權者，其權利不因共有物之分割而受影響。但有下列情形之一者，其權利移存於抵押人或出質人所分得之部分：
(1)權利人同意分割。
(2)權利人已參加共有物分割訴訟。
(3)權利人經共有人告知訴訟而未參加。

4.前項但書情形，於以價金分配或以金錢補償者，準用第881條第1項、第2項或第899條第1項規定。

5.前條第3項之情形，如為不動產分割者，應受補償之共有人，就其補償金額，對於補償義務人所分得之不動產，有抵押權。

6.前項抵押權應於辦理共有物分割登記時，一併登記，其次序優先於第2項但書之抵押權。

（三）土地登記規則第100條之1

1.依民法第824條第3項規定申請共有物分割登記時，共有人中有應受金錢補償者，申請人應就其補償金額，對於補償義務人所分得之土地，同時為應受補償之共有人申請抵押權登記。但申請人提出應受補償之共有人已受領或為其提存之證明文件者，不在此限。

2.前項抵押權次序優先於第107條第1項但書之抵押權；登記機關於登記完畢後，應將登記結果通知各次序抵押權人及補償義務人。

七、達成分割之手段及應備之特別文件

（一）全體協議分割

1. 共有物之分割，依共有人協議之方法行之（民§824Ⅰ）。
2. 所謂「協議」，係指全體共有人協商同意而言，與「議決」不同，故不適用多數決之原則（70.5.15司法院廳民一字第0373號函）。
3. 由前述可知，所謂協議分割，應係指經全體共有人協議一致同意分割並訂立分割契約書，據以辦理分割登記，申請共有物分割登記時，應檢附分割契約書。

（二）判決分割

依據法院判決申請共有物分割登記者，部分共有人得提出法院確定判決書及其他應附書件，單獨為全體共有人申請分割登記，登記機關於登記完畢後，應通知他共有人。其所有權狀應俟登記規費繳納完畢後，再行繕發（土登§100）。

（三）申請調處分割

1. 依法得分割之共有土地或建築改良物，共有人不能自行協議分割者，任何共有人得聲請該管直轄市、縣（市）政府調處。不服調處者應於接到調處通知後十五日內向司法機關訴請處理，逾期不起訴者，依原調處結果辦理之（土§34-1Ⅵ）。
2. 不動產糾紛調處委員會之設置
   關於不動產糾紛調處委員會之設置，原規定於土地法第34條之1第6項。惟因易引起誤解，且不甚明確。故90年10月31日修正並增訂第34條之2：「直轄市或縣（市）地政機關為處理本法不動產之糾紛，應設不動產糾紛調處委員會，聘請地政、營建、法律及地方公正人士為調處委員；其設置、申請調處之要件、程序、期限、調處費用及其他應遵循事項之辦法，由中央地政機關定之」。

八、應先標示變更登記再分割

共有物分割應先申請標示變更登記，再申辦所有權分割登記。但無須辦理標示變更登記者，不在此限（土登§105）。

九、不以同地段同轄區為限

數宗共有土地併同辦理共有物分割者，不以同一地段、同一登記機關為限（土登§106）。

十、部分共有人就其應有部分設定抵押權之分割

分別共有土地，部分共有人就應有部分設定抵押權者，於辦理共有物分割登記時，該抵押權按原應有部分轉載於分割後各宗土地之上。但有下列情形之一者，該抵押權僅轉載於原設定人分割後取得之土地上（土登§107）：

（一）抵押權人同意分割。

（二）抵押權人已參加共有物分割訴訟。

（三）抵押權人經共有人告知訴訟而未參加。

前項但書情形，原設定人於分割後未取得土地者，申請人於申請共有物分割登記時，應同時申請該抵押權之塗銷登記。登記機關於登記完畢後，應將登記結果通知該抵押權人。

十一、申請實務

（一）應備書件

1.共有土地分割應備書件

(1)現值申報書。

(2)土地登記申請書。

(3)共有土地所有權分割契約書（公定契紙）。

(4)稅捐繳納文件：

　①分割後各人所取得之土地價值，與依原持有比例所算得之價值相等，免徵增值稅，不等時就減少部分計徵土地增值稅。

　②共有土地經分割後各人所取得之土地價值有增減而未補償時，應申報贈與稅，附繳贈與稅繳清證明或免稅證明。

(5)全體分割人身分證明文件。

(6)全體分割人印鑑證明。

(7)他項權利人同意書及印鑑證明：原已有設定他項權利登記時才檢附，否則免附。

(8)公司法人應附文件：請參閱第三章第二節。

(9)土地所有權狀。

2.共有建物分割應備書件

(1)契稅申報書。

(2)土地登記申請書。

(3)共有建物所有權分割契約書。

(4)稅捐繳納文件。

(5)全體分割人之身分證明文件。

(6)全體分割人印鑑證明。

(7)最近一期房屋稅繳納收據。

(8)公司法人應附文件：請參閱第三章第二節。

(9)他項權利人同意書及印鑑證明：原已有設定他項權利登記時才檢附，否則免附。

(10)建物所有權狀。

（二）申辦手續

1.共有土地分割移轉手續

(1)備齊所需文件繕妥蓋章後，將登記申請書等文件對摺，並將申請書放置於第一頁，契約書副本放置於第二頁，其餘書件再依次放置整齊（習慣上所有權狀放置於最後面），並裝訂成冊。

(2)現值申報：登記案件首先提向主管稅捐機關申報現值，由稅捐機關抽取現值申報書，並於收據上加蓋收件日期、收件號碼及有關文件戳記後，將登記案件暫時領回。

(3)領取土地增值稅繳納通知單或免稅證明書：現值申報後，由主管稅捐機關核計增值稅。於現值申報後約七天左右即可向主管稅捐機關領取土地增值稅繳納通知書或土地增值稅免徵證明書。

(4)申請登記：向土地所在地之地政事務所申請。

①將繳納增值稅之收據第一聯浮貼於契約書正本上面，第二聯浮貼於契約書副本上面。

②收件及計收規費：案件提向地政事務所申辦時，其程序為收件→計算規費→開單→繳費→領取收件收據。

(A)登記費為申報地價的千分之一，書狀費每張新臺幣80元。

(B)共有物分割登記，以分割後各自取得部分計收。

③補正：如申請案件經審查發現填寫錯誤或文件不全或證件不符時，經通知補正者，應於期限內補正。

④領狀：申請案件經審查無誤並登記完畢後，權利人或代理人即可持收件收據及原蓋用之印章，領取所有權狀、契約書正本及其他不需存查之文件。

2.共有建物分割移轉手續

(1)備齊所需文件，繕妥後蓋章。

(2)申報契稅：提向主管稅捐機關申報契稅。

(3)領取稅單：經申報契稅後，主管稅捐機關即行核計契稅並開發繳納通知單。當事人可於申報契約後，持印章領取稅單繳納。

(4)納稅收據之併案：契稅繳納後，將契稅繳納收據第一聯浮貼於契約書正本上面，第二聯浮貼於契約書副本上面。

(5)申請登記：向土地所在地之地政事務所申請。

①將已繕妥核章之登記申請書對摺放置於第一頁，契約書副本對摺放置於第二頁（對摺整齊），其他書件再依次放置整齊（習慣上所有權狀放置於最後面），並裝訂成冊，即可提出申請。

②計費、開單、繳費、收件、補正及領狀等手續，與前述共有土地分割移轉手續相同——可參閱之，於此不贅言。

復習問題

1.何謂共有物分割？（108基特四）何謂標示分割？

2.何謂共有？何謂分別共有？何謂公同共有？

3.何謂應有部分？應有部分不明者如何定其權利範圍？

4.何種情形不得請求分割共有物？

5.分割共有物之方法為何？共有土地分割後之應有情形為何？

6.判決分割申請登記應檢附之文件為何？其申請人為何？登記機關應如何處理？

7.共有物分割，可否請求地政機關調解？如何才算調解成立？

8.有抵押權設定登記之共有物分割，如何處理該抵押權？（109專普）

9.共有物分割登記應備哪些文件？

10.共有物分割登記之辦理程序為何？

11.共有人協議分割該共有土地，試問辦理共有物分割登記時，抵押權如何登記之？（98普、108基特四）

範例　共有土地分割登記

收件	日期	年 月 日 時 分	收件者章	連件序別（非連件者免填）	連件序別 共1件 第1件	登記費	元	合計	元
	字號	字第　　號				書狀費	元	收據	字號
						罰鍰	元	核算者	

土　地　登　記　申　請　書

(1) 受理機關	△△　縣　△△　地政事務所 市　□跨所申請	資料管轄機關	△△　縣 市　△△　地政事務所	(2) 原因發生日期	中華民國△△年△月△△日

(3) 申請登記事由（選擇打✓一項）
□所有權第一次登記
☑所有權移轉登記
□抵押權登記
□抵押權塗銷登記
□抵押權內容變更登記
□標示變更登記

(4) 登記原因（選擇打✓一項）
□第一次登記
□買賣　□贈與　□分割繼承　□繼承
□設定　□法定
□清償　□拋棄　□混同　□判決塗銷
□權利價值變更　□權利內容等變更　□
☑分割　□合併　□地目變更　□

(5) 標示及申請權利內容　詳如　□契約書　☑登記清冊　□複丈結果通知書　□建物測量成果圖

(6) 附繳證件
1. 分割契約書　2份
2. 戶口名簿影本　2份
3. 土地增值稅免稅證明　2份

4. 土地所有權狀　4份
5. 他項權利人同意書　1份
6. 印鑑證明　2份

7.　　　　份
8.　　　　份
9.　　　　份

(7) 委任關係
本土地登記案之申請委託　陳△△　代理。　　複代理。
委託人確為登記標的物之權利人或權利關係人，並經核對身分證明無誤，如有
虛偽不實，本代理人（複代理人）願負法律責任。印

(8) 聯絡方式
權利人電話	△△△△△△△△
義務人電話	△△△△△△△△
代理人聯絡電話	△△△△△△△△
傳真電話	△△△△△△△△
電子郵件信箱	△△@△△△.tw
不動產經紀業名稱及統一編號	
不動產經紀業電話	

(9) 備註

(10) 申請人	(11) 權利人或義務人	(12) 姓名或名稱	(13) 出生年月日	(14) 統一編號	(15) 住所 縣市	鄉鎮市區	村里	鄰	街路	段	巷	弄	號	樓	(16) 簽章
	權利人	朱△△	△△△	△△△△△	△△	△△	△△	△	△△	△			△		印
	權利人	王△△	△△△	△△△△△△	△△	△△	△△	△	△△	△			△		印
	代理人	陳△△	△△△	△△△△△△	△△	△△	△△	△	△△	△			△		印
本案處理經過情形（以下各欄申請人請勿填寫）	初審	複審	核定	登簿	校簿					書狀印列	書狀用印					
				地價異動	通知領狀					異動通知	交發狀				歸檔	
															校狀

共有土地建築改良物所有權分割契約書

下列 土地建物 經全體共有人同意分割，特訂立本契約：

土地標示

	分割前		分割後	
(1) 坐落　鄉鎮市區	△△	△△	△△	△△
段	△△	△△	△△	△△
小段	△	△	△	△
(2) 地號	21	22	21	22
(3) 面積（平方公尺）	126	126	126	126
(4) 所有權人姓名	宋△△ 王△△	宋△△ 王△△	宋△△	王△△
(5) 權利範圍	各 1/2	各 1/2	全部	全部
(6) 權利價值	180 萬元	180 萬元	180 萬元	180 萬元

建物標示

	分割前	分割後
(7) 建號　鄉鎮市區		
街路		
段巷弄		
號樓		
(8) 門牌		
(9) 建物坐落　段		
小段		
地號		
(10) 面積（平方公尺）　層		
層		
層		
層		
共計		
(11) 附屬建物　用途		
面積（平方公尺）		
(12) 所有權人姓名		
(13) 權利範圍		
(14) 權利價值		

(15) 申請登記以外之約定事項

1. 他項權利情形及處理方法：
2. 分割權利差額及補償情形：無差額無補償
3.
4.
5.

每件印花1‰

(16) 簽名或簽證

訂立契約人	(17) 姓名或名稱	(18) 出生年月日	(19) 統一編號	(20) 住　　　　　　　　　所									(21) 蓋章
				縣市	鄉鎮市區	村里	鄰	街路	段	巷弄	號	樓	
	朱△△	△△△△△△	△△△△△△△△	△△	△△	△△	△	△△	△	△	△	△	印
	王△△	△△△△△△	△△△△△△△△	△△	△△	△△	△	△△	△	△	△	△	印

(22) 立約日期　中華民國　△△　年　△△　月　△△　日

他項權利人同意書

　　立同意書人抵押權人吳△△，原於朱△△先生所有座落臺北市△△區△△小段△△地號土地持分二分之一，於 90.5.20 松山收件第一三五六號辦妥債權額新臺幣△△萬元之抵押權設定登記。現所有權人因辦理共有土地分割，本抵押權人同意該抵押權轉載於分割後抵押人朱△△先生取得之各筆土地地號上，恐口無憑，特立本同意書併附印鑑證明一份為憑。

　　　　　　　　立同意書人即抵押權人：

　　　　　　　　姓名：吳△△　　印

　　　　　　　　住址：臺北市△△區△△里△鄰△△△路△段△號

　　　　　　　　出生年月日：△△△△

　　　　　　　　身分證字號：△△△△

中　華　民　國　△△　年　　△　月　　△　日

第六節 拍賣移轉登記

一、拍賣之定義

所謂拍賣,簡單而言,係就債務人或欠稅人之不動產先行查封,再由執行法院予以拍賣,並就賣得之價金,償還債務或繳清欠稅。

二、稅捐優先

稅捐稽徵法第6條規定:

（一）稅捐之徵收,優先於普通債權。

（二）土地增值稅、地價稅、房屋稅之徵收及法院、法務部行政執行署所屬行政執行分署（以下簡稱行政執行分署）執行拍賣或變賣貨物應課徵之營業稅,優先於一切債權及抵押權。

（三）經法院、行政執行分署執行拍賣或交債權人承受之土地、房屋及貨物,執行法院或行政執行分署應於拍定或承受五日內,將拍定或承受價額通知當地主管稅捐稽徵機關,依法核課土地增值稅、地價稅、房屋稅及營業稅,並由執行法院或行政執行分署代為扣繳。

三、申請期限

（一）應於拍定之執行法院發給權利移轉證明書之日起一個月內申請權利移轉登記（土登§33）。

（二）拍賣之不動產,其為土地者,因已代扣增值稅,自可於取得產權移轉證書後,即行申請辦理所有權移轉登記。其為建物者,尚應檢附契稅申請書,及法院發給之權利移轉證明書,向建物所在地之主管稅捐機關申報繳納契稅後,始可申請登記。

（三）如因報繳契稅,致逾期辦理移轉登記,而其責不在當事人者,其登記罰鍰之核課,可依檢附該稅捐機關出具之證明文件,將該主管機關所延誤之期間予以扣除（土登§50II）。

四、申請人

法院拍定之不動產,得由買受人單獨申請登記（土登§27）。

五、申請實務

（一）應備書件

1.房屋契稅申報書。
2.土地登記申請書。
3.登記清冊。
4.產權移轉證明書：正、影本各一份，登記後影本存查，正本發還。
5.契稅繳納收據：
　(1)如為建物，則應附本項文件。
　(2)可將本項收據第一聯浮貼於產權移轉證明書正本上面，第二聯浮貼於影本上面。
6.權利人身分證明文件。

（二）申辦手續

1.建物拍賣移轉登記手續

(1)申報契稅：取得產權移轉證明書後，即可影印並將正、影本及契稅申報書，提向主管稅捐機關申報契稅。
(2)領取稅單：申報契稅後，即可領取契稅繳納通知單，持向公庫代收銀行繳納，並取具繳納收據第一聯及第二聯。
(3)納稅收據之併案：契稅繳納後，將契稅繳納收據浮貼於該產權移轉證明書正本上面，第二聯浮貼於影本上面。
(4)申請登記：向土地建物所在地之主管地政事所申請。
　①將已繕妥核章之登記申請書放置於第一頁，登記清冊放置於第二頁，其他書件再依次放置整齊，並裝訂成冊，即可提出申請。
　②收件及計收規費：
　　(A)案件提向地政事務所申辦時，其程序為收件→計算規費→開單→繳費→領取收件收據。
　　(B)經法院拍賣之土地，以權利移轉證明書上之日期當期公告土地現值為準。但經當事人舉證拍定日非權利移轉證明書上之日期者，以拍定日當日公告土地現值為準，其拍定價格低於公告現值者，以拍定價額為準。至於法院拍賣之建物，依其向稅捐單位申報之契價計收登記費。另書狀費每張80元。
　③補正：如申請案件經審查發現填寫錯誤或文件不全或證件不符時，

經通知補正者，應於限期內補正。

　④領狀：經審查無誤並登記完畢後，權利人或代理人即可持收件據及原蓋用之印章，至發狀處領取所有權狀、產權移轉證明書正本及其他不須存查之文件。

2.土地拍賣移轉登記手續

(1)因土地增值稅已經由法院代爲扣繳，故取得產權移轉證明書後，即可直接申請登記。

(2)將繕妥蓋章完畢之登記申請書對摺放置於第一頁，登記清冊對摺放置於第二頁，其他書件再依次放置整齊，並裝訂成冊，即可提出申請。

(3)計費、開單、繳費、收件、補正及領狀等手續，與前述建物拍賣移轉登記手續相同——可參閱之，於此不贅言。

復習問題

1.何謂拍賣？何謂稅捐優先？

2.不動產拍賣，其拍定人應報繳何種稅捐？

3.不動產拍定移轉登記之申請人爲何？申請期限爲何？

4.不動產拍定移轉登記應備哪些文件？其移轉登記之手續爲何？

範例　拍賣移轉登記

收件	日期	年　月　日　時　分	收件者章	連件序別（非連件者免填）	共1件　第1件	登記費	元	元
	字號	字第　　號				書狀費	元	元
						罰鍰	元	元

	合計	△△△△△元
	據收	
	核算者	

土地登記申請書

| (1)受理機關 | △△縣 市　△△地政事務所　☑跨所申請 | 資料管轄機關　△△縣 市　△△地政事務所 | (2)原因發生日期 | 中華民國△△年△月△△日 |

(3)申請登記事由（選擇打✓一項）
- □所有權第一次登記
- ☑所有權移轉登記
- □抵押權登記
- □抵押權塗銷登記
- □抵押權內容變更登記
- □標示變更登記
- □

(4)登記原因（選擇打✓一項）
- □第一次登記
- □買賣　□贈與　□繼承　□分割繼承　☑拍賣　□共有物分割
- □設定
- □清償　□拋棄　□混同　□判決塗銷　□
- □權利價值變更　□權利內容等變更
- □分割　□合併　□地目變更
- □

(5)標示及申請權利內容　詳如　□契約書　☑登記清冊　□複丈結果通知書　□建物測量成果圖　□

(6)附繳證件	1.產權移轉證明	1份	4.	份	7.	份
	2.契稅收據	1份	5.	份	8.	份
	3.戶口名簿影本	1份	6.	份	9.	份

(7)委任關係　本土地登記案之申請委託　陳△△　代理。　複代理。
委託人確為登記標的物之權利人或權利關係人，並經核對身分無誤，如有
虛偽不實，本代理人（複代理人）願負法律責任。　印

(8)聯絡方式
權利人電話	△△△△△△△△
義務人電話	△△△△△△△△
代理人聯絡電話	△△△△△△△△
傳真電話	△△△△△△△△
電子郵件信箱	△△△@△△△.tw
不動產經紀業名稱及統一編號	
不動產經紀業電話	

(9)備註

(10)申請人	(11)權利人或義務人	(12)姓名或名稱	(13)出生年月日	(14)統一編號	(15)住所 縣市	鄉鎮市區	村里	鄰	街路	段	巷	弄	號	樓	(16)簽章
	權利人	林△△	△△△	△△△△△	△△	△△	△△	△	△△	△			△		印
	義務人	張△△	△△△	△△△△△△	△△	△△	△△	△	△△	△			△		
	代理人	陳△△	△△△	△△△△△△	△△	△△	△△	△	△△	△			△		印

本案處理經過情形（以下各欄申請人請勿填寫）	初審	複審	核定	登簿	校簿	書列印	校狀	書狀印	書狀用印
				地價異動	通知領狀	異動通知	交付狀	歸檔	

登 記 清 冊							
							申請人 林△△ 印 簽章 代理人 陳△△ 印
(1) 坐 落	鄉鎮 市區	△△					
	段	△△					
	小 段	△					
(2) 地　號		57					
(3) 面　積 （平方公尺）		456					
(4) 權利範圍		245/10000					
(5) 備　註							
土　地　標　示							

		建物標示	
(6) 建　號			△△△△
(7) 門牌	鄉鎮市區		△△
	街　路		△△
	段巷弄		△
	號　樓		△△
(8) 建物坐落	段		△△
	小段		△
	地號		△△
(9) 面積（平方公尺）	八層		112.35
	層		
	層		
	層		
	共計		112.35
(10) 附屬建物	用途		陽台
	面積（平方公尺）		15.62
(11) 權利範圍			全部
(12) 備註			

第七節　公產出售移轉登記

一、公產出售

所謂公產出售移轉登記，係指公有土地或建物，經政府管理機關公開拍賣、標售或議價等各種方式出售，於出售後辦理產權移轉登記。

二、公有土地

土地法第4條規定，公有土地有四種：即國有土地、直轄市有土地、縣（市）有土地及鄉（鎮、市）有土地。現階段國有土地管理機關為財政部國有財產署，直轄市有土地管理機關為市政府財政局，縣（市）有土地管理機關為縣（市）政府財政局，鄉鎮有土地管理機關為鄉鎮公所財政課。

三、免徵土地增值稅

各級政府出售之公有土地，免徵土地增值稅（土稅法§28，平例§35）。

四、應報繳契稅

依法領買或標購公產，該公產為建物，仍應申報繳納契稅（契稅§11）。

五、申請期限

（一）應於公產出售機關發給產權移轉證明書之日起一個月內申請權利移轉登記（土登§33）。

（二）出售之公產，如為建物，買受人尚應申報繳納契稅，始可申請登記。惟如因申報繳納契稅，致逾期辦理移轉登記，而其責不在當事人者，其登記罰鍰之核課，可依檢附該稅捐機關出具之證明文件，將該主管機關所延誤之期間予以扣除（土登§50II）。

六、申請人

公產出售，應由買受人會同該公產管理機關申請權利變更登記。

七、申請實務

（一）應備書件

1.現值申報書：公有土地出售移轉，應附本項文件。
2.契稅申報書：公有建物出售移轉，應附本項文件。
3.土地登記申請書。
4.登記清冊。
5.產權移轉證明書：正、影本各一份，登記後影本存查，正本發還。
6.契稅繳納收據：可將本項收據第一聯浮貼於產權移轉證明書正本上面，第二聯浮貼於影本上面。
7.權利人身分證明文件。
8.土地或建物所有權狀。

（二）申辦手續

1.公有建物出售移轉登記手續

(1)申報契稅：取得產權移轉證明書後，即可影印並將正影本及契稅申報書等文件，提向主管稅捐機關申報契稅。

(2)領取稅單：申報契稅後，即可領取契稅繳納通知單，持向公庫代收銀行繳納，並取具繳納收據第一聯及第二聯。

(3)納稅收據之併案：契稅繳納後，將契稅繳納收據浮貼於該產權移轉證明書正本上面，第二聯浮貼於影本上面。

(4)申請登記：向土地建物所在地之主管地政事務所申請。

　①將已繕妥蓋章之登記申請書放置於第一頁，登記清冊放置於第二頁，其他書件再依次放置整齊，並裝訂成冊，即可提出申請。

　②收件及計收規費：

　　(A)案件提向地政事務所申辦時，其程序為收件→計算規費→開單→繳費→領取收件收據。

　　(B)以核定契稅之價值的千分之一計收登計費，另書狀費每張80元。

　③補正：如申請案件經審查發現填寫錯誤或文件不全或證件不符時，經通知補正者，應於限期內補正。

　④領狀：經審查無誤並登記完畢後，權利人或代理人即可持收件收據及原蓋用之印章，至發狀處領取所有權狀、產權移轉證明書正本及其他不須存查之文件。

2.公有土地出售移轉登記手續

　(1)因公有土地出售，免徵增值稅。故買受公有土地，於取得產權移轉證明書提出現值申報後，俟取得免稅證明書即可申請登記。惟如與地上建物同時承買時，應俟建物契稅報繳後，取得契稅繳納收據，始一併申請登記。

　(2)將繕妥蓋章完畢之登記申請書對摺放置於第一頁，登記清冊對摺放置於第二頁，其他書件再依次放置整齊，並裝訂成冊，即可提出申請。

　(3)計費、開單、繳費、收件、補正及領狀等手續，與前述公有建物出售移轉登記手續相同——可參閱之，於此不贅言。

復習問題

1.何謂公有土地？公有土地出售應否課徵土地增值稅？
2.公有建物出售應否課徵契稅？
3.公有不動產出售移轉登記之申請人為何？其申請期限為何？
4.公有不動產出售移轉登記應備哪些文件？其移轉登記之手續為何？

範例 公有土地與建物出售移轉登記

土地登記申請書

收件	日期	年 月 日 時 分	收件者章	連件序別 （非連件者免填）	第1件 共1件	登記費	元
	字號	字第 號				書狀費	元
						罰緩	元
						合計	元
						收據	字號
						核算者	

(1)受理機關 △△縣 △△市 △△地政事務所 □跨所申請 △△資料管轄機關 △△地政事務所

(2)原因發生日期 中華民國△△△年△△月△△日

(3)申請登記事由（選擇打✓一項）
□所有權第一次登記
☑所有權移轉登記
□抵押權登記
□抵押權塗銷登記
□抵押權內容變更登記
□標示變更登記
□

(4)登記原因（選擇打✓一項）
□第一次登記
☑買賣 □贈與 □繼承 □分割繼承 □拍賣 □共有物分割
□設定
□法定
□清償 □拋棄 □混同 □判決塗銷 □
□權利價值變更 □權利內容等變更 □
□分割 □合併 □地目變更 □
□

(5)標示及申請權利內容 詳如 □契約書 ☑登記清冊 □複丈結果通知書 □建物測量成果圖

(6)附繳證件
1.產權移轉證明 1份
2.戶口名簿影本 1份
3.免稅證明 1份
4.契稅收據 1份
5.土地所有權狀 1份
6.建物所有權狀 1份
7. 份
8. 份
9. 份

(7)委任關係 本土地登記案之申請委託 陳△△ 代理。 複代理。
委託人確為登記標的物之權利人或權利關係人，並經核對身分無誤，如有虛偽不實，本代理人（複代理人）願負法律責任。印

(8)聯絡方式
權利人電話 △△△△△△△△
義務人電話 △△△△△△△△△
代理人聯絡電話 △△△△△△△△
傳真電話 △△△△△△△△△
電子郵件信箱 △△△@△△△.tw
不動產經紀業名稱及統一編號
不動產經紀業電話

(9)備註

(10) 申請人	(11) 權利人或義務人	(12) 姓名或名稱	(13) 出生年月日	(14) 統一編號	(15) 住所 縣市	鄉鎮市區	村里	鄰	街路	段	巷	弄	號	樓	(16) 簽章
	權利人	王△△	△△△	△△△△△	△△	△△	△△	△	△△	△			△		印
	義務人	中華民國													
	管理機關	財政部國有財產署 北區分署 分署長○○○△△△△		△△△△△	△△	△△	△△	△	△△	△			△		印　印
	代理人	陳△△	△△△	△△△△△△△	△△		△△	△	△△	△			△		印
本案處理經過情形（以下各欄申請人請勿填寫）	初審	複審	核定	登簿	校簿	地價異動	通知領狀	異動通知	書狀列印	校狀	書狀用印	歸檔			

登 記 清 冊	土 地 標 示										
	(1) 坐 落	鄉 鎮 市 區	△△								
		段	△△								
		小 段	△								
	(2) 地 號		△△								
	(3) 面 積 （平方公尺）		125								
	(4) 權利範圍		全部								
	(5) 備 註										

申請人　王△△　　　簽章　印
代理人　陳△△　　　　　印
財政部國有財產署北區分署　印

建物標示		
(6) 建號		△△△△
(7) 門牌	鄉鎮市區	△△
	街　路	△△
	段巷弄	△
	號　樓	△△
(8) 建物坐落	段	△△
	小　段	△
	地　號	△
(9) 面積（平方公尺）	一　層	136.28
	二　層	
	三　層	
	四　層	
	共　計	136.28
(10) 附屬建物	用　途	
	面　積（平方公尺）	
(11) 權利範圍		全部
(12) 備　註		

第七章

他項權利登記

第一節 他項權利之認識

一、他項權利之種類

1. 土地所有權以外設定他項權利之種類，依民法之規定（土§11）。
2. 民法物權編規定，不動產除所有權外，有抵押權、地上權、99年2月3日前之永佃權、不動產役權、農育權、典權、習慣形成之物權等他項權利。
3. 土地權利有所有權、習慣形成之物權、地上權、永佃權、不動產役權、典權、抵押權、農育權及土地法規定之耕作權等九種（土登§4）。
4. 故他項權利計有習慣形成之物權、地上權、永佃權、地役權、抵押權、典權、農育權、耕作權等八種。

二、他項權利之登記

1. 他項權利亦為物權，其依法律行為而取得、設定、喪失及變更者，非經登記，不生效力（民§758Ⅰ）。
2. 他項權利登記，可概分為設定登記、移轉登記、權利內容變更登記、消滅登記及塗銷登記等五種。其中消滅登記與塗銷登記，詳見第十一章，本章以設定、移轉及權利內容變更等登記為範圍。

三、各種他項權利之定義

（一）地上權

地上權有普通地上權及區分地上權：
1. 所謂普通地上權，係指以在他人土地上下有建築物或其他工作物為目的而使用其土地之權（民§832）。
2. 所謂區分地上權，係指以在他人土地上下之一定空間範圍內設定之地上權（民§841-1）。

（二）永佃權

1. 所謂永佃權，係指支付佃租，永久在他人土地上為耕作或牧畜之權（民§842，99.2.3刪除）。

　　2.民法物權編施行法第13條之2：
　　　(1)民法物權編中華民國99年1月5日修正之條文施行前發生之永佃權，
　　　　其存續期限縮短為自修正施行日起二十年。
　　　(2)前項永佃權仍適用修正前之規定。
　　　(3)第1項永佃權存續期限屆滿時，永佃權人得請求變更登記為農育權。

（三）不動產役權

　　1.所謂不動產役權，係指以他人不動產供自己不動產通行、汲水、採
　　　光、眺望、電信或其他以特定便宜之用為目的之權（民§851）。
　　2.不動產役權之登記（土登§109）：
　　　(1)不動產役權設定登記時，應於供役不動產登記簿之他項權利部辦理
　　　　登記，並於其他登記事項欄記明需役不動產之地、建號及使用需役
　　　　不動產之權利關係；同時於需役不動產登記簿之標示部其他登記事
　　　　項欄記明供役不動產之地、建號。
　　　(2)前項登記，需役不動產屬於他登記機關管轄者，供役不動產所在地
　　　　之登記機關應於登記完畢後，通知他登記機關辦理登記。

（四）抵押權

　　抵押權有普通抵押權及最高限額抵押權。
　　1.稱普通抵押權者，謂債權人對於債務人或第三人不移轉占有而供其債
　　　權擔保之不動產，得就該不動產賣得價金優先受償之權（民§860）。
　　2.稱最高限額抵押權者，謂債務人或第三人提供其不動產為擔保，就債
　　　權人對債務人一定範圍內之不特定債權，在最高限額內設定之抵押權
　　　（民§881-1）。

（五）典　權

　　1.所謂典權，係指支付典價，在他人之不動產為使用、收益，於他人不
　　　回贖時，取得該不動產所有權之權（民§911）。
　　2.典權設定登記，其為土地者，應預繳土地增值稅，其為房屋者，應報
　　　繳契稅。

（六）耕作權

　　公有荒地招墾（土§133）：

1. 承墾人自墾竣之日起，無償取得所領墾地之耕作權，應即依法向該管直轄市或縣（市）地政機關申請爲耕作權之登記。但繼續耕作滿十年者，無償取得土地所有權。
2. 前項耕作權不得轉讓。但繼承或贈與於得爲繼承之人，不在此限。
3. 第1項墾竣土地，得由該管直轄市或縣（市）政府酌予免納土地稅二年至八年。

四、部分設定用益物權

（一）地上權、永佃權、不動產役權及典權、農育權，均係移轉占有而使用及收益，因此謂之爲「用益物權」。至於抵押權不移轉占用抵押物，而僅係擔保債權之清償，因此謂之爲「擔保物權」。
（二）提出位置圖（土登§108）：
　　1. 於一宗土地內就其特定部分申請設定地上權、農育權、不動產役權或典權登記時，應提出位置圖。
　　2. 因主張時效完成，申請地上權、不動產役權或農育權登記時，應提出占有範圍位置圖。
　　3. 前二項位置圖應先向該管登記機關申請土地複丈。
（三）申請複丈：
　　1. 宗地之部分設定地上權、農育權、不動產役權或典權者，或因主張時效完成，申請時效取得所有權，地上權、農育權或不動產役權者，得申請複丈（地測§204）。
　　2. 因宗地之部分擬設定地上權、農育權、不動產役權或典權者，由擬設定各該權利人會同土地所有權人或管理人向土地所在地登記機關申請複丈（地測§205）。

五、申請期限

　　土地總登記後設定之他項權利，或已登記之他項權利如有移轉或內容變更時，應於其權利取得或移轉變更後一個月內申請登記（土登§33）。

六、遺產繼承

　　他項權利人如死亡，他項權利屬於有財產價值之權利，應併同其他遺產，於申報遺產稅後辦理繼承移轉登記。有關繼承移轉登記，請參閱第八章。

七、權利價值

（一）申請他項權利登記，其權利價值為實物或非現行通用貨幣者，應由申請人按照申請時之價值折算為新臺幣，填入申請書適當欄內，再依法計收登記費（土登§49Ⅰ）。

（二）申請地上權、永佃權、不動產役權或耕作權、農育權之設定或移轉登記，其權利價值不明者，應由申請人於申請書適當欄內自行加註，再依法計收登記費（土登§49Ⅱ）。

（三）前二項權利價值低於各該權利標的物之土地申報地價或當地稅捐稽徵機關核定之房屋現值百分之四時，以各該權利標的物之土地申報地價或當地稅捐稽徵機關核定之房屋現值百分之四為其一年之權利價值，按存續之年期計算；未定期限者，以七年計算之價值標準計收登記費（土登§49Ⅲ）。

八、相關規定

（一）登記簿之記明（土登§108-1）

申請地上權或農育權設定登記時，登記機關應於登記簿記明設定之目的及範圍；並依約定記明下列事項：

1.存續期間。

2.地租及其預付情形。

3.權利價值。

4.使用方法。

5.讓與或設定抵押權之限制。

前項登記，除第5款外，於不動產役權設定登記時準用之。

（二）不動產役權設定登記之申請及限制（土登§108-2）

不動產役權設定登記得由需役不動產之所有權人、地上權人、永佃權人、典權人、農育權人、耕作權人或承租人會同供役不動產所有權人申請之。申請登記權利人為需役不動產承租人者，應檢附租賃關係證明文件。

前項以地上權、永佃權、典權、農育權、耕作權或租賃關係使用需役不動產而設定不動產役權者，其不動產役權存續期間，不得逾原使用需役不動產權利之期限。

第1項使用需役不動產之物權申請塗銷登記時，應同時申請其供役不動產上之不動產役權塗銷登記。

(三) 不動產役權之登記 (土登§109)

　　不動產役權設定登記時，應於供役不動產登記簿之他項權利部辦理登記，並於其他登記事項欄記明需役不動產之地、建號及使用需役不動產之權利關係；同時於需役不動產登記簿之標示部其他登記事項欄記明供役不動產之地、建號。

　　前項登記，需役不動產屬於他登記機關管轄者，供役不動產所在地之登記機關應於登記完畢後，通知他登記機關辦理登記。

(四) 典權設定登記之證明 (土登§109-1)

　　申請典權設定登記時，登記機關應於登記簿記明其設定之範圍及典價，並依約定記明下列事項：

1.存續期間。
2.絕賣條款。
3.典物轉典或出租之限制。

九、本章範圍

　　他項權利中之典權、不動產役權、永佃權及耕作權、農育權等五種權利，實務上鮮少登記業務，故本書以抵押權及地上權為介紹範圍，其他權利之登記，請參閱拙著《房地產登記實務》一書。

復習問題

1.何謂他項權利？何謂他項權利登記？（84檢）
2.何謂地上權？何謂永佃權？何謂地役權？何謂抵押權？何謂典權？何謂耕作權？（82特、84檢）
3.何謂用益物權？何謂擔保物權？
4.一宗土地部分設定用益物權應如何辦理？
5.他項權利登記之申請期限為何？
6.他項權利登記時之權利價值如何填載？
7.他項權利（地上權、永佃權、地役權或典權）之位置測繪應如何辦理？（83檢）
8.依土地登記規則規定，因主張時效完成，申請不動產役權登記時，應提出占有範圍位置圖，請說明該項位置圖之取得方式、要件及測繪內容。（105普）

9.申請地上權或農育權設定登記時，依約定記明之事項有那些？又這些約定
　記明之事項，於不動產役權設定登記時，準用情形爲何？（107原四）
10.何謂典權？取得典物所有權登記時應備文件爲何？（108原四）

第二節　抵押權登記

一、抵押權之定義

（一）定　義

抵押權有普通抵押權及最高限額抵押權。

1.稱普通抵押權者，謂債權人對於債務人或第三人不移轉占有而供其債
　權擔保之不動產，得就該不動產賣得價金優先受償之權（民§860）。
2.稱最高限額抵押權者，謂債務人或第三人提供其不動產爲擔保，就債
　權人對債務人一定範圍內之不特定債權，在最高限額內設定之抵押權
　（民§881-1）。

（二）類　型

由民法之規定可知抵押之不動產，得由債務人提供，亦得由第三人提
供：

1.甲→抵押權人
　乙→債務人即擔保物提供人
2.甲→抵押權人
　乙→債務人（連帶債務人）
　丙→擔保物提供人（義務人兼連帶債務人）
3.申請爲抵押權設定之登記，其抵押人非債務人時，契約書及登記申請
　書應經債務人簽名或蓋章（土登§111）。
4.所有權固得設定抵押權，但依民法第882條規定，地上權、農育權及典
　權，均得爲抵押權之標的。

二、設定登記

(一) 立約並分別登記

以不屬同一登記機關管轄之數宗土地權利為共同擔保設定抵押權時，除第3條第3項及第4項另有規定外，應訂立契約分別向土地所在地之登記機關申請登記（土登§112）。

(二) 承攬人之抵押權

1.承攬人對於其工作所附之定作人之不動產有法定抵押權，原為民法第513條所規定。由於法定抵押權之發生不以登記為生效要件，實務上易致與定作人有授信往來之債權人，因不明該不動產有法定抵押權之存在而受不測之損害，為確保承攬人之利益並兼顧交易安全，於民國88年4月21日修正民法債編時，亦修正該條文。準此，土地登記規則修正時，乃配合增訂條文。修正後之民法該條文如下：

(1)承攬之工作為建築物或其他土地上之工作物，或為此等工作物之重大修繕者，承攬人得就承攬關係報酬額，對於其工作所附之定作人之不動產，請求定作人為抵押權之登記；或對於將來完成之定作人之不動產，請求預為抵押權之登記。

(2)前項請求，承攬人於開始工作前亦得為之。

(3)前二項之抵押權登記，如承攬契約已經公證者，承攬人得單獨申請之。

(4)第1項及第2項就修繕報酬所登記之抵押權，於工作物因修繕所增加之價值限度內，優先於成立在先之抵押權。

2.承攬人之抵押權登記：

(1)承攬人依民法第513條規定申請為抵押權登記或預為抵押權登記，除應提出第34條及第40條規定之文件外，並應提出建築執照或其他建築許可文件，會同定作人申請之。但承攬契約經公證者，承攬人得單獨申請登記，登記機關於登記完畢後，應將登記結果通知定作人（土登§117Ⅰ）。

(2)承攬人就尚未完成之建物，申請預為抵押權登記時，登記機關應即暫編建號，編造建物登記簿，於標示部其他登記事項欄辦理登記（土登§117Ⅱ）。

（三）登記簿之記明

1.普通抵押權（土登§111-1）

　　申請普通抵押權設定登記時，登記機關應於登記簿記明擔保債權之金額、種類及範圍；契約書訂有利息、遲延利息之利率、違約金或其他擔保範圍之約定者，登記機關亦應於登記簿記明之。

2.最高限額抵押權（土登§115-1）

(1)申請最高限額抵押權設定登記時，登記機關應於登記簿記明契約書所載之擔保債權範圍。

(2)前項申請登記時，契約書訂有原債權確定期日之約定者，登記機關應於登記簿記明之；於設定登記後，另為約定或於確定期日前變更約定申請權利內容變更登記者，亦同。

(3)前項確定期日之約定，自抵押權設定時起，不得逾三十年。其因變更約定而申請權利內容變更登記者，自變更之日起，亦不得逾三十年。

3.各宗土地負擔金額之記明（土登§114-1）

(1)以數宗土地權利為共同擔保，申請設定抵押權登記時，已限定各宗土地權利應負擔之債權金額者，登記機關應於登記簿記明之；於設定登記後，另為約定或變更限定債權金額申請權利內容變更登記者，亦同。

(2)前項經變更之土地權利應負擔債權金額增加者，應經後次序他項權利人及後次序抵押權之共同抵押人同意。

4.流抵約定之記明（土登§117-1）

(1)申請抵押權設定登記時，契約書訂有於債權已屆清償期而未為清償時，抵押物之所有權移屬於抵押權人之約定者，登記機關應於登記簿記明之；於設定登記後，另為約定或變更約定申請權利內容變更登記者，亦同。

(2)抵押權人依前項約定申請抵押物所有權移轉登記時，應提出第34條及第40條規定之文件，並提出擔保債權已屆清償期之證明，會同抵押人申請之。

(3)前項申請登記，申請人應於登記申請書適當欄記明確依民法第873條之1第2項規定辦理，並簽名。

5.因質權而設定之申請及記明（土登§117-2）

(1)質權人依民法第906條之1第1項規定代位申請土地權利設定或移轉登記於出質人時，應提出第34條、第40條規定之文件及質權契約書，會同

債務人申請之。

(2)前項登記申請時，質權人應於登記申請書適當欄記明確已通知出質人並簽名，同時對出質人取得之該土地權利一併申請抵押權登記。

(3)前二項登記，登記機關於登記完畢後，應將登記結果通知出質人。

（四）申請人

　　抵押權設定登記，由權利人（即債權人）及義務人（即設定人）會同申請。如設定人非債務人時，契約書及申請書應經債務人簽名或蓋章。如經法院判決者，得由勝訴者單方申請。

（五）申請實務

1.應備書件

(1)土地登記申請書。

(2)抵押權設定契約書。

(3)權利人及義務人身分證明文件。

(4)義務人印鑑證明。

(5)權利書狀：

①如以所有權為標的，設定抵押權，則檢附所有權狀。

②如以地上權、永佃權或典權為標的設定抵押權者，則檢附他項權利證明書及原設定契約書。

2.申辦手續

(1)備齊繕妥所需書件後，將登記申請書對摺放置於第一頁，契約書副本放置於第二頁，其餘書件再依次放置整齊（習慣上權利書狀均放置於最後面），並裝訂成冊，即可提向土地建物所在地之地政機關申請登記。

(2)收件及計收規費：

①案件提向地政事務所申辦時，其程序為收件→計算規費→開單→繳費→領取收件收據。

②登記費係按契約書上所載權利價值千分之一計算。其書狀費每張80元，並可同時申請登記完畢後之謄本。

(3)補正：申請案件，如經審查發現填寫錯誤遺漏或文件不全，或證件不符時，應依通知限期補正。

(4)領狀：申請案件經審查無誤完成登記，即可持收件收據及原蓋用之印

章，至發狀處領取他項權利證明書、原附送之權利書狀、契約書正本及其他不需存查之書件，並領取申請之登記謄本。

三、移轉登記

(一) 債權讓與

1.除依債權性質、當事人特約及禁止扣押者等債權不得讓與外，債權人得將債權讓與於第三人（民§294）。
2.讓與債權時，該債權之擔保及其他從屬之權利，均隨同移轉於受讓人（民§295）──亦即抵押權隨同移轉。
3.債權之讓與，非經讓與人（即原債權人）或受讓人（即新債權人）通知債務人，對於債務人不生效力（民§297）。
4.抵押權不得由債權分離而為讓與，或為其他債權之擔保（民§870）。故抵押權之移轉，係隨同債權之移轉而移轉。

(二) 讓與不變更權利先後

同一土地設定數個抵押權登記後，其中一抵押權因債權讓與為變更登記時，原登記之權利先後，不得變更（土登§115Ⅰ）。

(三) 申請人

1.除繼承登記得由繼承人單方申請外，均應由權利人及義務人或原擔保物提供人會同申請。於抵押權移轉登記場合中，取得抵押權人為權利人，原抵押權人為義務人。
2.以一宗或數宗土地權利為擔保之抵押權，因擔保債權分割而申請抵押權分割登記，應由抵押權人會同抵押人及債務人申請之（土登§114-2）。

(四) 申請實務

1.應備書件

(1)土地登記申請書。
(2)他項權利移轉契約書。
(3)義務人印鑑證明（即原抵押權人）。
(4)權利人義務人身分證明文件：與設定登記者同，可參閱之。

(5)原抵押權設定契約書。

(6)他項權利證明書。

(7)最高限額抵押權之債權確定證明或債務人、義務人同意書及印鑑證明。

2.申辦手續

(1)備齊繕妥有關文件後，將設定申請書對摺放置於第一頁，契約書副本對摺放置於第二頁，其他書件再依次放置整齊（習慣上權利書狀放置於最後面），並裝訂成冊，即可提向主管之地政事務所申辦登記。

(2)收件及計收規費：

①案件提向地政事務所申辦時，其程序為收件→計算規費→開單→繳費→領取收件收據。

②登記費係按契約書上所載權利價值千分之一計算。其書狀費每張80元。至於次序讓與登記，免納登記費（土登§46）。

(3)補正：申請案件如經審查發現填寫錯誤或文件不全或證件不符時，應依通知限期補正。

(4)領狀：申請案件經審查無誤登記完畢，即可持收件收據及原蓋用之印章，至發狀處領取他項權利證明書及其他不需存查之文件。

四、內容變更登記

（一）變更原因

1.抵押權權利內容，如權利範圍、債權金額、權利存續期限、利息、遲延利息、違約金、債務清償日期、付息日期及方法、結算日等如有變更，得辦理抵押權權利內容變更登記。

2.登記原因：依變更之原因填寫，如「存續期間變更」、「結算日變更」、「利息變更」、「權利範圍變更」、「權利價值變更」、「清償日期變更」、「擔保物增加」、「擔保物減少」、「義務人變更」、「債務人變更」，如有二項以上變更時，則填寫「權利內容等變更」。

（二）增加擔保物

抵押權設定登記後，另增加一宗或數宗土地權利共同為擔保時，應就增加部分辦理抵押權設定登記，並就原設定部分辦理抵押權內容變更登記（土登§113）。

（三）減少擔保物

以數宗土地權利為共同擔保，經設定抵押權登記後，就其中一宗或數宗土地權利，為抵押權之塗銷或變更時，應辦理抵押權部分塗銷及抵押權內容變更登記（土登§114）。

（四）增加擔保金額

抵押權因增加擔保債權金額申請登記時，除經後次序他項權利人及後次序抵押權之共同抵押人同意辦理抵押權內容變更登記外，應就其增加金額部分另行辦理設定登記（土登§115Ⅱ）。

（五）最高限額變更為普通抵押權（土登§115-2）

1.最高限額抵押權因原債權確定事由發生而申請變更為普通抵押權時，抵押人應會同抵押權人及債務人就結算實際發生之債權額申請為權利內容變更登記。
2.前項申請登記之債權額，不得逾原登記最高限額之金額。

（六）次序變更要件（土登§116）

1.同一標的之抵押權因次序變更申請權利變更登記，應符合下列各款規定：
　①因次序變更致先次序抵押權擔保債權金額增加時，其有中間次序之他項權利存在者，應經中間次序之他項權利人同意。
　②次序變更之先次序抵押權已有民法第870條之1規定之次序讓與或拋棄登記者，應經該次序受讓或受次序拋棄利益之抵押權人同意。
2.前項登記，應由次序變更之抵押權人會同申請：申請登記時，申請人並應於登記申請書適當欄記明確已通知債務人、抵押人及共同抵押人，並簽名。

（七）次序變更之申請人及文件（土登§116-1）

1.同一標的之普通抵押權，因次序讓與申請權利內容變更登記者，應由受讓人會同讓與人申請；因次序拋棄申請權利內容變更登記者，得由拋棄人單獨申請之。
2.前項申請登記，申請人應提出第34條及第40條規定之文件，並提出已通知債務人、抵押人及共同抵押人之證明文件。

（八）申請人

他項權利內容變更登記，應由他項權利人及義務人會同申請。

（九）申請實務

1.應備書件

(1)土地登記申請書。

(2)他項權利變更契約書。

(3)權利人及義務人之身分證明文件：如住址或姓名有變更者，則附繳其變更戶籍資料，並同時申請住址或姓名變更登記。

(4)義務人之印鑑證明。

(5)原他項權利設定契約書。

(6)他項權利證明書。

(7)土地或建物所有權狀——若係債權額增加或增加設定，應附本項文件。

2.申辦手續

(1)備齊繕妥有關文件後，將登記申請書對摺放置於第一頁，契約書副本對摺放置於第二頁，其他書件再依次放置整齊（習慣上權利書狀放置於最後面），並裝訂成冊，即可向主管之地政事務所申辦登記。

(2)收件及計收規費：

①案件提向地政事務所申辦時，其程序為收件→計算規費→開單→繳費→領取收件收據。

②除權利價值增加部分應納千分之一登記費外，其餘免費。另書狀費每張80元。

(3)補正：申請案件如經審查發現填寫錯誤或文件不全或證件不符時，應依通知限期補正。

(4)領狀：申請案件經審查無誤登記完畢，即可持收件收據及原蓋用之印章，至發狀處領取他項權利證明書及其他不需存查之文件並領取申請之登記簿謄本。

復習問題

1.試述抵押權之定義及其類型。（86普、86升、87特、102普）

2.設定抵押權之權利有哪些？

3.申請抵押權設定登記，抵押人非債務人時怎麼辦？（89特）

4.不同地政事務所轄區之土地可否共同擔保設定抵押權？（89特）

5.抵押權設定登記之申請人為何？應備哪些文件？（86升、87基特、102普）其辦理手續為何？

6.抵押權之移轉登記原因為何？（87基特）移轉登記是否影響其權利先後？

7.抵押權移轉登記之申請人為何？應備哪些文件？其辦理手續為何？

8.抵押權內容變更之原因有哪些？（87原特）增減擔保物應如何辦理登記？（89特）應否繳納登記費？（86特、86檢）？增加擔保金額應如何辦理？

9.抵押權內容變更登記之申請人為何？應備哪些文件？（87原特）其辦理手續為何？

10.抵押權因增加擔保債權金額申請登記時，如有後順位抵押權存在者，應如何辦理？其理由何在？（85特、85檢、89特）應依何標準繳納登記費？（87檢）

11.抵押權設定登記後，另增加一宗或數宗土地權利共同為擔保而未增加擔保之債權額時，應就增加部分申請何種登記？原設定部分應辦理何種登記？兩者應否繳納登記費？試說明之。（87檢）

12.承攬人就尚未完成之建物，申請預為抵押權登記時，應提出哪些申請文件？登記機關應如何辦理？（96普、108普、108基特三）

13.甲、乙、丙、丁四人共有土地一筆，其中乙將其應有部分向某A銀行貸款並設定最高限額抵押權，試問登記機關如何辦理登記？（98普）

14.何謂最高限額抵押權？辦理該抵押權設定登記時應檢附哪些文件？（108原三）

15.何謂普通抵押權？何謂最高限額抵押權？此兩種抵押權設定登記時，登記機關於登記簿應記明之項目各為何？又最高限額抵押權變更登記為普通抵押權之時機及應如何辦理？（110基特四）

範例一　抵押權設定登記

收件	日期	年 月 日 時 分	連件序別	收件者章
	字號	字第　號	（非連件者免填）共1件 第1件	

登記費	元
書狀費	元
罰鍰	元
合計	元
收據	字號
核算者	

土 地 登 記 申 請 書

(1) 受理機關	△△縣 △△市 △△地政事務所 ☑跨所申請	資料管轄機關 △△縣市 △△地政事務所	(2) 原因發生日期	中華民國△△年△月△△日

(3) 申請登記事由（選擇打✓一項）
- □所有權第一次登記
- □所有權移轉登記
- ☑抵押權登記
- □抵押權塗銷登記
- □抵押權內容變更登記
- □標示變更登記
- □

(4) 登記原因（選擇打✓一項）
- □第一次登記
- □買賣　□贈與　□繼承　□分割繼承　□拍賣　□共有物分割
- ☑設定
- □清償　□拋棄　□混同　□判決塗銷　□
- □權利價值變更　□權利內容等變更　□
- □分割　□合併　□地目變更　□

(5) 標示及申請權利內容　詳如　☑契約書　□登記清冊　□複丈結果通知書　□建物測量成果圖

(6) 附繳證件
1. 抵押權設定契約書　2份
2. 戶口名簿影本　1份
3. 土地所有權狀　1份
4. 建物所有權狀　1份
5. 印鑑證明　1份
6. 　份
7.
8.
9.

(7) 委任關係：本土地登記案之申請委託 陳△△ 代理。　　複代理。委託人確為登記標的物之權利人或權利關係人，並經核對身分無誤，如有虛偽不實，本代理人（複代理人）願負法律責任。[印]

(8) 聯絡方式
- 權利人電話　△△△△△△△△
- 義務人電話　△△△△△△△△
- 代理人聯絡電話　△△△△△△△△
- 傳真電話　△△△△△△△△
- 電子郵件信箱　△△△@△△△.tw
- 不動產經紀業名稱及統一編號
- 不動產經紀業電話

(9) 備註

(10) 申請人	(11) 權利人或義務人	(12) 姓名或名稱	(13) 出生年月日	(14) 統一編號	縣市	鄉鎮市區	村里	鄰	街路	段	巷	弄	號	樓	(16) 簽章
	權利人	△△銀行股份有限公司		△△△△△	△△	△△			△△	△			△		印
	董事長	△△△	△△△	△△△△△					△△						印
申請人	代理人	△△分行經理△△△	△△△	△△△△△	△△	△△			△△				△		印
	義務人兼債務人	林△△	△△△	△△△△△	△△	△△	△△	△	△△				△		印
	代理人	陳△△	△△△	△△△△△	△△	△△	△△	△	△△				△		印

本案處理經過情形（以下各欄申請人請勿填寫）

初審	複審	核定	登簿 地價異動	校簿 通知領狀	書狀列印 異動通知	校狀 發狀	書狀用印 狀印	歸檔

土地、建築改良物抵押權設定契約書

下列　土地　建築物　經　權利人／義務人　雙方同意設定　(1) □普通　☑最高限額　抵押權，特訂立本契約：

土地標示

項目	內容
(2) 坐落　鄉鎮市區	△△
段	△△
小段	△
(3) 地號	△△
(4) 面積（平方公尺）	450
(5) 設定權利範圍	123/10000
(6) 限定擔保債權金額	／
(7) 流抵約定	／

建物標示

項目	內容
(8) 建號	3113
(9) 門牌　鄉鎮市區	△△
街　路	△△
段　巷　弄	△
號　樓	△△
(10) 建物坐落　段	△△
小段	△
地號	△△
(11) 總面積（平方公尺）	184.21
(12) 用途	陽台
附屬建物　面積（平方公尺）	16.11
(13) 設定權利範圍	全部
(14) 限定擔保債權金額	／
(15) 流抵約定	／

項目	內容
(16) 提供擔保權利種類	所有權
(17) 擔保債權總金額	新臺幣1,280萬元正
(18) 擔保債權種類及範圍	約定一定法律關係所生最高限額內之借款、票據、保證及信用卡消費款
(19) 擔保債權確定期日	民國△△年△月△△日
(20) 債務清償日期	依各個契約之約定
(21) 利息（率）	依各個契約之約定
(22) 遲延利息（率）	依各個契約之約定
(23) 違約金	依各個契約之約定
(24) 其他擔保範圍約定	空白
(25) 申請登記以外之約定事項	1. 詳附件「其他特約事項書」 2. 3.

訂立契約人	(26) 權利人或義務人	(27) 姓名或名稱	(28) 債權額比例	(29) 債務額比例	(30) 出生年月日	(31) 統一編號	(32) 住 縣市	鄉鎮市區	村里	鄰	街路	段	巷弄	號	樓 所	(33) 蓋章
	權利人兼義務人	權利人 △△△	全部		△△△	△△△	△△	△△	△△	/	△△			△	△	印
	義務人兼債務人	△△△		全部	△△△	△△△	△△	△△	△△	/	△△		△	△△	△	印

(34) 立約日期　中華民國　△△　年　△　月　△△　日

範例二　預為抵押權登記

土地登記申請書

收件	日期	年　月　日　時　分		收件		者章
	字號	字　第　　號				

連件序列（非連件者免填）	共1件　第1件

登記費	元
書狀費	元
罰鍰	元
合計	元
收據	字號
核算者	

(1) 受理機關　　　△△　縣　市　△△　地政事務所　□跨所申請　　資料管轄機關　△△　縣　市　△△　地政事務所

(2) 原因發生日期　中華民國△△年△△月△△日

(3) 申請登記事由（選擇打✓一項）
□所有權第一次登記
□所有權移轉登記
✓抵押權登記
□抵押權塗銷登記
□抵押權內容變更登記
□標示變更登記

(4) 登記原因（選擇打✓一項）
□第一次登記
□買賣　□贈與　□繼承　□分割繼承　□拍賣　□共有物分割
□設定　□法定
□清償　□拋棄　□混同　□判決塗銷　□
□權利價值變更　□權利內容等變更
□分割　□合併　□地目變更　□
✓預為抵押權登記

(5) 標示及申請權利內容　詳如　✓契約書　□登記清冊　□複丈結果通知書　□建物測量成果圖

(6) 附繳證件
1. 承攬契約書　1份
2. 義務人公司設立登記抄錄表　1份
3. 權利人公司設立登記抄錄表　1份
4. 建造執照影本　1份
5. 登記清冊　1份
6.　　　　　　份
7.
8.
9.

(7) 委任關係　本土地登記案之申請委託　陳△△　代理。　複代理。委託人確為登記標的物之權利人或權利關係人，並經核對身分無誤，如有虛偽不實，本代理人（複代理人）願負法律責任。印

(8) 聯絡方式
權利人電話　△△△△△△△△△
義務人電話　△△△△△△△△△
代理人聯絡電話　△△△△△△△△△
傳真電話　△△△△△△△△△
電子郵件信箱　△△@△△△.tw
不動產經紀業名稱及統一編號
不動產經紀業電話

(9) 備註

(10)申請人	(11)權利人或義務人	(12)姓名或名稱	(13)出生年月日	(14)統一編號	(15)住所 縣市	鄉鎮市區	村里	鄰	街路	段	巷	弄	號	樓	(16)簽章
申請人	權利人	○○○○公司		△△△△	△△	△△			△△				△		印
		代表人△△△	△△△	△△△△											印
	義務人兼債務人	○○○○公司		△△△△	△△	△△			△△				△		印
		代表人△△△△	△△△	△△△△											印
	代理人	陳△△	△△△	△△△△	△△	△△	△△	△	△△				△		印

本案處理經過情形（以下各欄申請人請勿填寫）

初審	複審	核定	登簿	校簿	書狀列印	校狀	書狀用印
			地價異動	通知領狀	異動通知	交付狀	歸檔

登　記　清　冊

申請人　△△△△△△△△公司　印
　　　　△△建設股份有限公司　簽章　印

(1) 坐落	鄉鎮市區								
	段								
	小段								
(2) 地號				以下空白					
(3) 面積（平方公尺）									
(4) 權利範圍									
(5) 備註									

土地標示

(6) 建		號	△△△	以	
(7) 門牌	鄉鎮市區		△△△		
	街	路	△△△	下	
	段 巷 弄		二段		
	號	樓	100號	空	
(8) 建物坐落	段	小 段	△△	白	
		地 號	12		
(9) 面積（平方公尺）	地面層		100.5		
	第二層		100.5		
	第三層		100.5		
	第四層		100.5		
	第五層		100.5		
	共 計		502.5		
(10) 附屬建物	用 途				
	面 積（平方公尺）				
(11) 權利範圍			全部		
(12) 備 註					

建　物　標　示

範例三 抵押權移轉登記

收件	日期	年 月 日 時 分	收件者章	連件序別（非連件者免填）		
件	字號	字第 號		共1件 第1件		

登記費	元
書狀費	元
罰鍰	元
合計	元
收據	字號
核算者	

土 地 登 記 申 請 書

(1)受理機關	△△縣 △△市 地政事務所 □跨所申請	△△ 地政事務所	(2)原因發生日期	中華民國△△年△月△△日
		資料管轄機關		縣市

(3)申請登記事由（選擇打✓一項）
□所有權第一次登記
□所有權移轉登記
☑抵押權登記
□抵押權塗銷登記
□抵押權內容等變更登記
□標示變更登記
□

(4)登記原因（選擇打✓一項）
□第一次登記
□買賣 □贈與 □繼承 □分割繼承 □拍賣 □共有物分割
□設定 □法定
□清償 □拋棄 □混同 □判決塗銷 □
□權利價值變更 □權利內容等變更 □
□分割 □合併 □地目變更 □

(5)標示及申請權利內容 詳如 ☑契約書 □登記清冊 □複丈結果通知書 □建物測量成果圖

(6)附繳證件
1.抵押權移轉契約書 2份
2.戶口名簿影本 2份
3.債權確定證明 1份
4.原設定契約書 1份
5.他項權利證明書 1份
6.印鑑證明 1份
7. 份
8. 份
9. 份

(7)委任關係
本土地登記案之申請委託 陳△△ 代理。 複代理。
委託人確為登記標的物之權利人或權利關係人，並經核對身分無誤，如有
虛偽不實，本代理人（複代理人）願負法律責任。 印

(8)聯絡方式
權利人電話 △△△△△△△△
義務人電話 △△△△△△△△
代理人聯絡電話 △△△△△△△△
傳真電話 △△△△△△△△
電子郵件信箱 △△△@△△△.tw
不動產經紀業名稱及統一編號
不動產經紀業電話

(9)備註
本案已依規定通知債務人，如有不實，申請人願負法律責任。 印

(10) 申請人	(11) 權利人或義務人	(12) 姓名或名稱	(13) 出生年月日	(14) 統一編號	(15) 住所 縣市	鄉鎮市區	村里	鄰	街路	段	巷	弄	號	樓	(16) 簽章
	權利人	林△△	△△△	△△△△△	△△	△△	△△	△	△△				△		印
	義務人	張△△	△△△	△△△△△△	△△	△△	△△	△	△△				△		印
	代理人	陳△△		△△△△△△	△△	△△	△△	△	△△				△		印

本案處理經過情形（以下各欄申請人請勿填寫）

初審	複審	審查	核定	登簿	校簿	書狀列印	校狀	書狀用印
				地價異動	通知領狀	異動通知	交付發狀	歸檔

土地
建築改良物　抵押權　移轉變更　契約書

下列　土地　建築物　經　權利人　義務人　雙方同意　移轉變更，特訂立本契約：

	土地標示	
(1) 坐落	鄉鎮市區	△△
	段	△△
	小段	△
(2) 地號		△△
(3) 面積（平方公尺）		112
(4) 原設定權利範圍		1／4
(5) 原限定擔保債權金額		
(6) 原流抵約定		

	建物標示	
(7) 建		
(8) 門牌	鄉鎮市區	△△△△
	街　路	△△
	段巷弄	△△
	號　樓	△△
(9) 建物坐落	段	△△
	小段	△
	地號	△△
(10) 總面積（平方公尺）		180.21
(11) 附屬建物	用途	陽台
	面積（平方公尺）	16.11
(12) 原設定權利範圍		全部
(13) 原限定擔保債權金額		
(14) 原流抵約定		

(15) 原擔保債權總金額	最高限額新臺幣800萬元正

(16) 移轉或變更	原因	1.本最高限額抵押權所擔保之原債權已確定。 2.讓與
	內容	民國△△年△月△△日△△△市△△△地政事務所收件字第△△△△號設定登記抵押權最高限額新臺幣800萬元正之移轉登記。

(17) 申請登記以外之約定事項
1.
2.
3.
4.

(18) 權利人或義務人	(19) 姓名或名稱	(20) 出生年月日	(21) 統一編號	(22) 住 縣市	鄉鎮市區	村里	鄰	街路	段	巷弄	號	樓	所	(23) 蓋章
訂立契約人 權利人	△△△	△△△	△△△△	△△	△△	△△	△	△△			△△	△		印
義務人	△△△△	△△△	△△△	△△	△△	△△	△	△△			△△	△		印

(24) 立約日期	中 華 民 國 △△ 年 △ 月 △△ 日

範例四　抵押權利息變更登記

(土地登記申請書表格)

收件	日期	年 月 日 時 分	收件者章	連件序別（非連件者免填）		登記費	元	合計	元
	字號	字第　號		共1件　第1件		書狀費	元	收據	字號
						罰鍰	元	核算者	

土地登記申請書

(1) 受理機關　△△縣△△市　△△地政事務所　□跨所申請　資料管轄機關　△△縣△△市　△△地政事務所

(2) 原因發生日期　中華民國△△年△△月△△日

(3) 申請登記事由（選擇打✓一項）
- □所有權第一次登記
- □所有權移轉登記
- □抵押權登記
- □抵押權塗銷登記
- ☑抵押權內容變更登記
- □標示變更登記
- □

(4) 登記原因（選擇✓一項）
- □第一次登記
- □買賣　□贈與　□繼承　□分割繼承
- □設定　□法定
- □清償　□拋棄　□混同　□判決塗銷
- □權利價值變更　□權利內容等變更　☑利息變更
- □分割　□合併　□地目變更
- □

(5) 標示及申請權利內容　詳如　☑契約書　□登記清冊　□複丈結果通知書　□建物測量成果圖

(6) 附繳證件
1. 變更契約書　2份
2. 戶口名簿影本　2份
3. 原設定契約書　1份
4. 他項權利證明書　1份
5. 印鑑證明
6.
7.
8.
9.

(7) 委任關係　本土地登記案之申請委託　陳△△　代理。　複代理。　委託人確為登記標的物之權利人或權利關係人，並經核對身分無誤，如有虛偽不實，本代理人（複代理人）願負法律責任。[印]

(8) 聯絡方式
- 權利人電話　△△△△△△△△
- 義務人電話　△△△△△△△△
- 代理人聯絡電話　△△△△△△△△
- 傳真電話　△△△△△△△△
- 電子郵件信箱　△△△@△△△.tw
- 不動產經紀業名稱及統一編號
- 不動產經紀業電話

(9) 備註

(10)申請人	(11)權利人或義務人	(12)姓名或名稱	(13)出生年月日	(14)統一編號	(15)住所 縣市	鄉鎮市區	村里	鄰	街路	段	巷	弄	號	樓	(16)簽章
	權利人	林△△	△△△	△△△△△	△△	△△	△△	△	△△				△		印
	義務人	黃△△	△△△	△△△△△△	△△	△△	△△	△	△△				△		印
	兼債務人														
	代理人	陳△△	△△△	△△△△△△△	△△	△△	△△	△	△△				△		印

本案處理經過情形（以下各欄申請人請勿填寫）	初審	複審	核定	登簿	校簿	書狀列印	校狀	書狀用印	地價異動	通知領狀	異動通知	交付發狀	歸檔

土地　　抵押權　移轉　契約書
建築改良物　　　　變更

下列　土地　經　權利人　雙方同意　移轉　，特訂立本契約：
　　　建築物　　　義務人　　　　　變更

	土地標示		建物標示	
	權利人 △△		(7) 建　號	△△△
	義務人 △△		(8) 門牌　鄉鎮市區	△△
(1) 坐落　鄉鎮市區	△△		街路	△△
段	△△		段巷弄	△
小段	△		號樓	△△
(2) 地　號	△△		(9) 建物坐落　段	△△
			小段	△
			地號	△△
(3) 面積（平方公尺）	213		(10) 總面積（平方公尺）	180.11
(4) 原設定權利範圍	125/10000		(11) 附屬建物　用途	陽台
			面積（平方公尺）	15.22
(5) 原限定擔保債權金額			(12) 原設定權利範圍	全部
(6) 原流抵約定			(13) 原限定擔保債權金額	
			(14) 原流抵約定	

(15) 原擔保債權總金額	最高限額新臺幣1,000萬元正
(16) 移轉或變更 原因	1.本最高限額抵押權所擔保之原債權未確定。 2.利息變更
內容	民國△△△年△月△△△日△△△市△△地政事務所收件字第△△△△號設定最高限額新臺幣1,000萬元正之抵押權利息變更登記：變更後：按年利率百分之五計算利息。原登記：利息無；

(17) 申請登記以外之約定事項：
1.
2.
3.
4.

(18) 權利人或義務人	(19) 姓名或名稱	(20) 出生年月日	(21) 統一編號	(22) 住所 縣市	鄉鎮市區	村里	鄰	街路	段	巷弄	號	樓	(23) 蓋章
訂立契約人 權利人	△△△	△△△△	△△△△	△△	△△	△△	△	△△			△	△	印
義務人兼債務人	△△△	△△△△	△△△△	△△	△△	△△	△	△△			△	△	印

(24) 立約日期　中華民國　△△　年　△　月　△　日

第三節　地上權登記

一、地上權之定義

(一) 定　義

地上權有普通地上權及區分地上權：

所謂普通地上權，係以在他人土地上下有建築物或其他工作物爲目的而使用其土地之權（民§832）。

所謂區分地上權，係以在他人土地上下之一定空間範圍內設定之地上權（民§841-1）。

(二) 來　源

1.約定地上權

例如：租用基地建築房屋，應由出租人與承租人於契約成立後二個月內，申請地上權之登記（土§102，民§422-1）。

2.法定地上權

例如：

(1)設定抵押權時，土地及其土地上之建築物，同屬於一人所有，而僅以土地或僅以建築物爲抵押者，於抵押物拍賣時，視爲已有地上權之設定，其地租、期間及範圍由當事人協議定之，不能協議者，得聲請法院以判決定之（民§876 I）。

(2)設定抵押權時，土地及其土地上之建築物，同屬於一人所有，而以土地及建築物爲抵押者，如經拍賣，其土地與建築物之拍定人各異時，適用前項之規定（民§876 II）。

二、設定登記

(一) 時效完成

1.民法第772條規定，前五條之規定，於所有權以外財產權之取得，準用之。

2.以地上權而言，準用民法第769條及第770條規定：

(1)民法第769條規定：以所有之意思，二十年間和平、公然、繼續占有

他人未登記之不動產者，得請求登記爲所有人。

(2)民法第770條規定：以所有之意思，十年間和平、公然、繼續占有他人未登記之不動產，而其占有之始爲善意並無過失者，得請求登記爲所有人。

3.土地登記規則第118條規定：

(1)土地總登記後，因主張時效完成申請地上權登記時，應提出以行使地上權意思而占有之證明文件及占有土地四鄰證明或其他足資證明開始占有至申請登記時繼續占有事實之文件。

(2)前項登記之申請，經登記機關審查證明無誤者應即公告。

(3)公告期間爲三十日，並同時通知土地所有權人。

(4)土地所有權人在前項公告期間內，如有異議，依土地法第59條第2項規定處理。

(5)前四項規定，於因主張時效完成申請不動產役權、農育權登記時準用之。

4.時效取得地上權登記審查要點（102.9.6內政部修正）：

(1)占有人申請時效取得地上權登記，應合於民法有關時效取得之規定，並依土地登記規則第118條辦理。

(2)占有人就土地之全部或一部申請時效取得地上權登記時，應先就占有範圍申請測繪位置圖。

(3)占有人占有土地有下列情形之一者，不得申請時效取得地上權登記。

①屬土地法第14條第1項規定不得私有之土地。

②使用違反土地使用管制法令者。

③占有土地屬農業發展條例第3條第11款所稱之耕地。

④其他依法律規定不得主張時效取得者。

(4)占有人占有之始，須有意思能力。如爲占有之移轉，具有權利能力者，得爲占有之主體。

(5)以戶籍證明文件爲占有事實證明文件申請登記者，如戶籍有他遷記載時，占有人應另提占有土地四鄰之證明書或公證書等文件。

(6)占有土地四鄰之證明人，於占有人開始占有時及申請登記時，需繼續爲該占有地附近土地之使用人、所有權人或房屋居住者，且於占有人占有之始應有行爲能力爲限。

數人占有同筆土地，各占有人間不得互爲占有事實之證明人。

第1項證明人除符合土地登記規則第41條第2款、第6款及第10款規定

之情形者外，應親自到場，並依同規則第40條規定程序辦理。

(7)占有人申請登記時，應填明土地所有權人之現住址及登記簿所載之住址，如土地所有權人死亡者，應填明其繼承人及該繼承人之現住址。並應檢附土地所有權人或繼承人之戶籍謄本。若確實證明在客觀上不能查明土地所有權人之住址或其繼承人之姓名、住址或提出戶籍謄本者，由申請人於登記申請書備註欄切結不能查明之事實。

前項之戶籍謄本，能以電腦處理達成查詢者，得免提出。

土地所有權人為祭祀公業、寺廟或神明會，申請書內應載明管理者之姓名、住址。如其管理者已死亡或不明者，應檢附向各該主管機關查復其派下或信徒（會員）申報登錄或管理者備查之文件。如經查復無上開文件者，視為客觀上不能查明管理者之姓名、住址，申請書無須填明管理者之姓名、住址。

無人承認繼承之土地，應依民法第1177條或第1178條第2項、臺灣地區與大陸地區人民關係條例第67條之1第1項或第68條第1項規定選任遺產管理人，並於申請書內填明遺產管理人之姓名、住址。

(8)占有人占有公有土地申請時效取得地上權登記，無土地法第25條之適用。

(9)占有人具備地上權取得時效之要件後，於申請取得地上權登記時，不因占有土地所有權人之移轉或限制登記而受影響。

(10)占有人占有時效之期間悉依其主張，無論二十年或十年，均予受理。

(11)占有人主張與前占有人之占有時間全併計算者，須為前占有人之繼承人或受讓人。

前項所稱受讓人，指因法律行為或法律規定而承受前占有人之特定權利義務者。

(12)有下列情形之一時，占有時效中斷：

①土地所有權人或管理者，已向占有人收取占有期間損害賠償金，占有人亦已於占有時效日期未完成前繳納者。

②占有時效未完成前，土地所有權人或管理者對占有人提起排除占有之訴。

③占有人有民法第772條準用第771條第1項所列取得時效中斷之事由。

(13)登記機關受理時效取得地上權登記案件，經審查無誤後，應即公告三十日，並同時通知土地所有權人或管理者。土地經限制登記者，並應通知囑託機關或預告登記請求權人。

前項通知，應以書面爲之。

第1項申請登記案件審查結果涉有私權爭執者，應依土地登記規則第57條第1項第3款規定以書面敘明理由駁回之。

(14)土地所有權人或管理者得於第13點規定之公告期間內，檢具證明文件，以書面向該管登記機關提出異議；經審查屬土地權利爭執者，應依土地法第59條規定，移送直轄市或縣（市）主管機關調處。

(15)申請時效取得地上權登記案件於登記機關審查中或公告期間，土地所有權人或管理者提出已對申請人之占有向法院提起拆屋還地訴訟或確定判決文件聲明異議時，如登記機關審認占有申請人已符合時效取得要件，因該訴訟非涉地上權登記請求權有無之私權爭執，不能做爲該時效取得地上權登記申請案件准駁之依據，仍應依有關法令規定續予審查或依職權調處；倘土地所有權人提出足以認定申請案有不合時效取得要件之文件聲明異議時，應以依法不應登記爲由駁回其登記申請案件或作爲調處結果。

(16)第1點、第2點、第4點至第7點、第10點及第11點之規定，於申請時效取得所有權登記時，準用之。

(17)第1點、第2點、第4點、第6點至第14點之規定，於申請時效取得農育權或不動產役權登記時，準用之。

(18)（刪除）

5.以有建物爲目的之地上權登記，其建物不以合法建物爲限。

（二）地籍測量實施規則第231條規定

地上權、農育權、不動產役權或典權之平面位置測繪，依下列規定：

1.同一他項權利人在數宗土地之一部分設定同一性質之他項權利者，應儘量測繪在同一幅土地複丈圖內。

2.一宗土地同時申請設定二以上同一性質之他項權利者，應在同一幅土地複丈圖內分別測繪他項權利位置。

3.他項權利位置圖，用紅色實線繪製他項權利位置界線，並用黑色實線繪明土地經界線，其他項權利位置界線與土地經界線相同者，用黑色實線繪明。

4.因地上權分割申請複丈者，應於登記完畢後，在原土地複丈圖上註明地上權範圍變更登記日期及權利登記先後次序。

5.測量完畢，登記機關應依土地複丈圖謄繪他項權利位置圖二份，分別

發給他項權利人及土地所有權人。

前項他項權利之位置，應由會同之申請人當場認定，並在土地複丈圖上簽名或蓋章。

(三) 地籍測量實施規則第231條之1規定

申請時效取得地上權、農育權或不動產役權者，應依申請人所主張占有範圍測繪，並就下列符合民法地上權、農育權、不動產役權要件之使用情形測繪其位置及計算面積：

1. 普通地上權之位置，以其最大垂直投影範圍測繪；區分地上權之位置，以在土地上下之一定空間範圍，分平面與垂直範圍測繪。
2. 農育權、不動產役權之位置，以其實際使用現況範圍測繪。

前項複丈之位置，應由申請人當場認定，並在土地複丈圖上簽名或蓋章，其發給之他項權利位置圖應註明依申請人主張占有範圍測繪，其實際權利範圍，以登記審查確定登記完畢為準。

關係人不同意申請人所主張之占有範圍位置時，登記機關仍應發給他項權利位置圖，並將辦理情形通知關係人。

(四) 地籍測量實施規則第231條之2規定

區分地上權之位置測繪，依下列規定：

1. 平面範圍之測繪，依第231條規定辦理。
2. 垂直範圍之測繪，應由申請人設立固定參考點，並檢附設定空間範圍圖說，供登記機關據以繪製其空間範圍，登記機關並應於土地複丈圖及他項權利位置圖註明該點位及其關係位置。

以建物之樓層或其特定空間為設定之空間範圍，如該建物已測繪建物測量成果圖者，得於土地複丈圖及他項權利位置圖載明其位置圖參見該建物測量成果圖，或其他適當之註記。

(五) 申請人

地上權設定登記，由權利人——即地上權人及義務人——即土地所有權人會同申請，如經法院判決者，或時效取得者，得單方申請。

（六）申請實務

1.應備書件

(1)土地登記申請書。

(2)設定登記原因文件：

①經雙方訂約者，為地上權設定契約書。

②經拍賣而具有地上權者，為拍賣證明文件。

③經判決應設定地上權者，為判決書及判決確定證明書：由最高法院判決者，僅附判決書即可。

(3)權利人及義務人身分證明文件。

(4)義務人印鑑證明。

(5)位置圖：如一筆土地僅有部分設定地上權，應先申請複丈，取得位置圖後，再申請登記。

(6)土地所有權狀：如經法院判決或時效完成者，不需本項文件。

2.申辦手續

(1)備齊繕妥所需書件後，將登記申請書對摺放置於第一頁，契約書副本放置於第二頁，其餘書件再依次放置整齊（習慣上權利書狀均放置於最後面），並裝訂成冊，即可提向土地建物所在地之地政機關申請登記。

(2)收件及計收規費：

①案件提向地政事務所申辦時，其程序為收件→計算規費→開單→繳費→領取收件收據。

②登記費係按契約書上所載權利價值千分之一計算，其書狀費每張80元。

(3)補正：申請案件，如經審查發現填寫錯誤遺漏或文件不全，或證件不符時，應依通知限期補正。

(4)領狀：申請案件經審查無誤完成登記，即可持收件收據及原蓋用之印章，至發狀處領取他項權利證明書、原附送之權利書狀、契約書正本及其他不需存查之書件。

三、移轉登記

（一）讓　與

地上權人，得將其權利讓與他人。但契約另有訂定或另有習慣者，不在

此限（民§838）。

（二）申請人

如係繼承移轉則由繼承人申請，如係其他原因移轉者，則由權利人及義務人會同申請。於地上權移轉登記場合中，取得地上權人為權利人，原地上權人為義務人。

（三）申請實務

1.應備書件

(1)土地登記申請書。

(2)他項權利移轉契約書。

(3)義務人印鑑證明。

(4)權利人義務人身分證明文件：與設定登記者同，可參閱之。

(5)贈與稅有關文件：若係贈與時，應附繳本項文件。

(6)原地上權設定契約書。

(7)他項權利證明書。

2.申辦手續

(1)備齊繕妥有關文件後，將登記申請書對摺放置於第一頁，契約書副本對摺放置於第二頁，其他書件再依次放置整齊（習慣上權利書狀放置於最後面），並裝訂成冊，即可向主管之地政事務所申辦登記。

(2)收件及計收規費：

①案件提向地政事務所申辦時，其程序為收件→計算規費→開單→繳費→領取收件收據。

②登記費係契約書上所載權利價值千分之一計算。其書狀費每張80元。

(3)補正：申請案件如經審查發現填寫錯誤或文件不全或證件不符時，應依通知限期補正。

(4)領狀：申請案件經審查無誤登記完畢，即可持收件收據及原蓋用之印章，至發狀處領取他項權利證明書及其他不需存查之文件。

四、內容變更登記

（一）變更原因

1.地上權權利內容，如權利範圍、地租額、權利存續期限、約定使用方法、繳租日期及方法等如有變更，得辦理權利內容變更登記，並以附記登記為之。
2.登記原因：依變更之原因填寫，如「存續期間變更」、「權利範圍變更」、「權利價值變更」、「義務人變更」，如有二項以上變更時，則填寫「權利內容等變更」。

（二）申請人

他項權利內容變更登記，應由他項權利人及義務人會同申請。

（三）申請實務

1.應備書件
(1)土地登記申請書。
(2)他項權利變更契約書。
(3)權利人及義務人之身分證明文件。
(4)義務人之印鑑證明。
(5)原他項權利設定契約書。
(6)他項權利證明書。

2.申辦手續
(1)備齊繕妥有關文件後，將登記申請書對摺放置於第一頁，契約書副本對摺放置於第二頁，其他書件再依次放置整齊（習慣上權利書狀放置於最後面），並裝訂成冊，即可向主管之地政事務所申辦登記。
(2)收件及計收規費：
　①案件提向地政事務所申辦時，其程序為收件→計算規費→開單→繳費→領取收件收據。
　②除權利價值增加部分應納千分之一登記費外，其餘免費。另書狀費每張80元。
(3)補正：申請案件如經審查發現填寫錯誤或文件不全或證件不符時，應依通知限期補正。
(4)領狀：申請案件經審查無誤登記完畢，即可持收件收據及原蓋用之印

章，至發狀處領取他項權利證明書及其他不需存查之文件，並領取申請之登記簿謄本。

復習問題

1.何謂地上權？何謂約定地上權？何謂法定地上權？

2.地上權登記時其權利價值不明者如何處理？

3.時效完成取得地上權登記應提出哪些文件？應如何辦理？以有建物為目的之地上權登記其建物是否以合法建物為限？（81檢、89檢、90基特）

4.何種情形占有人不得申請時效取得地上權登記？（90基特）

5.地上權設定登記之申請人為何？應備哪些文件？其辦理手續為何？

6.地上權可否讓與他人？其移轉登記之申請人為何？應備哪些文件？其辦理手續為何？

7.地上權內容變更之原因有哪些？變更登記之申請人為何？應備哪些文件？其辦理手續為何？

8.請問因時效取得地上權欲申請複丈時，應由何人提出申請？應提出何種證明文件？登記機關受理此複丈申請案件時，應通知何關係人到場？

9.占有人主張時效完成申請地上權登記，經登記機關審查中或公告期間，土地所有權人提出異議時，依規定得如何處理？試說明之。（100普）

10.甲占有乙所有土地之一部分，申請時效取得地上權登記；在申請登記過程中，依規定應經由何種程序確認其位置與計算面積？因普通地上權與區分地上權有異，請分別依規定說明其範圍位置如何測繪。（111專普）

範例一　地上權設定登記

收件	日期	年　月　日　時　分	收件者章	連件序列（非連件者免填）	共1件	第1件	登記費	元	合計	元
	字號	字第　號					書狀費	元	收據	字
							罰鍰	元	核算者	號

土 地 登 記 申 請 書

(1) 受理機關	△△縣 △△市 △△ 地政事務所　□跨所申請　　資料管轄機關 △△ 地政事務所	(2) 原因發生日期	中華民國△△年△月△△日

(3) 申請登記事由（選擇打✓一項）

- □所有權第一次登記
- □所有權移轉登記
- □抵押權登記
- □抵押權塗銷登記
- □抵押權內容變更登記
- □標示變更登記
- ☑地上權設定登記

(4) 登記原因（選擇打✓一項）

- □第一次登記
- □買賣　□贈與　□繼承　□分割繼承　□拍賣　□共有物分割
- □設定　□法定
- □清償　□抛棄　□混同　□判決塗銷
- □權利價值變更　□權利內容等變更
- □分割　□合併　□地目變更
- ☑設定

(5) 標示及申請權利內容 詳如 ☑契約書　□登記清冊　□複丈結果通知書　□建物測量成果圖

(6) 附繳證件

1. 地上權設定契約書	2份	4. 印鑑證明		7.	份
2. 戶口名簿影本	2份	5.		8.	份
3. 土地所有權狀	1份	6.		9.	份

(7) 委任關係

本土地登記案之申請委託 陳△△ 代理。　複代理。
委託人確為登記標的物之權利人或權利關係人，並經核對身分無誤，如有虛偽不實，本代理人（複代理人）願負法律責任。[印]

(8) 聯絡方式

權利人電話	△△△△△△△△
義務人電話	△△△△△△△△
代理人聯絡電話	△△△△△△△△
傳真電話	△△△△△△△△
電子郵件信箱	△△△@△△△.tw
不動產經紀業名稱及統一編號	
不動產經紀業電話	

(9) 備註

請同時辦理土地所有權人王△△住所變更登記。[印]

(10)申請人	(11)權利人或義務人	(12)姓名或名稱	(13)出生年月日	(14)統一編號	(15)住所										(16)簽章
					縣市	鄉鎮市區	村里	鄰	街路	段	巷	弄	號	樓	
	權利人	林△△	△△△	△△△△△	△△	△△	△△	△	△△				△		印
	義務人	王△△	△△△	△△△△△△	△△	△△	△△	△	△△				△		印
	代理人	陳△△			△△	△△	△△	△	△△				△		印

本案處理經過情形（以下各欄申請人請勿填寫）	初審	複審	核定	登簿	核薄	書狀列印	書狀印	校狀	書狀用印
				地價異動	通領	異動通知		發狀	歸檔
						通知狀		付狀	

土地標示の表

土地標示										
			地　上　權　設　定　契　約　書							

下列土地經　權利人　雙方同意設定 (1) ☑普通　地上權，特訂立本契約：
　　　　　義務人　　　　　　　　　　　□區分

(2)坐　落			(3) 地　號	(4) 面　積 （平方公尺）	(5) 設　定 權利範圍	(6) 地租
鄉鎮市區	段	小段				
△△	△△	△	△△	356	全部	每年新臺幣8萬元

(7)權利價值　新臺幣壹佰拾陸萬元正

(8)存續期間　自民國△△△△年△月△日起至民國△△△△年△月△日止　共計20年

(9)設定目的　建築房屋

(10)預付地租情形	無											
(11)使用方法	建築物限於磚造											
(12)讓與或設定抵押權之限制	本地上權不得讓與及設定抵押權於他人											
(13)申請登記以外之約定事項	1.於本地上權存續期限屆滿時，地上建築物應自行拆除或無償歸屬土地所有權人。 2. 3. 4.											

訂立契約人	(15)權利人或義務人	(16)姓名或名稱	(17)權利範圍	(18)出生年月日	(19)統一編號	(20)住									(21)蓋章
						縣市	鄉鎮市區	村里	鄰	街路	段	巷弄	號	樓	
	權利人	△△△	全部	△△△	△△△	△△	△△	△△	△	△△			△		印
	義務人	△△△	全部	△△△	△△△	△△	△△	△△	△	△△			△		印

(14)簽名或簽證				

(22)立約日期　中華民國　△△△　年　△　月　△　日

範例二　地上權轉移登記

收件	日期	年 月 日 時 分		收件者章	連件序別（非連件者免填）	共1件 第1件	登記費	元
	字號	字第　　號					書狀費	元
							罰鍰	元
							合計	元
							收據	字號
							核算者	

土 地 登 記 申 請 書

(1) 受理機關：△△縣／市　△△地政事務所　□跨所申請　資料管轄機關　△△縣／市　△△地政事務所

(2) 原因發生日期：中華民國△△年△月△△日

(3) 申請登記事由（選擇打✓一項）
- □ 所有權第一次登記
- □ 所有權移轉登記
- □ 抵押權登記
- □ 抵押權塗銷登記
- □ 抵押權內容等變更登記
- □ 標示變更登記
- ✓ 地上權移轉登記

(4) 登記原因（選擇打✓一項）
- □ 第一次登記
- □ 買賣　□ 贈與　□ 繼承　□ 分割繼承　□ 拍賣
- □ 設定　□ 法定
- □ 清償　□ 拋棄　□ 混同　□ 判決塗銷
- □ 權利價值變更　□ 權利內容等變更
- □ 分割　□ 合併　□ 地目變更
- ✓ 讓與

(5) 標示及申請權利內容　詳如　✓ 契約書　□ 登記清冊　□ 複丈結果通知書　□ 建物測量成果圖

(6) 附繳證件
1. 地上權移轉契約書　2份
2. 戶口名簿影本　2份
3. 地上權設定契約書　1份
4. 他項權利證明書　1份
5. 印鑑證明　1份
6. 　　份
7. 　　份
8. 　　份
9. 　　份

(7) 委任關係：本土地登記案之申請委託　陳△△　代理。　複代理。　委託人確為登記標的物之權利人或權利關係人，並經核對身分無誤，如有虛偽不實，本代理人（複代理人）願負法律責任。〔印〕

(8) 聯絡方式
- 權利人電話　△△△△△△△△
- 義務人電話　△△△△△△△△
- 代理人聯絡電話　△△△△△△△△
- 傳真電話　△△△△△△△△
- 電子郵件信箱　△△@△△△.tw
- 不動產經紀業名稱及統一編號
- 不動產經紀業電話

(9) 備註

(10) 申請人	(11) 權利人或義務人	(12) 姓名或名稱	(13) 出生年月日	(14) 統一編號	(15) 住所 縣市	鄉鎮市區	村里	鄰	街路	段	巷	弄	號	樓	(16) 簽章
	權利人	林△△	△△△	△△△△△△	△△	△△	△△	△	△△				△		印
	義務人	王△△	△△△	△△△△△△	△△	△△	△△	△	△△				△		印
	代理人	陳△△	△△△	△△△△△△	△△	△△	△△	△	△△				△		印

本案處理經過情形（以下各欄申請人請勿填寫）					
初審	複審	核定	登簿	書狀列印	校狀
				書狀印	書狀用印
地價異動	通知領狀	異動通知	交發狀	歸檔	

土地建築改良物　他項權利移轉變更契約書

下列　土地／建築改良物　經他項權利　權利人／義務人　雙方同意　移轉／變更，特訂立本契約：

土地標示

項目		內容
(1) 坐落	鄉鎮市區	△△
	段	△△
	小段	△
(2) 地號		△△
(3) 面積（平方公尺）		215
(4) 原設定權利範圍		全部
(5) 原設定權利價值		新臺幣 150萬元

建物標示

項目		內容
(6) 建號		以下空白
(7) 門牌	鄉鎮市區	
	街路	
	段巷弄	
	號樓	
(8) 建物坐落	段	
	小段	
	地號	
(9) 面積（平方公尺）	十層	
	層	
	層	
	層	
	共計	
(10) 用途		
附屬建物	面積（平方公尺）	
(11) 原設定權利範圍		
(12) 原設定權利價值		

(13) 權利種類	地上權										
(14) 原權利總價值	新臺幣壹佰伍拾萬元正										
(15) 移轉或變更	原因	讓與									
	內容	民國△△年△月△△日收件字第△△號設定登記之地上權移轉轉登記									
(16) 申請登記以外之約定事項	1. 2. 3. 4.										

(17) 權利人或義務人	(18) 姓名或名稱	(19) 出生年月日	(20) 統一編號	(21) 住所									(22) 蓋章
				縣市	鄉鎮市區	村里	鄰	街路	段	巷弄	號	樓	
訂立契約人 權利人	林△△	△△△△△△	△△△△△△△	△△	△△	△△	△	△△	△	△	△	△	印
訂立契約人 義務人	王△△	△△△△△△	△△△△△△△	△△	△△	△△	△	△△	△	△	△	△	印
(23) 立約日期	中華民國△△年△△月△△日												

範例三　地上權內容變更登記

收件	日期	年　月　日　時　分	收件者章	連件序列（非連件者免填）	共1件　第1件		登記費	元	合計	元
	字號	字第　　號					書狀費	元	收據	字號
							罰鍰	元	核算者	

土　地　登　記　申　請　書

(1)受理機關	△△縣　△△市　△△地政事務所　□跨所申請	資料管轄機關　△△縣市　△△地政事務所

(2)原因發生日期　中華民國△△年△月△△日

(3)申請登記事由（選擇打✓一項）

- □所有權第一次登記
- □所有權移轉登記
- □抵押權登記
- □抵押權塗銷登記
- □抵押權內容變更登記
- □標示變更登記
- ✓地上權變更登記

(4)登記原因（選擇打✓一項）

- □第一次登記
- □買賣　□贈與　□繼承　□分割繼承　□拍賣　□共有物分割
- □設定　□法定
- □清償　□拋棄　□混同　□判決塗銷
- □權利價值變更　□權利內容等變更
- □分割　□合併　□地目變更
- ✓權利範圍變更

(5)標示及申請權利內容　詳如　✓契約書　□登記清冊　□複丈結果通知書　□建物測量成果圖

(6)附繳證件	1. 變更契約書	2份	4.他項權利證明書	1份	7.	份
	2.戶口名簿影本	2份	5.印鑑證明	1份	8.	份
	3.地上權設定契約書	1份	6.	份	9.	份

(7)委任關係　本土地登記案之申請委託　陳△△　代理。　複代理。
委託人確為登記標的物之權利人或權利關係人，並經核對身分無誤，如有虛偽不實，本代理人（複代理人）願負法律責任。㊞

(8)聯絡方式	權利人電話	△△△△△△△△
	義務人電話	△△△△△△△△
	代理人聯絡電話	△△△△△△△△
	傳真電話	△△△△△△△△
	電子郵件信箱	△△@△△△.tw
	不動產經紀業名稱及統一編號	
	不動產經紀業電話	

(9)備註

(10)申請人	(11)權利人或義務人	(12)姓名或名稱	(13)出生年月日	(14)統一編號	(15)住所 縣市	鄉鎮市區	村里	鄰	街路	段	巷	弄	號	樓	(16)簽章
	權利人	林△△	△△△	△△△△△△	詳	如	契	約	書						印
	義務人	王△△	△△△	△△△△△△	詳	如	契	約	書						印
	代理人	陳△△	△△△	△△△△△△△	△△	△△	△△	△	△△				△		印

本案處理經過情形（以下各欄申請人請勿填寫）	初審	複審	核定	登簿	校簿	書狀列印	校狀	書狀用印	歸檔
				地價異動	通知領狀	異動通知	交付發狀		

土地　　他項權利　移轉　契約書
建築改良物　　　　變更

下列　土地建築　他項權利經　權利人　義務人　雙方同意　變更，特訂立本契約：

土地標示			
(1) 坐落	鄉鎮市區	△△	
	段	△△	
	小段	△	
(2) 地號		△△	
(3) 面積（平方公尺）		158	
(4) 原設定權利範圍		全部	
(5) 原設定權利價值		新臺幣150萬元	

建物標示		
(6) 建號		
(7) 門牌	鄉鎮市區	
	街 路	
	段 巷 弄	
	樓	
(8) 建物坐落	段	
	小段	
	地號	
(9) 面積（平方公尺）	十	
	層	
	層	
	層	
	層	
	共計	
(10) 附屬建物	用途	
	面積（平方公尺）	
(11) 原設定權利範圍		
(12) 原設定權利價值		

以下空白

(13) 權利種類	地上權
(14) 原權利總價值	新臺幣壹佰伍拾萬元正

(15)	原因	移轉或變更	權利範圍變更
	內容		民國△△年△月△△日收件△△字第△△號△△設定登記之地上權權利範圍變更：原登記：權利範圍全部，變更後：權利範圍貳分之壹。

(16) 申請登記以外之約定事項	1. 2. 3. 4.

(17) 權利人或義務人	(18) 姓名或名稱	(19) 出生年月日	(20) 統一編號	(21) 住所 縣市	鄉鎮市區	村里	鄰	街路	段	巷弄	號	樓	(22) 蓋章
權利人	林△△	△△△△△△	△△△△△△△	△△	△△	△△	△	△△	△	△	△	△	印
義務人	王△△	△△△△△△△	△△△△△△△	△△	△△			△△	△	△	△	△	印

| 訂立契約人 | | | | | | | | | | | | | |

(23) 立約日期	中華民國 △△ 年 △△ 月 △△ 日

第八章

繼承登記

第一節　繼承登記之法制

一、繼承開始

（一）繼承，因被繼承人死亡而開始（民§1147）。

（二）土地或建物辦理所有權或他項權利之登記後，如登記名義人死亡或失蹤經宣告死亡，由其合法繼承人繼承其權利並辦理移轉登記，是為繼承移轉登記。

二、應先申報遺產稅

（一）土地所有權繼承而移轉，免徵土地增值稅（土稅§28）。

（二）房屋所有權繼承而移轉，免徵契稅。

（三）繼承事實發生後（即登記名義人死亡之日起），繼承人應依法申報遺產稅，再憑遺產稅繳清證明書或核定免稅證明書或不計入遺產總額證明書或同意移轉證明書辦理繼承移轉登記（遺贈稅§42）。

三、實體從舊與程序從新原則

（一）民法繼承編施行法第1條規定，繼承在民法繼承編施行前開始者，除本施行法有特別規定外，不適用民法繼承編之規定；其在修正前開始者，除本施行法有特別規定外，亦不適用修正後之規定。

（二）因此，日據時代繼承開始者，應適用當時之法令及習慣，民法繼承編於光復後施行於臺灣地區，並於民國74年6月3日修正公布施行，依中央法規標準法第13條規定，自民國74年6月5日起生效。凡是繼承期始（即死亡時）於修正前者，除有特別規定外，不適用修正後之規定。

四、繼承順序——即繼承人

（一）光復後：臺灣光復後適用我國民法之規定

　　1.除配偶外，遺產繼承人依下列順序定之（民§1138）：

　　(1)直系血親卑親屬：男女均有繼承權——並以親等近者為先（民§1139）。

　　(2)父母。

　　(3)兄弟姊妹。

(4)祖父母。

2.養子女之繼承順序，與婚生子女同（民§1142）（新修正之條文已刪除）。

3.民法繼承編施行前，所立之嗣子女，對於施行後開始之繼承，其繼承順序及應繼分與婚生子女同（民法繼承編施行法第7條）。

（二）光復前：臺灣光復前應依當時繼承習慣辦理

依「繼承登記法令補充規定」（第2點至第12點）分述如次（108.6.25內政部修正）：

1.日據時期臺灣省人財產繼承習慣分為家產繼承與私產繼承兩種。

家產為家屬（包括家長在內）之共有財產；私產係指家屬個人之特有財產。家產繼承因戶主喪失戶主權而開始；私產繼承則因家屬之死亡而開始。

戶主喪失戶主權之原因：

(1)戶主之死亡。死亡包括事實上之死亡及宣告死亡。

(2)戶主之隱居。民國24年（日本昭和10年）4月5日臺灣高等法院上告部判官及覆審部判官聯合總會決議，承認隱居有習慣法之效力，自該日起隱居始成為戶主繼承開始之原因。但隱居發生於該決議日期以前者，不能認為因隱居而開始之戶主繼承，而應以被繼承人死亡日期定其繼承開始日期。

(3)戶主之國籍喪失。

(4)戶主因婚姻或收養之撤銷而離家。

(5)有親生男子之單身女戶主，未廢家而入他家為妾。

2.因戶主喪失戶主權而開始之財產繼承，其繼承人之順序為：

(1)法定之推定財產繼承人。

(2)指定之財產繼承人。

(3)選定之財產繼承人。

第一順序之法定推定財產繼承人係男子直系卑親屬（不分長幼、嫡庶、婚生或私生、自然血親或準血親），且係繼承開始當時之家屬為限。女子直系卑親屬及因別籍異財或分家等原因離家之男子直系卑親屬均無繼承權。至於「寄留」他戶之男子直系卑親屬對家產仍有繼承權。已任寄留地之戶主，對被繼承人之遺產無繼承權。

男子直系卑親屬有親等不同者，以親等近者為優先。親等相同之男子

有數人時，共同均分繼承之。

第二順序指定及第三順序選定之財產繼承人，應依當時之戶口規則申報。

第三順序選定之財產繼承人，不以在民法繼承編施行前選定為限。但至民國98年12月11日止，尚未合法選定繼承人者，自該日起，依現行民法繼承編之規定辦理繼承。

3. 戶主無法定之推定戶主繼承人時，得以生前行為指定繼承人或以遺囑指定繼承人。如未指定時，親屬得協議為選定繼承人。指定或選定之繼承人無妨以子女或非家屬者充之。

4. 戶主指定某人為戶主權之繼承人，應同時指定該人為財產繼承人，兩者有不可分之關係。故戶主僅為指定戶主繼承人之表示或僅為指定財產繼承人之表示，應視為兩者併為指定。但被指定人得僅承認戶主繼承而拋棄財產繼承。惟其拋棄戶主繼承時，則視為亦拋棄財產繼承。

5. 戶主喪失戶主權後所生之男子，不因戶主已指定戶主繼承人，而喪失其繼承權。

6. 日據時期隱居者，光復後仍以自己名義辦理土地登記，其隱居繼承之原因應視為消滅，自不得復以隱居之原因為繼承之登記。

7. 死亡絕戶（家）者如尚有財產，其絕戶（家）再興，並有選定繼承人之事實或戶籍簿記載有選定繼承人者，得為戶主繼承及因此而開始之財產繼承。

   日據時期死亡絕戶（家）之遺產如未予歸公，致懸成無人繼承，光復後，應依我國民法繼承編之規定定其繼承人，不得再以絕戶（家）再興為由主張繼承申請登記。

8. 日據時期招婿（贅夫）與妻所生子女，冠母姓者，繼承其母之遺產，冠父姓者，繼承其父之遺產。但父母共同商議決定繼承關係者，從其約定。

   招婿（贅夫）以招家家族之身分死亡而無冠父姓之直系卑親屬時，其直系卑親屬不論姓之異同，均得繼承其父之私產。

   招贅婚之女子死亡而無冠母姓之子女可繼承其私產時，由冠招夫姓之子女為第一順位繼承人。

9. 日據時期共有人中之一人死亡而無合法繼承人時，其他共有人如踐行日本民法所定繼承人曠缺手續，經公示催告為無繼承人後，其應有部分始歸屬於其他共有人。如光復前未踐行此項程序者，應依我國民法繼承編施行法第8條規定定其繼承人，如仍無法定繼承人承認繼承時，

即應依民法第1177條、第1178條所定程序公示催告確定無繼承人後，其遺產歸屬於國庫。

10.日據時期私產之繼承：

(1)日據時期家屬（非戶主）之遺產為私產。因家屬死亡而開始之私產繼承，僅有法定繼承人而無指定或選定繼承人。

(2)私產繼承純屬財產繼承性質，與家之觀念無關，故分戶別居、別籍異財之直系卑親屬對家產雖無繼承權，但對於私產仍有繼承權。

(3)私產繼承之法定繼承人之順序如下：
①直系卑親屬。
②配偶。
③直系尊親屬。
④戶主。

(4)第一順序繼承人直系親屬有親等不同時，以親等近者為優先。親等相同之直系卑親屬有數人時，按人數共同均分繼承，不分男女、嫡庶、婚生、私生或收養，且非必與被繼承人同住一家，均得為繼承人。

（三）光復前後「繼承登記法令補充規定」之相關規定（第13點至第23點）

1.繼承開始在光復前（民法繼承編施行於臺灣前），依當時之習慣有其他合法繼承人者，即不適用民法繼承編之規定。如無合法繼承人時，光復後應依民法繼承編規定定其繼承人，但該所定之繼承人應以民法繼承編施行之日生存者為限。

2.遺產繼承人資格之有無，應以繼承開始時為決定之標準，故子女被收養之前已發生繼承事實者，對其本生父母之遺產有繼承權。

3.子女被人收養者，於收養關係尚未終止以前，對本生父母、祖父母、兄弟姊妹之繼承權暫行停止，而對養父母之遺產有繼承權。

4.繼承人須於繼承開始當時生存者，繼承開始當時已死亡者，則無繼承之資格，此即「同時存在原則」。至於同時死亡者，互不發生繼承權。

5.子女喪失國籍者，其與本生父母自然血親之關係並不斷絕，故對本生父母之遺產仍有繼承權，惟辦理繼承登記時應注意土地法第17條及第18條有關外國人取得土地權利之限制。

6.嫡母與庶子間僅具有姻親關係,故庶子對嫡母之遺產無繼承權。

7.繼承開始於民國74年6月4日以前,依修正前民法第1142條第2項「養子女應繼分,為婚生子女之二分之一」之規定主張繼承者,以養子女與婚生子女共同繼承養父母之遺產時,始有其適用。

8.親生子女與養子女、養子女與養子女係民法第1138條第3項所定之兄弟姊妹,相互間有繼承權。

同父異母或同母異父之兄弟姊妹間,亦為民法第1138條第3款所稱兄弟姊妹同一順序之繼承人。

9.民法第1138條規定所謂配偶,須繼承開始時合法結婚之夫或妻。夫或妻於對方死亡後再婚,仍不喪失繼承權。

10.民法修正前重婚者,依修正前民法第992條規定,在利害關係人向法院聲請撤銷前,其婚姻關係並非當然無效,依照民法第1144條規定,有與前婚姻關係配偶一同繼承遺產之權,配偶之應繼分由各配偶均分之。

11.日據時期成立之夫妾婚姻,夫得繼承妾之遺產,但妾非配偶,對夫之遺產尚無繼承權可言;其繼承在臺灣光復後開始者,夫妾間互無繼承權。

(四) 養子女、過房子、螟蛉子等之繼承 (繼承登記法令補充規定第24點至第37點)

1.日據時期養親無子,以立嗣為目的而收養之過房子及螟蛉子,即與現行民法繼承編施行第7條所稱之「嗣子女」相當,其認定以戶籍記載為準。於臺灣省光復後開始繼承者,其繼承順序及繼承分與婚生子女同。

2.日據時期臺灣有死後養子之習慣,即凡人未滿二十歲死亡者,得由親屬會議以祭祀死者,並繼承其財產為目的,追立繼承人為其養子,依此目的收養之養子,對死者之遺產得繼承。

3.所謂收養係指收養他人之子女而言。生父與生母離婚後,收養其婚生子女為養子女,即使形式上有收養之名,惟其與生父母之自然血親關係仍然存在,該收養於法律上不能發生效力。

4.日據時期養子離家廢戶 (家) 或廢戶 (家) 再興,係戶口之遷徙,非終止收養之除籍,祇要收養關係繼承存在,其與養父母之擬制血親關係不因戶籍遷徙而受影響。

5.日據時期養父母與養子女終止收養關係後，養子女之子女縱戶籍記載
　爲原收養者之孫，對該收養者之遺產無繼承權。

6.日據時期夫或妻結婚前單獨收養之子女，其收養關係於婚後繼續存
　在。收養人後來之配偶除對原收養之子女亦爲收養外，只發生姻親關
　係。

7.養子女被收養後，再與養父母之婚生子女結婚者，應先終止收養關
　係。如養親收養時，有使其與婚生子女結婚之眞意者，雖名之爲收
　養，實無收養關係，該養子女與本生父母之法律關係並未中斷，其與
　本生父母間互有繼承權。

8.有配偶者違反民法第1074條共同收養規定，由一方單獨收養子女，該
　養子女與收養者之配偶間，相互無遺產繼承權。

9.收養者與被收養者之年齡應符合民法第1073條規定，但在民國74年6月
　4日以前收養子女違反上開規定，依修正前民法親屬編規定，並非當然
　無效，僅得由有撤銷權人向法院請求撤銷之。民法親屬編修正後，違
　反上開條文之收養，依同法第1079條之4規定，應屬無效。

10.養子女與本生父母及其親屬間之權利義務，於收養關係存續中停止
　　之。但夫妻之一方收養他方之子女時，該子女與他方及其親屬間之權
　　利義務，不因收養而受影響。

11.養父（或養母）死亡後，養子女單獨與養母（或養父）終止收養關
　　係，其與養父（或養母）之收養關係不受影響。

12.收養關係之認定如戶政機關無法處理，應循司法程序謀求解決。

（五）養媳、媳婦仔等之繼承（繼承登記法令補充規定第38點至第42點）

1.日據時期媳婦仔係以將來婚配養家男子爲目的而收養之異姓幼女，縱
　本姓上冠以養家之姓，其與養家僅有姻親關係，並無擬制血親關係，
　性質與養女有別，對養家財產不得繼承，而與其本生父母互有繼承
　權。

2.養女、媳婦仔與養家間之關係完全不同，養女嗣後被他人收養爲媳婦
　仔，其與養父母之收養關係並不終止，亦不發生一人同時爲兩人之養
　女之情形，其對養父之遺產仍有繼承權。

3.「無頭對」媳婦仔日後在養家招婿，且所生長子在戶籍上稱爲「孫」
　者，自該時起該媳婦仔與養家發生準血親關係，即身分轉換爲養女。
　但媳婦仔如由養家主婚出嫁，除另訂書約或依戶籍記載爲養女外，難

謂其身分當然轉換為養女。

4.光復後養家有意將媳婦仔之身分變更為養女,應依民法第1079條規定辦理,並向戶政機關申報為養女,否則不能認其具有養女身分。

5.除戶於本家而入他家之女子,其本家之戶籍均記載為「養子緣組除戶」,如經戶政機關查復確實無法查明其究係被他家收養為養女或媳婦仔時,可由申請人於繼承系統表上簽註,以示負責。

(六)光復前無繼承人之適用

繼承開始在民法繼承編施行前,被繼承人無直系血親卑親屬,依當時之法律亦無其他繼承人者,自施行之日起,依民法繼承編之規定定其繼承人(民法繼承編施行法§8)。

五、代位繼承

(一)代位繼承之原因

直系血親卑親屬為繼承人,如繼承人有於繼承開始前死亡或喪失繼承權者,由其直系血親卑親屬代位繼承其應繼分(民§1140)。

(二)喪失繼承權之原因

1.在下列各款情事之一者喪失其繼承權(民§1145Ⅰ):
  (1)故意致被繼承人或應繼承人於死或雖未致死因而受刑之宣告者。
  (2)以詐欺或脅迫使被繼承人為關於繼承之遺囑,或使其撤回或變更者。
  (3)以詐欺或脅迫妨害被繼承人為關於繼承之遺囑,或妨害其撤回或變更者。
  (4)偽造、變造、隱匿或湮滅被繼承人關於繼承之遺囑者。
  (5)對於被繼承人有重大之虐待或侮辱情事,經被繼承人表示其不得繼承者。

2.前項第2款至第4款之規定,如經被繼承人宥恕者,其繼承權不喪失(民§1145Ⅱ)。

（三）繼承登記法令補充規定（第43點至第47點之2）

1. 日據時期家產之第一順序法定之推定財產繼承人於繼承開始前死亡或喪失繼承權時，代襲（代位）財產繼承人限於被代襲人之直系男性卑親屬；致於私產，如被繼承人之直系卑親屬有於繼承開始前死亡或喪失繼承權者，無論被代襲人之直系男卑親屬或女卑親屬均得代襲繼承。

2. 民法第1140條規定之代位繼承人包括養子女之婚生子女，養子女之養子女，婚生子女之養子女。

3. 被代位繼承人與被繼承人同時死亡，可由其直系血親卑親屬代位繼承其應繼分。

4. 第一順序之繼承人有拋棄繼承權者，依民法第1176條第1項規定，其應繼分歸屬於其他同為繼承之人，如其他同為繼承之人於繼承開始前死亡或喪失繼承權時，依民法第1140條規定，所拋棄之應繼分歸屬代位繼承人繼承。

   第一順序親等較近之繼承人與代位繼承人均拋棄繼承權，依民法第1176條第5項規定，由被繼承人次親等之直系血親卑親屬繼承。

5. 繼承開始前，第一順序親等較近之直系血親卑親屬全部死亡或喪失繼承權者，由其次親等直系血親卑親屬依其固有繼承順序以其固有應繼分繼承而非代位繼承。

（四）再轉繼承

所謂再轉繼承，即是於繼承開始時起，繼承人應繼承登記而未登記完畢前，繼承人死亡，致須再一次繼承，亦有謂為再繼承，與代位繼承不同。

六、拋棄繼承權

（一）拋棄方式

1. 繼承人得拋棄其繼承權（民§1174Ⅰ）。

2. 前項拋棄，應於知悉其得繼承之時起三個月內以書面向法院為之（民§1174Ⅱ）。

3. 拋棄繼承後，應以書面通知因其拋棄而應為繼承之人，但不能通知者，不在此限（民§1174Ⅲ）。

4. 由是可知拋棄有其法定方式，茲分述如次：

(1)時間：繼承因被繼承人死亡而開始（民§1147）。繼承人雖得拋棄其繼承權，但應於知悉其得繼承之時起三個月內爲之。

(2)書面：拋棄繼承權應以書面爲之，並於拋棄繼承後，應以書面通知因其拋棄而應爲繼承之人。

(3)對象：民法第1174條，74年6月4日以前原規定，拋棄繼承權，應向法院、親屬會議或其他繼承人爲之。新修正則僅向法院爲之。74年6月4日以前因向法院或親屬會議拋棄，手續較爲繁複，是以實務上，以向其他繼承人拋棄者居多，但應附印鑑證明書。

（二）繼承登記法令補充規定（第48點至第58點）

1.日據時期臺灣地區有關繼承權之拋棄，參照民國25年（昭和11年）4月20日臺灣高等法院上告部及同院覆審部判官聯合總會會議決議，應於繼承開始三個月內向管轄地方法院單獨申報後發生效力。於該決議作成前繼承人所爲之拋棄繼承，不發生效力。

2.繼承開始前拋棄繼承者，無效。

3.繼承權之拋棄應就遺產之全部爲之，部分拋棄者，不生效力。

4.繼承權之拋棄，一經拋棄不得撤銷。

5.繼承開始於民國74年6月4日以前者，旅居海外之繼承人爲拋棄繼承權得向駐外單位申請繼承權拋棄書驗證，駐外單位於驗證後，應即將該拋棄書掃描建檔，供各該不動產所在地之直轄市、縣（市）政府或轄區地政事務所，於受理登記時調閱查驗。

繼承開始於民國74年6月5日以後者，旅外繼承人拋棄繼承權，應以書面向被繼承人死亡之住所所在地管轄法院陳報，如其因故未能親自返國向法院陳報時，得出具向法院爲拋棄之書面，送請駐外單位驗證後，逕寄其國內代理人向法院陳報。

6.被繼承人經法院判決宣告死亡後，其繼承人拋棄繼承權之期間應自法院宣示（指不受送達之繼承人）或送達宣告死亡判決之翌日起算，不以判決內所確定死亡之時爲準。

7.繼承開始於民國74年6月4日以前，部分繼承人拋棄繼承權，於登記完畢後發現尚有部分遺產漏辦登記，補辦繼承登記時，倘原繼承登記申請書件已逾保存年限經依規定銷毀者，其繼承人以土地登記簿所載者爲準，免再添附部分繼承人之繼承權拋棄書。惟申請人應於繼承系統表內記明其事由，並自負損害賠償之法律責任。

七、應繼分

(一) 同一順序之繼承人有數人時，按人數平均繼承。但法律另有規定者，不在此限（民§1141）。

(二) 配偶有相互繼承遺產之權。其應繼分如次（民§1144）：

1.配偶與直系血親卑親屬同為繼承人時，應繼分均等。

2.配偶與父母或兄弟姊妹同為繼承人時，配偶應繼分為遺產二分之一，其餘二分之一由其他繼承人均分。

3.配偶與祖父母同為繼承人時，配偶應繼分為遺產三分之二，其餘三分之一，由其他繼承人均分。

4.無各順序之繼承人時，配偶應繼分為遺產全部。

(三) 被繼承人生前繼續扶養之人，應由親屬會議，依其所受扶養之程度及其他關係，酌給遺產（民§1149）。

(四) 胎兒為繼承人時，非保留其應繼分，他繼承人不得分割遺產，胎兒關於遺產之分割，以其母為代理人（民§1166）。

(五) 胎兒為繼承人時，應由其母以胎兒名義申請登記，俟其出生辦理戶籍登記後，再行辦理更名登記。惟胎兒以將來非死產為限，如將來為死產，其經登記之權利，溯及繼承開始時消滅，由其他繼承人共同申請更正登記（土登§121）。

(六) 拋棄繼承權後之歸屬（民§1176）：

1.第1138條所規定第一順序之繼承人中有拋棄繼承權者，其應繼分歸屬於其他同為繼承之人。

2.第二順序至第四順序之繼承人中，有拋棄繼承權者，其應繼分歸屬於其他同一順序之繼承人。

3.與配偶同為繼承之同一順序繼承人均拋棄繼承權，而無後順序之繼承人時，其應繼分歸屬於配偶。

4.配偶拋棄繼承權者，其應繼分歸屬於與其同為繼承之人。

5.第一順序之繼承人，其親等近者均拋棄繼承權時，由次親等之直系血親卑親屬繼承。

6.先順序繼承人均拋棄繼承權時，由次順序之繼承人繼承。其次順序之繼承人有無不明或第四順序之繼承人均拋棄其繼承權者，準用關於無人承認繼承之規定。

7.因他人拋棄繼承而應為繼承之人，為拋棄繼承時，應於知悉其得繼承之日起三個月內為之。

八、無人承認之繼承

(一) 民法之規定

1. 管理人之選定（民§1177）：繼承開始時，繼承人之有無不明者，由親屬會議於一個月內選定遺產管理人，並將繼承開始及選定遺產管理人之事由，向法院報明。

2. 繼承人之搜索（民§1178）：

   (1)親屬會議依前條規定為報明後，法院應依公示催告程序，定六個月以上之期限，公告繼承人，命其於期限內承認繼承。

   (2)無親屬會議或親屬會議未於前條所定期限內選定遺產管理人者，利害關係人或檢察官，得聲請法院選任遺產管理人，並由法院依前項規定為公示催告。

3. 保存之必要處置（民§1178-1）：繼承開始時繼承人之有無不明者，在遺產管理人選定前，法院得因利害關係人或檢察官之聲請，為保存遺產之必要處置。

4. 管理人之職務（民§1179）：

   遺產管理人之職務如下：

   (1)編製遺產清冊。

   (2)為保存遺產必要之處置。

   (3)聲請法院公示催告程序，限定一年以上期間，公告被繼承人之債權人及受遺贈人，命其於該期間內報明債權，及為願受遺贈與否之聲明，被繼承人之債權人及受遺贈人為管理人所已知者，應分別通知之。

   (4)清償債權或交付遺贈物。

   (5)有繼承人承認繼承或遺產歸屬國庫時，為遺產之移交。

   前項第1款所定之遺產清冊，管理人應於就職後三個月內編製之。第4款所定債權之清償，應先於遺贈物之交付，為清償債權或交付遺贈物之必要，管理人經親屬會議同意得變賣遺產。

5. 報告義務（民§1180）：遺產管理人，因親屬會議、被繼承人之債權人或受遺贈人之請求，應報告或說明遺產之狀況。

6. 清償及交付之義務（民§1181）：遺產管理人非於第1179條第1項第3款所定期間屆滿後，不得對被繼承人之任何債權人或受遺贈人，償還債務或交付遺贈物。

7.未依限報明債權及受遺贈聲明之處理（民§1182）：被繼承人之債權人或受遺贈人，不於第1179條第1項第3款所定期間內爲報明或聲明者，僅得就賸餘遺產，行使其權利。

8.賸餘遺產之歸屬（民§1185）：第1178條所定之期限屆滿，無繼承人承認繼承時，其遺產於清償債權，並交付遺贈物後，如有賸餘，歸屬國庫。

9.管理人之報酬（民§1183）：遺產管理人得請求報酬，其數額由法院按其與被繼承人之關係、管理事務之繁簡及其他情形，就遺產酌定之，必要時，得命聲請人先爲墊付。

10.視爲繼承人之代理（民§1184）：第1178條所定之期限內，有繼承人承認繼承時，遺產管理人在繼承人承認繼承前所爲之職務上行爲視爲繼承人之代理。

（二）繼承登記法令補充規定（第59點至第61點）

1.無人承認繼承之遺產，依民法第1185條規定，應歸屬國庫者，財政部國有財產署申請國有登記時，應於申請書備註欄加註「確依民法規定完成公示催告程序，期間屆滿無人主張權利」等字樣。

2.遺產管理人爲清償債權之必要，得經親屬會議之同意變賣遺產，如無親屬會議行使同意權時，應經該管法院核准。遺產管理人申辦被繼承人之抵押權塗銷登記，亦同。

遺產管理人執行民法第1179條第1項第2款所定爲保存遺產必要之處置之職務，無須經親屬會議或法院之許可。至於遺產有無荒廢喪失價值之虞，是否爲保存遺產必要之處置，變賣時是否已爲善良管理人之注意，應由遺產管理人切結自行負責。

遺產管理人就被繼承人所遺不動產辦理遺產管理人登記，免檢附遺產及贈與稅法第42條所規定之證明文件；遺產管理人處分該財產或交還繼承人時，仍應檢附上開規定之證明文件，始得辦理移轉登記。

3.繼承人於民法第1178條所定公示催告期間內承認繼承時，遺產管理人之權限即行消滅，於申請繼承登記時，無須先聲請法院裁定撤銷遺產管理人。

（三）遺產管理人登記

遺產管理人就其所管理之土地申請遺產管理人登記時，除法律另有規定外，應提出親屬會議選定或經法院選定之證明文件（土登§122）。

九、農地繼承之免徵遺產稅

（一）免徵遺產稅

1. 作農業使用之農業用地及其地上農作物，由繼承人或受遺贈人承受者，土地及地上農作物之價值免徵遺產稅，並自承受之年起，免徵田賦十年。承受人自承受之日起五年內，未將該土地繼續作農業使用且未在有關機關所令期限內恢復作農業使用，或雖在有關機關所令期限內已恢復作農業使用而再有未作農業使用情事者，應追繳應納稅賦。但如因該承受人死亡、該承受土地被徵收或依法變更為非農業用地者，不在此限（農發§38Ⅰ）。

2. 第1項繼承人有數人，協議由一人繼承土地而需要以現金補償其他繼承人者，由主管機關協助辦理二十年土地貸款（農發§38Ⅲ）。

（二）扣除不徵遺產稅

遺產中作農業使用之農業用地及其地上農作物，由繼承人或受遺贈人承受者，扣除其土地及地上農作物價值之全數。承受人自承受之日起五年內，未將該土地繼續作農業使用且未在有關機關所令期限內恢復作農業使用，或雖在有關機關所令期限內已恢復作農業使用而再有未作農業使用情事者，應追繳應納稅賦。但如因該承受人死亡、該承受土地被徵收或依法變更為非農業用地者，不在此限（遺贈稅§17Ⅰ⑥）。

十、遺囑繼承

（一）遺　囑

1. 無行為能力人不得為遺囑，限制行為能力人無須經法定代理人之允許，得為遺囑，但未滿十六歲者不得為遺囑（民§1186）。

2. 遺囑自遺囑人死亡時發生效力（民§1199）。

3. 繼承登記時，應附繳遺囑影本，並核驗正本，如非遺囑繼承者則免附。依民法繼承編之規定，遺囑有自書遺囑、代筆遺囑、密封遺囑、口授遺囑及公證遺囑。遺囑為要式行為，不依法定方式無效，請參閱民法之規定。

（二）受遺贈土地應分別報繳遺產稅及增值稅

被繼承人將其所有土地遺贈他人者，依照遺產及贈與稅法第6條第1項第2款及土地稅法第5條規定，受遺贈人需分別報繳遺產稅及土地增值稅。

（三）應先繼承登記再遺贈移轉登記

1. 受遺贈人申辦遺贈之土地所有權移轉登記，應由繼承人先辦繼承登記後，由繼承人會同受遺贈人申請之；如遺囑另指定有遺囑執行人時，應於辦畢遺囑執行人及繼承登記後，由遺囑執行人會同受遺贈人申請之（土登§123Ⅰ）。
2. 前項情形，於繼承人有無不明時，仍應於辦畢遺產管理人登記後，由遺產管理人會同受遺贈人申請之（土登§123Ⅱ）。

（四）不得違反特留分

1. 遺囑人於不違反關於特留分規定之範圍內，得以遺囑自由處分遺產（民§1187）。
2. 有關特留分之標準如次（民§1223）：
   (1)直系血親卑親屬之特留分，為其應繼分二分之一。
   (2)父母之特留分，為其應繼分二分之一。
   (3)配偶之特留分，為其應繼分二分之一。
   (4)兄弟姊妹之特留分，為其應繼分三分之一。
   (5)祖父母之特留分，為其應繼分三分之一。

（五）繼承登記法令補充規定（第62點至第78點）

1. 遺囑係要式行為，應依照民法第1190條至第1197條所定方式為之，不依法定方式作成之遺囑，依照民法第73條規定，應屬無效。
   遺囑保管人或繼承人有無依民法第1212條所稱遺囑之提示與通知，並不影響遺囑之真偽及效力，故非屬登記機關審查範圍。
2. 日據時期之遺言公證書（公證遺囑），依當時適用臺灣之法律已合法成立，除經撤銷者外，雖其在光復後未辦理追認手續，仍應有效。
3. 自書遺囑，遺囑人未親筆書寫遺囑全文，而以打字方式為之，或未記明年月日並親自簽名者，不生效力。
4. 自書遺囑有增刪，於公證時依公證法第83條辦理，已足證遺囑人所為之增刪意思，如利害關係人對自書遺囑效力有所爭執，應訴由法院認

定之。

5.代筆遺囑或公證遺囑，代筆人或公證人除親自以筆書寫爲之外，並得以電腦或自動化機器製作之書面代之。

6.代筆遺囑須由遺囑人簽名，遺囑人不能簽名時，僅能按指印代之，不能以蓋章代表簽名。代筆遺囑如僅由遺囑人蓋章，縱經法院公證人認證，亦不發生遺囑效力。

7.代筆遺囑須由遺囑人以言語口述遺囑意旨，如爲聽覺或語言障礙不能發聲者，自不能爲代筆遺囑。

8.代筆遺囑僅載明二人爲見證人，一爲代筆人，並未載明該代筆人兼具見證人身分，如利害關係人間無爭執，得認代筆遺囑之代筆人兼具見證人之身分。

9.民法第1194條規定所謂「指定三人以上見證人」，並無須由遺囑人於遺囑文中明文指定，只須有三人以上之見證人於遺囑中簽名即可，至於見證人之簽名，應由見證人自行簽名，而非由代筆人執筆。

10.遺囑見證人是否符合民法第1198條之規定，除該遺囑經法院公證或認證外，應提出身分證明，供地政機關審查。
　前項身分證明能以電腦處理達成查詢者，得免提出。

11.因繼承取得不動產，未辦竣繼承登記，得以遺囑將該不動產遺贈他人。

12.口授遺囑如已具備代筆遺囑之要件，得依代筆遺囑辦理。

13.日據時期口授遺囑非經當時裁判所確認該遺言有效者，不得據以辦理繼承登記。

14.遺囑執行人有管理遺產並爲執行遺囑必要行爲之職務。法院裁定之遺囑執行人執行上述職務時，無須再經法院之核准。

15.繼承人不會同申辦繼承登記時，遺囑執行人得依遺囑內容代理繼承人申辦遺囑繼承登記及遺贈登記，無須徵得繼承人之同意。

16.被繼承人死亡時，其繼承人之有無不明者，雖其生前以遺囑指定有遺囑執行人，惟並不能排除民法有關無人承認繼承規定之適用。

17.遺囑執行人爲執行遺囑之必要，依遺囑內容處分被繼承人所遺不動產，無須徵得繼承人之同意及經法院之核准。
　遺囑指定變賣遺產之人非遺囑執行人時，遺產之處分應由該被指定人與遺囑執行人共同爲之，無須徵得繼承人之同意及經法院之核准。
　經辦妥公同共有繼承登記之不動產，登記機關得再受理遺囑繼承登記，並應於登記完畢後，通知原登記爲公同共有之繼承人，原核發之

權利書狀公告註銷。

18.繼承人兼以遺囑執行人身分申辦自己與其他繼承人之遺產繼承登記，無民法第106條規定之適用。

19.遺囑違反民法有關特留分之規定時，繼承人是否已行使扣減權，非地政機關所得干預。

十一、分割繼承

（一）均分繼承

除配偶外，同一順序之繼承人，其應繼分均等，故有謂我國係採平均繼承制度。故於繼承人有數人時，於繼承後產權越趨於複雜。

嗣繼承登記後，再辦理分割移轉登記，其手續又頗為繁雜。是以實務上，於繼承登記時，屢見繼承人依民法有關規定，訂定遺產分割協議書，就協議結果，分割繼承並據以辦理繼承登記，惟均應附印鑑證明書。

（二）分割自由原則

繼承人得隨時請求分割遺產，但法律另有規定或契約另有訂定者，不在此限（民§1164）。

（三）分割方法

被繼承人之遺囑定有分割遺產之方法，或託他人代定者，從其所定。遺囑禁止遺產之分割者，其禁止之效力以十年為限（民§1165）。

（四）保留胎兒應繼分

胎兒為繼承人時，非保留其應繼分，他繼承人不得分割遺產。胎兒關於遺產之分割，以其母為代理人（民§1166）。

十二、海峽兩岸之繼承

「臺灣地區與大陸地區人民關係條例」於民國81年9月18日公布施行，曾經歷次修正，並於81年9月16日由行政院發布「臺灣地區與大陸地區人民關係條例施行細則」。有關民事事件及遺產繼承，自應依該條例之規定辦理，茲略述相關條文如次：

(一) 地區與人民

本條例用詞，定義如下（兩岸§2）：
1. 臺灣地區：指臺灣、澎湖、金門、馬祖及政府統治權所及之其他地區。
2. 大陸地區：指臺灣地區以外之中華民國領土。
3. 臺灣地區人民：指在臺灣地區設有戶籍之人民。
4. 大陸地區人民：指在大陸地區設有戶籍之人民。

(二) 民事法律之適用

1. 臺灣地區人民與大陸地區人民間之民事事件，除本條例另有規定外，適用臺灣地區之法律（兩岸§41Ⅰ）。
2. 大陸地區人民相互間及其與外國人間之民事事件，除本條例另有規定外，適用大陸地區之規定（兩岸§41Ⅱ）。
3. 本章所稱行為地、訂約地、發生地、履行地、所在地、訴訟地或仲裁地，指在臺灣地區或大陸地區（兩岸§41Ⅲ）。

(三) 行為能力之認定

1. 大陸地區人民之行為能力，依該地區之規定。但未成年人已結婚者，就其在臺灣地區之法律行為，視為有行為能力（兩岸§46Ⅰ）。
2. 大陸地區之法人、團體或其他機構，其權利能力及行為能力，依該地區之規定（兩岸§46Ⅱ）。

(四) 夫妻關係

1. 財產關係

臺灣地區人民與大陸地區人民在大陸地區結婚，其夫妻財產制，依該地區之規定。但在臺灣地區之財產，適用臺灣地區之法律（兩岸§54）。

2. 重婚關係

(1)夫妻因一方在臺灣地區，一方在大陸地區，不能同居，而一方於民國74年6月4日以前重婚者，利害關係人不得聲請撤銷；其於74年6月5日以後76年11月1日以前重婚者，該後婚視為有效（兩岸§64Ⅰ）。
(2)前項情形，如夫妻雙方均重婚者，於後婚者重婚之日起，原婚姻關係消滅（兩岸§64Ⅱ）。

（五）父母子女關係

1.非婚生子女之認領

非婚生子女認領之成立要件，依各該認領人被認領人認領時設籍地區之規定。認領之效力，依認領人設籍地區之規定（兩岸§55）。

2.法律之適用

(1)父母之一方爲臺灣地區人民，一方爲大陸地區人民者，其與子女間之法律關係，依子女設籍地區之規定（兩岸§57）。

(2)受監護人爲大陸地區人民者，關於監護，依該地區之規定。但受監護人在臺灣地區有居所者，依臺灣地區之法律（兩岸§58）。

3.養子女

(1)法律之適用（兩岸§56）

①收養之成立及終止，依各該收養者被收養者設籍地區之規定。

②收養之效力，依收養者設籍地區之規定。

(2)收養之限制（兩岸§65）

臺灣地區人民收養大陸地區人民爲養子女，除依民法第1079條第5項規定外，有下列情形之一者，法院亦應不予認可：

①已有子女或養子女者。

②同時收養二人以上爲養子女者。

③未經行政院設立或指定之機構或委託之民間團體驗證收養之事實者。

（六）繼承關係

1.法律之適用

(1)被繼承人爲大陸地區人民者，關於繼承，依該地區之規定。但在臺灣地區之遺產，適用臺灣地區之法律（兩岸§60）。

(2)大陸地區人民之遺囑，其成立或撤回之要件及效力，依該地區之規定。但以遺囑就其在臺灣地區之財產爲贈與者，適用臺灣地區之法律（兩岸§61）。

2.繼承表示

(1)表示之限制（兩岸§66）

①大陸地區人民繼承臺灣地區人民之遺產，應於繼承開始起三年內以書面向被繼承人住所地之法院爲繼承之表示；逾期視爲拋棄其繼承權。

②大陸地區人民繼承本條例施行前已由主管機關處理，且在臺灣地區無繼承人之現役軍人或退除役官兵遺產者，前項繼承表示之期間為四年。

③繼承在本條例施行前開始者，前二項期間自本條例施行之日起算。

(2)表示方法（兩岸施§59）

大陸地區人民依本條例第66條規定繼承臺灣地區人民之遺產者，應於繼承開始三年內、檢具下列文件，向繼承開始時被繼承人住所地之法院為繼承之表示：

①聲請書。

②被繼承人死亡時之全戶戶籍謄本及繼承系統表。

③符合繼承人身分之證明文件。

前項第1款聲請書應載明下列各款事項，並經聲請人簽章：

①聲請人之姓名、性別、年齡、籍貫、職業及住、居所；其在臺灣地區有送達代收人者，其姓名及住居所。

②為繼承表示之意旨及其原因、事實。

③供證明或釋明之證據。

④附屬文件及其件數。

⑤法院。

⑥年、月、日。

第1項第3款身分證明文件，應經行政院設立或指定之機構或委託之民間團體驗證，同順位繼承人有多人時，每人均應增附繼承人完整親屬之相關資料。

第1項規定聲請為繼承之表示經准許者，法院應即通知聲請人、其他繼承人及遺產管理人。但不能通知者，不在此限。

(3)應申報遺產稅

①限期報稅（兩岸施§60）：大陸地區人民依本條例第66條規定繼承臺灣地區人民之遺產者，應依遺產及贈與稅法規定辦理遺產稅申報；其有正當理由不能於遺產及贈與稅法第23條規定之期間內申報者，應於向被繼承人住所地之法院為繼承表示之日起二個月內，準用遺產及贈與稅法第26條之規定申請延長申報期限。但該繼承案件有大陸地區以外之稅納義務人者，仍應由大陸地區以外之納稅義務人依遺產及贈與稅法規定辦理申報。

前項應申報遺產稅之財產，業由大陸地區以外之納稅義務人申報或經稽徵機關逕行核定者，免再辦理申報。

②扣除額之適用（兩岸施§61）：大陸地區人民依本條例第66條規定繼承臺灣地區人民之遺產，辦理遺產稅申報時，其扣除額適用遺產及贈與稅法第17條之規定。

納稅義務人申請補列大陸地區繼承人扣除額並退還溢繳之稅款者，應依稅捐稽徵法第28條規定辦理。

③大陸人民在臺遺產之報稅（兩岸施§65）：大陸地區人民死亡在臺灣地區遺有財產者，納稅義務人應依遺產及贈與稅法規定，向財政部臺北國稅局辦理遺產稅申報。大陸地區人民就其在臺灣地區之財產為贈與時亦同。

前項應申報遺產稅之案件，其扣除額依遺產及贈與稅法第17條第1項第8款至第11款規定計算。但以在臺灣地區發生者為限。

(4)申請繼承登記之限制（兩岸施§66）

繼承人全部為大陸地區人民者，其中一或數繼承人依本條例第66條規定申請繼承取得應登記或註冊之財產權時，應俟其他繼承人拋棄其繼承權或已視為拋棄其繼承權後，始得申請繼承登記。

3.繼承遺產

(1)總額限制（兩岸§67）

①被繼承人在臺灣地區之遺產，由大陸地區人民依法繼承者，其所得財產總額，每人不得逾新臺幣200萬元。超過部分，歸屬臺灣地區同為繼承之人；臺灣地區無同為繼承之人者，歸屬臺灣地區後順序之繼承人；臺灣地區無繼承人者，歸屬國庫。

②前項遺產，在本條例施行前已依法歸屬國庫者，不適用本條例之規定。其依法令以保管款專戶暫為存儲者，仍依本條例之規定辦理。

③遺囑人以其在臺灣地區之財產遺贈大陸地區人民、法人、團體或其他機構者，其總額不得逾新臺幣200萬元。

④第1項遺產中，有以不動產為標的者，應將大陸地區繼承人之繼承權利折算為價額。但其為臺灣地區繼承人賴以居住之不動產者，大陸地區繼承人不得繼承之，於定大陸地區繼承人應得部分時，其價額不計入遺產總額。

大陸地區人民為臺灣地區人民配偶，其繼承在臺灣地區之遺產或受遺贈者，依下列規定辦理：

①不適用第1項及第3項總額不得逾新臺幣200萬元之限制規定。

②其經許可長期居留者，得繼承以不動產為標的之遺產，不適用前項有關繼承權利應折算為價額之規定。但不動產為臺灣地區繼承人賴

以居住者，不得繼承之，於定大陸地區繼承人應得部分時，其價額不計入遺產總額。

③前款繼承之不動產，如爲土地法第17條第1項各款所列土地，準用同條第2項但書規定辦理。

(2)遺產管理（兩岸§67-1）

①前條第1項之遺產事件，其繼承人全部爲大陸地區人民者，除應適用第68條之情形者外，由繼承人、利害關係人或檢察官聲請法院指定財政部國有財產局爲遺產管理人，管理其遺產。

②被繼承人之遺產依法應登記者，遺產管理人應向該管理登記機關登記。

③第1項遺產管理辦法，由財政部擬訂，報請行政院核定之。

(3)保管款專戶存儲之遺產（兩岸施§62）

大陸地區人民依本條例第67條第2項規定繼承以保管款專戶存儲之遺產者，除應依第59條規定向法院爲繼承之表示外，並應通知開立專戶之被繼承人原服務機關或遺產管理人。

(4)折算價額標準（兩岸施§63）

本條例第67條第4項規定之權利折算價額標準，依遺產及贈與稅法第10條及其施行細則第31條至第33條規定計算之。被繼承人在臺灣地區之遺產有變賣者，以實際售價計算之。

4.無人繼承

(1)管理遺產（兩岸§68）

①現役軍人或退除役官兵死亡而無繼承人、繼承人之有無不明或繼承人因故不能管理遺產者，由主管機關管理其遺產。

②前項遺產事件，在本條例施行前，已由主管機關處理者，依其處理。

③第1項遺產管理辦法，由國防部及行政院國軍退除役官兵輔導委員會分別擬訂，報請行政院核定之。

④本條例於中華民國85年9月18日修正生效前，大陸地區人民未於第66條所定期限內完成繼承之第1項及第2項遺產，由主管機關逕行捐助設置財團法人榮民榮眷基金會，辦理下列業務，不受第67條第1項歸屬國庫規定之限制：

(A)亡故現役軍人或退除役官兵在大陸地區繼承人申請遺產之核發事項。

(B)榮民重大災害救助事項。

(C)清寒榮民子女教育獎助學金及教育輔助事項。

(D)其他有關榮民、榮眷福利及服務事項。

⑤依前項第1款申請遺產核發者，以其亡故現役軍人或退除役官兵遺產，已納入財團法人榮民榮眷基金會為限。

⑥財團法人榮民榮眷基金會章程，由行政院國軍退除役官兵輔導委員會擬訂，報請行政院核定之。

(2)主管機關（兩岸施§64）

本條例第68條第2項所稱現役軍人及退除役官兵之遺產事件，在本條例施行前，已由主管機關處理者，指國防部聯合後勤司令部及行政院國軍退除役官兵輔導委員會依現役軍人死亡無人繼承遺產管理辦法及國軍退除役官兵死亡暨遺留財物處理辦法之規定處理之事件。

（七）取得、設定與承租之限制

1.大陸地區人民、法人、團體或其他機構，或其於第三地區投資之公司，非經主管機關許可，不得在臺灣地區取得、設定或移轉不動產物權。但土地法第17條第1項所列各款土地，不得取得、設定負擔或承租（兩岸§69Ⅰ）。

2.前項申請人資格、許可條件及用途、申請程序、申報事項、應備文件、審核方式、未依許可用途使用之處理及其他應遵行事項之辦法，由主管機關擬訂，報請行政院核定之（兩岸§69Ⅱ）。

復習問題

1.何謂繼承開始？何謂繼承移轉登記？（84檢）

2.遺產繼承應申報何種稅捐？

3.何謂實體從舊原則？何謂程序從新原則？

4.我國現行民法之繼承順序為何？何謂繼承順序？

5.日據時代之家產及私產之定義為何？其繼承之原因各為何？

6.日據時代家產繼承順序為何？私產之繼承順序為何？

7.何謂代位繼承？何謂再轉繼承？（109普）

8.代位繼承之原因為何？其應繼分多少？

9.試述繼承權之拋棄方式。

10.何謂均分繼承？配偶與其他繼承人同為繼承人時，其應繼分各為何？

11.胎兒可否為繼承人？其應繼分為何？出生後應辦理何種登記？若為死產應

辦理何種登記？（86基特、88檢、89特、89原特）

12.試略述拋棄繼承權後應繼分之歸屬情形。

13.農地如何辦理繼承？

14.遺囑可分為幾種？何謂遺贈？特留分之標準為何？

15.何謂分割繼承？（90基特）

16.大陸地區人民繼承臺灣地區人民之遺產，應如何表示繼承？其表示之方法為何？其繼承有何限制？

17.何謂繼承登記？繼承人為胎兒時，應如何辦理登記？（91檢、109普）

18.在辦理分割繼承登記時，關於遺產分割有哪些方法？若分割標的物已設定抵押權，則應由何人申請登記？該抵押權應如何辦理？如遺產分割後，其中有一繼承人於其分得之分別共有土地設定抵押權，日後再次辦理共有物分割時，則後設定之抵押權應如何處理？又有哪些例外狀況？（108高）

第二節　繼承登記實務

一、申請人

（一）繼承人為二人以上，部分繼承人因故不能會同其他繼承人共同申請繼承登記時，得由其中一人或數人為全體繼承人之利益，就被繼承人之土地，申請為公同共有之登記，其經繼承人全體同意者，得申請為分別共有之登記。登記機關於登記完畢後，應將登記結果通知他繼承人（土登§120）。

（二）未成年人或受監護人為繼承人時，其繼承登記應會同其法定代理人辦理（民§76、77）。

（三）繼承登記法令補充規定（第79點至第86點）：

　　1.繼承人持憑被繼承人剝奪某繼承人繼承權之遺囑申辦繼承登記，依檢附之繼承系統表及戶籍謄本未發現喪失繼承權人有直系血親卑親屬可代位繼承時，登記機關應准其繼承登記。嗣後如有代位繼承人主張其繼承權被侵害時，可依民法第1146條規定，訴請法院回復繼承權。

　　前項之戶籍謄本，能以電腦處理達成查詢者，得免提出。

　　2.債務人部分遺產已由債權人代位以全體繼承人名義申辦繼承登記

後，繼承人就其他部分遺產申請繼承登記時，如有拋棄繼承權者，得予受理。

3.退輔會授田場員死亡，其繼承人不願辦理繼承登記，並志願交還國有者，可檢附繼承人立具之交還土地志願書，以「收歸國有」為登記原因，並以「行政院國軍退除役官兵輔導委員會」為管理機關辦理登記。

4.繼承人之一未辦竣繼承登記前死亡，且無合法繼承人者，應選定遺產管理人，由遺產管理人會同其他繼承人辦理繼承登記。

5.私人將未辦竣繼承登記之土地贈與政府，得以稅捐機關核發之遺產稅不計入遺產總額及贈與稅不計入贈與總額證明書向稅捐機關申報土地移轉現值，於核發土地增值稅免稅證明後，併案送件申請繼承登記及贈與移轉登記。

二、申請期限

（一）繼承登記得自繼承開始之日起六個月內為之，申請逾期者，每逾一個月，得處應納登記費額一倍之罰鍰，但最高不得超過二十倍（土§73）。

（二）申請土地建物所有權繼承登記，得自繼承開始之日起六個月內為之（土登§33）。

（三）如逾期申請登記，確係由於申報遺產稅等主管機關所延誤，其責不在當事人者，其登記罰鍰之核課，可依檢附該稅捐機關出具之證明文件，將各該主管機關所延誤之期間予以扣除（土登§50Ⅱ）。

三、未申請繼承登記之處理

（一）土地法第73條之1規定

1.查明出售及列冊管理

　　土地或建築改良物，自繼承開始之日起逾一年未辦理繼承登記者，經該管直轄市或縣（市）地政機關查明後，應即公告繼承人於三個月內聲請登記，並以書面通知繼承人；逾期仍未聲請者，得由地政機關予以列冊管理。但有不可歸責於聲請人之事由，其期間應予扣除。

2.公開標售

　　前項列冊管理期間為十五年，逾期仍未聲請登記者，由地政機關書面通

知繼承人及將該土地或建築改良物清冊移請財政部國有財產署公開標售。繼承人占有或第三人占有無合法使用權者，於標售後喪失其占有之權利；土地或建築改良物租賃期間超過五年者，於標售後以五年爲限。

3.公告及優先購買

依第2項規定標售土地或建築改良物前應公告三個月，繼承人、合法使用人或其他共有人就其使用範圍依序有優先購買權。但優先購買權人未於決標後三十日內表示優先購買者，其優先購買權視爲放棄。

4.標售價款之處理

標售所得之價款應於國庫設立專戶儲存，繼承人得依其法定應繼分領取。逾十年無繼承人申請提領該價款者歸屬國庫。

5.再標售及未標出之處理

第2項標售之土地或建築改良物無人應買或應買人所出最高價未達標售之最低價額者，由財政部國有財產署定期再標售，於再行標售時，財政部國有財產署應酌減拍賣最低價額，酌減數額不得逾20%。經五次標售而未標出者，登記爲國有並準用第2項後段喪失占有權及租賃期限之規定。自登記完畢之日起十年內，原權利人得檢附證明文件按其法定應繼分，向財政部國有財產署申請就第4項專戶提撥發給價金；經審查無誤，公告九十日期滿無人異議時，按該土地或建築改良物第五次標售底價分算發給之。

（二）未辦繼承登記土地及建築改良物列冊管理作業要點（97.8.6內政部修正）

1.爲直轄市、縣（市）地政機關依土地法第73條之1第1項規定，執行未辦繼承登記土地及建築改良物列冊管理事項，特訂定本要點。

2.本要點資料應以電腦建置，其管理系統、管理方式、書表單簿格式應遵循中央地政機關所定之管理系統規範。

前項書表單簿紙本之設置，得由直轄市、縣（市）地政機關決定之。

3.土地或建築改良物（以下簡稱建物）權利人死亡資料之提供如下：

(1)地方財稅主管稽徵機關應依據財政部財稅資料中心彙送之全國遺產稅稅籍資料，勾稽產出逾繼承原因發生一年之未辦繼承登記不動產歸戶資料，於每年12月底前送土地建物所在地登記機關。

(2)地政機關因管理地籍、規定地價、補償地價等作業所發現或人民提供之土地權利人死亡資料。

前項資料，經與地籍資料核對無誤，且使用戶役政系統查詢土地或建物登記名義人之死亡日期、申請死亡登記之申請人及繼承人未果時，

應檢附逾期未辦繼承登記土地或建物列冊管理單（以下簡稱列冊管理單）函請戶政事務所協助查明，或由地政機關派員至戶政事務所調閱戶籍資料。

4.登記機關對第3點資料應編列案號，登入未辦繼承登記土地及建物管理系統產製收件簿及列冊管理單，並將之編訂成專簿。

5.登記機關接獲第3點規定之資料，經查實後，於每年4月1日辦理公告，公告期間為三個月；已知繼承人及其住址者，同時以雙掛號書面通知其申辦繼承登記，不知繼承人及其住址者，應向戶政機關或稅捐機關查詢後再書面通知；逾公告期間未辦繼承登記或未提出不可歸責之事由證明者，依第7點第2項規定，報請直轄市、縣（市）地政機關列冊管理。

前項不可歸責之事由，指下列情形之一：

(1)繼承人已申報相關賦稅而稅捐機關尚未核定或已核定而稅額因行政救濟尚未確定者，或經稅捐機關同意其分期繳納稅賦而尚未完稅者。

(2)部分繼承人為大陸地區人士，依臺灣地區與大陸地區人民關係條例第66條規定，於大陸地區繼承人未表示繼承之期間。

(3)已向地政機關申辦繼承登記，因所提戶籍資料與登記簿記載不符，須向戶政機關查明更正者。

(4)因繼承訴訟者。

(5)其他不可抗力事故，經該管地政機關認定者。

公告列冊管理之土地或建物，有前項不可歸責之事由致未能如期申辦繼承登記者，當事人於公告期間檢附證明文件，向該管登記機關提出，經審查符合者，暫不予報請直轄市、縣（市）地政機關實施列冊管理，並於列冊管理單之備註欄內註明。但於次年4月1日前仍未辦理繼承登記者，依第1項規定辦理。

第1項公告及通知日期文號應於列冊管理單內註明之。

6.第5點公告應揭示於下列各款之公告處所：

(1)土地所在地登記機關。

(2)土地所在地鄉（鎮、市、區）公所。

(3)被繼承人原戶籍所在地鄉（鎮、市、區）公所、村（里）辦公處。

登記機關認有必要時，並得於其他適當處所或以其他適當方法揭示公告；其公告效力之發生以前項各款所為之公告為準。

7.第5點公告期間，直轄市、縣（市）地政機關應利用大眾傳播機構或以

其他方法加強宣導民眾，促其注意各有關公告處所之公告內容，其有未辦繼承登記者，並應依法辦理繼承登記。繼承人於公告三個月內申辦繼承登記者，登記機關於登記完畢後，應於列冊管理單內註明登記日期、文號。

逾三個月未申辦繼承登記，除有下列不予列冊管理之事由外，登記機關應將列冊管理單報請直轄市、縣（市）地政機關列冊管理，並於列冊管理單內註明填發日期文號：

(1)已依法指定遺產管理人、遺產清理人、遺囑執行人或破產管理人。

(2)經政府徵收補償完畢並於專簿註明徵收日期者。

(3)依第5點規定於公告期間提出不可歸責之事由，經認定者。

8.直轄市、縣（市）地政機關接到第7點第2項之列冊管理單經核定後，應即指定列冊管理日期函復登記機關，並按各登記機關依序編列列管案號彙編成專簿列管。

直轄市、縣（市）地政機關及登記機關，應將指定列冊管理日期及核定函日期文號於所保管之列冊管理單內註明，登記機關並應將列冊管理機關、日期及文號於登記簿所有權部其他登記事項欄內註明。

9.土地法第73條之1於89年1月26日修正公布前，已執行代管之土地或建物，其代管期間應併入列冊管理期間計算。

10.已執行列冊管理之土地或建物，有下列情形之一者，登記機關於登記完畢後，應敘明事由並將列冊管理單報請直轄市、縣（市）地政機關停止列冊管理：

(1)已辦竣遺產管理人、遺產清理人、遺囑執行人、或破產管理人登記者。

(2)已辦竣繼承登記者。

(3)典權人依法取得典物所有權並辦竣所有權移轉登記者。

(4)已辦竣滅失登記者。

(5)其他依法辦竣所有權移轉登記者。

已執行列冊管理之土地或建物，有下列情形之一者，直轄市、縣（市）地政機關應停止列冊管理，並通知登記機關：

(1)經依法徵收並發放補償費完竣者。

(2)因辦理土地重劃未獲分配土地者。

登記機關依第1項規定報請停止列冊管理或經直轄市、縣（市）地政機關通知停止列冊管理時，應塗銷登記簿所有權部其他登記事項欄內之列冊管理機關名稱、日期及文號等有關註記。

11.直轄市、縣（市）地政機關，接到登記機關報請停止列冊管理函經核定無誤者，應即停止列冊管理。

12.列冊管理之土地或建物因標示變更，登記機關於辦竣登記後，應更正列冊管理單之相關內容，並通知直轄市、縣（市）地政機關，已移請標售者，並應通知財政部國有財產局（以下簡稱國有財產局）。

13.列冊管理之土地或建物經法院或行政執行處囑託辦理查封、假扣押、假處分或破產登記，於列冊管理期間屆滿，仍未辦理塗銷登記者，登記機關應通知直轄市、縣（市）地政機關，該部分土地或建物應暫緩移請國有財產局辦理標售，已移請標售者，登記機關應即通知國有財產局停止標售並副知直轄市、縣（市）地政機關。

14.列冊管理期滿，逾期仍未申辦繼承登記者，直轄市、縣（市）地政機關應檢附列冊管理單及土地或建物登記資料、地籍圖或建物平面圖等資料影本移請國有財產局公開標售，並通知登記機關。

前項土地或建物登記資料、地籍圖或建物平面圖等資料，得由國有財產局轄屬分支機構於標售前通知登記機關再行提送。

登記機關接到第1項通知，應將移送國有財產局標售之日期及文號於列冊管理單及登記簿所有權部其他登記事項欄內註明。

15.已報請停止列冊管理或移交國有財產局標售之土地或建物，直轄市、縣（市）地政機關及登記機關應將該列冊管理單自原專簿內抽出，另依年度別彙編成停止列冊管理專簿。

前項停止列冊管理專簿內之列冊管理單應自停止列冊管理之日起保存十五年，保存期限屆滿，得予以銷毀。

直轄市、縣（市）政府已建置管理系統者，得免為第1項作業。

16.國有財產局依土地法第73條之1規定標售之土地或建物，於得標人繳清價款後，應發給標售證明交由得標人單獨申辦所有權移轉登記，並應將標售結果通知原移送之直轄市、縣（市）地政機關及登記機關。

17.列冊管理期滿移送國有財產局標售之土地或建物於公開標售開標或登記為國有前，有下列情形之一者，登記機關應予受理：

(1)繼承人申請繼承登記者。

(2)共有人依土地法第34條之1規定為處分共有物申請登記者。

(3)申請人持憑法院判決書辦理所有權移轉登記者。

(4)申請人辦理遺產管理人、遺產清理人、遺囑執行人或破產管理人登記者。

(5)典權人依法取得典物所有權申請所有權移轉登記者。

(6)申請人辦理滅失登記者。

(7)其他依法申辦所有權移轉登記者。

前項申請經審查無誤者，登記機關應即通知國有財產局停止辦理標售或登記為國有之作業，俟該局查復後再登記，並於登記完畢時，函請國有財產局將該土地或建物自原移送標售之土地或建物列冊管理專簿影本資料中註銷。

前項通知及查復，登記機關及國有財產局於必要時，得依機關公文傳真作業辦法規定以傳真方式辦理。

四、申請實務

（一）應備書件

1.土地登記規則之規定

申請繼承登記時，除提出第34條第1項第1款及第3款之文件外，並應提出下列文件（土登§119）：

(1)載有被繼承人死亡記事之戶籍謄本。

(2)繼承人現在戶籍謄本。

(3)繼承系統表。

(4)遺產稅繳（免）納證明書或其他有關證明文件。

(5)繼承人如有拋棄繼承，應依下列規定辦理：

　①繼承開始時在中華民國74年6月4日以前者，應檢附拋棄繼承權有關文件；其向其他繼承人表示拋棄者，拋棄人應親自到場在拋棄書內簽章。

　②繼承開始時在中華民國74年6月5日以後者，應檢附法院准予備查之證明文件。

(6)其他依法律或中央地政機關規定應提出之文件。

前項第2款之繼承人現在戶籍謄本，於部分繼承人申請登記為全體繼承人公同共有時，未能會同之繼承人得以曾設籍於國內之戶籍謄本及敘明未能檢附之理由書代之。

第1項第1款、第2款之戶籍謄本，能以電腦處理達成查詢者，得免提出。

第1項第3款之繼承系統表，由申請人依民法有關規定自行訂定，註明如有遺漏或錯誤致他人受損害者，申請人願負法律責任，並簽名。

因法院確定判決申請繼承登記者，得不提出第1項第1款、第3款及第5款

之文件。

2.實務之需要

茲依實務立場，分述如次：

(1)遺產稅申報書。

(2)土地登記申請書：依主管之地政事務所多少及權利種類，決定其份數。

(3)登記清冊。

(4)戶籍謄本：申報遺產稅及申請登記均應附繳戶籍謄本：

　①被繼承人死亡時之戶籍謄本——因法院判決確定申請登記，免本項文件。

　②繼承人現在之戶籍謄本。

　③有佐證之必要者，應檢附有關繼承之戶籍謄本。

(5)繼承系統表：

　①由申請人參酌民法繼承編之規定及有關戶籍資料，自行製訂，並應註明「如有遺漏或錯誤致他人受損害者，申請人願負法律責任」。

　②本系統表應準備二份，申報遺產稅一份，申請登記一份。

　③因法院確定判決申請登記者，免本項文件。

(6)遺產稅捐文件：

　①申報遺產稅後，申請繼承登記時，應附繳遺產稅繳清證明書，或免納遺產稅證明書，或不計入遺產總額證明書，或同意移轉證明書，正本、影本各一份。

　②發生於民國38年6月14日前之繼承案件，繼承人依行政院60.12.9台財字第11949號令規定，既一律免徵遺產稅，其申辦繼承登記，免檢附遺產及贈與稅法第42條規定之文件（83.3.10內政部台內地字第8303099號函）。

(7)繼承權拋棄書及印鑑證明：如依民法修正前之規定，向其他繼承人拋棄者，應附本項文件。如依修正後之民法規定，向法院拋棄者，應附法院之備查文件。

(8)保證書：視案情之需要而定。

(9)遺囑：如係遺囑繼承，應附本項文件之正本及影本。如屬遺贈性質，尚應附增值稅之繳納收據。

(10)分割協議書及印鑑證明：如係以遺產分割繼承登記應檢附本項文件。

(11)所有權狀或他項權利證明書：如繼承之標的物為土地及建物，則附

繳土地及建物所有權狀,如僅繼承土地或建物,則分別予以附繳。如繼承之標的為他項權利,則附繳他項權利證明書。如未能附繳權利書狀,則應出具切結書。

3.繼承登記法令補充規定（第87點至第105點）

(1)申請人持遺囑或法院准予拋棄繼承權之證明文件申辦繼承登記時,已檢附未被遺囑指定繼承之繼承人或拋棄繼承權之繼承人曾設籍於國內之戶籍謄本供登記機關查對其與被繼承人之關係,或登記機關能以電腦處理達成查詢者,得免檢附該未被遺囑指定繼承之繼承人或拋棄繼承權之繼承人現在之戶籍謄本。

(2)被繼承人死亡日期之認定,應以戶籍登記簿記載之死亡日期為準。

(3)繼承開始於臺灣光復後至民國74年6月4日以前,繼承人拋棄其繼承權,應依修正前民法第1174條規定於知悉其得繼承之時起二個月內以書面向法院、親屬會議或其他繼承人為之。所謂「知悉」其得繼承之時起二個月內拋棄繼承權,該期間之起算,係指知悉被繼承人死亡且自己已依民法第1138條規定成為繼承人之時,始開始起算主張拋棄繼承之期間。申請登記時應檢附拋棄繼承權有關文件。其向其他繼承人表示拋棄者,拋棄人除符合土地登記規則第41條第2款、第5款至第8款及第10款規定之情形者外,應親自到場,並依同規則第40條規定程序辦理。

繼承開始於民國74年6月5日以後,而繼承人有拋棄繼承權者,應依照修正後民法第1174條規定,應以書面向法院為之。申請繼承登記時,應檢附法院核發繼承權拋棄之證明文件。至於拋棄繼承權者是否以書面通知因其拋棄而應為繼承之人,非屬登記機關審查之範疇。

(4)錄音遺囑係屬口授遺囑之一種,應由見證人中之一人或利害關係人於遺囑人死亡後三個月內,提經親屬會議認定其真偽。繼承人申辦繼承登記時,免檢附錄音帶,但應檢附說明遺囑內容之親屬會議記錄。

繼承人或利害關係人對親屬會議之認定或遺囑內容有異議者,應訴請法院處理,登記機關並應依土地登記規則第57條規定駁回登記之申請。

(5)被繼承人（即登記名義人）於日據時期死亡或光復後未設籍前死亡,繼承人申辦繼承登記時,倘有被繼承人生前戶籍資料而無死亡之戶籍記事時,應依下列規定辦理:

①被繼承人有生前戶籍資料而無死亡之戶籍記事時,應於辦妥死亡登記或死亡宣告登記後,據以辦理。

②繼承人以書面向戶政機關申請被繼承人日據時期及光復後之戶籍資料，經戶政機關查復無資料，且合於下列情形之一者，免檢附土地登記規則第119條第1項第1款規定文件辦理：

(A)依繼承人檢附之戶籍謄本已能顯示被繼承人死亡，且申請人於繼承系統表註明登記名義人死亡日期。

(B)申請人於繼承系統表註明被繼承人死亡日期，並切結「死亡日期如有不實，申請人願負法律責任」。

繼承人之一於日據時期死亡或光復後未設籍前死亡者，可比照前項辦理。

第1項第1款之戶籍謄本，能以電腦處理達成查詢者，得免提出。

(6)戶籍謄本缺漏某出生別繼承人之姓名，如戶政機關查無該缺漏者之戶籍資料，且查證無法辦理戶籍更正者，由申請人於繼承系統表切結其未能列明缺漏者之事由後，登記機關予以受理。

(7)原住民民情特殊，對於子女夭折或死胎未申報戶籍，致未能檢附該夭折者死亡之除籍謄本者，可由申請人立具切結書經該管警員或村長證明後，准予辦理繼承登記。

(8)被繼承人及繼承人為華僑未辦理戶籍登記者，得檢附經我駐外館處驗證之死亡證明書及身分證明申辦繼承登記。

(9)華僑辦理不動產繼承登記，如被繼承人及繼承人在臺未設有戶籍，該華僑得提出經我駐外機構驗證之合法證明親屬關係之文件，據以申辦繼承登記。

(10)繼承人申請繼承登記時，應依照被繼承人與繼承人之戶籍謄本，製作繼承系統表。如戶籍登記事項有錯誤或脫漏時，應先向戶政機關申辦更正登記後，再依正確之戶籍謄本製作繼承系統表。

(11)外國人死亡，依涉外民事法律適用法第58條規定，應依被繼承人死亡時之本國法，故其繼承人依該被繼承人死亡時之該國法律規定，將合法繼承人製成系統表並簽註負責，登記機關應予受理。但依中華民國法律中華民國國民應為繼承人者，得就其在中華民國之財產繼承之，不適用被繼承人之本國法。

(12)債權人代位申辦繼承登記，如部分繼承人未在台設籍，無從領取身分證明者，可依法院判決書所列之繼承人及住址申請登記。

債權人代位申辦繼承登記，如其中有受託之信託財產，因信託財產非屬受託人之遺產，該信託財產不得受理登記。

(13)申請繼承登記時，繼承人中有民法第1145條第1項第5款喪失繼承權

者，應檢附被繼承人有事實表示不得繼承之有關證明文件，供登記機關審查之參證。

(14)辦理遺產分割繼承登記，不論分割之結果與應繼分是否相當，不課徵土地增值稅或契稅。

(15)遺產稅繳清（或免稅或不計入遺產總額或同意移轉）證明書，應註明查無欠稅字樣。

(16)預告登記所保全之請求權，於請求權人死亡時，得由繼承人依土地登記規則第119條規定，檢具登記申請書件，向登記機關申請加註繼承人姓名。

(17)父母與未成年子女同為繼承人，除遺產繼承登記為公同共有外，應依民法第1086條第2項規定，為未成年子女選任特別代理人後，得申請為分別共有之繼承登記。

（二）申辦手續

1.繼承人應先申報遺產稅取得有關遺產稅捐證明文件後，即可依下列手續，向土地或建物所在地之主管地政事務所辦理繼承移轉登記。

(1)備齊繕妥有關文件後，將登記申請書對摺放置於第一頁，登記清冊對摺放置於第二頁，遺產稅捐文件影印後，將正、影本及其他附繳之文件再依次放置整齊，並裝訂成冊。

(2)收件及計收規費：

①案件提向地政事務所申辦時，其程序為收件→計算規費→開單→繳費→領取收件收據。

②登記費係按遺產價值千分之一計算。書狀費每張80元。

(3)補正：如申請案件經審查發現填寫錯誤或文件不全或證件不符時，經通知補正者，應於限期內補正。

(4)領狀：申請案件經審查無誤並登記完畢後，權利人或代理人即可持收件收據及原蓋用之印章，領取權利書狀及其他不需存查之文件。

2.如係遺贈，則應先繼承登記再遺贈移轉登記。

五、繼承及遺贈移轉登記流程圖

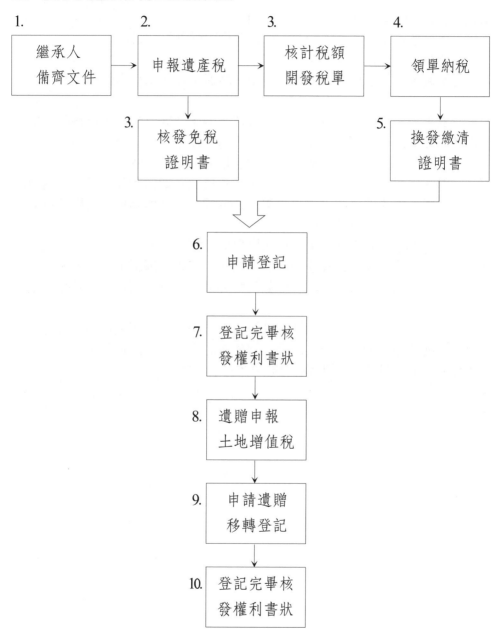

復習問題

1. 繼承登記之申請人為何？申請期限為何？

2. 繼承登記應備哪些文件？經法院確定判決者免附哪些文件？

3. 試略述繼承登記之辦理程序。

4. 試說明繼承登記之要件為何。依規定申請繼承登記應提出何種文件？（87檢）

5. 申請繼承登記，如有拋棄繼承者，因繼承開始時間之不同，應檢附之拋棄繼承文件有何不同？請分述之。又，未拋棄繼承之部分繼承人因故不能會同申請繼承登記時，其他繼承人得以何種方式申請？（87特）

6. 未辦繼承登記之土地或建築改良物，地政機關應如何管理？又於何種情況下，此等土地或建築改良物得以舉行公開標售？其所應依循之原則為何？試分別說明之。（90基特）

7. 何謂繼承登記？申請繼承登記應提出哪些文件？（92普）

8. 土地或建築改良物，自繼承開始之日起逾一年未辦理繼承登記，經依法由地政機關予以列冊管理期間，應如何辦理繼承登記？請依土地登記規則之規定說明之。（105普）

9. 某甲死亡後，其繼承人乙依照遺囑辦理繼承登記時，發現遺囑內容有將部分遺產贈予法定繼承人以外的丙，經過確認之後某甲的遺囑是有效的，試依相關規定說明乙和丙如何辦理遺贈登記？（106普）

範例一　一般繼承登記

土地登記申請書

收件	日期	年 月 日 時 分	收件者章		連件序別（非連件者免填）	共1件 第1件		登記費	元	合計	元
	字號	字 第 號						書狀費	元	收據	字號
								罰鍰	元	核算者	

（1）受理機關　△△縣／△△市　△△地政事務所　□跨所申請

（2）原因發生日期　中華民國△△年△△月△△日　資料管轄機關　△△縣／△△市　△△地政事務所

（3）申請登記事由（選擇打✓一項）
- □所有權第一次登記
- ☑所有權移轉登記
- □抵押權登記
- □抵押權塗銷登記
- □抵押權內容變更登記
- □標示變更登記

（4）登記原因（選擇打✓一項）
- □第一次登記
- □買賣　□贈與　☑繼承　□分割繼承　□拍賣　□共有物分割
- □設定
- □法定
- □清償　□拋棄　□混同　□判決塗銷　□
- □權利價值變更　□權利內容等變更　□
- □分割　□合併　□地目變更　□

（5）標示及申請權利內容　詳如　□契約書　☑登記清冊　□複丈結果通知書　□建物測量成果圖　□

（6）附繳證件
1. 戶籍謄本　5份
2. 地籍繼承文件　2份
3. 繼承系統表　1份
4. 遺產稅繳清證明　1份
5. 土地所有權狀　2份
6. 建物所有權狀　1份
7. 　份
8. 　份
9. 　份

（7）委任關係　本土地登記案之申請委託　陳△△　代理。　複代理。委託人確為登記標的物之權利人或權利關係人，並經核對身分無誤，如有虛偽不實，本代理人（複代理人）願負法律責任。印

（8）聯絡方式
- 權利人電話　△△△△△△△△
- 義務人電話
- 代理人聯絡電話　△△△△△△△△
- 傳真電話　△△△△△△△△
- 電子郵件信箱　△△△@△△△.tw
- 不動產經紀業名稱及統一編號
- 不動產經紀業電話

（9）備註

(10)申請人	(11)權利人或義務人	(12)姓名或名稱	(13)出生年月日	(14)統一編號	(15)住所 縣市	鄉鎮市區	村里	鄰	街路	段	巷	弄	號	樓	(16)簽章
	被繼承人	張△△													
	繼承人	張△△	△△△	△△△△△△	△△	△△	△△	△	△△				△		印
	繼承人	張△△	△△△	△△△△△△	△△	△△	△△	△	△△				△		印
	代理人	陳△△	△△△	△△△△△△	△△	△△	△△	△	△△				△		印

本案處理經過情形（以下各欄申請人請勿填寫）

初審	複審	核定	登簿	校簿	書狀列印	校狀	書狀用印
		地價異動		通知領狀	異動通知	支付發狀	歸檔

登記清冊

土地標示		第一筆	第二筆
(1) 坐落	鄉鎮市區	△△	△△
	段	△△	△△
	小段	△△	△△
(2) 地號		△△	△△
(3) 面積（平方公尺）		△△	△△
(4) 權利範圍		全部	1/2
(5) 備註		張△△1/2 張△△1/2	張△△1/4 張△△1/4

申請人　張△△　簽章　代理人　陳△△△　印

　　　　張△△　　　　登記助理員　林△△△　印

建物標示		
(6) 建號		△△△
(7) 門牌	鄉鎮市區	△△
	街 路	△△
	段 巷 弄	△△
	號 樓	△△
(8) 建物坐落	段	△△
	小 段	△
	地 號	△△
(9) 面積（平方公尺）	三 層	98.21
	層	
	層	
	層	
	共 計	
(10) 附屬建物	用 途	陽台
	面 積（平方公尺）	21.22
(11) 權利範圍		全部
(12) 備 註		張△△1/2，張△△1/2

被繼承人張△△繼承系統表

繼承人

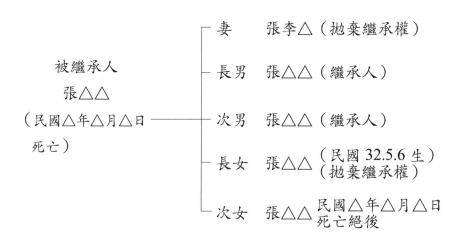

被繼承人
　張△△
（民國△年△月△日
　死亡）

├ 妻　　張李△（拋棄繼承權）

├ 長男　張△△（繼承人）

├ 次男　張△△（繼承人）

├ 長女　張△△（民國32.5.6生）（拋棄繼承權）

└ 次女　張△△民國△年△月△日死亡絕後

本表係張△△繼承系統表無訛，如有錯誤或遺漏致他人受損害者，申請人願負法律責任。

申請人：張△△ 簽名
　　　　張△△ 簽名

中　華　民　國　　△△　年　　△　月　　△　日

範例二　分割繼承登記

收件	日期	年　月　日　時	分	收件者章
	字號	字第　號		

連件序列（非連件者免填）　共1件　第1件

土　地　登　記　申　請　書

登記費	元	合計	元
書狀費	元	收據	字號
罰　鍰	元	核算者	

(1) 受理機關：△△縣△△市　△△地政事務所　□跨所申請

資料管轄機關：△△縣△△市　△△地政事務所

(2) 原因發生日期：中華民國△△年△△月△△日

(3) 申請登記事由（選擇打✓一項）
- □所有權第一次登記
- ✓所有權移轉登記
- □抵押權登記
- □抵押權塗銷登記
- □抵押權內容變更登記
- □標示變更登記
- □

(4) 登記原因（選擇打✓一項）
- □第一次登記
- □買賣　□贈與　✓分割繼承　□拍賣
- □設定
- □清償　□混同　□判決塗銷　□
- □權利價值變更　□權利內容等變更
- □分割　□合併　□地目變更
- □

(5) 標示及申請權利內容　詳如　□契約書　□登記清冊　✓分割協議書　□複丈結果通知書　□建物測量成果圖　□

(6) 附繳證件
1. 戶籍謄本　3份
2. 繼承系統表　1份
3. 遺產稅繳清證明書　1份
4. 分割協議書及印鑑證明　各2份
5. 地棄繼承文件　2份
6. 土地所有權狀　2份
7.
8.
9.

(7) 委任關係：本土地登記案之申請委託　陳△△　代理。　複代理。委託人確為登記標示物之權利人或權利關係人，並經核對身分無誤，如有虛偽不實，本代理人（複代理人）願負法律責任。[印]

(8) 聯絡方式
- 權利人電話：△△△△△△△△
- 義務人電話：△△△△△△△△
- 代理人聯絡電話：△△△△△△△△
- 傳真電話：△△△△△△△△
- 電子郵件信箱：△△@△△△.tw
- 不動產經紀業名稱及統一編號：
- 不動產經紀業電話：

(9) 備註

(10)申請人	(11)權利人或義務人	(12)姓名或名稱	(13)出生年月日	(14)統一編號	(15)住所										(16)簽章
					縣市	鄉鎮市區	村里	鄰	街路	段	巷	弄	號	樓	
	被繼承人	張△△													
	繼承人	張△△	△△△	△△△△△△	△△	△△	△△	△	△△				△		印
	繼承人	張△△	△△△	△△△△△△	△△	△△	△△	△	△△				△		印
	代理人	陳△△	△△△	△△△△△△	△△	△△	△△	△	△△				△		印

本案處理經過情形（以下各欄申請人請勿填寫）

初審	複審	核定	登簿	校簿	書列簿	書狀印	校狀	交付狀	書狀用印
			地價異動	通知領狀		異動通知		交付發狀	歸檔

登記清冊

土地標示				
(1)坐落	鄉鎮市區	△△	△△	
	段	△△	△△	
	小段	△△	△△	
(2)地號		△△	△△	
(3)面積（平方公尺）		△△	△△	
(4)權利範圍		全部	全部	
(5)備註		張△△ 全部取得	張△△ 全部取得	

申請人 張△△ 張△△ 簽章 印 代理人 陳△△△ 印

建物標示						
(6) 建 號					以下空白	
(7) 門牌	鄉鎮市區					
	街 路					
	段 巷 弄					
	號					
	樓					
(8) 建物坐落	段					
	小 段					
	地 號					
(9) 面積（平方公尺）	層					
	層					
	層					
	層					
	共 計					
(10) 附屬建物	用 途					
	面 積（平方公尺）					
(11) 權利範圍						
(12) 備 註						

遺產分割協議書

　　立協議書人張△△、張△△係被繼承人張△△之合法繼承人，張△△於民國△△年△月△日不幸亡故，經立協議書人協議一致同意，按下列方式分割遺產，俾據以辦理繼承登記。

(一)臺北市△△區△△段△小段△地號面積零點零貳參零公頃，所有權全部由張△△全部繼承。

(二)臺北市△△區△△段△小段△地號面積零點貳壹零公頃，所有權全部由張△△全部繼承。

(三)現金新臺幣壹佰萬元正由張△△繼承取得。

(四)賓士汽車（車牌號：△△△）壹部由張△△繼承取得。

　　　　　　　　　張△△ 簽名 民國△年△月△日生　A103432112
立協議書人：
　　　　　　　　　張△△ 簽名 民國△年△月△日生　A103432113

　　　　　　　　　　△△△△△△△△△△△
　　　　　　同住：
　　　　　　　　　　△△△△△△△△△△

中　華　民　國　△△　年　△　月　△　日

（註：應複寫二份，其中正本應就不動產部分貼千分之一印花，至系統表、拋棄書請參閱前例）

切結書

被繼承人○○○於民國△△年△月△日逝世，其遺留下列不動產之，□所有權狀

□他項權利證明書

因遍尋不獲，致未能檢附，茲為申辦繼承登記，特立本切結書，如有不實，致他人權益受損害者，

立本切結書人願負法律責任。

此致

臺北市○○地政事務所

不動產標示（如有不敷使用時，可另附相同格式之清冊）

土地標示					建物標示		
鄉鎮市區	段	小段	地號	權利範圍	建號	門牌	權利範圍
△△	△△	△	△△	△△	△△	△△△△△△△	△△

立切結書人：繼承登記申請人○○○印

中華民國　△△　年　△　月　△　日

第
九
章

土地權利信託登記

第一節　信託登記之法制

一、信託法之制定

　　所謂信託行爲，依最高法院判例之見解（66台再42），係指委託人授與受託人超過經濟目的之權利，而僅許可其於經濟目的範圍內行使權利之法律行爲而言。就外部關係言，受託人固有行使超過委託人所授與之權利，就信託之內部關係言，受託人仍應受委託人所授與權利範圍之限制。

　　財產信託，實務上屢見不鮮，以不動產而言，由於權利以登記爲生效要件，但登記卻顯示不出其信託關係，於受託人對外行使超過委託人所授與之權利時，勢必影響財產信託之法律秩序，此種影響性，於「信託法」公布施行後，終可降低至最低程度。

　　民國85年1月26日「信託法」公布施行，該法共分九章86條之條文。爲因應土地權利信託登記之需要，於「土地登記規則」未修正增訂相關規定之前，內政部訂頒有「土地權利信託登記作業辦法」，嗣於民國90年修正「土地登記規則」增訂第九章「土地權利信託登記」。

二、信託登記

　　稱信託者，謂委託人將財產權移轉或爲其他處分，使受託人依信託本旨，爲受益人之利益或爲特定之目的，管理或處分信託財產之關係（信託法§1）。準此，將土地權利信託者，得辦理信託登記。

（一）信託之成立

　　信託，除法律另有規定外，應以契約或遺囑爲之（信託法§2）。

（二）信託公示之原則

　　以應登記或註冊之財產權爲信託者，非經信託登記，不得對抗第三人（信託法§4Ⅰ）。

（三）信託行爲之無效

　　信託行爲，有下列各款情形之一者無效（信託法§5）：
　　1.其目的違反強制或禁止規定者。

2.其目的違反公共秩序或善良風俗者。

3.以進行訴願或訴訟為主要目的者。

4.以依法不得受讓特定財產權之人為該財產權之受益人者。

（四）信託財產

1.受託人因信託行為取得之財產權為信託財產（信託法§9Ⅰ）。

2.受託人因信託財產之管理、處分、滅失、毀損或其他事由取得之財產權，仍屬信託財產（信託法§9Ⅱ）。

（五）不屬於受託人之遺產

受託人死亡時，信託財產不屬於其遺產（信託法§10）。

（六）不屬於受託人之破產財團

受託人破產時，信託財產不屬於其破產財團（信託法§11）。

（七）原則上不得強制執行

1.對信託財產不得強制執行。但基於信託前存在於該財產之權利、因處理信託事務所生之權利或其他法律另有規定者，不在此限（信託法§12Ⅰ）。

2.違反前項規定者，委託人、受益人或受託人得於強制執行程序終結前，向執行法院對債權人提起異議之訴（信託法§12Ⅱ）。

3.強制執行法第18條第2項、第3項之規定於前項情形，準用之（信託法§12Ⅲ）。

三、受託人變更

（一）解除職務

1.受託人除信託行為另有訂定外，非經委託人及受益人之同意不得辭任。但有不得已之事由時，得聲請法院許可其辭任（信託法§36Ⅰ）。

2.受託人違背其職務或有其他重大事由時，法院得因委託人或受益人之聲請將其解任（信託法§36Ⅱ）。

3.前二項情形，除信託行為另有訂定外，委託人得指定新受託人，如不

能或不為指定者,法院得因利害關係人或檢察官之聲請選任新受託人,並為必要之處分(信託法§36Ⅲ)。

4.已辭任之受託人於新受託人能接受信託事務前,仍有受託人之權利及義務(信託法§36Ⅳ)。

(二)任務終了

1.受託人之任務,因受託人死亡、受破產、監護或輔助宣告而終了。其為法人者,經解散、破產宣告或撤銷設立登記時,亦同(信託法§45Ⅰ)。

2.第36條第3項之規定於前項情形,準用之(信託法§45Ⅱ)。

3.新受託人於接任處理信託事務前,原受託人之繼承人或其法定代理人、遺產人管理人、破產管理人、監護人、輔助人或清算人應保管信託財產,並為信託事務之移交採取必要之措施。法人合併時,其合併後存續或另立之法人,亦同(信託法§45Ⅲ)。

(三)受託財產之移轉

1.受託人變更時,信託財產視為於原受託人任務終了時,移轉於新受託人(信託法§47Ⅰ)。

2.共同受託人中之一人任務終了時,信託財產歸屬於其他受託人(信託法§47Ⅱ)。

四、信託關係消滅之財產歸屬

(一)消滅之事由

信託關係,因信託行為所定事由發生,或因信託目的已完成或不能完成而消滅(信託法§62)。

(二)委託人享有全部信託利益之終止信託

1.信託利益全部由委託人享有者,委託人或其繼承人得隨時終止信託(信託法§63Ⅰ)。

2.前項委託人或其繼承人於不利於受託人之時期終止信託者,應負損害賠償債任。但有不得已之事由者,不在此限(信託法§63Ⅱ)。

（三）委託人非享有全部信託利益之終止信託

1. 信託利益非由委託人全部享有者，除信託行為另有訂定外，委託人及受益人得隨時共同終止信託（信託法§64 I）。
2. 委託人及受益人於不利受託人之時期終止信託者，應負連帶損害賠償責任。但有不得已之事由者，不在此限（信託法§64 II）。

（四）財產之歸屬

信託關係消滅時，信託財產之歸屬，除信託行為另有訂定外，依下列順序定之（信託法§65）：
1. 享有全部信託利益之受益人。
2. 委託人或其繼承人。

（五）公益信託

1.定　義

稱公益信託者，謂以慈善、文化、學術、技藝、宗教、祭祀或其他以公共利益為目的之信託（信託法§69）。

2.消　滅

公益信託，因目的事業主管機關撤銷設立之許可而消滅（信託法§78）。

3.移　轉

公益信託關係消滅，而無信託行為所訂信託財產歸屬權利人時，目的事業主管機關得為類似之目的，使信託關係存續，或使信託財產移轉於有類似目的之公益法人或公益信託（信託法§79）。

（六）相關之登記

基上所述，其財產歸屬於委託人者，應塗銷信託，其財產歸屬於委託人以外之受益人或委託人之繼承人者，應為信託歸屬登記。

五、信託取得

（一）費用支出

1. 受託人就信託財產或處理信託事務支出之稅捐、費用或負擔之債務，得以信託財產充之（信託法§39 I）。

2.前項費用，受託人有優先於無擔保債權人受償之權（信託法§39
Ⅱ）。

3.第1項權利之行使不符信託目的時不得爲之（信託法§39Ⅲ）。

（二）請求補償或提供擔保

關於請求補償或提供擔保之情形如下（信託法§40）：

1.信託財產不足清償前條第1項之費用或債務，或受託人有前條第3項之
情形時，受託人得向受益人請求補償或清償債務或提供相當之擔保。
但信託行為另有訂定者，不在此限。

2.信託行為訂有受託人得先對受益人請求補償或清償所負之債務或要求
提供擔保者，從其所定。

3.前二項規定，於受益人拋棄其權利時，不適用之。

4.第1項之請求權，因二年間不行使而消滅。

（三）受託人之權利

受託人有第39條第1項或前條之權利者，於其權利未獲得滿足前，得拒
絕將信託財產交付受益人（信託法§41）。

（四）損害補償之準用

1.受託人就信託財產或處理信託事務所受損害之補償，準用前三條之規
定（信託法§42Ⅰ）。

2.前項情形受託人有過失時，準用民法第217條規定（信託法§42Ⅱ）。

（五）收取報酬之準用

1.第39條第1項、第3項、第40條及第41條之規定，於受託人得自信託財
產收取報酬時，準用之（信託法§43Ⅰ）。

2.第41條規定，於受託人得向受益人請求報酬時，準用之（信託法§43
Ⅱ）。

（六）相關之登記

基上所述，其信託財產由受託人取得者，應爲信託取得登記。

六、有關稅賦

　　土地權利信託，因涉及有關稅捐之徵收，故相關法規於民國90年6月亦配合修正。試分述如下：

（一）地價稅

　　平均地權條例第19條之1及土地稅法第3條之1規定如下：

1. 土地為信託財產者，於信託關係存續中，以受託人為地價稅或田賦之納稅義務人。
2. 前項土地應與委託人在同一直轄市或縣（市）轄區內所有之土地合併計算地價總額，依前條規定稅率課徵地價稅，分別就各該土地地價占地價總額之比例，計算其應納之地價稅。但信託利益之受益人為非委託人且符合下列各款規定者，前項土地應與受益人在同一直轄市或縣（市）轄區內所有之土地合併計算地價總額：
   (1)受益人已確定並享有全部信託利益者。
   (2)委託人未保留變更受益人之權利者。

（二）土地增值稅

1.不課徵土地增值稅（平例§35-3，土稅§28-3）

　　土地為信託財產者，於下列各款信託關係人間移轉所有權，不課徵土地增值稅：

(1)因信託行為成立，委託人與受託人間。
(2)信託關係存續中受託人變更時，原受託人與新受託人間。
(3)信託契約明定信託財產之受益人為委託人者，信託關係消滅時，受託人與受益人間。
(4)因遺囑成立之信託，於信託關係消滅時，受託人與受益人間。
(5)因信託行為不成立、無效、解除或撤銷，委託人與受託人間。

2.課徵土地增值稅（平例§37-1，土稅§5-2）

(1)受託人就受託土地，於信託關係存續中，有償移轉所有權、設定典權或依信託法第35條第1項規定轉為其自有土地時，以受託人為納稅義務人，課徵土地增值稅。
(2)以土地為信託財產，受託人依信託本旨移轉信託土地與委託人以外之歸屬權利人時，以該歸屬權利人為納稅義務人，課徵土地增值稅。

（三）房屋稅

1. 房屋為信託財產者，於信託關係存續中，以受託人為房屋稅之納稅義務人。受託人為二人以上者，準用第1項有關共有房屋之規定（房稅例§4V）。
2. 經目的事業主管機關許可設立之公益信託，其受託人因該信託關係而取得之房屋，直接供辦理公益活動使用者，免徵房屋稅（房稅例§15Ⅰ①～⑪）。

（四）契　稅

1. 以不動產為信託財產，受託人依信託本旨移轉信託財產與委託人以外之歸屬權利人時，應由歸屬權利人估價立契，依第16條規定之期限申報繳納贈與契稅（契稅§7-1）。
2. 不課徵契稅（契稅§14-1）
   不動產為信託財產者，於下列各款信託關係人間移轉所有權，不課徵契稅：
   (1) 因信託行為成立，委託人與受託人間。
   (2) 信託關係存續中受託人變更時，原受託人與新受託人間。
   (3) 信託契約明定信託財產之受益人為委託人者，信託關係消滅時，受託人與受益人間。
   (4) 因遺囑成立信託，於信託關係消滅時，受託人與受益人間。
   (5) 因信託行為不成立、無效、解除或撤銷，委託人與受託人間。

（五）遺產稅

1. 應課徵遺產稅（遺贈稅§3-2）

(1) 因遺囑成立之信託，於遺囑人死亡時，其信託財產應依本法規定，課徵遺產稅。
(2) 信託關係存續中受益人死亡時，應就其享有信託利益之權利未領受部分，依本法規定課徵遺產稅。

2. 不計入遺產總額（遺贈稅§16-1）

遺贈人、受遺贈人或繼承人提供財產，捐贈或加入於被繼承人死亡時已成立之公益信託並符合下列各款規定者，該財產不計入遺產總額：

(1) 受託人為信託業法所稱之信託業。
(2) 各該公益信託除為其設立目的舉辦事業而必須支付費用外，不以任何

方式對特定或可得特定之人給予特殊利益。

(3)信託行為明定信託關係解除、終止或消滅時，信託財產移轉於各級政府、有類似目的之公益法人或公益信託。

(六) 贈與稅

1.應課徵贈與稅 (遺贈稅§5-1)

(1)信託契約明定信託利益之全部或一部之受益人為非委託人者，視為委託人將享有信託利益之權利贈與該受益人，依本法規定，課徵贈與稅。

(2)信託契約明定信託利益之全部或一部之受益人為委託人，於信託關係存續中，變更為非委託人者，於變更時，適用前項規定課徵贈與稅。

(3)信託關係存續中，委託人追加信託財產，致增加非委託人享有信託利益之權利者，於追加時，就增加部分，適用第1項規定課徵贈與稅。

(4)前三項之納稅義務人為委託人。但委託人有第7條第1項但書各款情形之一者，以受託人為納稅義務人。

2.不課徵贈與稅 (遺贈稅§5-2)

信託財產於下列各款信託關係人間移轉或為其他處分者，不課徵贈與稅：

(1)因信託行為成立，委託人與受託人間。

(2)信託關係存續中受託人變更時，原受託人與新受託人間。

(3)信託關係存續中，受託人依信託本旨交付信託財產，受託人與受益人間。

(4)因信託關係消滅，委託人與受託人間或受託人與受益人間。

(5)因信託行為不成立、無效、解除或撤銷，委託人與受託人間。

3.不計入贈與總額 (遺贈稅§20-1)

因委託人提供財產成立、捐贈或加入符合第16條之1各款規定之公益信託，受益人得享有信託利益之權利，不計入贈與總額。

復習問題

1.何謂信託？信託行為於信託法公布施行前，其內部關係及外部關係為何？

2.何謂信託登記？其依據之證明文件為何？

3.信託登記是否產生絕對之效力？何種情形之信託行為無效？

4.受託人變更之情形爲何？

5.試述信託關係消滅之財產歸屬。

6.試述受託人取得信託財產之情形。

7.信託財產之地價稅及房屋稅之納稅義務人爲何？如何計算地價稅？

8.信託財產，課徵及不課徵土地增值稅之情形爲何？

9.信託財產，課徵及不課徵房屋之契稅之情形爲何？

10.信託財產，有關課徵遺產稅及贈與稅之情形爲何？

第二節　信託登記實務

一、土地權利信託登記之定義

　　本規則所稱土地權利信託登記（以下簡稱信託登記），係指土地權利依信託法辦理信託而爲變更之登記（土登§124）。

二、登記之申請人及應備文件

（一）以契約爲之者

　　信託以契約爲之者，信託登記應由委託人與受託人會同申請之（土登§125）。

（二）以遺囑爲之者

1.信託以遺囑爲之者，信託登記應由繼承人辦理繼承登記後，會同受託人申請之；如遺囑另指定遺囑執行人時，應於辦畢遺囑執行人及繼承登記後，由遺囑執行人會同受託人申請之（土登§126 I）。

2.前項情形，於繼承人有無不明時，仍應於辦畢遺產管理人登記後，由遺產管理人會同受託人申請之（土登§126 II）。

（三）取得受託財產者

受託人依信託法第9條第2項取得土地權利，申請登記時，應檢附信託關係證明文件，並於登記申請書適當欄內載明該取得財產為信託財產及委託人身分資料，登記機關辦理登記時，應依第130條至第132條規定辦理（土登§127）。

（四）信託關係消滅者

1.信託財產依第125條辦理信託登記後，於信託關係消滅時，應由信託法第65條規定之權利人會同受託人申請塗銷信託或信託歸屬登記（土登§128Ⅰ）。
2.前項登記，受託人未能會同申請時，得由權利人提出足資證明信託關係消滅之文件單獨申請之。未能提出權利書狀時，得檢附切結書或於土地登記申請書敘明未能提出之事由，原權利書狀於登記完畢後公告註銷（土登§128Ⅱ）。

（五）受託人變更者

1.信託財產因受託人變更，應由新受託人會同委託人申請受託人變更登記（土登§129Ⅰ）。
2.前項登記，委託人未能或無須會同申請時，得由新受託人提出足資證明文件單獨申請之。未能提出權利書狀時，準用前條第2項規定（土登§129Ⅱ）。

三、登記簿之登載及記明

（一）登記簿之登載及記明

信託登記，除應於登記簿所有權部或他項權利部登載外，並於其他登記事項欄記明信託財產、委託人姓名或名稱，信託內容詳信託專簿（土登§130Ⅰ）。

（二）電子處理之轉載

前項其他登記事項欄記載事項，於辦理受託人變更登記時，登記機關應予轉載（土登§130Ⅱ）。

四、權利書狀之記明

信託登記完畢，發給土地或建物所有權狀或他項權利證明書時，應於書狀記明信託財產，信託內容詳信託專簿（土登§131）。

五、信託專簿之裝訂及保存

（一）裝訂及閱覽

土地權利經登記機關辦理信託登記後，應就其信託契約或遺囑複印裝訂成信託專簿，提供閱覽或申請複印，其提供資料內容及申請人資格、閱覽費或複印工本費之收取，準用第24條之1及土地法第79條之2規定（土登§132Ⅰ）。

（二）保　存

信託專簿，應自塗銷信託登記或信託歸屬登記之日起保存十五年（土登§132Ⅱ）。

六、信託內容變更之處理

（一）以申請書提出

信託內容有變更，而不涉及土地權利變更登記者，委託人應會同受託人檢附變更後之信託內容變更文件，以登記申請書向登記機關提出申請（土登§133Ⅰ）。

（二）提出後之處理

登記機關於受理前項申請後，應依信託內容變更文件，將收件號、異動內容及異動年月日於土地登記簿其他登記事項欄註明，並將登記申請書件複印併入信託專簿（土登§133Ⅱ）。

七、資產信託或投資信託應備之文件（土登§133-1）

（一）申請人依不動產證券化條例或金融資產證券化條例規定申請信託登記時，為資產信託者，應檢附主管機關核准或申報生效文件及信託關係證明文件；登記機關辦理登記時，應於登記簿其他登記事項欄記明委託人姓名或名稱。

（二）前項信託登記，為投資信託者，應檢附主管機關核准或申報生效文

　　件，無須檢附信託關係證明文件；登記機關辦理登記時，應於登記簿其他登記事項欄記明該財產屬不動產投資信託基金信託財產。

（三）依前項規定辦理信託登記後，於信託關係消滅、信託內容變更時，不適用第128條、第133條規定。

八、信託有關之登記原因

登記原因	信　託	受託人變更	塗銷信託	信託歸屬	信託取得
意　義	土地權利因成立信託關係而移轉或為其他處分所為之登記，不論其原因係法律規定，或以契約、遺囑為之，一律以信託為登記原因。	土地權利信託登記後，如受託人有變動、死亡……等所為之受託人變更登記。	土地權利於委託人與受託人間，因信託關係之消滅或其他原因而回復至原委託人所有時，所為之登記。	土地權利因信託關係消滅而移轉予委託人以外之歸屬權利人時，所為之登記。	受託人於信託期間，因信託行為取得土地權利所為之登記。
土地標示部					
建物標示部					
土地建物所有權部	√	√	√	√	√
土地建物他項權利部	√	√	√	√	√
備　註	打「√」處指該登記原因適用之登記簿別。				

九、申請實務

（一）信託或內容變更登記應備文件

　　1.土地登記申請書。
　　2.信託（內容變更）契約書或遺囑。
　　3.身分證明文件。

4.委託人印鑑證明。

5.土地所有權狀或建物所有權狀或他項權利證明書。

（二）申辦手續

1.申請人依法報繳有關稅捐後，即可提出申請登記。

2.收件及計收規費：

(1)案件提向地政事務所申辦時，其程序爲收件→計算規費→開單→繳費→領取收件收據。

(2)信託有關登記，以當事人自行於申請書填寫之信託契約或信託遺囑權利價值爲準計收千分之一登記費，另書狀費每張80元。

3.補正：申請案件經審查發現填寫錯誤或文件不全或證件不符時，經通知補正者，應於限期內補正。

4.領狀：申請案件經審查無誤並登記完畢後，權利人或代理人即可持收件收據及原蓋用之印章，領取權利書狀及其他不需存查之文件。

復習問題

1.何謂土地權利信託登記？其登記申請人爲何？（91特）何謂信託歸屬登記？（92檢）

2.信託登記，其登記簿及權利書狀應如何處理？

3.信託專簿之內容、使用及保存之情形爲何？

4.信託內容有變更時，應如何申請及處理？

5.土地權利信託登記之原因有哪些？

6.土地權利信託登記之申請應備文件及申辦手續爲何？

7.依不動產證券化條例與土地登記規則辦理信託登記之相關規定，其中資產信託登記與投資信託登記之性質有何不同？兩者申辦之檢附文件與登記簿登載方式有何重要差異？如以契約方式辦理資產信託登記，其中受託人拒不申請登記時，可如何申請登記？（110高）

範例一 土地信託登記

收件	日期	年 月 日	時	分	收件 者章	連件序列 (非連件 者免填)	連件序號	共1件	第1件	登記費		元
	字號	字第		號						書狀費		元
										罰 鍰		元

土 地 登 記 申 請 書

(1) 受理 機關	△△ 縣 △△ 市 地政事務所 □跨所申請	資料管 轄機關	△△ 地政事務所	(2)原因發生 日 期	中華民國△△年△月△△日

(3) 申請登記事由（選擇打✓一項） (4) 登記原因（選擇打✓一項）

- □所有權第一次登記 □第一次登記
- □所有權移轉登記 □買賣 □贈與 □繼承 □分割繼承 □拍賣 □共有物分割
- □抵押權設定登記 □設定 □法定
- □抵押權塗銷登記 □清償 □拋棄 □混同 □判決塗銷 □
- □抵押權內容變更登記 □權利價值變更 □權利內容等變更 □
- □標示變更登記 □分割 □合併 □地目變更 □
- ✓信託登記 ✓信託

(5) 標示及申請權利內容 詳如 ✓契約書 □登記清冊 □複丈結果通知書 □建物測量成果圖 □

(6) 附繳 證件	1.信託契約書	2份	4.印鑑證明	份	7.	份
	2.戶口名簿影本	2份	5.	份	8.	份
	3.土地所有權狀	1份	6.	份	9.	份

(7) 委任 關係	本土地登記之申請委託 陳△△ 代理。 複代理。 委託人確為登記標的物之權利人或權利關係人，並經核對身分無誤，如有 虛偽不實，本代理人（複代理人）願負法律責任。印	(8) 聯絡 方式	權利人電話	△△△△△△△△
			義務人電話	△△△△△△△△
			代理人聯絡電話	△△△△△△△△
			傳真電話	△△△△△△△△
			電子郵件信箱	△△△@△△△.tw
			不動產經紀業名稱 及統一編號	
			不動產經紀業電話	

(9) 備 註	

合 計	元	據
收 件		者
核算者		

元	號
字	號

(10)申請人	(11)權利人或義務人	(12)姓名或名稱	(13)出生年月日	(14)統一編號	(15)住所 縣市	鄉鎮市區	村里	鄰	街路	段	巷	弄	號	樓	(16)簽章
	權利人	林△△	△△△	△△△△△△	詳	如	契	約	書						印
	義務人	王△△	△△△	△△△△△△	詳	如	契	約	書						印
	代理人	陳△△	△△△	△△△△△△	△△	△△	△△	△	△△				△		印

本案處理經過情形（以下各欄申請人請勿填寫）	初審	複審	核定	登簿	校簿	書狀列印	校狀	書狀用印	歸檔
			地價異動	通知領狀	異動通知	交付發狀			

土地建築改良物信託契約書

下列土地建築物經　受託人　△△△　委託人　△△△　雙方同意，特☑訂立　本契約：

土地標示		委託人	受託人	建物標示		
(1)坐落	鄉鎮市區	△△		(6)建號	鄉鎮市區	以下空白
	段	△△			街 路	
	小段	△△			段 巷 弄	
					樓	
(2)地號		123		(7)門牌		
(3)面積（平方公尺）				(8)建物坐落	段	
(4)信託權利種類		所有權			小段	
(5)信託權利範圍		全部			地號	
				(9)面積（平方公尺）	層	
					層	
					共計	
				(10)附屬建物	用途	
					面積（平方公尺）	
				(11)信託權利種類		
				(12)信託權利範圍		

(13)信託權利價值總金額　新臺幣　肆佰伍拾陸萬元正

(15) 訂立契約人 受託人或 委託人	(16) 姓名或 名　稱	(17) 權利範圍		(18) 出　生 年月日	(19) 統一編號	(20) 住　　所									(21) 蓋　章
		受託 持分	委託 持分			縣市	鄉鎮 市區	村里	鄰	街路	段	巷弄	號	樓	
受託人	林△△	全部		△△△△△	△△△△△	△△	△△	△△	△	△△	△		△	△	印
委託人	王△△		全部	△△△△△	△△△△△	△△	△△	△△	△	△△	△		△	△	印

(14) 信託條款

1.信託目的：管理、使用、收益及處理與鄰地之關係
2.受益人姓名：△△△　　　　　　　　住址：……………
3.信託監察人姓名：△△△　　　　　　　住址：……………
4.信託期間：自民國△△△年△△月△△日至民國△△△年△△月△△日止
5.信託關係消滅事由：中止信託關係
6.信託財產之管理或處分方法：由受託人使用、收益及管理
7.信託關係消滅時，信託財產之歸屬人：△△△
8.其他約定事項：

(22)立約日期　中　華　民　國　△△△　年　△△　月　△△　日

範例二　金融資產信託移轉登記

土地登記申請書

收件	日期	年　月　日	時　分	收件者章	連件序別（非連件者免填）	共1件　第1件
	字號	字第　號				

登記費	元
書狀費	元
罰鍰	元
合計	元
收據	號
核算者	

(1) 受理機關　△△縣／市　△△地政事務所

資料管轄機關　△△縣／市　△△地政事務所　□跨所申請

(2) 原因發生日期　中華民國△△年△月△△日

(3) 申請登記事由（選擇打✓一項）

- □所有權登記第一次登記
- □所有權移轉登記
- □抵押權登記
- □抵押權塗銷登記
- □抵押權內容變更登記
- □標示變更登記
- ✓抵押權移轉登記

(4) 登記原因（選擇打✓一項）

- □第一次登記
- □買賣　□贈與　□繼承　□分割繼承　□拍賣　□共有物分割
- □設定　□法定
- □清償　□拋棄　□混同　□判決塗銷
- □權利價值變更　□權利內容等變更
- □分割　□合併　□地目變更
- ✓信託

(5) 標示及申請權利內容　詳如　□登記清冊　✓契約書　□複丈結果通知書　□建物測量成果圖　□

(6) 附繳證件

1. 移轉契約書　2份
2. 財政部核准函影本　1份
3. 特殊目的信託契約書影本　1份
4. 債權額決算證明書　1份
5. 他項權利證明書　1份
6. 　份
7. 　份
8. 　份
9. 　份

(7) 委任關係

本土地登記案之申請委託　陳△△　代理。　複代理。

委託人確為登記標的物之權利人或權利關係人，並經核對身分無誤，如有虛偽不實，本代理人（複代理人）願負法律責任。　印

(8) 聯絡方式

- 權利人電話　△△△△△△△△
- 義務人電話　△△△△△△△△
- 代理人聯絡電話　△△△△△△△△
- 傳真電話　△△△△△△△△
- 電子郵件信箱　△△△@△△△.tw
- 不動產經紀業名稱及統一編號
- 不動產經紀業電話

(9) 備註

1. 本案業經財政部△△年△△月△△△號函准。
2. 本案依金融資產證券化條例相關規定辦理公告或通知債務人，如有不實，申請人願負法律責任。
3. 本案確有關法令規定完成處分程序，如有不實，申請人願負法律責任。　印

(10) 申請人	(11) 權利人或義務人	(12) 姓名或名稱	(13) 出生年月日	(14) 統一編號	(15) 住所 縣市	鄉鎮市區	村里	鄰	街路	段	巷	弄	號	樓	(16) 簽章
	受託人	OOOO公司		詳如契約書											印
	代表人	△△△													印
	委託人	OO銀行△△△公司		詳如契約書											印
	代表人	△△△													印
	代理人	陳△△	△△△	△△△△△△	△△	△△	△△	△	△△				△		印

本案處理經過情形（以下各欄申請人請勿填寫）

初審	複審	核定	登簿	校簿	書狀印列	校狀	書狀用印	歸檔
			地價異動	通知領狀	異動通知	交付發狀		

土地　他項權利（金融資產信託）　移轉
建築改良物　　　　　　　　　　　　變更　契約書

下列　土地　經權利人　雙方同意（信託）　移轉
　　　建築改良物　經義務人　　　　　　　變更　，特訂立本契約：

建物標示

(5)建號								
	△△	△	△△	△△	△	△		以下空白
(6)門牌	鄉鎮市區	街路	段巷弄	號樓				
(7)建物坐落	段	小段	地號					
(8)建築面積（平方公尺）	地面層	第二層	第三層	層	共計			
	58.97	58.97	58.97		176.97			
(9)附屬建物	用途	面積（平方公尺）						
(10)原設定權利範圍	全部							

土地標示

(1)坐落						
鄉鎮市區	△△	段	△△	小段	△	
(2)地號	△	192	43	△		以下空白
(3)面積（平方公尺）	全部					
(4)原設定權利範圍	全部					

項目	內容
(11)權利種類	抵押權
(12)信託總金額	新臺幣○○○元整
(13)移轉或變更之原因及內容	原因：信託 內容： 1.信託目的：依金融資產證券化條例，將抵押權及其擔保之債權之債權以該資產為基礎，發行受益證券，由受託機構以受託機構依金融資產證券化條例規定設置之受益人名冊為準。 2.移轉前：委託人○○銀行股份有限公司 　移轉後：受託人○○○股份有限公司 　1.民國○○○年○○月○○○日收件字第○○○○號抵押權登記
(14)信託條款	1.信託目的：依金融資產證券化條例，將抵押權及其擔保之債權以受益人名冊為準。 2.受益人姓名：以受益證券化條例規定設置之受益人名冊為準。　統一編號：　受益證券人姓名： 3.信託監察人姓名：　住址： 4.信託期間：自民國○○年○○月○○日起至民國○○年○○月○○日止○○年。 5.信託關係消滅事由：依特殊目的信託契約書所載之約定內容為準。 6.信託財產之管理或處分方法：受託人依特殊目的信託契約之管理或分處分信託財產。 7.信託關係消滅時，信託財產之歸屬人：依特殊目的信託契約書所載之約定內容為準。 8.其他約定事項：依特殊目的信託契約書所載之約定內容為準。

訂立契約人	(15)權利人或義務人	(16)姓名或名稱	(17)出生年月日	(18)統一編號	(19)住所 縣市	鄉鎮市區	村里	鄰	街路	段	巷弄	號	樓	(20)蓋章
	受託人	○○○股份有限公司		○○○○○○○	△△	△△	△△		△△	△△		△△	△△	印
	代表人	△△△												印
	委託人	○○銀行股份有限公司		○○○○○○	△△	△△	△△		△△	△△		△△	△△	印
	代表人	△△△												印
		以　下　空　白												

中華民國　△△　年　△　月　△△　日

範例三　信託內容變更登記

收件	日期	年 月 日 時 分		連件序列（非連件者免填）			登記費	元
	字號	字第 號		連件序別	共 件 第 件		書狀費	元
	收件者章						罰鍰	元
							合計	元
							收據 字號	
							核算者	

土　地　登　記　申　請　書

(1) 受理機關	△△ 縣　△△ 市　△△ 地政事務所　□跨所申請	(2) 原因發生日期	中華民國△△年△月△△日

(3) 申請登記事由（選擇打✓一項）

- □所有權第一次登記
- □所有權移轉登記
- □抵押權登記
- □抵押權塗銷登記
- □抵押權內容變更登記
- □標示變更登記
- ✓註記登記

(4) 登記原因（選擇打✓一項）

- □第一次登記
- □買賣　□贈與　□繼承　□分割繼承　□拍賣　□共有物分割　□信託
- □設定　□法定
- □清償　□拋棄　□混同　□判決塗銷　□
- □權利價值變更　□權利內容等變更　□
- □分割　□合併　□地目變更　□
- ✓註記

(5) 標示及申請權利內容　詳如　□契約書　✓登記清冊　□複丈結果通知書　□建物測量成果圖

申請權利內容：信託內容變更

(6) 附繳證件

1. 信託內容變更契約書正副本 各	1份	4. 身分證影本	△△	7.	份
2. 土地所有權狀	1份	5.		8.	份
3. 公司（設立）變更登記正本或抄錄本	1份	6.	份		

(7) 委任關係

本土地登記案之申請委託　△△　代理。　複代理。
委託人確為登記標的物之權利人或權利關係人並經核對身分無誤，如有虛偽不實，本代理人（複代理人）願負法律責任。　代理人印

(8) 聯絡方式

權利人電話	△△△△△△△△△
義務人電話	△△△△△△△△△
代理人聯絡電話	△△△△△△△△△
傳真電話	△△△△△△△△△
電子郵件信箱	△△△@△△.tw
不動產經紀業名稱及統一編號	
不動產經紀業電話	

(9) 備註

(10) 申請人	(11) 權利人或義務人	(12) 姓名或名稱	(13) 出生年月日	(14) 統一編號	(15) 住所 縣市	鄉鎮市區	村里	鄰	街路	段	巷	弄	號	樓	(16) 簽章
	權利人	△△△公司	△△△	△△△△△	△△	△△	△△	△	△△			△			印
	代表人	△△△	△△△	△△△△△	△△	△△									
	義務人	△△△	△△△	△△△△△	△△	△△	△△	△	△△	△		△			印
	受益人	△△△	△△△	△△△△△	△△	△△	△△	△	△△	△		△	△		印
	代理人	△△△	△△△	△△△△△	△△	△△	△△	△	△△	△			△		印

本案處理經過情形（以下各欄申請人請勿填寫）					
初審	複審	核定	登簿	校簿	繕狀
			校狀	書狀用印	
			通知領狀	異動通知	加註地價冊
			歸檔	統計	
			支付發狀	縮影	

土地 建築改良物 信託內容變更契約書

受託人 △△
委託人 △△

下列 土地 建築物 經 雙方同意，特 ☑變更 本契約：

土地標示			建物標示			以下空白
(1)坐落	鄉鎮市區	△△	(6)建號	鄉鎮市區 街 路		
	段	△△	(7)門牌	段 巷 弄 號 樓		
	小段	△△	(8)建物坐落	段 小段 地號		
(2)地號		△△	(9)面積(平方公尺)	層 層		
(3)面積(平方公尺)		123		共計		
(4)信託權利種類		所有權	(10)附屬建物	用途 面積(平方公尺)		
(5)信託權利範圍		全部	(11)信託權利種類			
			(12)信託權利範圍			

(13)信託權利價值總金額 新臺幣 肆佰伍拾陸萬元正

(14) 變更之原因及內容	原因	信託期間變更										
	內容	民國○○年○月○日收件第○○號信託登記之信託期間變更 變更前：民國○○年○月○日至民國○○年○月○日止 變更後：民國○○年○月○日至民國○○年○月○日止										

訂立契約人	(15) 受託人或委託人	(16) 姓名或名稱	(17) 權利範圍 受託持分	(17) 權利範圍 委託持分	(18) 出生年月日	(19) 統一編號	(20) 住所 縣市	鄉鎮市區	村里	鄰	街路	段	巷弄	號	樓	(21) 蓋章
	受託人	○○○	全部				△△	△△	△△	△	△△			△△		印
	委託人	○○○		全部			△△	△△	△△	△	△△			△△		印
	受益人	○○○					△△	△△	△△	△	△△			△△		印

(22) 立約日期	中 華 民 國　　△△　　年　　△　　月　　△△　　日

第十章

更正登記及限制登記

第一節　更正登記

一、書面申請更正

　　土地登記有絕對效力（土§43），但登記人員或利害關係人，於登記完畢後，發見登記錯誤或遺漏時，得以書面申請該管上級機關查明核准後予以更正。但登記錯誤或遺漏，純屬登記人員記載時之疏忽，並有原始登記原因證明文件可稽者，由登記機關逕行更正之（土§69）。

二、更正登記之情形

（一）錯誤或遺漏

1.概　況

　　現行登記簿分爲三大部分，即標示部、所有權部及他項權利部，各部分之有關事項，凡是登記後發現錯誤或遺漏，無論其爲申請案件填寫錯誤遺漏，或爲登記人員登記錯誤遺漏，或爲測量人員測量錯誤遺漏，均得辦理更正登記，惟涉及權利主體——人——變更者，不在此限，例如權利人張三變更爲另一權利人李四，則非屬更正登記之範圍。

2.定　義

　　所謂錯誤，係指登記之事項與登記原因證明文件所載之內容不符者，所謂遺漏，係指應登記事項而漏未登記者（土登§13）。

（二）持分更正（土登§43）

　　申請登記，權利人爲二人以上時，應於登記申請書件內記明應有部分或相互之權利關係。

　　前項應有部分，應以分數表示之，其分子分母不得爲小數，分母以整十、整百、整千、整萬表示爲原則，並不得超過六位數。

　　已登記之共有土地權利，其應有部分之表示與前項規定不符者，得由登記機關通知土地所有權人於三十日內自行協議後準用更正登記辦理，如經通知後逾期未能協議者，由登記機關報請上級機關核准後更正之。

（三）胎兒繼承登記後死產之更正（土登§121）

　　胎兒爲繼承人時，應由其母以胎兒名義申請登記，俟其出生辦理戶籍登

記後，再行辦理更名登記。

　　前項胎兒以將來非死產者爲限。如將來爲死產者，其經登記之權利，溯及繼承開始時消滅，由其他繼承人共同申請更正登記。

（四）臺灣光復初期誤以死者名義申辦土地總登記處理要點（102.9.6內政部修正）

1.臺灣光復初期辦理土地權利憑證繳驗及換發權利書狀時，以死者名義申報登記爲所有權人或他項權利人者，其合法繼承人得依照本要點申請更正登記。

　　前項所謂臺灣光復初期係指民國35年4月至民國38年12月底，人民辦理土地權利憑證繳驗之申報期間。

2.合法繼承人申請更正登記時，應提出更正登記申請書，並附具下列文件：

　　(1)原土地所有權狀或他項權利證明書。

　　(2)繼承系統表。申請人應於表內註明：「本表所列如有遺漏或錯誤致他人受損害者，申請人願負法律責任」，並簽名或蓋章。

　　(3)登記名義人死亡之戶籍謄本及合法繼承人現在之戶籍謄本；如戶籍資料無登記名義人死亡之記載，經戶政機關證明者，得提繳親屬證明書或其他可資證明死亡之文件。

　　前項第3款之戶籍謄本，能以電腦處理達成查詢者，得免提出。

3.地政事務所辦理更正登記完畢後，應將登記結果通知主管稽徵機關訂正稅籍，依法催繳欠稅。但登記名義人於民國38年6月15日以後至同年12月31日死亡者，登記後未繳驗遺產稅款繳清證明書、免稅證明書、不計入遺產總額證明書或同意移轉證明書前，地政事務所不得爲分割、移轉或設定他項權利之登記；並於土地或建物登記簿內記明此項事由。

4.原合法繼承人如已死亡者，由最後一次之合法繼承人依法向主管稽徵機關辦理遺產稅申報，檢附稅款繳（免）納證明書，或不計入遺產總額證明書或同意移轉證明書，申請更正登記爲原合法繼承人名義，並同時申請繼承登記。

（五）地籍清理條例之更正登記

1.會社或組合（地清§17）

以日據時期會社或組合名義登記之土地，原權利人或其繼承人應於申請登記期間內提出有關股權或出資比例之證明文件，向該管登記機關申請更正登記為原權利人所有。

前項所稱原權利人，指中華民國34年10月24日為股東或組合員，或其全體法定繼承人者。但股東或組合員為日本人者，以中華民國為原權利人。

2.共有權利（地清§31）

共有土地，各共有人登記之權利範圍合計不等於一，除依原始登記原因證明文件或其他足資證明之資料，得由登記機關逕為辦理更正登記者外，得經權利範圍錯誤之共有人過半數及其應有部分合計過半數之同意，由共有人之一，於申請登記期間內，申請更正登記。

未依前項規定申請更正登記者，由登記機關依各相關共有人登記之權利範圍比例計算新權利範圍，逕為更正登記。

依前二項規定辦理更正登記，無須經他項權利人之同意，且不受限制登記之影響。

3.姓名等不符（地清§32）

已登記之土地權利，除第17條至第26條及第33條規定之情形外，土地總登記時或金門、馬祖地區實施戰地政務終止前，登記名義人之姓名、名稱或住址記載不全或不符者，土地權利人或利害關係人應於申請登記期間內檢附證明文件，申請更正登記。

4.非以自然人或法人登記（地清§33）

非以自然人、法人或依法登記之募建寺廟名義登記之土地權利，除第17條至第26條、第35條及登記名義人為祭祀公業或具有祭祀公業性質及事實者之情形外，利害關係人應於申請登記期間內檢附足資證明文件，申請更正登記。

三、更正登記法令補充規定（100.6.24內政部修正）

（一）因登記錯誤或遺漏而有案可稽者，登記機關得逕為辦理更正登記，登記完畢後應通知全體利害關係人。

（二）登記名義人之姓名、住址、身分證統一號碼或出生年月日等，已經戶政主管機關辦妥更正且有足資證明文件者，登記機關得於該登記名義人申辦登記時，逕為辦理更正登記。

（三）公有土地之管理機關有二個以上不同名稱，實際爲同一機關者，登記機關得查明逕以法定名稱辦理更正登記。

（四）共有土地經法院判決分割，原共有人之一依據法院確定判決單獨申辦共有物分割登記後，原共有土地之其餘部分仍維持原共有狀態者，顯屬錯誤，登記機關查明後，得逕爲辦理更正登記，並依土地登記規則第100條後段規定辦理。

（五）法院或行政執行處拍賣土地，經拍定人辦竣移轉登記後，執行法院或行政執行處又囑託更正拍賣權利範圍時，登記機關應依其囑託更正之內容，逕爲辦理更正登記。

（六）申請更正登記，如更正登記後之權利主體、種類、範圍或標的與原登記原因證明文件所載不符者，有違登記之同一性，應不予受理。

（七）更正登記以不妨害原登記之同一性爲限，如登記以外之人對於登記所示之法律關係有所爭執，則應訴由司法機關審判，以資解決。

（八）原登記申請書件已銷燬，申辦住所更正登記時，可檢附戶政機關查復土地登記時無該住所或該住所無申請人之文件，及足資認定與登記名義人確係同一人之文件申請辦理。

（九）共有土地之持分額漏未登記，部分共有人或其繼承人得依民法第817條第2項規定，申請登記爲均等。但申請人須先通知他共有人或其繼承人限期提出反證，逾期未提出反證推翻者，申請人應檢附通知文件，並於登記申請書備註欄切結「已通知其他共有人，逾期未提出反證，如有不實願負法律責任」，憑以申辦更正登記。登記機關於更正登記完畢後，應將登記結果通知其他共有人或其繼承人。

前項更正登記申請時，申請人應於申請書內載明他共有人之現住址，其已死亡者，應載明其繼承人及該繼承人之現住址；確實證明在客觀上不能載明者，由申請人於登記申請書備註欄切結不能載明之事實。

（十）法院之確認判決不得作爲執行名義，故不能據以辦理登記名義人更正登記。

（十一）同一門牌及建號之多層建物分層登記爲不同人所有者，所有權人檢附戶政機關增編門牌之證明及建物所有權狀辦理更正登記時，登記機關應分層編列建號更正之；如無法增編門牌者，得逕以原門牌爲之。

（十二）部分繼承人，就被繼承人之土地，申請爲公同共有之登記或因強制執行，由債權人代爲申辦繼承登記後，該繼承人中如確有合法拋棄繼承者，得由利害關係人辦理登記名義人更正登記。

四、申請人

（一）如係標示部及所有權部錯誤遺漏，由所有權人提出申請更正登記。

（二）如係他項權利部錯誤遺漏，由他項權利人提出申請更正登記。如該項之錯誤遺漏，涉及原設定人之權利義務時，應由他項權利人會同原設定人申請更正登記。

五、申請實務

（一）應備書件

1.土地登記申請書。

2.登記清冊。

3.更正登記原因證明文件：

(1)如係申請錯誤遺漏或登記錯誤遺漏，應附原因證明文件或申請上級地政機關核准所需之土地建物登記簿謄本。

(2)如係測量錯誤遺漏，應附測量成果圖。

(3)如係經法院判決更正者，應附判決書及判決確定書，如係經最高法院判決者，免附判決確定書。

4.權利人同意書：如更正事項涉及他人權利時，應附本項文件及印鑑證明。

5.保證書：視案情而定是否檢附本項文件。

6.身分證明文件。

7.權利書狀：更正事項如涉及土地建物之所有權者，應附各該所有權狀，如涉及他項權利者，應附他項權利證明書。

（二）申辦手續

1.如係測量錯誤遺漏之更正登記，應先辦理土地或建物之複丈勘測，俟取得複丈勘測結果通知書後，再行辦理更正登記之申請。

2.備齊繕妥所需書件後，將登記申請書對摺放置於第一頁，登記清冊對摺放置於第二頁，其他書件再依次放置整齊（習慣上權利書狀放置於最後面），再裝訂成冊，即可提向土地建物所在地之主管地政事務所申請。

3.收件及計收規費：

(1)案件提向地政事務所申辦時，其程序為收件→計算規費→開單→繳費→領取收件收據。

(2)更正登記免納登記費（土§78），但書狀費每張80元。

4.補正：如申請案件經審查後發現填寫錯誤或文件不全或證件不符時，經通知補正者，應於期限內補正。

5.領狀：申請案件經審查無誤並登記完畢後，權利人或代理人即可持收件收據及原蓋用之印章，領取所有權狀及其他不需存查之文件。

復習問題

1.為何要申請更正登記？錯誤或遺漏之定義為何？其情形又為何？（83檢）

2.更正登記是否應經上級機關核准？如何申請更正登記？即應備哪些文件？（87交特）申辦手續為何？

3.何謂更正登記？請舉一實例說明；土地登記專業代理人代為申辦更正登記時，應備妥哪些文件？（88檢）

4.何謂更正登記？（87交特）更正登記之要件為何？試說明之。（86普、86基特）

5.何謂登記錯誤或遺漏？於登記完畢後，如果發現登記錯誤或遺漏時，有哪些救濟措施？在什麼情況之下可以由地政機關逕行為之？（106普、108高）

6.辦理土地登記完畢後，在哪些情況下，登記之錯誤或遺漏，可由登記機關逕行更正？另請詳述其與辦理土地複丈過程，登記機關可逕行辦理更正之情況有何差異？（111專普）

範例　姓名更正登記

土 地 登 記 申 請 書

收件	日期	年 月 日 時 分	收件者章	連件序別（非連件者免填）	共1件 第1件	登記費	元	合計	元
	字號	字第 號				書狀費	元	收據 字 號	
						罰鍰	元	核算者	

(1) 受理機關　△△縣 △△市 △△地政事務所　□跨所申請　資料管轄機關　△△縣 △△市 △△地政事務所　(2)原因發生日期　中華民國△△年△△月△△日

(3) 申請登記事由（選擇打✓一項）
□所有權第一次登記
□所有權移轉登記
□抵押權登記
□抵押權塗銷登記
□抵押權內容變更登記
□標示變更登記
☑更正登記

(4) 登記原因（選擇打✓一項）
□第一次登記
□買賣　□贈與　□繼承　□分割繼承　□拍賣　□共有物分割
□設定　□法定
□清償　□拋棄　□混同　□判決塗銷　□
□權利價值變更　□權利內容等變更　□
□分割　□合併　□地目變更　□
☑姓名更正

(5) 標示及申請權利內容　詳如　□契約書　☑登記清冊　□複丈結果通知書　□建物測量成果圖

(6) 附繳證件
1. 戶口名簿影本　1份
2. 原所有權移轉契約書　1份
3. 土地所有權狀　1份
4.　份
5.　份
6.　份
7.　份
8.　份
9.　份

(7) 委任關係　本土地登記案之申請委託　陳△△　代理。　複代理。　委託人確為登記標的物之權利人或權利關係人，並經核對身分無誤，如有虛偽不實，本代理人（複代理人）願負法律責任。　印

(8) 聯絡方式
權利人電話　△△△△△△△△△
義務人電話　△△△△△△△△△
代理人聯絡電話　△△△△△△△△△
傳真電話　△△△△△△△△△
電子郵件信箱　△△△@△△△.tw
不動產經紀業名稱及統一編號
不動產經紀業電話

(9) 備註

更正前：林△△
更正後：林△△

(10)申請人	(11)權利人或義務人	(12)姓名或名稱	(13)出生年月日	(14)統一編號	(15)住所										(16)簽章
					縣市	鄉鎮市區	村里	鄰	街路	段	巷	弄	號	樓	
	權利人	林△△	△△△	△△△△△△	△△	△△	△△	△	△△				△		印
	代理人	陳△△	△△△	△△△△△△	△△	△△	△△	△	△△				△		印

本案處理經過情形（以下各欄申請人請勿填寫）	初審	複審	核定	登簿	校簿	書狀列印	校狀	書狀用印
			地價異動	通知領狀	異動通知	交付發狀	歸檔	

登記清冊

申請人　林△△　印
代理人　陳△△　印　簽章

土地標示							
(1) 坐落	鄉鎮市區	△△					
	段	△△					
	小段	△					
(2) 地號		△△					
(3) 面積（平方公尺）		145					
(4) 權利範圍		全部					
(5) 備註							

(6) 建　　　號												
(7) 門　牌	鄉鎮市區											
	街　　　路											
	段　巷　弄											
	號　　　樓											
(8) 建物坐落	段											
	小　　　段											
	地　　　號											
(9) 面積（平方公尺）	層											
	層											
	層											
	層											
	共　　　計											
(10) 附屬建物	用　　　途											
	面　積（平方公尺）											
(11) 權利範圍												
(12) 備　　　註												

以下空白

建　物　標　示

第二節　限制登記

一、定義與種類

土地登記規則第136條規定：

（一）土地法第78條第8款所稱限制登記，謂限制登記名義人處分其土地權利所為之登記。

（二）前項限制登記，包括預告登記、查封、假扣押、假處分或破產登記，及其他依法律所為禁止處分之登記。

二、法院囑託限制登記之辦理

（一）應即辦理登記

土地總登記後，法院或行政執行分署囑託登記機關辦理查封、假扣押、假處分、暫時處分、破產登記或因法院裁定而為清算登記時，應於囑託書內記明登記之標的物標示及其事由。登記機關接獲法院或行政執行分署之囑託時，應即辦理，不受收件先後順序之限制（土登§138Ⅰ）。

（二）標的物已申請移轉或設定但尚未登記完畢

登記標的物如已由登記名義人申請移轉或設定登記而尚未登記完畢者，應即改辦查封、假扣押、假處分、暫時處分、破產或清算登記，並通知登記申請人（土登§138Ⅱ）。

（三）標的物已移轉登記完畢

登記標的物如已由登記名義人申請移轉與第三人並已登記完畢者，登記機關應即將無從辦理之事實函復法院或行政執行分署。但法院或行政執行分署因債權人實行抵押權拍賣抵押物，而囑託辦理查封登記，縱其登記標的物已移轉登記與第三人，仍應辦理查封登記，並通知該第三人及將移轉登記之事實函復法院或行政執行分署（土登§138Ⅲ）。

（四）其他禁止處分之囑託登記準用

前三項之規定，於其他機關依法律規定囑託登記機關為禁止處分之登

記，或管理人持法院裁定申請爲清算之登記時，準用之（土登§138IV）。

三、未登記建物之限制登記

（一）法院或行政執行分署囑託登記機關，就已登記土地上之未登記建物辦
　　　理查封、假扣押、假處分、暫時處分、破產登記或因法院裁定而爲清
　　　算登記時，應於囑託書內另記明登記之確定標示以法院或行政執行分
　　　署人員指定勘測結果爲準字樣（土登§139 I）。

（二）前項建物，由法院或行政執行分署派員定期會同登記機關人員勘測。
　　　勘測費，由法院或行政執行分署命債權人於勘測前向登記機關繳納
　　　（土登§139II）。

（三）登記機關勘測建物完畢後，應即編列建號，編造建物登記簿，於標示部
　　　其他登記事項欄辦理查封、假扣押、假處分、暫時處分、破產或清算登
　　　記。並將該建物登記簿與平面圖及位置圖之影本函送法院或行政執行分
　　　署（土登§139III）。

（四）前三項之規定，於管理人持法院裁定申請爲清算之登記時，準用之（土
　　　登§139IV）。

四、法院重複囑託限制登記之處理

　　　同一土地經辦理查封、假扣押或假處分登記後，法院或行政執行分署再
囑託爲查封、假扣押、假處分登記時，登記機關應不予受理，並復知法院或
行政執行分署已辦理登記之日期及案號（土登§140）。

五、停止任何新登記及例外情形

（一）土地經辦理查封、假扣押、假處分、暫時處分、破產登記或因法院裁
　　　定而爲清算登記後，未爲塗銷前，登記機關應停止與其權利有關之新
　　　登記。但有下列情形之一爲登記者，不在此限（土登§141 I）：
　　　1.徵收、區段徵收或照價收買。
　　　2.依法院確定判決申請移轉、設定或塗銷登記之權利人爲原假處分登
　　　　記之債權人。
　　　3.公同共有繼承。
　　　4.其他無礙禁止處分之登記。

（二）有前項第2款情形者，應檢具法院民事執行處或行政執行分署核發查無
　　　其他債權人併案查封或調卷拍賣之證明書件（土登§141II）。

六、即時辦理登記

前條之登記尚未完畢前，登記機關接獲法院查封、假扣押、假處分或破產登記之囑託時，應即改辦查封、假扣押、假處分或破產登記，並通知登記聲請人（土§75-1）。

七、法院與其他機關之重複囑託限制登記之處理

有下列情形之一者，登記機關應予登記，並將該項登記之事由分別通知有關機關（土登§142）：

（一）土地經法院或行政執行分署囑託查封、假扣押、假處分、暫時處分、破產登記或因法院裁定而爲清算登記後，其他機關再依法律囑託禁止處分之登記。

（二）土地經其他機關依法律囑託禁止處分登記後，法院或行政執行分署再囑託查封、假扣押、假處分、暫時處分、破產登記或因法院裁定而爲清算登記。

八、限制登記作業補充規定（105.11.25內政部修正）

（一）土地經設定抵押權後，第三人爲保全土地權利移轉之請求權，得辦理預告登記。

（二）爲保全土地所有權移轉之請求權，已辦理預告登記之土地，再申辦他項權利設定登記，應檢附預告登記請求權人之同意書。但他項權利設定登記之權利人與預告登記請求權人相同者，不在此限。

（三）日據時期之假扣押查封登記，不因臺灣光復後辦理總登記而受影響，登記機關得逕爲辦理轉載登記。

（四）囑託限制登記應以囑託登記文書爲之，其所列之標示、權利範圍或所有權人姓名不符時，登記機關應即敘明其事由，通知原囑託機關於七日內更正或補正，並於登記簿註記「囑託限制登記補正中」，俟更正或補正後，再辦理限制登記或確定該土地權利非限制登記標的時，塗銷該註記。於未獲更正或補正前，如有申請移轉或設定登記，登記機關應即函催原囑託機關儘速辦理，並以副本抄送申請人。

（五）法院或行政執行分署囑託就未登記建物共有部分之應有部分辦理勘測及查封登記時，因其共有部分之產權無從查悉，應將無從辦理之事由函復法院或行政執行分署。

（六）法院或行政執行分署囑託就宗地之部分面積或特定位置爲查封登記時，應函知法院或行政執行分署先辦理分割登記後，始得爲之。

（七）法院或行政執行分署囑託就公同共有人之一之公同共有權利為查封登記，應予受理。

（八）法院或行政執行分署囑託就登記簿加註之拍定人權利予以查封，登記機關應予受理。但不得再就原登記名義人為債務人受囑託辦理查封登記。

（九）破產管理人處分破產人之不動產，申辦所有權移轉登記時，應先報請法院囑辦塗銷破產登記後，再行辦理。

（十）稅捐稽徵機關依稅捐稽徵法第24條規定，囑託登記機關辦理禁止處分登記，無須經法院之裁定，其囑託禁止處分登記之標的應以已登記之土地或建物為限，否則應將無從受理之理由函復之。

（十一）檢察官函請登記機關辦理禁止處分登記，應予受理。

（十二）公司於裁定重整前，法院囑託辦理保全處分登記，係屬土地登記規則第136條第2項所稱「其他依法律所為禁止處分」，應予受理。

（十三）法院依強制執行法第116條規定禁止第三人不動產所有權移轉與債務人，係屬土地登記規則第136條第2項所稱「其他依法律所為禁止處分」，應據以辦理禁止處分登記，至第三人將不動產移轉與債務人以外之人者，非屬禁止之事實。

（十四）不動產經法院或行政執行分署囑託辦理查封、假扣押、假處分登記後，可再為破產登記。

不動產經法院或行政執行分署囑託辦理限制登記後，同一法院或行政執行分署之檢察官或行政執行官再囑託為禁止處分登記，應予受理。

（十五）就法人籌備人公推之代表人名義登記之土地，囑託辦理限制登記時，應予受理。

（十六）持憑法院確定判決，就已辦理假處分登記之土地，申請移轉、設定或塗銷登記之權利人為原查假處分之債權人或其所指定之第三人時，依土地登記規則第141條規定應予受理。但在假處分登記塗銷前，登記機關不得受理其權利移轉、設定、內容變更或合併登記。

（十七）所有權或抵押權經查封登記未塗銷前，持憑法院確定判決申請塗銷所有權登記或塗銷抵押權登記，應不予受理。

（十八）不動產經法院或行政執行分署拍賣，囑託登記機關辦理塗銷查封登記時，如有預告登記、經稅捐稽徵機關囑託或依國軍老舊眷村改建條例所為之禁止處分登記，應同時辦理塗銷，並於登記完畢後通知原預告登記請求權人或原囑託機關。

（十九）徵收放領之耕地於徵收前有查封登記尚未塗銷，於繳清地價後，仍得受理所有權移轉登記。

（二十）未登記建物查封登記塗銷後，再辦理建物所有權第一次登記時，應另編建號為之。於法院囑託塗銷查封登記時，地政機關應併同刪除該未登記建物之標示部及建號。至已使用之建號應納入管理，不得重複使用。

（二一）辦理限制登記時，登記簿之登記日期欄除應載明年、月、日外，應加載時、分。惟電腦處理作業地區無須加註時、分。

（二二）法院或行政執行分署囑託查封、假扣押、假處分或檢察官、稅捐稽徵機關函囑禁止處分信託財產，登記機關應於登記完畢後，將執行標的已辦理信託登記情形通知法院、行政執行分署、檢察官或稅捐稽徵機關。

九、預告登記

（一）意　義

土地建物權利之得喪變更，非經登記不生效力（民§758），一經登記，即有絕對效力（土§43）。故對於已經登記之土地建物權利，得主張其得喪變更之人，預為保全其權利，依法辦理登記，以限制權利人處分移轉或變更其土地建物之權利，以免遭受權利之損失，是為預告登記。

（二）預告登記之情形

下列情形之一者，得申請預告登記（土§79-1Ⅰ）：

1.為保全關於土地權利移轉或使其消滅之請求權

(1)為保全關於土地權利移轉之請求權

例如甲將土地建物出賣予乙，於未辦妥所有權移轉登記前，乙唯恐甲再行出賣予他人，故乙可經法院假處分程序請求法院囑託地政機關予以預告登記，或經甲之同意，申請辦理預告登記，以保全該所有權能順利地由甲移轉給乙。似此，於申請登記之過程中，甲為義務人，乙為權利人。

(2)為保全關於土地權利消滅之請求權

例如已買賣移轉登記，因解除契約使已登記之所有權歸於消滅，亦得辦理預告登記。

2.爲保全土地權利內容或次序之變更請求權

(1)為保全土地權利內容變更之請求權

例如甲爲債權人，乙爲債務人，原設定新臺幣20萬元之抵押權，其約定無利息，現乙願變更抵押權之利息爲百分之五，甲得經乙之同意，或經法院假處分之程序，申請預告登記，以保全該權利內容之變更。

(2)為保全土地權利次序變更之請求權

例如甲爲債務人，以其所有不動產爲擔保，向乙借款新臺幣20萬元，嗣後甲又以該不動產爲擔保，向丙借款新臺幣10萬元，如丙先行辦妥抵押權設定登記，則居於第一順位，有優先受清償之權，乙反爲第二順位。故爲維護權益起見，乙得經甲之同意，或經法院假處分之程序，辦理預告登記，以保全土地權利次序之變更。

3.預告登記於附有條件或將來之請求權，亦得爲之

例如甲乙雙方約定，如乙爲甲完成某項工作，甲願將其所有之不動產贈與給乙，乙爲確保將來之權益，得經甲之同意，或經假處分之程序，辦理預告登記。

（三）預告登記之效力

經預告登記後，土地或建物權利人對於其土地權利所爲之處分，有妨礙保全之請求權者無效（土§79-1Ⅱ）。但對於因徵收、法院判決或強制執行而爲新登記，無排除之效力（土§79-1Ⅲ）。

（四）申請人

1.申請預告登記，除提出第34條各款規定之文件外，應提出登記名義人同意書（土登§137Ⅰ），並得單獨申請登記（土登§27）。
2.前項登記名義人除符合第41條第2款、第4款至第8款、第10款、第15款及第16款規定之情形者外，應親自到場，並依第40條規定程序辦理（土登§137Ⅱ）。

十、申請實務

（一）應備書件

1.土地登記申請書。
2.登記清冊。

3.預告登記原因文件：亦即成立預告登記之書據或土地建物權利人之同意書，通常繕造二份，一份於登記完畢後，由地政機關抽存，一份退還申請人存執。

4.印鑑證明。

5.雙方身分證明文件。

6.土地或建物所有權狀或他項權利證明書。

（二）申辦手續

1.備齊繕妥所需書件後，將登記申請書對摺放置於第一頁，登記清冊對摺放置於第二頁，其餘書件再依次放置整齊（習慣上權利書狀放置於最後面），再裝訂成冊，即可提向土地建物所在地之主管地政事務所申請。

2.收件及計收規費：

(1)案件提向地政事務所申辦時，其程序為收件→計算規費→開單→繳費→領取收件收據。

(2)預告登記，免收登記費，亦無發給權利書狀，故亦無書狀費。

3.補正：申請案件經審查發現有填寫錯誤或文件不全或證件不符等情事，經通知應限期補正。

4.領狀：經審查無誤登記完畢後，即可持收件收據及原蓋用之印章，領回申請登記所附繳之權利書狀及其他不須存查之文件及申請之登記簿謄本。

復習問題

1.何謂限制登記？其範圍包括哪些？（81檢、82特、83特、85檢、87特、91特）何謂查封登記？（90基特）

2.登記機關如何受理法院囑託之限制登記？

3.未登記之建物如何辦理限制登記？

4.法院重複囑託限制登記如何處理？法院與其他機關重複囑託限制登記如何處理？（92專普）

5.法院囑託限制登記後登記機關應如何配合？哪些情形仍可繼續受理登記？（87基特）

6.哪些情形得預告登記？（92檢）其效力如何？（89原特、108基特四）

7.預告登記之申請人為何？如何申請辦理？

8.試述預告登記之意義。申辦預告登記應提出哪些文件？（82特、84檢、87特、89原特、90基特、92檢、108基特四）

9.土地經法院囑託辦理假處分登記後，未為塗銷前，登記機關應停止與其權利有關之登記，其立法意旨何在？有何種情形不受此限制？申請登記時，應檢具何種證明文件？試說明之。（86普、87檢、108普）

10.除了查封、假扣押、假處分所為之登記外，尚有哪些規定可為禁止處分之登記？請列舉說明之。（88殘特）

11.土地總登記後，登記機關接獲法院囑託登記時，應如何辦理？若登記機關接獲囑託時，該標的物已移轉而尚未登記完畢，登記機關應如何處理？（92專普）

12.土地登記規則第136條第1項所稱「限制登記」，其意義為何？同條第2項規定限制登記之種類除包括預告登記與破產登記等之外，尚包括其他依法律規定所為之登記，試舉五種法律說明之。又，該種登記之效力為何？試分述之。（95普）

13.法院囑託登記機關就已登記土地上之未登記建物辦理查封時，請問建物測量如何辦理？勘測費由誰繳納？勘測完畢如何辦理登記？試依規定說明之。（106普）

14.農業發展條例所定耕地所有權移轉之請求權，申請辦理預告登記時，其要件為何？預告登記經辦竣後，權利人（預告登記之請求權人）死亡，其繼承人申辦該預告登記權利之繼承時，登記機關應如何辦理登記？（109普）

15.所有權人甲擁有一筆土地及其上建物，由法院囑託登記機關辦理該土地與建物查封登記，但辦理時，發現其已將土地所有權移轉予乙，請說明登記機關應如何處理？另該土地上之建物，尚未完成建物所有權第一次登記，則登記機關又應如何處理？（111專普）

收件	日期	年 月 日	時	分	收件 者章	連件序列			
	字號	字第 號				（非連件者免填）			

登記費	元		合計	元
書狀費	元		據收者	
罰鍰	元		核算者	

土 地 登 記 申 請 書

連件序列	共1件	第1件

(2)原因發生日期　中華民國△△年△月△△日

(1)受理機關	△△ 縣 市 △△ 地政事務所 □跨所申請	資料管轄機關	△△ 縣 市 △△ 地政事務所

(3)申請登記事由（選擇打✓一項）
- □ 所有權第一次登記
- □ 所有權移轉登記
- □ 抵押權登記
- □ 抵押權塗銷登記
- □ 抵押權內容變更登記
- □ 標示變更登記
- ✓ 預告登記

(4)登記原因（選擇打✓一項）
- □ 第一次登記
- □ 買賣　□ 贈與　□ 繼承　□ 分割繼承　□ 拍賣　□ 共有物分割
- □ 設定　□ 法定
- □ 清償　□ 拋棄　□ 混同　□ 判決塗銷
- □ 權利價值變更　□ 權利內容等變更
- □ 分割　□ 合併　□ 地目變更
- ✓ 預告登記

(5)標示及申請權利內容　詳如　□契約書　✓登記清冊　□複丈結果通知書　□建物測量成果圖

(6)附繳證件
1. 同意書及印鑑證明　各1份
2. 戶口名簿影本　2份
3. 土地所有權狀　1份
4. 建物所有權狀　1份
5.
6.
7.　份
8.　份
9.　份

(7)委任關係
本土地登記案之申請委託　陳△△　代理。　複代理。
委託人確為登記標的物之權利人或權利關係人，並經核對身分無誤，如有虛偽不實，本代理人（複代理人）願負法律責任。[印]

(8)聯絡方式
權利人電話	△△△△△△△
義務人電話	△△△△△△△
代理人聯絡電話	△△△△△△△
傳真電話	△△△△△△△
電子郵件信箱	△△△@△△△.tw
不動產經紀業名稱及統一編號	
不動產經紀業電話	

(9)備註

(10)申請人	(11)權利人或義務人	(12)姓名或名稱	(13)出生年月日	(14)統一編號	(15)住所 縣市	鄉鎮市區	村里	鄰	街路	段	巷	弄	號	樓	(16)簽章
	權利人	林△△	△△△	△△△△△	△△	△△	△△	△	△△				△		印
	義務人	王△△	△△△	△△△△△	△△	△△	△△	△	△△				△		印
	代理人	陳△△	△△△	△△△△△	△△	△△	△△	△	△△				△		印

本案處理經過情形（以下各欄申請人請勿填寫）	初審	複審	核定	登簿	校簿	書狀列印	校狀	書狀用印		異動通知	通知領狀	地價異動	交付發狀	歸檔

登 記 清 冊							申請人 林△△ 印 王△△ 印 簽章 代理人 陳△△ 印	
(1)坐落	鄉鎮市區	△△						
	段	△△						
	小段	△						
(2)地號		△△						
(3)面積（平方公尺）		98						
(4)權利範圍		1/4						
(5)備註								
土地標示								

建物標示			
(6) 建	號	△△△	
(7) 門牌	鄉鎮市區	△△	
	街　路	△△	
	段 巷 弄	△△	
	號　樓	△	
	樓	△△	
(8) 建物坐落	段	△	
	小　段	△△	
	地　號	65	
(9) 面積（平方公尺）	一　層		
	層		
	層		
	層		
	共　計	65	
(10) 附屬建物	用　途		
	面　積（平方公尺）		
(11) 權利範圍		全部	
(12) 備註			

預告登記同意書

　　立同意書人王△△所有座落台北市△△區△△段△地號土地壹
筆，面積零點零零玖捌公頃，持分肆分之一，及地上建物坐落台北
市△△路△段△△號第△層房屋壹戶，面積陸伍平方公尺所有權全
部，於民國△△年△月△日預約出賣與林△△，茲為保全該標的物
權利之移轉，同意向主管地政機關申請預告登記，恐口無憑，立此
為據，並附印鑑證明一份。

　　　　此　致
林△△先生

　　　　　　　　　　　　立同意書人
　　　　　　　　　　　　姓　　名：王△△　印
　　　　　　　　　　　　身分證字號：F100233521
　　　　　　　　　　　　地　　址：△△△△△△
　　　　　　　　　　　　出生年月日：民國△年△月△日生

中　華　民　國　　△△　年　　△　月　　△　日

第十一章

塗銷登記及消滅登記

第一節　塗銷登記

一、塗銷登記之原因

（一）依本規則登記之土地權利，因權利之拋棄、混同、終止、存續期間屆
　　　滿、債務清償、撤銷權之行使或法院之確定判決等，致權利消滅時，
　　　應申請塗銷登記（土登§143Ⅰ）。

（二）前項因拋棄申請登記時，有以該土地權利爲標的物之他項權利者，
　　　應檢附該他項權利人之同意書，同時申請他項權利塗銷登記（土登
　　　§143Ⅱ）。

（三）私有土地所有權之拋棄，登記機關應於辦理塗銷登記後，隨即爲國有
　　　之登記（土登§143Ⅲ）。

二、僞造等錯誤登記之塗銷

（一）依本規則登記之土地權利，有下列情形之一者，於第三人取得該土地
　　　權利之新登記前，登記機關得於報經直轄市或縣（市）地政機關查明
　　　核准後塗銷之（土登§144Ⅰ）。
　　　1.登記證明文件經該主管機關認定係屬僞造。
　　　2.純屬登記機關之疏失而錯誤之登記。

（二）前項事實於塗銷登記前，應於土地登記簿其他登記事項欄註記（土登
　　　§144Ⅱ）。

三、地籍清理條例之塗銷登記

（一）38.12.31前之典權等情形（地清§27）

　　　土地權利，於中華民國38年12月31日以前登記，並有下列各款情形之一
者，由登記機關公告三個月，期滿無人異議，逐爲塗銷登記：
　　　1.以典權或臨時典權登記之不動產質權。
　　　2.贌耕權。
　　　3.賃借權。
　　　4.其他非以法定不動產物權名稱登記。
　　　前項公告期間異議之處理，準用第9條規定辦理。

（二）38.12.31前之抵押權（地清§28）

中華民國38年12月31日以前登記之抵押權，土地所有權人得申請塗銷登記，由登記機關公告三個月，期滿無人異議，塗銷之。

前項公告期間異議之處理，準用第9條規定辦理。

因第1項塗銷登記致抵押權人受有損害者，由土地所有權人負損害賠償責任。

（三）45.12.31前之地上權（地清§29）

中華民國45年12月31日以前登記之地上權，未定有期限，且其權利人住所不詳或行蹤不明，而其土地上無建築改良物或其他工作物者，土地所有權人得申請塗銷登記，由登記機關公告三個月，期滿無人異議，塗銷之。

前項公告期間異議之處理，準用第9條規定辦理。

因第1項塗銷登記致地上權人受有損害者，由土地所有權人負損害賠償責任。

（四）34.10.24前之查封等情形（地清§30）

中華民國34年10月24日以前之查封、假扣押、假處分登記，土地所有權人得申請塗銷登記，經登記機關公告三個月，期滿無人異議者，塗銷之。

前項公告期間異議之處理，準用第9條規定辦理。

因第1項塗銷登記致債權人受有損害者，由土地所有權人負損害賠償責任。

四、他項權利塗銷登記之申請人（土登§145）

他項權利塗銷登記除權利終止外，得由他項權利人、原設定人或其他利害關係人提出第34條第1項所列文件，單獨申請之。

前項單獨申請登記有下列情形之一者，免附第34條第1項第2款、第3款之文件：

（一）永佃權或不動產役權因存續期間屆滿申請塗銷登記。

（二）以建物以外之其他工作物為目的之地上權，因存續期間屆滿申請塗銷登記。

（三）農育權因存續期間屆滿六個月後申請塗銷登記。

（四）因需役不動產滅失或原使用需役不動產之物權消滅，申請其不動產役權塗銷登記。

五、預告登記之塗銷申請

（一）預告登記之塗銷，應提出原預告登記請求權人之同意書（土登
　　　§146）。

（二）前項請求權人除符合第41條第2款、第4款至第8款、第10款、第15款及
　　　第16款規定之情形者外，應親自到場，並依第40條規定程序辦理。

（三）預告登記之請求權為保全土地權利移轉者，請求權人會同申辦權利移
　　　轉登記時，於登記申請書備註欄記明併同辦理塗銷預告登記者，免依
　　　前二項規定辦理。

六、囑託塗銷登記

　　查封、假扣押、假處分、破產登記或其他禁止處分之登記，應經原囑託
登記機關或執行拍賣機關之囑託，始得辦理塗銷登記。但因徵收、區段徵收
或照價收買完成後，得由徵收或收買機關囑託登記機關辦理塗銷登記（土登
§147）。

七、申請實務

（一）所有權塗銷應備書件

1.土地登記申請書：如係判決塗銷，應另備回復登記申請書。

2.登記清冊。

3.塗銷原因證明文件：所有權塗銷登記，以法院判決者居多。如經法院
　判決者，應附法院判決書及判決確定證明書，惟如經最高法院判決
　者，僅附判決書即可。

4.申請人身分證明文件：如係未成年人或受監護宣告人，應另附其法定
　代理人之戶籍資料。如係法人應附法人登記證件及其法定代理人資格
　證明。

5.所有權狀：如經法院判決塗銷，所有權狀持有人拒不附繳，得請求法
　院宣告作廢並作成證明書，並另案申請回復登記。

6.其他文件：視個案性質檢附，如死亡證明書等等。

（二）抵押權塗銷應備書件

1.土地登記申請書。

2.登記清冊。

3.塗銷登記原因證明文件——正副本二份，登記後發還正本：
　(1)如係判決確定者，應附繳判決文件。
　(2)如係混同，應附繳抵押權人取得抵押物之所有權狀。
　(3)如係清償者，應附繳抵押權塗銷同意書。
　(4)如係拋棄或免除，應附繳拋棄證明書或免除證明書；如係無償拋棄
　　　或無償免除債務者，應另附繳有關贈與稅之文件。
4.義務人印鑑證明：於塗銷登記場合中，抵押權人為義務人，除金融機
　關外，應附繳本項文件。
5.身分證明文件。
6.原抵押權設定契約書。
7.他項權利證明書。

(三) 地上權塗銷應備書件

1.土地登記申請書。
2.登記清冊。
3.塗銷登記原因證本文件——正影本二份，正本於登記完畢後發還：
　(1)如係拋棄者，應附繳地上權拋棄證明書。
　(2)如係混同者，應附繳地上權人取得土地之所有權狀，或土地所有權
　　　人取得地上建物之所有權狀。
　(3)如係權利存續期限屆滿，應提出原契約書，並經雙方會同申請。
4.義務人印鑑證明：於塗銷登記場合中，地上權人為義務人，應附繳本
　項文件。
5.身分證明文件。
6.原地上權設定契約書。
7.他項權利證明書。

(四) 預告登記塗銷應備書件

1.土地登記申請書。
2.登記清冊。
3.塗銷登記證明文件：依塗銷原因檢附，本文件一式二份，塗銷登記完
　畢後，由地政機關抽存一份，一份由所有權人存執。
4.原預告登記之原因文件。
5.原預告登記申請人之印鑑證明。

6.身分證明文件：如戶籍謄本或身分證影本或戶口名簿影本。

(五) 申辦手續

1.備齊繕妥所需書件後，將塗銷登記申請書對摺放置於第一頁，登記清冊對摺放置於第二頁，其餘書件再依次放置整齊，並裝訂成冊，即可提向主管之地政事務所申請。

2.收件及計收規費：

　(1)案件提向地政事務所申辦時，其程序為收件→計算規費→開單→繳費→領取收件收據。

　(2)塗銷登記免收登記費。

3.補正：申請案件經審查發現繕寫錯誤或文件不全或證件不符者，應依通知限期補正。

4.領件：申請案件經審查無誤並完成登記，即可依通知持收件收據及原蓋用之印章，領取不須存查之文件。

復習問題

1.何謂塗銷登記？（87特）有哪些登記申請人？其登記申請應提出哪些書表文件？試述明之。（80特）

2.何種情形得由登記機關報經上級機關核准後塗銷？（90特、108基特三、109專普）

3.他項權利塗銷登記之申請人為何？

4.塗銷登記之原因有哪些（89基特）？應備哪些文件？如何申請辦理？

5.預告登記塗銷應提出哪些文件？（82特、87特、88檢）

6.何謂塗銷登記？現行土地登記規則中除經法院判決塗銷登記外，辦理塗銷登記之時機為何？試分別說明之。（99普）

7.依地籍清理條例規定，登記機關得依職權逕為塗銷土地權利登記之情形有哪些？土地登記規則與地籍清理條例關於登記機關得逕為塗銷土地權利登記規定之立法意旨，有何不同？（108基特三）

8.何謂註記登記？登記機關依據土地登記規則第144條第2項規定於土地登記簿其他登記事項欄註記「辦理塗銷登記中」之立法目的與法律性質各為何？（110專普）

範例一　抵押權塗銷登記

收件	日期	年　月　日　時　分		連件序列		收件者章
	字號	字第　　號		（非連件者免填）	共1件　第1件	

收件	登記費	元		合計	元
	書狀費	元		收據	字號
	罰鍰	元		核算者	

土地登記申請書

(1)受理機關	△△縣 △△市 △△地政事務所　□跨所申請	資料管轄機關　△△地政事務所	(2)原因發生日期	中華民國△△年△△月△△日

(3)申請登記事由（選擇打✓一項）：
□所有權第一次登記
□所有權移轉登記
□抵押權登記
✓抵押權塗銷登記
□抵押權內容變更登記
□標示變更登記
□

(4)登記原因（選擇打✓一項）：
□第一次登記
□買賣　□贈與　□繼承　□分割繼承　□拍賣
□設定　□法定
✓清償　□拋棄　□混同　□判決塗銷　□
□權利價值變更　□權利內容等變更
□分割　□合併　□地目變更　□

(5)標示及申請權利內容　詳如　□契約書　✓登記清冊　□複丈結果通知書　□建物測量成果圖　□

(6)附繳證件	1.塗銷同意書	1份	4.他項權利證明書	1份	7.	份
	2.戶口名簿影本	2份	5.印鑑證明	1份	8.	份
	3.原設定契約書	1份	6.	份	9.	份

(7)委任關係　本土地登記案之申請委託　陳△△　代理。　　複代理。
委託人確為登記標的物之權利人或權利關係人，並經核對身分無誤，如有虛偽不實，本代理人（複代理人）願負法律責任。印

(8)聯絡方式	權利人電話	△△△△△△△△
	義務人電話	
	代理人聯絡電話	△△△△△△△△
	傳真電話	△△△△△△△△
	電子郵件信箱	△△△@△△△.tw
	不動產經紀業名稱及統一編號	
	不動產經紀業電話	

(9)備註

(10)申請人	(11)權利人或義務人	(12)姓名或名稱	(13)出生年月日	(14)統一編號	(15)住所 縣市	鄉鎮市區	村里	鄰	街路	段	巷	弄	號	樓	(16)簽章
	權利人	王△△	△△△	△△△△△	△△	△△	△△	△	△△				△		印
	義務人	林△△	△△△	△△△△△△	△△	△△	△△	△	△△				△		印
	代理人	陳△△	△△△	△△△△△△	△△	△△	△△	△	△△				△		印

本案處理經過情形（以下各欄申請人請勿填寫）	初審	複審	審查	校定	登簿	校簿	書狀列印	校狀	書狀用印
			地價異動		通知領狀		異動通知		交付發狀	歸檔

登　記　清　冊						申請人　王△△　印 代理人　陳△△　印　簽章
土 地 標 示	(1) 坐 落	鄉鎮 市區	△△			
		段	△△			
		小　段	△			
	(2) 地　號		△			
	(3) 面　積 （平方公尺）		80			
	(4) 權利範圍		全部			
	(5) 備　註					

建物標示		內容
(6) 建號		△△
(7) 門牌	鄉鎮市區	△△
	街路	△△
	段巷弄	△△
	號樓	△
(8) 建物坐落	段	△△
	小段	△
	地號	△△
(9) 面積（平方公尺）	一層	245.21
	層	
	層	
	層	
	共計	245
(10) 附屬建物	用途	
	面積（平方公尺）	
(11) 權利範圍		全部
(12) 備註		

抵押權塗銷同意書

　　茲因債權已獲清償，同意△△縣（市）△△地政事務所中華民國△△年△月△△日收件△△字第△△△△號權利價值新台幣△△△△△元抵押權登記全部塗銷。

　　　　　　　　　　　　　立同意書人：林△△　　印

　　　　　　　　　　　　　地　　　址：△△△△

　　　　　　　　　　　　　身分證號碼：△△△△△△△△△△

中　華　民　國　　△△　年　　△　月　　△△　日

地上權塗銷同意書

　　茲土地所有權人△△△，地上權人△△△於民國△△年△月△日△△地政事務所收件第△△號設定權利價值新台幣△△萬元之地上權。地上權人對於該地上權已無實際需要，願意全部塗銷。恐口無憑特立本證明書為憑。

　　此　致
土地所有權人林△△先生

立同意書人
即地上權人：王△△　印　民國△年△月△日生

住　　　址：台北市△△區　△△△△△△
　　　　　　△△里△鄰

身分證字號：△△△△△△

中　華　民　國　　△△　年　　△　月　　△　日

範例二　地上權塗銷登記

土地登記申請書

收件	日期　年　月　日　時　分
	字號　字第　號
	收件者章

連件序列（非連件者免填）	共1件　第1件

登記費	元
書狀費	元
罰鍰	元
合計	元
收據	字號
核算者	

(1) 受理機關　△△縣　△△市　△△地政事務所

(3) 申請登記事由（選擇打✓一項）
- □所有權第一次登記
- □所有權移轉登記
- □抵押權登記
- □抵押權塗銷登記
- □抵押權內容變更登記
- □標示變更登記
- ✓地上權塗銷登記

(4) 登記原因（選擇打✓一項）
- □第一次登記
- □買賣　□贈與　□繼承　□分割繼承　□拍賣　□共有物分割
- □設定
- □清償　□拋棄　□混同　□判決塗銷　□
- □權利價值變更　□權利內容等變更
- □分割　□合併　□地目變更
- ✓拋棄

(2) 原因發生日期　中華民國△△年△△月△△日

(5) 標示及申請權利內容　詳如　□契約書　✓登記清冊　□複丈結果通知書　□建物測量成果圖

(6) 附繳證件
1. 塗銷同意書　1份
2. 戶口名簿影本　2份
3. 原設定契約書　1份
4. 他項權利證明書　1份
5. 印鑑證明　1份
6.
7.　份
8.　份
9.　份

(7) 委任關係　本土地登記案之申請委託　陳△△　代理　複代理。委託人確為登記標的物之權利人或權利關係人，並經核對身分無誤，如有虛偽不實，本代理人（複代理人）願負法律責任。印

(8) 聯絡方式
- 權利人電話　△△△△△△△△
- 義務人電話　△△△△△△△△
- 代理人聯絡電話　△△△△△△△△
- 傳真電話　△△△△△△△△
- 電子郵件信箱　△△△@△△△.tw
- 不動產經紀業名稱及統一編號
- 不動產經紀業電話

(9) 備註

(10) 申請人	(11) 權利人或義務人	(12) 姓名或名稱	(13) 出生年月日	(14) 統一編號	(15) 住所 縣市	鄉鎮市區	村里	鄰	街路	段	巷	弄	號	樓	(16) 簽章
	權利人	林△△	△△△	△△△△△△	△△	△△	△△	△	△△				△		印
	義務人	王△△	△△△	△△△△△△	△△	△△	△△	△	△△				△		印
	代理人	陳△△		△△△△△△	△△	△△	△△	△	△△				△		印

本案處理經過情形（以下各欄申請人請勿填寫）

初審	複審	核定	登簿	校簿	書狀列印	校狀	書狀用印

地價異動	通知領狀	異動通知	交發狀	歸檔

登　　記　　清　　冊			申請人　林△△　印　簽章　代理人　陳△△△　印						
(1)坐落	鄉鎮市區	△△							
	段	△△							
	小段	△							
(2)地號		△△							
(3)面積（平方公尺）		98							
(4)權利範圍		1/4							
(5)備註									
土　地　標　示									

(6) 建　　　　號													
(7) 門　牌	鄉鎮市區												
	街　路												
	段　巷　弄												
	號　　樓												
(8) 建物坐落	段												
	小　段												
	地　號												
(9) 面 積（平方公尺）	三　層												
	層												
	層												
	層												
	共　　計												
(10) 附屬建物	用　途												
	面　積（平方公尺）												
(11) 權　利　範　圍													
(12) 備　　註													

建　物　標　示

以下空白

範例三　預告登記之塗銷

收件	日期	年 月 日 時	分
	字號	字第 號	
收件者章			

連件序列（非連件者免填）　共1件　第1件

登記費	元	合計	元
書狀費	元	收據	字號
罰鍰	元	核算者	

土 地 登 記 申 請 書

(1)受理機關　　△△縣 △△市 △△地政事務所 □跨所申請　資料管轄機關　△△縣市 △△地政事務所

(2)原因發生日期　中華民國△△年△月△△日

(3)申請登記事由（選擇打✓一項）　(4)登記原因（選擇打✓一項）

□所有權第一次登記　□第一次登記
□所有權移轉登記　□買賣 □贈與 □繼承 □分割繼承 □拍賣 □共有物分割
□抵押權登記　□設定 □法定
□抵押權塗銷登記　□清償 □拋棄 □混同 □判決塗銷 □
□抵押權內容變更登記　□權利價值變更 □權利內容等變更
□標示變更登記　□分割 □合併 □地目變更
✓預告登記之塗銷　✓塗銷預告登記

(5)標示及申請權利內容　詳如　□契約書　✓登記清冊　□複丈結果通知書　□建物測量成果圖

(6)附繳證件
1. 塗銷同意書 1份
2. 戶口名簿影本 2份
3. 印鑑證明 1份
4. 份
5. 份
6. 份
7. 份
8. 份
9. 份

(7)委任關係　本土地登記案之申請委託 陳△△ 代理。　複代理。委託人確為登記標的物之權利人或權利關係人，並經核對身分無誤，如有虛偽不實，本代理人（複代理人）願負法律責任。印

(8)聯絡方式
權利人電話 △△△△△△△△
義務人電話 △△△△△△△△
代理人聯絡電話 △△△△△△△△
傳真電話 △△△△△△△△
電子郵件信箱 △△△@△△△.tw
不動產經紀業名稱及統一編號
不動產經紀業電話

(9)備註

(11) 權利人或義務人	(12) 姓名或名稱	(13) 出生年月日	(14) 統一編號	(15) 住所 縣市	鄉鎮市區	村里	鄰	街路	段	巷	弄	號	樓	(16) 簽章
權利人	王△△	△△△	△△△△△	△△	△△	△△	△	△△				△		印
義務人	林△△	△△△	△△△△△	△△	△△	△△	△	△△				△		印
代理人	陳△△	△△△	△△△△△	△△	△△	△△	△	△△				△		印

(10) 申請人

本案處理經過情形（以下各欄申請人請勿填寫）

初審	複審	核定	登簿	校簿	書狀印列	書狀用印

地價異動	通知領狀	異動通知	校狀	歸檔

支發狀

登　記　清　冊	申請人　王△△　㊞　簽章　代理人　陳△△△　㊞						
土　地　標　示	(1)坐落	鄉鎮市區	△△				
		段	△△				
		小段	△				
	(2)地號		△△				
	(3)面積（平方公尺）		126				
	(4)權利範圍		125/10000				
	(5)備註						

建物標示			
(6) 建　號		△△△△	
(7) 門牌	鄉鎮市區	△△	
	街　路	△△	
	段巷弄	△△	
	號　樓	△△	
(8) 建物坐落	段	△	
	小段	△△	
	地號	△△	
(9) 面積（平方公尺）	層　八	89.32	
	層		
	層		
	層		
	共計	89.32	
(10) 附屬建物	用途	陽台	
	面積（平方公尺）	16.45	
(11) 權利範圍		全部	
(12) 備註			

預告登記塗銷同意書

　　立同意書人林△△會同所有權人王△△於民國△△年△月△日△△地政事務所收件△字第△△△△號辦妥預告登記在案，現預告登記之原因業經消滅，特立此同意書，同意提向主管地政機關申辦預告登記塗銷等一切事宜。

　　　此　致
　　王△△先生

　　　　　　　　　　　　　立同意書人
　　　　　　　　　　　　　姓　　　名：林△△　㊞
　　　　　　　　　　　　　住　　　址：△△△△△△
　　　　　　　　　　　　　出生年月日：民國△年△月△日生
　　　　　　　　　　　　　身分證字號：A100214531

中　華　民　國　　△△　年　　△　月　　△　日

第二節　消滅登記

一、消滅原因

（一）土地如因自然災變，致有流失、坍沒或侵蝕情事發生。其屬部分流失、坍沒或侵蝕者，因為一部分所有權消滅，惟實務上，係以標示變更登記為之。如全部流失、坍沒或侵蝕者，實務上則係以消滅登記為之。

（二）建物如因自然因素或人為因素，致有倒塌、災毀或拆除情事發生。其屬部分倒塌、災毀或拆除者，因為一部分所有權消滅，惟實務上，係以標示變更登記為之。如全部流失、坍沒或侵蝕者，實務上則係以消滅登記為之。

二、通知他項權利人（土登§148）

土地滅失時應申請消滅登記；其為需役土地者，應同時申請其供役不動產上之不動產役權塗銷登記。

前項土地有他項權利或限制登記者，登記機關應於登記完畢後通知他項權利人、囑託機關或預告登記請求權人。

三、同時辦理他項權利消滅登記

辦理所有權消滅登記之標的物，如設定有他項權利登記，宜另案同時辦理他項權利消滅登記。

四、申請期限

消滅登記屬變更登記，應於變更後一個月內為之，否則每逾一個月，得處應納登記費一倍之罰鍰，但最高不得超過二十倍（土§72、73）。目前登記費免費，故無罰鍰。

五、建物消滅之代位申請

（一）建物全部滅失時，該建物所有權人未於規定期限內申請消滅登記者，得由土地所有權人或其他權利人代位申請，亦得由登記機關查明後逕為辦理消滅登記（土登§31Ⅰ）。

（二）前項建物基地有法定地上權登記者，應同時辦理該地上權塗銷登記；建物為需役不動產者，應同時辦理其供役不動產上之不動產役權塗銷

登記（土登§31Ⅱ）。

（三）登記機關於登記完畢後，應將登記結果通知該建物所有權人及他項權利人。建物已辦理限制登記者，並應通知囑託機關或預告登記請求權人（土登§31Ⅲ）。

六、申請實務

（一）土地消滅應備書件

1.土地複丈及標示變更登記申請書。

2.登記清冊。

3.複丈結果通知書：於提出申請並實地複丈後才有本項文件。

4.身分證明文件。

5.土地所有權狀。

6.如設定他項權利應另案同時辦理消滅登記。

（二）土地消滅申辦手續

1.備齊繕妥所需書件後，將申請書對摺放置於第一頁，其他複丈所需文件再依次放置整齊，並裝訂成冊，即可提出申請。如有他項權利，得另案同時提出申請消滅登記。

2.收件及計收規費：

(1)案件提向地政事務所申辦時，其程序為收件→計算規費→開單→繳費→領取收件收據。

(2)複丈費每筆每公頃新臺幣800元，不足1公頃者，以1公頃計算。至於土地滅失所為之所有權消滅登記，其登記費及書狀費，依土地法第78條規定，均免予繳納。

3.領丈：申請人接獲通知後，應攜帶通知書及印章，準時至現場領丈，複丈後經認定無誤，即在複丈圖上簽名蓋章。

4.經完成複丈之內外作業後，其複丈結果通知書，由複丈人員直接逐附於登記案件內，移送登記部門，經審查無誤，即予消滅登記。如經審查發現填寫錯誤或文件不全或證件不符，經通知應依限期補正。

（三）建物消滅應備文件

1.建物測量及標示變更登記申請書。

2.登記清冊。

3.測量成果圖：於提出申請並實地測量後才有本項文件。

4.身分證明文件。

5.建物所有權狀。

6.如有設定他項權利，應同時辦理消滅登記。

（四）建物消滅申辦手續

1.申請測量及登記

向建物所在地之主管地政事務所申請測量及消滅登記。

(1)如同土地消滅之申請，將有關書表繕妥蓋章並裝訂成冊，即可提出申請。

(2)收件及計收規費：

　①案件提向地政事務所申辦時，其程序為收件→計算規費→開單→繳費→領取收件收據。

　②如全部滅失，測量費不論其面積大小，每建號均以新臺幣400元計收。如部分滅失，按未滅失部分面積以五十平方公尺為單位，每單位新臺幣800元。

　③消滅登記免繳登記費及書狀費。

(3)領測：申請人接獲通知，應攜帶通知書及印章，準時至現場領測，測量後經認定無誤，即在測量圖上簽名並蓋章。

(4)領取測量成果圖：經完成測量之內外作業後，即可持收件收據及印章，領取測量成果圖或由測量人員逕將成果圖附於登記案件。

(5)補正：申請案件經審查發現填寫錯誤或文件不全或證件不符時，經通知應於限期內補正。

(6)登記：申請案件經審查相符無誤，即予消滅登記。

2.申請停課房屋稅

可繕寫申請書，並檢附建物測量成果圖或消滅登記之登記簿謄本，提向建物所在地之主管稅捐機關申辦停課房屋稅。

復習問題

1.所有權消滅登記之原因為何？

2.設定有他項權利之不動產消滅登記，該他項權利如何處理？

3.土地消滅登記之申請人為何？（110高）其申請期限為何？

4.土地消滅登記應備哪些文件？其申辦手續為何？

5.建物消滅登記之申請人為何？應備哪些文件？應辦理哪些手續？

6.何謂消滅登記？（82檢）其與塗銷登記有何區別？（86普、90檢）

範例一　土地消滅登記

收件	日期	年　月　日　時　分		收件者章		複丈費	新臺幣　　　元	收據　字第　　　號	複丈費		收件者章
複丈 收件	字號	字第　　　號				收據					

土 地 複 丈 及 標 示 變 更 登 記 申 請 書

受理機關	△△縣市　△△地政事務所	原因發生日期	中華民國△△年△月△△日	申請會同地點 （請申請人填寫）	申請會同地點（　　　）			

土 地 略 圖

申請複丈原因（選擇打✓一項）
- □鑑界　□再鑑界
- □他項權利位置測量（　　　權）　□其他（　　　）

申請複丈原因（選擇打✓一項）
- □分割　□合併（調整形）　□界址調整　□調整地形
- ☑耕沒
- □浮覆
- □其他（　　　）

申請標示變更登記事由及登記原因（選擇打✓一項）
- 標示變更登記（□分割　□合併　□界址調整）
- 消滅登記（☑滅失　□部分滅失）
- 所有權回復登記（□回復）　登記（□　　）

坐 落	鄉鎮市區	段	小段	地號	面積（平方公尺）
土地	△△	△△	△△	△△	211

附繳證件	1.戶口名簿影本　　　　　1份 4.　　　　　　　　　份 7.　　　　　　　　份
	2.土地所有權狀　　　　　1份 5.　　　　　　　　　份 8.　　　　　　　　份
	3.登記清冊　　　　　　　1份 6.　　　　　　　　　份 9.　　　　　　　　份

委任關係	本土地複丈及標示變更登記案之申請委託 陳△△ 代理（　　　複代理）（8）聯絡方式
	及指界認章。委託人確為登記標的物之權利人或權利關係人，並經核對身分無誤，如
	有虛偽不實，本代理人（複代理人）願負法律責任。印

	聯絡電話	△△△△△△△△
	傳真電話	△△△△△△△△
	電子郵件信箱	△△@△△△.tw

備註

申請人	權利人或義務人	姓名或名稱	出生年月日	統一編號	住所										權利範圍	簽章
					縣市	鄉鎮市區	村里	鄰	街路	段	巷	弄	號	樓		
申請人	權利人	林△△	△△△	△△△△△	△△	△△	△△	△	△△				△	△	全部	印
	代理人	陳△△	△△△	△△△△△	△△	△△	△△	△	△△				△	△		印

簽收複丈定期通知書　△△年　△△月　△△日　簽章 印

結果通知

本案處理經過情形（以下各欄申請人請勿填寫）

登簿	校簿	複丈人員	複丈成果檢查	複丈成果核定	書狀列印	書狀用印	校狀	書狀印	登記初審	登記複審	登記核定

地價異動	通知領狀	異動通知	交付發狀	歸檔

登　記　清　冊							申請人　林△△　簽章　印 代理人　陳△△　　　　印				
土　地　標　示	(1) 坐 落	鄉　鎮 市　區	△△								
		段	△△								
		小　段	△								
	(2) 地　　號		△△								
	(3) 面　　積 （平方公尺）		4100								
	(4) 權利範圍		全部								
	(5) 備　　註										

建物標示	(6) 建號		以下空白			
	(7) 門牌	鄉鎮市區				
		街路				
		段巷弄				
		號樓				
	(8) 建物坐落	段				
		小段				
		地號				
	(9) 面積（平方公尺）	層				
		層				
		層				
		層				
		共計				
	(10) 附屬建物	用途				
		面積（平方公尺）				
	(11) 權利範圍					
	(12) 備註					

範例二　建物消滅登記

測量收件	日期 年 月 日 時 分		字號 字第 號	收件者章

登記收件	日期 年 月 日 時 分	字號 字第 號	收件者章	登記費 元 書狀費 元 罰鍰 元	合計 元 收據 字號 核算者 元 元

建物測量及標示變更登記申請書

受理機關	△△縣市 △△地政事務所	測量者 △△	收據 新臺幣 字第 號 元	元

原因發生日期：中華民國 △△年 △月 △△日

申請測量原因（選擇打✓一項）
- □ 建物第一次測量　□ 申請未登記建物基地號及門牌號勘查

申請測量原因（選擇打✓一項）
- □ 建物分割　□ 建物合併　□ 基地號勘查
- □ 門牌號勘查
- ☑ 建物滅失
- □ 建物增建
- □ 其他（　　　）

申請標示變更登記事由及登記原因（選擇打✓一項）
- 標示變更登記（選擇打✓一項）：□ 分割　□ 合併　□ 門牌整編　□ 基地號變更
- 消滅登記：□ 部分滅失　☑ 滅失
- 所有權第一次登記：□ 部分增建　□ 增建
- 登記（□　　　）

建物標示	鄉鎮市區	段	小段	段	地號	建號	街路	段	巷	弄	號	樓	主要用途	主要構造
基地坐落	△△	△△	△	△△	△△	△△	△△	△	△		△		住家用	加強磚造

附繳證件		
1.拆除執照影本	1份	4.登記清冊 1份 7. 份
2.戶口名簿影本	1份	5. 6. 份 8. 份
3.建物所有權狀	1份	6. 9. 份

委任關係：本建物測量及標示變更登記案之申請委託 陳△△ 代理△△ 複代理（　　）並經核對身分無誤，如有虛偽不實，本代理人（複代理人）願負法律責任。委託人確為登記標的物之權利人或權利關係人。

聯絡方式	聯絡電話	△△△△-△△△△△△
	傳真電話	△△△△-△△△△△△
	電子郵件信箱	△△@△△△.tw

備註：

建物略圖

申請人	權利人或義務人	姓名或名稱	出生年月日	統一編號	住 縣市	鄉鎮市區	村里	鄰	街路	段	巷	弄	號	樓	權利範圍	簽章
	權利人	林△△	△△△	△△△△△	△△	△△	△△	△	△△				△		全部	印
	代理人	陳△△	△△△	△△△△△	△△	△△	△△	△	△△				△			印

簽收測量定期通知書　△△年　△月　△△日　簽章 印

本案處理經過情形（以下各欄申請人勿填寫）

測量人員	測量成果檢查	測量成果核定	核發成果	登記初審	登記複審	登記核定

登簿	校簿	書狀列印	校狀	書狀用印	地價異動	通知領狀	異動通知	交付發狀	歸檔

登 記 清 冊							
(1) 坐 落	鄉鎮市區	以下空白					
	段						
	小 段						
(2) 地 號							
(3) 面 積（平方公尺）							
(4) 權利範圍							
(5) 備 註							
土 地 標 示							

申請人 林△△ 簽章 印
代理人 陳△△ 印

△△△△	△△	△△	△△	△△	△△	△	△△	88.25				88.25		全部		
(6)建　　　　　　　　號	(7)門　　牌 鄉鎮市區	街　路	段 巷 弄 號	號　樓	(8)建物 坐落 段	小　段	地　號	(9)面　一　層	平　層	方　層	公　層	尺 共　　計	積）(10)用　途 附屬 面　積 建物（平方公尺）	(11)權 利 範 圍	(12)備　　註	

建　　物　　標　　示

第十二章

其他登記

第一節　更名登記及管理者變更登記

一、更名登記

(一) 姓名或名稱變更

1.土地權利登記後，權利人之姓名或名稱有變更者，應申請更名登記。設有管理人者，其姓名變更時，亦同（土登§149Ⅰ）。

2.權利人或管理人為自然人，其姓名已經戶政主管機關變更者，登記機關得依申請登記之戶籍資料，就其全部土地權利逕為併案辦理更名登記；登記完畢後，應通知權利人或管理人換發權利書狀（土登§149Ⅱ）。

(二) 法人或寺廟籌備期間取得土地

1.取得法人資格或寺廟登記後之更名登記

法人或寺廟於籌備期間取得之土地所有權或他項權利，已以籌備人之代表人名義登記者，其於取得法人資格或寺廟登記後，應申請為更名登記（土登§150）。

2.法人或寺廟未核准設立或登記之更名登記

(1)法人或寺廟在未完成法人設立登記或寺廟登記前，取得土地所有權或他項權利者，得提出協議書，以其籌備人公推之代表人名義申請登記。其代表人應表明身分及承受原因（土登§104Ⅰ）。

(2)登記機關為前項之登記，應於登記簿所有權部或他項權利部其他登記事項欄註記取得權利之法人或寺廟籌備處名稱（土登§104Ⅱ）。

(3)第1項之協議書，應記明於登記完畢後，法人或寺廟未核准設立或登記者，其土地依下列方法之一處理（土登§104Ⅲ）：

①申請更名登記為已登記之代表人所有。

②申請更名登記為籌備人全體共有。

(4)第1項之法人或寺廟在未完成法人設立登記或寺廟登記前，其代表人變更者，已依第1項辦理登記之土地，應由該法人或寺廟籌備人之全體出具新協議書，辦理更名登記（土登§104Ⅳ）。

（三）公有土地管理機關變更

公有土地管理機關變更者，應囑託登記機關為管理機關變更登記（土登§151）。

（四）胎兒繼承出生後之更名登記

胎兒為繼承人時，應由其母以胎兒名義申請登記，俟其出生辦理戶籍登記後，再行辦理更名登記（土登§121Ⅰ）。

（五）夫妻聯合財產更名登記審查要點（103.9.10內政部修正）

1.夫妻聯合財產中，民國74年6月4日以前以妻名義登記之不動產，於民國86年9月26日以前，夫或妻一方死亡或夫妻均死亡，而仍以妻之名義登記者，除妻之原有財產或特有財產外，得提出第3點規定之文件，申請更名登記為夫所有。

2.以妻名義登記之夫妻聯合財產辦理更名登記為夫所有，應就登記之權利範圍全部為之。

3.申請夫妻聯合財產之更名登記，應提出下列文件之一：
(1)夫或妻一方死亡，其死亡登記之戶籍謄本，及生存一方與他方之全體繼承人同意認定為夫所有之文件。
(2)夫妻均死亡，其死亡登記之戶籍謄本，及雙方之全體繼承人同意認定為夫所有之文件。
(3)經法院確定判決或其他足資認定為夫所有之文件。
前項第1款及第2款死亡登記之戶籍謄本，能以電腦處理達成查詢者，得免提出；檢附同意認定為夫所有之文件時，當事人除符合土地登記規則第41條第2款、第5款至第8款及第10款規定之情形外，應親自到場，並依同規則第40條規定程序辦理。

4.妻因自耕而取得之耕地屬於妻之特有財產，嗣後縱因依法變更為非耕地使用，仍不得辦理更名登記為夫所有。

5.臺灣光復前以妻名義登記之不動產，除夫妻結婚時有訂立約定財產制外，依日本舊民法規定為妻之特有財產，不得辦理更名登記為夫所有。

6.招贅婚姻財產制，民法並無特別規定，其以妻名義登記之夫妻聯合財產，得辦理更名登記為贅夫所有。

7.以妻名義登記之夫妻聯合財產，經法院囑託辦理查封登記，在未經第

三人提起異議之訴，撤銷強制執行前，不得辦理更名登記為夫所有。
8.以妻名義登記之夫妻聯合財產，於夫死亡後原則上維持原登記名義，但夫之繼承人申辦繼承登記時，應先申辦更名登記為夫名義後辦理繼承登記。

（六）地籍清理條例之更名登記

1.神明會（地清§24）

申報人於收到直轄市或縣（市）主管機關驗印之神明會現會員或信徒名冊、系統表及土地清冊後，應於三年內依下列方式之一辦理：

(1)經會員或信徒過半數書面同意依法成立法人者，申請神明會土地更名登記為該法人所有。

(2)依規約或經會員或信徒過半數書面同意，申請神明會土地登記為現會員或信徒分別共有或個別所有。

申報人未依前項規定辦理者，由直轄市或縣（市）主管機關逕依現會員或信徒名冊，囑託該管土地登記機關均分登記為現會員或信徒分別共有。

2.寺廟或宗教團體（地清§34）

原以寺廟或宗教團體名義登記，於中華民國34年10月24日前改以他人名義登記之土地，自始為該寺廟或宗教團體管理、使用或收益者，經登記名義人或其繼承人同意，由該寺廟或宗教團體於申報期間內，檢附證明文件向土地所在地直轄市或縣（市）主管機關申報發給證明書；並於領得證明書後三十日內，向該管登記機關申請更名登記。

依前項規定申報發給證明書之寺廟或宗教團體，於申報時應為已依法登記之募建寺廟或法人。

第1項登記名義人為數人者，以共有人過半數及其應有部分合計過半數之同意行之。

第1項登記名義人為行蹤不明或住址資料記載不全之自然人；或為未依第17條規定申請更正之會社或組合，且無股東或組合員名冊者，得由該寺廟或宗教團體檢附相關證明文件，並切結真正權利人主張權利時，該寺廟或宗教團體願負返還及法律責任後申報。

第1項登記名義人為法人或非法人團體者，其行使同意權後，應報經其目的事業主管機關備查。

3.神祇等（地清§35）

以神祇、未依法登記之寺廟或宗教團體名義登記之土地，現為依法登記之募建寺廟或宗教性質之法人使用，且能證明登記名義人與現使用之寺廟或

宗教性質之法人確係同一主體者，由該已依法登記之寺廟或宗教性質之法人於申報期間內，檢附證明文件，向土地所在地之直轄市或縣（市）主管機關申報發給證明書；並於領得證明書後三十日內，向該管登記機關申請更名登記。

（七）祭祀公業條例之更名登記

1.更名爲法人（祭祀§28）

管理人應自取得祭祀公業法人登記證書之日起九十日內，檢附登記證書及不動產清冊，向土地登記機關申請，將其不動產所有權更名登記爲法人所有；逾期得展延一次。

未依前項規定期限辦理者，依第50條第3項規定辦理。

2.財產之處理（祭祀§50）

祭祀公業派下全員證明書核發，經選任管理人並報公所備查後，應於三年內依下列方式之一，處理其土地或建物：

(1)經派下現員過半數書面同意依本條例規定登記爲祭祀公業法人，並申辦所有權更名登記爲祭祀公業法人所有。

(2)經派下現員過半數書面同意依民法規定成立財團法人，並申辦所有權更名登記爲財團法人所有。

(3)依規約規定申辦所有權變更登記爲派下員分別共有或個別所有。

本條例施行前已核發派下全員證明書之祭祀公業，應自本條例施行之日起三年內，依前項各款規定辦理。

未依前二項規定辦理者，由直轄市、縣（市）主管機關依派下全員證明書之派下現員名冊，囑託該管土地登記機關均分登記爲派下員分別共有。

二、管理者變更登記

（一）設置管理人

財產因實際之需要，依法設置管理人，如管理人有變更，應辦管理人變更登記。

1.遺產管理人

(1)繼承開始時，繼承人之有無不明者，由親屬會議選定遺產管理人（民§1177）。親屬會議選定遺產管理人後，應將繼承開始及選定管理人之事由，呈報法院，法院應依公示催告程序，公告繼承人，命其於一定期限內承認繼承。一定期限應在六個月以上（民§1178）。

(2)遺產管理人就其所管理之土地申請遺產管理人登記時，除法律另有規定外，應提出親屬會議選定或經法院選任之證明文件（土登§122）。

2.祭祀公業管理人

祭祀公業法人管理人或監察人變動者，應檢具選任管理人或監察人證明文件，報請公所轉報直轄市、縣（市）主管機關辦理管理人或監察人變更登記（祭祀§38Ⅰ）。

祭祀公業法人之管理人、監察人之選任及變更登記，有異議者，應逕向法院提起民事確認之訴（祭祀§38Ⅱ）。

三、申請實務

（一）更名登記應備書件

1.自然人姓名變更登記應備書件

(1)土地登記申請書。

(2)登記清冊。

(3)戶籍謄本：應有姓名變更之記載。

(4)權利書狀：如係所有權姓名變更，則附繳所有權狀，如係他項權利人姓名變更，則檢附他項權利證明書。

2.法人名稱變更登記應備書件

(1)土地登記申請書。

(2)登記清冊。

(3)變更登記證明文件：主管機關核發之證明文件。

(4)法人登記證明文件及其法定代理人資格證明。

(5)權利書狀：如係所有權人姓名變更，則附繳所有權狀，如係他項權利人姓名變更，則檢附他項權利證明書。

3.其他變更登記應備書件

(1)土地登記申請書。

(2)登記清冊。

(3)更名登記證明文件。

①公司法人於籌備期間，所購置之不動產，暫以其負責人名義辦理所有權登記，公司法人成立後之更名登記，應附繳已註明其負責人之身分及係為公司法人所購置之原契約書，並應附繳公司法人之登記證明文件及其法定代理人資格證明。

②胎兒繼承登記後出生，則以戶籍資料辦理。

(4)身分證明文件。

(5)所有權狀：依土地或建物之標的物，分別附繳各該所有權狀。

（二）管理者變更登記應備書件

1.繼承人有無不明之遺產管理人登記及變更應備書件

(1)土地登記申請書。

(2)登記清冊。

(3)管理人登記或變更之證明文件：

①親屬會議選任之決議錄：如係由親屬會議選任者，應附本項文件，並另附親屬會議之會員印鑑證明及戶籍謄本。

②如管理人變更登記，應附原管理人解任之法院裁定書。

③如管理人之選任改任，係由法院為之者，應附法院之選任改任證明文件。

④管理人之選任改任，係由親屬會議為之者，應另附呈報法院之核備文件。

(4)管理人之戶籍謄本。

(5)權利書狀：依權利種類分別檢附。

2.失蹤人之財產管理人登記及變更應備書件

(1)土地登記申請書。

(2)登記清冊。

(3)管理人登記或變更之證明文件：

①設置登記者，應附繳失蹤證明文件，如已註記之戶籍謄本。

②由法院選任或改任者，應附繳法院之證明文件。

③如依法定順序決定管理人者，應附繳有註記親屬關係之戶籍謄本。如由第二順序以後之人擔任管理人者（如父母、同居之祖父母或家長），應附繳前順序之管理人業已死亡或無能管理人證明文件。

(4)管理人之戶籍謄本。

(5)權利書狀：依權利種類分別檢附。

3.其他管理人變更登記應備書件

(1)土地登記申請書。

(2)登記清冊。

(3)管理人變更登記證明文件：如祭祀公業，應附繳向主管機關備查之文件。

(4)新任管理人之戶籍謄本。

(5)權利書狀：依權利種類分別檢附。

（三）申辦手續

1.備齊繕妥所需文件後，將登記申請書對摺放置於第一頁，登記清冊對摺放置於第二頁，其餘文件再依次放置整齊，並裝訂成冊，即可提向土地建物所在地之主管地政事務所申請。

2.收件及計收規費：

①案件提向地政事務所申辦時，其程序為收件→計算規費→開單→繳費→領取收件收樣。

②免登記費，另書狀費，每張新臺幣80元。

3.補正：申請案件經審查發現有填寫錯誤或文件不全或證件不符等情事，應依通知限期補正。

4.領狀：申請案件經審查無誤登記完畢，即可持收件收據及原蓋用之印章，領取權利書狀。

復習問題

1.何謂更名登記？更名登記之情形有哪些？（87特）

2.更名登記之申請人為何？應備哪些文件？其辦理之手續為何？

3.財產設置管理人，常見之情形有哪些？

4.管理人登記申請人為何？應備哪些文件？如何申請辦理？

5.法人在未完成法人設立登記之前，取得土地所有權者，如何申請登記？於取得法人資格後，其原於籌備期間登記取得之土地所有權應申請為何種登記？（107基特）

6.何謂神明會？其與祭祀公業之差異為何？以神明會名義登記之土地，辦理土地所有權登記之程序為何？應檢附文件為何？又有哪些辦理方式？（110高）

範例一　自然人姓名變更登記

土地登記申請書

收件	日期	年 月 日 時 分	收件者章	連件序列（非連件者免填）	登記費	元	合計	元
	字號	字第 號		件序別 第1件 共1件	書狀費	元	收據	字號
					罰鍰	元	核算者	

(1) 受理機關：△△縣／△△市　△△地政事務所　□跨所申請　資料管轄機關：△△縣／△△市　△△地政事務所

(2) 原因發生日期：中華民國△△年△△月△△日

(3) 申請登記事由（選擇打✓一項）
- □ 所有權第一次登記　□ 第一次登記
- □ 所有權移轉登記　□ 買賣　□ 贈與　□ 繼承　□ 分割繼承　□ 拍賣　□ 共有物分割
- □ 抵押權登記　□ 設定　□ 法定
- □ 抵押權塗銷登記　□ 清償　□ 拋棄　□ 混同　□ 判決塗銷　□
- □ 抵押權內容變更登記　□ 權利價值變更　□ 權利內容等變更　□
- □ 標示變更登記　□ 分割　□ 合併　□ 地目變更　□
- ✓ 更名登記

(4) 登記原因（選擇打✓一項）

(5) 標示及申請權利內容　詳如　□契約書　✓登記清冊　□複丈結果通知書　□建物測量成果圖　□

(6) 附繳證件
1. 戶口名簿影本　1份　4. 　份　7. 　份
2. 土地所有權狀　1份　5. 　份　8. 　份
3. 建物所有權狀　1份　6. 　份　9. 　份

(7) 委任關係：本土地登記案之申請委託　陳△△　代理。　　　複代理。
委託人確為登記標的物之權利人或權利關係人，並經核對身分無誤，如有虛偽不實，本代理人（複代理人）願負法律責任。 [印]

(8) 聯絡方式：
- 權利人電話
- 義務人電話
- 代理人聯絡電話
- 傳真電話
- 電子郵件信箱 △△△@△△△.tw
- 不動產經紀業名稱及統一編號
- 不動產經紀業電話

(9) 備註

聯絡電話：
- 權利人電話 △△△△△△△△
- 義務人電話 △△△△△△△△

(10) 申請人	(11) 權利人或義務人	(12) 姓名或名稱	(13) 出生年月日	(14) 統一編號	(15) 住所 縣市	鄉鎮市區	村里	鄰	街路	段	巷	弄	號	樓	(16) 簽章
	權利人	林△△	△△△	△△△△△△	△△	△△	△△	△	△△				△		印
	代理人	陳△△	△△△	△△△△△△	△△	△△	△△	△	△△				△		印

本案處理經過情形（以下各欄申請人請勿填寫）

初審	複審	核定	登簿	校簿	書狀印列	校狀	書狀用印	歸檔
		地價異動	通知領狀	異動通知		交付發狀		

登　記　清　冊

土地標示		
(1) 坐落	鄉鎮市區	△△
	段	△△
	小段	△
(2) 地號		△△
(3) 面積（平方公尺）		210
(4) 權利範圍		125/10000
(5) 備註		

申請人　林△△　印
代理人　陳△△　印
簽章

(6) 建　號	△△△△
(7) 門牌	鄉鎮市區　△△
	街　路　△△
	段 巷 弄　△△
	號　樓　△△
(8) 建物坐落	段　△△
	小　段　△
	地　號　△△
(9) 面積（平方公尺）	三層　86.15
	層
	層
	層
	共　計　86.15
(10) 附屬建物	用　途　陽台
	面積（平方公尺）　12.25
(11) 權利範圍	全部
(12) 備註	

建　物　標　示

範例二　遺產管理人設置登記

收件	日期	年　月　日　時	收件	登記費	元
	字號	字第　　號	者章	書狀費	元
		連件序別（非連件者免填）共1件 第1件	分件	罰鍰	元
				合計	元
				收據	字號
				核算者	

土　地　登　記　申　請　書

(1)受理機關	△△ 縣 市　△△ 地政事務所　□跨所申請	資料管轄機關 △△ 縣市 △△ 地政事務所	(2)原因發生日期	中華民國△△年△月△△日

(3)申請登記事由（選擇打✓一項）
- □所有權第一次登記
- □所有權移轉登記
- □抵押權登記
- □抵押權塗銷登記
- □抵押權內容變更登記
- □標示變更登記
- ☑管理人設置

(4)登記原因（選擇打✓一項）
- □第一次登記
- □買賣　□贈與　□繼承　□分割繼承　□拍賣　□共有物分割
- □設定
- □清償　□拋棄　□混同　□判決塗銷　□
- □權利價值變更　□權利內容等變更　□
- □分割　□合併　□地目變更　□
- ☑遺產管理人登記

(5)標示及申請權利內容 詳如 □契約書 ☑登記清冊 □複丈結果通知書 □建物測量成果圖

(6)附繳證件	1.戶籍謄本	6份	4.土地所有權狀	7.	份
	2.親屬會議紀錄	1份	5.建物所有權狀	8.	份
	3.法院核備文件	1份	6.	9.	份

(7)委任關係　本土地登記案之申請委託　陳△△　代理。　　複代理。
委託人確為登記標的物之權利人或權利關係人，並經核對身分無誤，如有虛偽不實，本代理人（複代理人）願負法律責任。印

(8)聯絡方式	權利人電話	△△△△△△△△△
	義務人電話	△△△△△△△△△
	代理人聯絡電話	△△△△△△△△△
	傳真電話	
	電子郵件信箱	△△△@△△△.tw
	不動產經紀業名稱及統一編號	
	不動產經紀業電話	

(9)備註

(10)申請人	(11)權利人或義務人	(12)姓名或名稱	(13)出生年月日	(14)統一編號	(15)住所										(16)簽章
					縣市	鄉鎮市區	村里	鄰	街路	段	巷	弄	號	樓	
	被繼承人	王△△													
	管理人	王△△	△△△	△△△△△△	△△	△△	△△	△					△		印
	代理人	陳△△	△△△	△△△△△△	△△	△△	△△	△					△		印

本案處理經過情形（以下各欄申請人請勿填寫）								
初審	複審	核定	登簿	校簿	書狀印列	校狀	書狀用印	歸檔
		地價異動	通知領狀		異動通知	交發狀		

登　記　清　冊

申請人　王△△　印
代理人　陳△△　印
簽章

土地標示								
(1) 坐落	鄉鎮市區	△△						
	段	△△						
	小段	△						
(2) 地號		△△						
(3) 面積（平方公尺）		187						
(4) 權利範圍		全部						
(5) 備註								

建物標示			
(6) 建 號	△△		
(7) 門牌	鄉鎮市區 △△		
	街 路 △△		
	段 巷 △△		
	號 樓 △△		
(8) 建物坐落	段 △△		
	小 段 △		
	地 號 △△		
(9) 面積（平方公尺）	一層 85.61		
	層		
	層		
	層		
	共計 85.61		
(10) 附屬建物	用途		
	面積（平方公尺）		
(11) 權利範圍	全部		
(12) 備註			

範例三　祭祀公業管理人變更登記

收件	日期	年 月 日 時 分		連件序列（非連件者免填）	共1件 第1件		登記費	元	合計	元
	字號	字第 號	收件者章				書狀費	元	收據	
							罰鍰	元	核算者	

土 地 登 記 申 請 書

(1) 受理機關：△△縣 △△市 △△ 地政事務所 □跨所申請

資料管轄機關：△△縣 △△市 △△ 地政事務所

(2) 原因發生日期：中華民國△△△年△月△△日

(3) 申請登記事由（選擇打✓一項）

- □ 所有權第一次登記
- □ 所有權移轉登記
- □ 抵押權登記
- □ 抵押權塗銷登記
- □ 抵押權內容變更登記
- □ 標示變更登記
- ✓ 管理人變更

(4) 登記原因（選擇打✓一項）

- □ 第一次登記
- □ 買賣 □ 贈與 □ 繼承 □ 分割繼承 □ 拍賣 □ 共有物分割
- □ 設定 □ 法定
- □ 清償 □ 拋棄 □ 混同 □ 判決塗銷
- □ 權利價值變更 □ 權利內容等變更
- □ 分割 □ 合併 □ 地目變更
- ✓ 管理人變更

(5) 標示及申請權利內容 詳如 □契約書 ✓登記清冊 □複丈結果通知書 □建物測量成果圖

(6) 附繳證件

1. 戶口名簿影本　1份
2. 土地所有權狀　1份
3. 建物所有權狀　1份
4. 主管機關文件　1份
5.　　　　份
6.　　　　份
7.　　　　份
8.　　　　份
9.　　　　份

(7) 委任關係

本土地登記案之申請委託 陳△△ 代理。 複代理。委託人確為登記標的物之權利人或權利關係人，並經核對身分無誤，如有虛偽不實，本代理人（複代理人）願負法律責任。印

(8) 聯絡方式

- 權利人電話：△△△△△△△△△
- 義務人電話：
- 代理人聯絡電話：△△△△△△△△△
- 傳真電話：△△△△△△△△△
- 電子郵件信箱：△△△@△△△.tw
- 不動產經紀業名稱及統一編號：
- 不動產經紀業電話：

(9) 備註

(10) 申請人	(11) 權利人或義務人	(12) 姓名或名稱	(13) 出生年月日	(14) 統一編號	(15) 住所 縣市	鄉鎮市區	村里	鄰	街路	段	巷	弄	號	樓	(16) 簽章
	權利人 管理人	祭祀公業王△△ 王△△	△△△	△△△△	△△	△△	△△	△	△△				△		印 印 印
	代理人	陳△△	△△△	△△△△	△△	△△	△△	△	△△				△		印

本案處理經過情形（以下各欄申請人請勿填寫）	初審	複審	核定	登簿	校簿	書狀列印	校狀	書狀用印					
			地價異動	通知領狀	異動通知	交發狀	歸檔						

登　記　清　冊

土地標示			內容
(1) 坐落	鄉鎮市區		△△
	段		△△
	小段		△
(2) 地號			△△
(3) 面積（平方公尺）			213
(4) 權利範圍			全部
(5) 備註			

申請人　祭祀公業王△△　印
管理人　王△△　印　簽章
代理人　陳△△　印

建 物 標 示											
(6)建 號	(7)門 牌			(8)建物 坐落		(9)面 積（平 方 公 尺）				(10)附屬 建物	(11)權 利 範 圍	(12)備 註
	鄉鎮市區	街 路	段 巷 弄	號 樓	段	小 段	地 號	層	層	層	層	共 計	用 途	面 積（平方公尺）		
以下空白												

王△△死亡其繼承人有無不明
親屬會議選任管理人紀錄

一、時間：民國△△年△△月△△日

二、地點：臺北市△△路△△巷△△弄△△號

三、出席人員：王振△、王全△、王三△、王金△、王秀△

四、主席：王振△　　　記錄：王秀△

五、主席報告：

　　本宗親族王△△死亡，其繼承人不明至今無人承認繼承，致其遺產無人管理，理應依法選任其遺產管理人俾便管理其遺產，故特召請各位宗親前來開會，選舉管理人。

六、討論事項：

　　王△△所遺財產，其管理人之人選，似應以其最近之親屬擔任為宜，故本人認為王△福年青力壯係王△△之姪，可否推選為管理人（王全△提議）。

　　決議：與會人士全部同意選任王△福為王△△之遺產管理人。

　　　　推選人：王振△　印 A100234101 出生年月日：△△△
　　　　　　　　王全△　印 A100234201 出生年月日：△△△
　　　　　　　　王三△　印 A100234301 出生年月日：△△△
　　　　　　　　王金△　印 A200434112 出生年月日：△△△
　　　　　　　　王秀△　印 A200434121 出生年月日：△△△
　　　　右同住：△△△△△△△△△

本案親屬會議成員資格確實符合民法第一千一百三十一條及第一千一百三十三條規定，且由允許之會員蓋章，如有不實，願負完全法律責任。
印印印印印

中　華　民　國　　△△　年　　△　月　　△　日

第二節　住址變更登記

一、意定住所

依一定事實,足認以久住之意思,住於一定之地域者,即為設定其住所於該地。一人同時不得有兩住所(民§20)。

二、法定住所

無行為能力人及限制行為能力人,以其法定代理人之住所為住所(民§21)。

三、居所視為住所

有下列情形之一者,以其居所視為住所(民§22)。
(一)住所無可考者。
(二)在我國無住所者,但依法須依住所地法者,不在此限。

四、法人之住所

法人以其主事務所之所在地為住所(民§29)。

五、住址變更應檢附之文件

(一)登記名義人之住址變更者,應檢附國民身分證影本或戶口名簿影本,申請住址變更登記。如其所載身分證統一編號與登記簿記載不符或登記簿無記載統一編號者,應加附有原登記住址之身分證明文件(土登§152Ⅰ)。
(二)登記名義人為法人者,如其登記證明文件所載統一編號與登記簿不符者,應提出其住址變更登記文件(土登§152Ⅱ)。

六、逕為登記

登記名義人住址變更,未申請登記者,登記機關得查明其現在住址,逕為住址變更登記(土登§153)。

七、行政區域調整或門牌整編

建物因行政區域調整或門牌整編,其登記名義人如住於該建物者,除由登記機關逕為標示變更登記外(土登28),亦應隨之辦理住址變更登記。

八、申請實務

（一）應備書件

1.自然人住址變更登記應備書件

(1)土地登記申請書。

(2)登記清冊。

(3)身分證明文件：

　①登記簿所記載住址與現在住址變更經過脫節，無法查明確係同一人者，應提繳中間歷次遷徙之戶籍謄本。

　②如行政區域調整，戶籍資料無是項記載時，應另附戶政事務所所核發之證明書。

(4)權利書狀，如係所有權人住址變更登記，應檢附土地或建物所有權狀，如係他項權利人住址變更登記，應檢附他項權利證明書。

2.法人住址變更登記應備書件

(1)土地登記申請書。

(2)登記清冊。

(3)變更登記證明文件：主管機關核發之證明文件。

(4)權利書狀：如係所有權人住址變更登記，應檢附土地或建物所有權狀，如係他項權利人住址變更登記，應檢附他項權利證明書。

(5)法人登記證件及法定代理人資格證明。

（二）申辦手續

1.備齊繕妥所需書件，將登記申請書對摺放置於第一頁，登記清冊對摺放置於第二頁，其他書件再依次放置整齊（習慣上權利書狀放置於後面），再裝訂成冊，即可提向土地建物所在地之主管地政事務所申請。

2.收件及計收規費：

(1)案件提向地政事務所申辦時，其程序為收件→計算規費→開單→繳費→領取收件收據。

(2)住址變更登記，免收登記費，另書狀費每張新臺幣80元。

3.補正：申請案件經審查發現有填寫錯誤或文件不全或證件不符等情事，經通知應限期補正。

4.領狀：經審查無誤登記完畢後，即可持收件收據及原蓋用之印章，領

回申請登記所附繳之權利書狀及其他不須存查之文件及申請之登記簿謄本。

復習問題

1.何謂意定住所？何謂法定住所？何謂居所？
2.住所變更登記應提出哪些文件？

收件	日期	年　月　日	分	收件者章	連件序列 （非連件者免填）		登記費	元	合計	元
	字號	字第　　號	時		共1件	第1件	書狀費	元	收據	字號
							罰鍰	元	核算者	

土 地 登 記 申 請 書

(1)受理機關	△△縣 △△市 △△地政事務所 □跨所申請	資料管轄機關 △△縣市 △△地政事務所	(2)原因發生日期	中華民國△△年△△月△△日

(3)申請登記事由 (選擇打✓一項)
- □所有權第一次登記
- □所有權移轉登記
- □抵押權登記
- □抵押權塗銷登記
- □抵押權內容變更登記
- □標示變更登記
- ☑住址變更登記

(4)登記原因 (選擇打✓一項)
- □第一次登記
- □買賣 □贈與 □繼承 □分割繼承 □拍賣 □共有物分割
- □設定 □法定
- □清償 □拋棄 □混同 □判決塗銷 □
- □權利價值變更 □權利內容等變更 □
- □分割 □合併 □地目變更 □
- ☑住址變更

(5)標示及申請權利內容 詳如 □契約書 ☑登記清冊 □複丈結果通知書 □建物測量成果圖 □

(6)附繳證件

1.戶口名簿影本	1份	4.	份	7. 份
2.土地所有權狀	1份	5.	份	8. 份
3.建物所有權狀	1份	6.	份	9. 份

(7)委任關係
本土地登記案之申請委託 陳△△ 代理。 複代理。
委託人確為登記標的物之權利人或權利關係人，並經核對身分無誤，如有虛偽不實，本代理人（複代理人）願負法律責任。 [印]

(8)聯絡方式

權利人電話		△△△△-△△△△△△
義務人電話		
代理人聯絡電話		△△△△-△△△△△△
傳真電話		△△△△-△△△△△△
電子郵件信箱		△△△@△△△.tw
不動產經紀業名稱及統一編號		
不動產經紀業電話		

(9)備註

(10)申請人	(11)權利人或義務人	(12)姓名或名稱	(13)出生年月日	(14)統一編號	(15)住所 縣市	鄉鎮市區	村里	鄰	街路	段	巷	弄	號	樓	(16)簽章
	權利人	林△△	△△△	△△△△△	△△	△△	△△	△	△△				△		印
	代理人	陳△△	△△△	△△△△△△	△△	△△	△△	△	△△				△		印

本案處理經過情形（以下各欄申請人請勿填寫）	初審	複審	核定	登簿	校簿	書狀印列	校狀	書用狀印	歸檔
				地價異動	通知領狀	異動通知	交付發狀		

登　記　清　冊

申請人　林△△　印　簽章　　　代理人　陳△△　印

土地標示	(1) 坐落	鄉鎮市區	△△				
		段	△△				
		小段	△				
	(2) 地號		△△				
	(3) 面積（平方公尺）		213				
	(4) 權利範圍		1/5				
	(5) 備註						

										建物標示			
(6)建　號					(7)門　牌			(8)建物坐落		(9)面積（平方公尺）		(10)附屬建物	(11)權利範圍	(12)備註
	鄉鎮市區	街　路	段 巷 弄	號　樓	段	小　段	地　號	五　層	層	層	層	共　計	用　途	面積（平方公尺）		
△△△	△△	△△	△△	△△	△△	△	△△	98.21				98.21	陽台	12.23	全部	

第三節　書狀換給及補給登記

一、損壞或滅失之請求換給或補給

土地所有權狀及土地他項權利證明書，因損壞或滅失請求換給或補給時，依下列規定（土§79）：

　　（一）因損壞請求換給者，應提出損壞之原土地所有權狀或原土地他項權利證明書。

　　（二）因滅失請求補給者，應敘明滅失原因，檢附有關證明文件，經地政機關公告三十日，公告期滿無人就該滅失事實提出異議後補給之。

二、登記名義人申請

土地所有權狀或他項權利證明書損壞或滅失，應由登記名義人申請換給或補給（土登§154）。

三、補給之公告及通知

（一）申請土地所有權狀或他項權利證明書補給時，應由登記名義人敘明其滅失之原因，檢附切結書或其他有關證明文件，經登記機關公告三十日，並通知登記名義人，公告期滿無人提出異議後，登記補給之（土登§155Ⅰ）。

（二）前項登記名義人除符合第41條第2款、第7款、第8款、第10款、第15款及第16款規定之情形者外，應親自到場，並依第40條規定程序辦理（土登§155Ⅱ）。

四、申請實務

（一）申請換給應備書件

　　1.土地登記申請書。

　　2.登記清冊。

　　3.身分證明文件：如戶籍謄本或身分證影本或戶口名簿影本。

　　4.原權利書狀：依申請換發之權利別附繳土地所有權狀或建物所有權狀或他項權利證明書。

（二）申請補給應備書件

1. 土地登記申請書。
2. 登記清冊。
3. 切結書或證明書。
4. 身分證明文件。
5. 印鑑證明。

（三）申辦手續

1. 備齊繕妥所需書件後，將登記申請書對摺放置於第一頁，登記清冊對摺放置於第二頁，其餘書件再依次放置整齊並裝訂成冊，即可提向主管之地政事務所申請。
2. 收件及計收規費：
   (1)案件提向地政事務所申辦時，其程序為收件→計算規費→開單→繳費→領取收件收據。
   (2)登記費免費，但書狀費每份新臺幣80元。
3. 補正：申請案件經審查發現繕寫錯誤或文件不全或證件不符者，應依通知限期補正。
4. 公告：申請案件經審查無誤後，應行公告三十天，公告期滿無異議者，即可補給登記。至於換狀登記，則無需公告。
5. 領狀：經登記完畢後，即可持收件收據及原蓋用之印章，領取補給之權利書狀。

復習問題

1. 為何要申請書狀換給？如何申請？
2. 申請書狀補給之原因為何？應提出哪些文件？其申辦手續為何？
3. 土地所有權狀或他項權利證明書損壞或滅失時，應如何申請換給或補給？試敘述之。（82特、88檢、110高）
4. 何謂書狀換給或補給登記？辦理書狀換給或補給登記時，應檢附哪些文件？（89基特）

範例一　所有權狀換發登記

土地登記申請書

收件	日期	年 月 日 時 號		分	收件者章	連件序別（非連件者免填）	共1件 第1件	登記費	元	合計	元
	字號	字第 號						書狀費	元	收據	字號
								罰鍰	元	核算者	

(1) 受理機關	△△ 縣 市 △△ 地政事務所 □跨所申請	資料管轄機關	△△ 縣 市 △△ 地政事務所	(2)原因發生日期	中華民國△△年△△月△△日

(3) 申請登記事由（選擇打✓一項）　(4) 登記原因（選擇打✓一項）

□所有權第一次登記　　　　□第一次登記
□所有權移轉登記　　　　　□買賣　□贈與　□繼承　□分割繼承　□拍賣　□共有物分割
□抵押權登記　　　　　　　□設定　□法定
□抵押權塗銷登記　　　　　□清償　□拋棄　□混同　□判決塗銷　□
□抵押權內容變更登記　　　□權利價值變更　□權利內容等變更
□標示變更登記　　　　　　□分割　□合併　□地目變更　□
✓書狀換發登記　　　　　　✓書狀換發

(5) 標示及申請權利內容　詳如 □契約書 ✓登記清冊 □複丈結果通知書 □建物測量成果圖 □

(6) 附繳證件	1.戶口名簿影本	1份	4.	份	7.	份
	2.土地所有權狀	1份	5.	份	8.	份
	3.建物所有權狀	1份	6.	份	9.	份

(7) 委任關係：本土地登記案之申請委託 陳△△ 代理。 複代理。委託人確為登記標的物之權利人或權利關係人，並經核對身分無誤，如有虛偽不實，本代理人（複代理人）願負法律責任。印

(8) 聯絡方式	權利人電話	△△△△△△△△
	義務人電話	△△△△△△△△
	代理人聯絡電話	△△△△△△△△
	傳真電話	
	電子郵件信箱	△△△@△△△.tw
	不動產經紀業名稱及統一編號	
	不動產經紀業電話	

(9) 備註：請同時辦理所有權人住址變更登記。印

(10) 申請人	(11) 權利人或義務人	(12) 姓名或名稱	(13) 出生年月日	(14) 統一編號	(15) 住所 縣市	鄉鎮市區	村里	鄰	街路	段	巷	弄	號	樓	(16) 簽章
	權利人	林△△	△△△	△△△△△	△△	△△	△△	△					△		印
	代理人	陳△△	△△△	△△△△△△	△△	△△	△△	△					△		印

本案處理經過情形（以下各欄申請人請勿填寫）								
初審	複審	核定	登簿	校簿	書狀印列	校狀	書狀用印	歸檔
			地價異動	價動	異動通知	通知領狀	交付發狀	

登　記　清　冊								
土　地　標　示	(1)坐落	鄉鎮市區	△△					
		段	△△					
		小段	△					
	(2)地　號		△△					
	(3)面　積（平方公尺）		123					
	(4)權利範圍		全部					
	(5)備　註							

申請人　林△△　簽章　印
代理人　陳△△　　　　印

		建物標示		
(6) 建　號		△△△△		
(7) 門牌	鄉鎮市區	△△		
	街　路	△△		
	段巷弄	△△		
	號　樓	△△		
(8) 建物坐落	段	△△		
	小段	△		
	地號	△△		
(9) 面積（平方公尺）	一層	56.21		
	層			
	層			
	層			
	共計	56.21		
(10) 附屬建物	用途			
	面積（平方公尺）			
(11) 權利範圍		全部		
(12) 備註				

範例二　所有權狀補發登記

收件	日期	年　月　日	時	分	收件者章		連件序列（非連件者免填）	收件者章	登記費	元	合計	元
	字號	字第　　號					共1件　第1件		書狀費	元	收據	字號
									罰鍰	元	核算者	

土　地　登　記　申　請　書

(1)受理機關	△△ 縣／市　△△ 地政事務所　□跨所申請	資料管轄機關	△△縣/市　△△地政事務所	(2)原因發生日期	中華民國△△△年△月△△日

(3)申請登記事由（選擇打✓一項）　(4)登記原因（選擇打✓一項）

- □所有權第一次登記　□第一次登記
- □所有權移轉登記　□買賣　□贈與　□繼承　□分割繼承　□拍賣　□共有物分割　□
- □抵押權登記　□設定　□法定　□
- □抵押權塗銷登記　□清償　□拋棄　□混同　□判決塗銷　□
- □抵押權內容變更登記　□權利價值變更　□權利內容等變更　□
- □標示變更登記　□分割　□合併　□地目變更　□
- ✓書狀補給　✓書狀補給

(5)標示及申請權利內容　詳如　□契約書　✓登記清冊　□複丈結果通知書　□建物測量成果圖

(6)附繳證件
1. 戶口名簿影本　1份　4.　　份　7.
2. 切結書　1份　5.　　份　8.
3. 印鑑證明　1份　6.　　份　9.

(7)委任關係　本土地登記案之申請委託　陳△△　代理　複代理。委託人確為登記標的物之權利人或權利關係人，並經核對身分無誤，如有虛偽不實，本代理人（複代理人）願負法律責任。印

(8)聯絡方式	權利人電話	
	義務人電話	△△△△△△△△
	代理人聯絡電話	△△△△△△△△
	傳真電話	△△△△△△△△
	電子郵件信箱	△△△@△△△.tw
	不動產經紀業名稱及統一編號	
	不動產經紀業電話	

(9)備註

(10) 申請人	(11) 權利人或義務人	(12) 姓名或名稱	(13) 出生年月日	(14) 統一編號	(15) 住所 縣市	鄉鎮市區	村里	鄰	街路	段	巷	弄	號	樓	(16) 簽章
	權利人	林△△	△△△	△△△△△	△△	△△	△△	△	△△				△		印
	代理人	陳△△	△△△	△△△△△△	△△	△△	△△	△	△△				△		印

本案處理經過情形（以下各欄申請人請勿填寫）	初審	複審	核定	登簿	校簿	書狀列印	校狀	書狀用印	歸檔
				地價異動	通知領狀	異動通知	交付發狀		

登　記　清　冊

				值
(1) 坐落	鄉鎮市區			△△
	段			△△
	小段			△
(2) 地號				△△
(3) 面積（平方公尺）				105
(4) 權利範圍				1/4
(5) 備註				

土地標示

申請人　林△△　　印
代理人　陳△△　簽章　印

建物標示			
(6) 建　號		△△	
(7) 門牌	鄉鎮市區	△△	
	街　路	△△	
	段巷弄	△	
	號　樓	△△	
(8) 建物坐落	段	△△	
	小　段	△	
	地　號	△△	
(9) 面積（平方公尺）	一　層	165.32	
	層		
	層		
	層		
	共　計	165.32	
(10) 附屬建物	用　途		
	面　積（平方公尺）		
(11) 權利範圍		全部	
(12) 備　註			

切結書

立切結書人所有下列不動產之 □所有權狀
　　　　　　　　　　　　　　 □他項權利證明書，因，

於民國　　年　　月　　日滅失屬實，特申請補發，並切結如有不實，致他人權益受損害者，立切結書人願負法律責任。

此致

○○地政局（○○○地政事務所）

不動產標示（如有不敷使用時，可另附相同格式之清冊）

土地標示						建物標示		
鄉鎮市區	段	小段	地號	權利範圍		建號	門牌	權利範圍

立切結書人：
（如係委託代理人辦理，自然人應捺指印）

中華民國　　　　年　　　　月　　　　日

第四節　使用管理登記

一、民法第820條

共有物之管理，除契約另有約定外，應以共有人過半數及其應有部分合計過半數之同意行之。但其應有部分合計逾三分之二者，其人數不予計算。

依前項規定之管理顯失公平者，不同意之共有人得聲請法院以裁定變更之。

前二項所定之管理，因情事變更難以繼續時，法院得因任何共有人之聲請，以裁定變更之。

共有人依第1項規定為管理之決定，有故意或重大過失，致共有人受損害者，對不同意之共有人連帶負賠償責任。

共有物之簡易修繕及其他保存行為，得由各共有人單獨為之。

二、民法第826條之1

不動產共有人間關於共有物使用、管理、分割或禁止分割之約定或依第820條第1項規定所為之決定，於登記後，對於應有部分之受讓人或取得物權之人，具有效力。其由法院裁定所定之管理，經登記後，亦同。

動產共有人間就共有物為前項之約定、決定或法院所為之裁定，對於應有部分之受讓人或取得物權之人，以受讓或取得時知悉其情事或可得而知者為限，亦具有效力。

共有物應有部分讓與時，受讓人對讓與人就共有物因使用、管理或其他情形所生之負擔連帶負清償責任。

三、登記之辦理

(一) 登記——土地登記規則第155條之1

共有人依民法第826條之1第1項規定申請登記者，登記機關應於登記簿標示部其他登記事項欄記明收件年月日字號及共有物使用、管理、分割內容詳共有物使用管理專簿。

共有人依民法第820條第1項規定所為管理之決定或法院之裁定，申請前項登記時，應於登記申請書適當欄記明確已通知他共有人並簽名；於登記後，決定或裁定之內容有變更，申請登記時，亦同。

（二）區分地上權之使用收益限制之登記——土地登記規則第155條之2

區分地上權人與設定之土地上下有使用、收益權利之人，就相互間使用收益限制之約定事項申請登記時，登記機關應於該區分地上權及與其有使用收益限制之物權其他登記事項欄記明收件年月日字號及使用收益限制內容詳土地使用收益限制約定專簿。

前項約定經土地所有權人同意者，登記機關並應於土地所有權部其他登記事項欄辦理登記；其登記方式準用前項規定。

（三）使用管理專簿——土地登記規則第155條之3

登記機關依前二條規定辦理登記後，應就其約定、決定或法院裁定之文件複印裝訂成共有物使用管理專簿，或土地使用收益限制約定專簿，提供閱覽或申請複印，其提供資料內容及申請人資格、閱覽費或複印工本費之收取，準用第24條之1及土地法第79條之2規定。

（四）使用、管理內容變更——土地登記規則第155條之4

依第155條之1或第155條之2規定登記之內容，於登記後有變更或塗銷者，申請人應檢附登記申請書、變更或同意塗銷之文件向登記機關提出申請。

前項申請為變更登記者，登記機關應將收件年月日字號、變更事項及變更年月日，於登記簿標示部或該區分地上權及與其有使用收益限制之物權所有權部或他項權利部其他登記事項欄註明；申請為塗銷登記者，應將原登記之註記塗銷。

前項登記完畢後，登記機關應將登記申請書件複印併入共有物使用管理專簿或土地使用收益限制約定專簿。

復習問題

1. 共有之不動產共有人以多數決方式決定其使用管理方法後，依規定辦理登記時，登記機關應如何辦理？又共有不動產使用管理內容於前揭登記後有所變更時，受理登記機關應如何處理？試依規定說明之。（99普）
2. 共有物使用、管理、分割或禁止分割之約定，如何登載於登記簿？（110普）另共有物管理，除契約另有規定外，應如何決定其管理方式？申請登記過程中，登記申請書又應如何記明？（108普）

國家圖書館出版品預行編目資料

土地登記：法規與實務／陳銘福著.陳冠融修
訂.－－十七版.－－臺北市：五南圖書出版
股份有限公司, 2022.08
　　面；　　公分
ISBN 978-626-317-684-3（平裝）

1.CST: 土地登記

554.283　　　　　　　　　111002688

1K20

土地登記—法規與實務

作　　　者— 陳銘福（261.1）

修 訂 者— 陳冠融（271.6）

發 行 人— 楊榮川

總 經 理— 楊士清

總 編 輯— 楊秀麗

副總編輯— 劉靜芬

責任編輯— 黃郁婷、李孝怡

封面設計— 王麗娟

出 版 者— 五南圖書出版股份有限公司

地　　　址：106台北市大安區和平東路二段339號4樓

電　　　話：(02)2705-5066　　傳　　　真：(02)2706-6100

網　　　址：https://www.wunan.com.tw

電子郵件：wunan@wunan.com.tw

劃撥帳號：01068953

戶　　　名：五南圖書出版股份有限公司

法律顧問　林勝安律師事務所　林勝安律師

出版日期　1996年 9 月初版一刷
　　　　　2012年 7 月十版一刷
　　　　　2013年 9 月十一版一刷
　　　　　2014年 8 月十二版一刷
　　　　　2015年10月十三版一刷
　　　　　2016年 9 月十四版一刷
　　　　　2018年 9 月十五版一刷
　　　　　2020年 9 月十六版一刷
　　　　　2022年 8 月十七版一刷

定　　　價　新臺幣650元

經典永恆・名著常在

五十週年的獻禮 —— 經典名著文庫

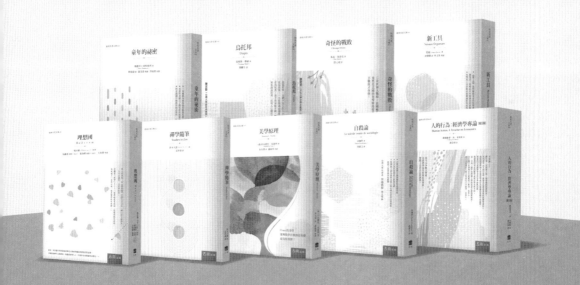

五南，五十年了，半個世紀，人生旅程的一大半，走過來了。

思索著，邁向百年的未來歷程，能為知識界、文化學術界作些什麼？

在速食文化的生態下，有什麼值得讓人雋永品味的？

歷代經典・當今名著，經過時間的洗禮，千錘百鍊，流傳至今，光芒耀人；

不僅使我們能領悟前人的智慧，同時也增深加廣我們思考的深度與視野。

我們決心投入巨資，有計畫的系統梳選，成立「經典名著文庫」，

希望收入古今中外思想性的、充滿睿智與獨見的經典、名著。

這是一項理想性的、永續性的巨大出版工程。

不在意讀者的眾寡，只考慮它的學術價值，力求完整展現先哲思想的軌跡；

為知識界開啟一片智慧之窗，營造一座百花綻放的世界文明公園，

任君遨遊、取菁吸蜜、嘉惠學子！